실전 비즈니스
영문 계약서

Preface

『**실전 비즈니스 영문 계약서**』 출간 후 건설 입찰 분야에 대한 설명을 넣어 달라는 요청을 여러 번 받아, 이번 『**실전 비즈니스 영문 계약서**』 **개정 증보판**은 건설업 국제 입찰 분야의 계약 문구와 상용어를 추가한 바, 무역업 제조업 건설업 국제 입찰 계약의 기본과 know-how를 제시하게 되었다.

『**실전 비즈니스 영문 계약서**』는 비즈니스 관점으로 영문 계약서에 접근하는 서적이며, 영문 법률 관용어의 정확한 한글 법률 용어 번역보다는 **실제 비즈니스에 그 용어가 어떤 의미를 내포하고 있는지에 대한 설명에 치중한바**, 간혹 실제 통용되는 법률 단어와 본 서적의 단어 번역이 상이할 수 있다.

Consequential damage(▶ 예를 들어, 부품회사가 핸드폰 회사에 $10에 공급하는 부품이 문제가 되어 $1,000 핸드폰의 불량이 터져 핸드폰 판매 타이밍을 놓칠 경우의 손실)의 경우, 「**비즈니스적으로 부품회사는 $10에 대한 책임만 있는 것이 아니며, 그보다 훨씬 더 큰 책임을 당연히 부담 한다.**」라고 간주한다. 또한, 적어도, 핸드폰 회사와 거래를 지속하려면 그리하여야 한다. 하지만, 아마도 부품회사의 변호인이라면, 「**그 정도의 손실을 책임져야 한다는 것을 통지받았다면 부품을**(그 가격에) **공급하지 않았을 것이다.**」라고 부품회사를 변론할 수도 있을 것 같다.

따라서, 본 서적의 내용이 어떤 법적인 판단에 최종 잣대로 사용되어서는 아니 될 것이며, 법적인 의사 결정은 반드시 관련 전문 변호인의 자문 감수를 받아 결정하는 것이 바람직할 것이다. 한 가지 확실한 것은, 비즈니스 종사자가 본 서적의 내용을 숙지한다면 법률 전문가의 자문을 아주 효율적으로 받을 수 있다고 확신한다.

본 서적에서 다룬 계약서는 『**상품 거래 전반, 기밀 유지계약, 대리점 계약**(소비재, 산업재, 포워딩), **기술 이전·도입 계약, 합작투자, 제품 개발 계약, M&A, 건설, 입찰, 고용, 부동산 임대차, 계약서 개정**』인 바, 다양한 글로벌 비즈니스를 커버할 수 있어 다음의 분들에게 큰 도움이 될 것으로 생각한다.

- 글로벌 비즈니스맨 – 영업, 계약
- 국제 건설업 종사자

- 취업준비생 – 해외 영업 지침서
- 계약 관련 전문인 – 다양한 비즈니스 구조 파악

계약서 하면 법조인의 전유물로 이해하고 일단 거부감을 표시하는 비즈니스맨들이 상당히 있으나, 그건 현실과 괴리가 있다. 『계약의 주체는 비즈니스 당사자이지 법조인이 아니다.』 계약이라는 것은 『서로 필요한 것을 주고받는 것』이다. 뭘 주고 뭘 받을 것인가? 일단 이 핵심 사안만 확정되면 나머지 사안들은 부대 사안인바, 합의하는 대로 결정하고, 그 내용을 상술하면 계약서가 작성되는 것이다. 「뭘 주고 뭘 받는 것」을 누가 결정하는가? 계약 당사자인 Businessperson 들이 결정한다.

계약서도 이메일처럼 일정한 패턴이 존재한다. 핵심사안만 결정되면 그 나머지 사안들은 요식 행위이다. 단지, 계약서 작성 주체에 따라, 같은 내용이라도 그것을 표현하는 문장이 상이할 뿐이다. 미국이나 영국의 영문 계약서는 유럽이나 아시아 국가의 영문 계약서보다 영어 문구가 상당이 복잡하다. 이는 영어 구사력의 차이에서 기인한다.

영문 계약서는 다음과 같은 몇 가지 특징이 있다.

- 영문법에 따라 작성된다. 따라서, 영문 계약서는 영문법을 잘 아는 분에게는 그다지 어렵지 않을 것이다. May와 can의 한글 말은 모두 『~ 할 수 있다』 이나, 그 의미는 상이한바, 그 의미가 헷갈린다면 영문법을 먼저 파악한 후, 계약서를 접하는 것이 short-cut으로 판단된다. 계약서에 can이 사용되는 상황은 아주 드물며, 주로 may(허가, 허락 의미의 ~할 수 있다, ~해도 된다) 가 사용된다.

- 계약서 영어는 주어 다음에 부사구나 부사절을 배치하며, 그다음에 동사가 나오는 경우가 많다. 영문 계약서의 문장 구조는 일반적으로 부사구, 부사절의 집합체인바, 주어 동사 목적어를 먼저 찾는 것이 계약서 내용 파악의 지름길이다.

  ▶ 비즈니스 영어는 주어, 동사를 먼저 나열하고 부사구나 부사절이 오는 경우가 많다. 비즈니스 영어는 상대방이 쉽게 이해하게 작성하는 것이 우선이기 때문에 되도록 상대방이 읽기 쉽도록 작성한다. 계약서 문장이 난해하면 비즈니스 영어로 paraphrase 하면 이해하기 쉬울 것이다.

본 서적 편집 시, 영문 계약서의 일부 난해한 문장들은 주어 동사 목적어 등에 밑줄을 쳐서 표시한바, 문장 분석에 도움이 될 것으로 기대한다.

- 영어의 특성대로 긴 내용은 문장 뒤쪽에 배치한다.
- 법률 관용어구들이 사용된다. 본 서적의(법률) 관용어구를 숙지하면 상거래 계약서의

관용어구는 상당 부분 해결될 것으로 판단된다. 본 서적의 내용을 본격적으로 공부하기 전에, 가장 먼저 Chapter II. 영문 계약서 상용어와 상용 문구 그리고 Chapter X. 건설 입찰 계약서 03 건설·입찰 계약 관련 상용어 모음의 내용부터 숙지하는 것이 영어 계약서 작성 능력 향상에 큰 도움이 될 것이다.

비즈니스 영문 계약서를 접할 때 주의할 사안은 영어 단어의 법적인 의미이다. 일반 영어에서 사용되는 단어 의미와 완전히 별개의 의미로 사용되는 단어들이 있어, 그 의미를 알지 못하면 영문 계약서의 의미를 정확히 파악할 수 없다. 이러한 관점에서, 비교적 법률 용어 설명이 충실한 영한사전을 참고하는 것을 권유한다.

예를 들면, 비즈니스에 자주 사용되는 consideration이 법률적인 단어로 사용되면, 「**대가, 약인**(約因)」의 의미이다. 즉, in consideration of ~라고 사용하면, 「고려해서, 참작해서」가 아니라, 「**대가로, 약인으로**」라고 해석된다.

혹자는 「계약서만 해도 어려운데 영문 계약서를 어떻게 이해하고 작성할 수 있을까?」 하면서 걱정을 하나 그런 생각을 할 이유는 없다고 생각한다. 영문 계약서의 영어 문장들은 정형화되어 있다. 그리고 영문법을 중시하는바, 영문법에 자신 있는 분이라면 영문 계약서 번역 및 작성은 그다지 어렵지 않을 것이다.

- 본 『실전 비즈니스 영문 계약서』에 있는 Chapter II. 영문 계약서 상용어와 상용 문구와 Chapter X. 건설 입찰 계약서 03 건설·입찰 계약 관련 상용어 모음을 먼저 어느 정도 익히고,
- 본 서적에 소개된 다양한 분야의 계약서를 숙지한다면

어떤 상황의 계약이라도 그다지 어렵지 않게 영문 계약서를 이해하고 작성할 수 있다. 왜냐하면 계약의 기본 골격은 대동소이하기 때문이다.

일반인들이 하는 가장 큰 실수는, **계약의 핵심 사안이 변경될 때마다 전체 계약서 내용을 검토 수정**하는데, 이 과정에서 시간 낭비가 심하고 생각이 뒤엉켜 계약서의 전체 내용이 이상하게 변질하는 경우가 있다. 계약서는 핵심 사안들만 먼저 확정하면, 나머지 사안들은 유연하게 작성 가능한바, 핵심 사안 확정 전에 전체 계약서를 반복적으로 검토수정 하는 것은 비효율적이며 시간 낭비이다. 또한, 특정 분야 비즈니스의 기본 구조를 이해하여야 계약서 작성이 쉬울 것이다. 따라서, 본 서적에 소개된 계약서 관련 산업과 해당 비즈니스에 대한 기본 골격을 설명한바, 다양한 비즈니스의 근본 구조를 접할

수 있을 것이며, 계약서 관련 영어에 친숙하게 되어, 계약서 작성 능력 향상에 도움이 될 것으로 생각된다.

필자는 상경대 졸업 후, LG그룹의 종합 무역상사인 LG상사 근무를 시작으로 세계 유수 기업체 몇 곳에서 여러 분야(M&A, 자금조달, 증권, 기초 원자재 딜링, 통신부품, 일반 상품, 4차 산업 부품)의 계약서를 다룬 경험이 있다.

이를 바탕으로 그간 출간한 여러 권의 『무역, 비즈니스, MBA 관련 영어 서적』과 계약 실무 경험에 의거, 영어에 친숙하며 글로벌 비즈니스에 종사하는 분이라면 누구나 손쉽게 영문 계약서를 작성할 수 있도록 건설 입찰 분야를 포함한 여러 산업 분야의 계약서 작성 know-how를 기술한 『**실전 비즈니스 영문 계약서**』 **개정 증보판**을 출간하게 된 바, 이 책이 글로벌 비즈니스 종사자들에게 실질적인 도움이 될 것으로 기대하며, 본 서적에 나오는 회사들의 명칭과 주소는 모두 가칭임을 밝혀둔다.

또한, 취업준비생의 경우, 취업 면접에서 해외 영업에 관해 설명하라는 질문을 받고 당황하는 경우가 많다고 하는바, 본 서적에 소개된 여러 비즈니스에 대한 한글 설명을 이해한다면 면접에 큰 도움이 될 것으로 생각한다.

그리고, 『실전 비즈니스 영문 계약서』 개정 증보판 편집 과정에서 각 Chapter 사이에 발생된 빈 쪽에는 『**미국의 프로 스포츠 1쪽** (15쪽), **술 이야기 4쪽**(75쪽, 107쪽, 187쪽, 361쪽), **손익계산서 관련 내용 2쪽** (397쪽, 539쪽)**을 수록한 바, 숙지한다면 글로벌 비즈니스에 도움이 될 것으로 확신한다.**

끝으로 『**실전 비즈니스 영문 계약서**』 **개정 증보판**을 출간하여 주신 한올출판사 임순재 사장님과 바쁜 일정에도 불구하고 본 서적 출간을 위해 수고하신 최혜숙 편집장님께 깊은 감사의 말씀을 드린다.

2025년 3월
아펠바움에서
저자 장시혁

Contents

Chapter VI 기술 이전·도입 계약서

Chapter VII 합작 투자 계약서

Chapter X 건설·입찰 계약서

Chapter XIII 계약서 개정

Chapter XIV 계약 위반, 클레임, 소송

실전
비즈니스 영문 계약서

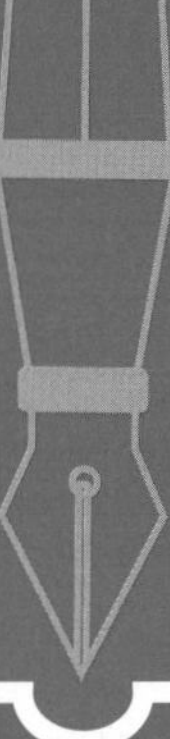

Chapter Ⅰ

계약의 개요

Business English Agreement

01
계약의 핵심 사안

계약이란 필요한 것을 주고받는 것이다. 복잡한 계약서도 핵심사안은 단순하다. 이 핵심사안들만 결정되면 나머지 사안들은 요식 행위다. 따라서, 계약서를 작성할 때는 그 계약의 핵심사안만 미리 협의 결정하면 부수 사안들은 합의가 쉬우며, 나머지는 요식 행위에 따라 작성하면 된다.

『계약 사안 하나 변경될 때마다 전체 계약서를 검토』하는 것은 바람직하지 않다. 그건 시간, 돈 낭비이다. 또한, 계약서 전체 내용이 틀어지고 큰 실수를 범할 수도 있다. 따라서, 계약서 작성, 체결은

- 핵심 사안 협의 결정
- 부대 사안 합의
- 나머지 사안 요식 행위 작성으로 추진하는 것이 효율적이다.

각 거래의 핵심 사안을 정리하면 대략 다음과 같다. 물론 특정 계약의 경우, 핵심 사안은 변동될 수도 있다. 이는 계약 체결 당사자의 이해관계와 시장 상황에 달린 것이다.

계 약	핵심 사안
상품 매매	상품, 품질, 가격, 결제조건, 납기
기밀 유지	기밀 유지 대상, 기간, 이해의 상충
대리점	독점 여부, 의무 구매량, 판매량, 커미션, 가격, 기간
기술 이전·도입	기술의 의미, 특허, 기술이전·도입 내용, 로열티
합작투자	투자의 주체, 지분, 경영권, 이사회, 배당, 생산, 마케팅, 기간
제품 개발	개발 제품 내용, 개발비, 개발 후 권리, 의무 구매, 파생 제품
M&A	M&A 대상의 적격성, 비용, 매출 채권, 채무, 소송, 특허, 고용
고용	피고용인의 형태, 급여, 보너스
임대차	기간, 월세

02
계약의 구조와 주의 사항

계약의 구조

계약서는 계약당사자 간의 권리·의무 내용을 명확히 하는 것인바, 육하원칙에 따라 명료하게 작성되어야 한다.

일반적으로 영문계약서는 다음과 같은 구조로 작성된다.

- 표제(Title)
- 전문(Nonoperative Part) : 일자/계약당사자/설명 조항
- 정의 조항(Definition)
- 계약의 주된 내용
- 계약상 일반조항
- 계약 기간
- 계약 해지
- 불가항력
- 중재, 준거법, 재판관할
- 통지
- 다른 계약과의 관계 – 완전 합의(entire agreement)
- 말미 문언
- 서명(signature) 및 날인(seal)

주의 사항

모든 계약서에는 poisonous clause(독소조항)가 숨어 있을 수 있다. 확연히 나타나 있는 poisonous clause도 있지만, 몇 가지 조항을 연계시킬 때 독이 되는 조항들이 있는바, 특히 이를 조심하여야 한다.

『계약을 체결할 때는 핵심 사안에 관한 결정이 가장 중요하다.』 즉, 계약 체결의 목적과 그에 따른 핵심 사안 합의가 가장 중요한 것인바, 핵심 사안에 대한 합의를 먼저 하여야 한다. 계약서 조항 변경될 때마다 복잡한 계약서 전체를 계속 검토하는 것은 시간 낭비이다. 핵심사안이 정해지면, 전체 계약서 작성은 기계적으로 작성할 수 있다.

그리고, 계약서 작성 때 실수하기 쉬운 사안은 『당연한 사안이라고 계약서에 명기하지 않는 것』이다. 이 당연한 사항을 계약서에 명기하지 않아 추후 낭패를 볼 수도 있는바, 당연한 사항이라도 계약서에 명기하는 것이 분쟁을 예방할 수 있다. 왜냐하면, 이 당연한 사안도 계약서에 명기되어 있지 않다면, 분쟁 발생 시 입증을 하여야 하기 때문이다.

즉, 예를 들어, 어떤 부품을 개발할 때, 그 부품의 당연한 사양을 명기하지 않고 개발 진행하였는데, 개발한 성능은 잘 작동하나 당연한 성능상에 문제가 발생하여 만족스럽지 못할 경우도 있다. 이 경우, 이 부품 개발은 실패한 것이나, 실패로 인정받는 것이 그리 쉬운 일은 아니다. 계약서에 확실히 명기했으면 증명 책임이 없을 것이나, 계약서에 명기되어 있지 않으면 당연한 사안을 입증하여야 하는 의무까지 발생한다. 소송이 진행되면 법원의 판결을 구해야 하나, 법원의 관점에서는 「계약서에 명기되어 있는 사안과 명기되어 있지 않은 사안은 전혀 별개의 사안」으로 간주할 수도 있기 때문이다.

사업마다 핵심 사안이 조금씩 상이할 수 있으나, 계약의 기본은 「무엇을 주고 무엇을 얻을 것인가?」이다. 즉, 「책임과 의무는 무엇이고 권리와 이득은 무엇인가?」이다. 여기에 대한 trade-off만 합의되면 계약의 기본 구조가 확정될 것인바, 계약서 작성 체결은 어렵지 않다. 단, trade-off의 가치 평가는 상대방의 속사정을 잘 알아야 뭘 주고 뭘 받을 것인가를 추정할 수 있는바, 정보 입수가 중요하다. 나에게는 90만큼 가치가 있으나, 상대에게는 100의 가치가 있으며, 그 반대일 수도 있다.

계약당사자는 누구나 계약서를 유리하게 작성하기를 원한다. 계약당사자의 계약 체결에 대해 애절함이 다를 경우, 예를 들어, 「이번 계약을 체결하지 못하면 공장 가동이 되지 않아 직원 급여를 지급하지 못하고 회사가 파산할 수도 있는 상황에 있는 업체」라면 불공정한 계약이라도 체결하여 일단 오더 수주하려고 할 것이다. 하지만, 그게 아니고, 『계약이 체결되면 좋고, 안 되면 그만이고』의 상황에 있는 업체라면 공정하고 합리적이고 상호 호혜적인 계약 체결이 가능할 것이다.

계약은 상호 호혜의 원직하에 체결이 되는 것이 기본 원칙인바,
항상 상대방의 처지에서 생각하여 계약 문구를 작성하는 것이
장기적인 비즈니스 파트너(사업 동반자) 확보에 주효하다.

핵심 사안을 몇 가지 들면

- 제품/사양/품질/하자보증
- 가격/납기/계약 기간
- 독점권 유무
- 로열티(기술 이전 계약, 합작투자 등)
- 책임 vs. 불가항력
- 기타

Trade-off 교환, 거래, 균형

• a situation in which you balance two opposing situations or qualities. a situation in which you accept something bad in order to have something good.

▶ 두 가지 상반되는 상황이나 품질의 균형을 맞추는 상황
좋은 것을 갖기 위해 나쁜 것을 받아들이는 상황

• If you can increase your order to 300,000 M/T at a time, we can come down our price.

▶ 고객이 요구하는 가격으로 공급이 어려우면, 가격 인하를 대가로 오더 물량을 30만 톤으로 올려 달라고 요청하는 것이다. 즉, 가격 인하와 오더 수량이 trade-off 되는 것이다. 공장의 제조원가는 생산 수량에 따라 up/down이 있는 바, 수량이 늘면 가격은 인하되는 것이 일반적인 상황이다.

• trade down ~ : 더 싼 물건을 매매하다, 더 싼 물건을 사다
He bought a new, smaller car, trading the old one down.
그는 오래된 차를 팔고 새로운 작은 차를 샀다.

• trade off : 교환하다, 처분하다, 매매하다
She traded off her old dress.
그녀는 오래된 드레스를 처분하였다.

• trade on ~ : ~을 이용하다, ~에 편승하다
He traded on his friend's daddy to secure the ticket.
그는 티켓을 확보하기 위해 친구 아빠를 이용하였다.

• trade up : (어떤 것을 팔고) 돈을 더 들여 사다, 고급품으로 바꾸어 사다
The price of his house soared up, enabling him to trade up to a larger apartment.
그의 주택 가격이 치솟아서, 그는 주택을 팔아 더 큰 아파트를 매수할 수 있었다.

03
계약 위반과 대처 방안

계약 위반

계약서는 왜 작성하는가? 근본적인 사유는

- 계약을 준수하고 이행하는 것이며
- 계약 위반 시 손해배상을 받기 위한 것이다.

그럼 계약서가 체결되어 있다고 손해배상을 받을 수 있는가? 받을 수도 있고 받지 못할 수도 있다. 하지만, 체결된 계약서가 없으면, 손해배상을 받을 가능성은 희박한바, 일단은 계약서 체결을 해두는 것이 손해배상 근거라도 마련해두는 것이다. 속된 말로 『비빌 언덕이 있어야 한다.』는 것인바, 비즈니스 계약서 체결은 모든 비즈니스의 기본이다.

계약 위반 시, 해결 방안(안)은

- 계약당사자끼리 원만한 협의, 해결 노력
- 중재소에 중재 의뢰로 해결
- 법원 소송에 의해 해결

등이 있으나, 기본적으로 중재나 소송은 거래당사자들의 힘이 비슷한 경우 진행해볼 만하나, 그렇지 않을 경우, 신중하여야 한다. 특히, 중재 및 소송의 경우, 손해배상금을 청구하다 패소 시, 중재나 재판 비용까지 부담하게 되므로 감정에 의한 중재 및 소송 진행은 금물이다. 중재나 소송이나, 거기에 들어가는 시간과 비용이 적지 않은바, 기회비용의 측면에서, 중재와 소송보다는 거래당사자 간의 원만한 합의가 바람직하다.

따라서, 가장 중요한 것은 거래 상대방을 잘 선택하여야 하며, 합리적이고 상식적인 계약서를 체결하는 것이 가장 중요하다. 물론 상호 호혜적인 계약서 체결이 가능해지려면, 아쉬운 소리를 하지 않고 비즈니스를 추진할 수 있는 상황에 있어야 가능할 것이다.

무리수를 두면서 비상식적인 거래 계약서를 체결한다면 그건 향후 불행의 씨앗을 안고 있는 것이며, 문제 발생 시 해결방안을 찾기 어려울 것이다. 모든 계약서는 상호 호혜의 원칙으로, 합리적이고 상식적으로 체결되어야 문제 발생 소지가 최소화될 수 있다.

준거법(governing law, applicable law, proper law)

글로벌 거래에서 계약 위반, 불이행이 발생되어 중재나 소송을 진행하게 되면 계약서의 각 조항 해석이 민감할 예도 있다. 이때 중요한 것이 어느 나라 법률에 따라 각 문구를 해석하느냐이다. 각국 법에 따라 미세한 차이가 있을 수 있다. 계약을 해석하는 근거법을 준거법(governing law)이라고 한다.

그래서 계약당사자는 자국법을 준거법으로 하기를 원한다. 이는 계약당사자의 시장 지위에 의해 결정되는 것이 일반적이다. 예를 들어, 미국 Buyer와 한국 Seller가 계약할 경우, 매수자 우위 시장이라면 미국법을 준거법으로 할 것이고, 매도자 우위 시장이라면 한국법을 준거법으로 할 것이다.

중재재판소나 법정은 준거법 기준 국가로 하는 것이 일반적이다. 만약 매수자 매도자의 힘이 비슷하다면 제3국의 법을 준거법으로 하고, 중재재판소나 법원도 제3국 소재지로 하기도 한다.

재판 진행 법원은 회사와 가까운 곳으로 지정해두는 것이 만일에 대비 유리하다. 예를 들어, 부산에 있는 회사라면, 부산에 있는 법원에서 재판하는 것으로 명기해두는 것이 추후 소송 진행 시 시간, 경비 절약이될 것이다. 회사는 부산인데 서울에서 재판 진행된다면 서울을 방문하여야 하니 시간과 비용이 추가로 발생하는 것이다.

손해배상

1) 손해배상금(Damages)

손해배상금은 damages이라고 한다. 손해, 피해를 damage라고 하며, 이를 복수형으로 사용하면(손해) 배상금, 손해액의 뜻이 된다.

「배상」은 남의 권리를 침해한 사람이 그 손해를 물어 주는 일을, 「보상」은 국가 또는 단체가 적법한 행위로 국민이나 주민에게 가한 재산상의 손실을 갚아 주는 행위이다.

2) 손해배상 관련 계약 용어

법률적인 측면에서 손해배상금 관련 용어는 대략 다음과 같다.

- direct damages : 직접적 손해
- indirect damages : 간접적 손해
- general damages : 통상적인 손해
- special damages : 특별 손해
- consequential damages : 결과적 손해(resultant damages)
- punitive/vindictive/exemplary damages : 징벌적 손해
- reliance damages : 신뢰이익의 손해배상
- claim for damages : 손해배상청구권
- claim damages, seek damages : 손해배상금을 요구하다
- pay damages : 손해배상금을 지불하다

배상금 관련 영어 단어에 대한 한국어 번역은 아직 일원화되어 있지 않은 것 같다. 통용되는 한글 번역의 작성은 법조계의 대세를 따르면될 것으로 판단된다.

비즈니스 관점에서 보면 직접 손해이든 간접 손해이든 이 표현이 중요한 것이 아니고, 손해가 발생하였으니 손해배상금을 받느냐 못 받느냐가 중요할 것이다. 이와 관련, consequential damages는 비즈니스적으로는 지극히 타당한 것인바, 이에 관해 설명을 하고자 한다.

Consequential Damages

상거래를 실제 하는 비즈니스맨들에게 consequential damages를 번역하라면 「판매 기회 상실 야기 배상금」 정도로 할 것으로 판단된다.

핸드폰 조립에 필요한 부품을 개당 $100에 100,000개 공급하는 계약을 핸드폰 회사와 체결하여, 부품을 공급하고, 핸드폰 회사에서 그 부품을 사용하여 핸드폰을 조립하여 통신사에 100,000세트를 공급하였으나, 핸드폰 부품 불량으로 판명되어, 핸드폰 회사에 큰 손해를 입혔다. 이 경우, 부품회사는 핸드폰 회사에 손해배상을 책임져야 하며, 부품 가격 배상뿐만 아니라 핸드폰 완제품 피해 관련 배상도 하여야 한다.

2010년대의 일이지만 핸드폰 FPCB 관련 업체 여러 회사가 폭망한 적이 있었는데, 그 상황은, 공급하는 부품에 불량이 생겨, 핸드폰 업체의 핸드폰 판매에 차질이 발생하여 핸드폰 판매 수익의 일부를 부품 업체에서 책임져야 하는 일이 발생한 것이다. 간단히 말해, 공급하는 부품 가격은 $10이나 이 부품 불량으로 $1,000짜리 핸드폰을 판매할 기회를 상실하게 된 것인바, 판매 기회 상실에 대한 배상 책임이 있는 것이다. 이러한 구조는 비즈니스 측면에서는 너무나 당연하다. 이러한 손해를 consequential damages라고 한다.

Consequential damages를 resultant damages라고도 한다. 즉, 어떤 원인에 의해 결과적으로 발생한 손해를 의미한다. 이러한 상황에 대해 법원에서 어떤 식으로 판결 내릴지는 경우에 따라 다르지만, 실제 비즈니스에서는 배상 책임을 당연히 져야 한다. $1 부품을 납품한다고 $1 책임만 있는 것은 아니다. 그 부품으로 인한 완제품 피해와 핸드폰 업체의 기업 이미지 피해의 일부를 책임져야 한다. 본 FPCB 경우, reliance damages도 발생한 것이다. 예를 들어 6월에 출시하는 것으로 광고를 하였는데, $1짜리 부품으로 인해 3개월이 지연된다면 기업에 대한 신뢰가 깨지고 기업 이미지(corporate image)는 추락하는 것이며, 제품을 출시하였는데 불량이라면 이 또한 기업 이미지에 큰 타격을 주는 것이다.

- A results from B = B results in A : B로 인해 A가 발생하다
  Your late delivery of 10,000 PCS resulted in our heavy loss.
  Our heavy loss resulted from your late delivery of 10,000 PCS.
  귀사의 만 개 선적 지연으로 큰 손실이 발생하였다. 손실의 원인이 선적 지연, 즉 선적 지연의 결과로 damages가 발생한 것이다.

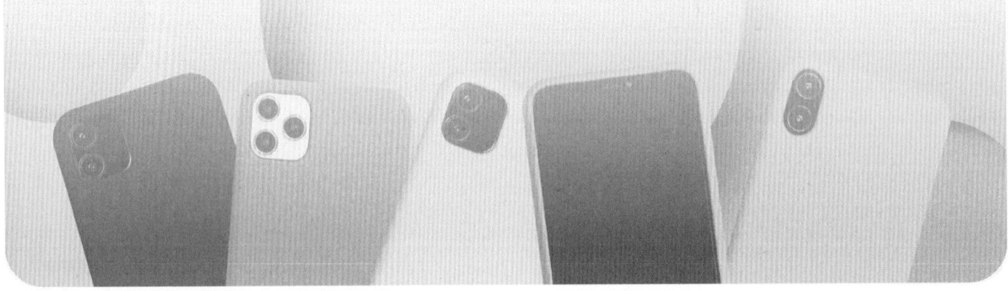

04
거래 대금 결제 확보 방법

거래 대금 확보 방법은 여러 가지가 있다. 여기에 소개하는 방법은 거래당사자에게 상호 합리적인 방법인바, 편하게 활용할 수 있다.

글로벌 거래 - Escrow

What Is Escrow?

▶ escrow(기탁)의 의미

Escrow is a legally binding financial instrument whereby an asset or escrow money is held by a third party on behalf of two other parties doing transactions with each other, thereby guaranteeing the buyer's payment when seller completes transaction as contracted.

에스크로는 법적 구속력이 있는 금융 상품으로, 거래당사자를 대신하여 자산 또는 에스크로 자금을 제삼자가 보유하며, 판매자가 계약된 대로 거래 의무를 수행할 때 구매자의 지급을 보장한다.

Escrow는 제삼자 기탁의 의미로 일정한 조건이 충족될 때 기탁된 금액을 타인에게 양도할 것을 의뢰하는 일종의 신탁행위를 의미한다. 매도인 소재지의 은행에 매수인이 지급 대금을 예금해두고, 매수인이 매도인의 물품을 거래할 때 그 예금으로부터 대금을 지급하는 방법을 말한다.

기탁금 인출 조건은 사전에 상호 합의 결정해서 escrow account를 관리하는 기관에 통보하고 그 조건을 입증하는 서류를 매도인이 관리 기관에 제출하면 예금이 인출되는 것이다. 예를 들어, 「매수인의 스탬프와 서명이 날인된 인보이스를 제출하면 예금인출이 된다.」라든가 하는 것이다.

Escrow를 활용하면 거래당사자 상호 간의 신뢰가 충분하지 않을 경우, 아주 효율적으로 사용할 수 있다. 예를 들어, 어떤 제품을 개발할 때, 개발자는 개발하였음에도 불구, 개발의뢰자로부터 개발대금을 받을 수 없을지도 모른다는 불안감을 가질 수 있다. 이 경우, 개발의뢰자가 개발자 국가에 개발자 명의로 통장을 개설, 일정 금액을 예치하고 그 예치금의 인출에 합당한 서류가 제시되면 예치금이 인출되도록 하는 것이다. 물론, escrow fee가 발생할 수도 있으나, 이 fee는 대금 결제 걱정을 일소한다는 점에서 미미하다.

내수 거래 - 질권, 저당권

글로벌 거래에서는 Escrow Account를 사용하는 반면, 내수 거래에서는 사용되는 몇 가지 방법의 하나는 질권/근질권, 저당권/근저당권 설정이 있다.

- 금융 상품이 대상이 되면 질권/근질권이라고 하며
- 부동산은 저당권/근저당권이라는 용어를 사용한다.

그럼 근(根) 자가 있을 때와 없을 때가 뭐가 다른가? 복집한 법률 얘기를 떠나, 근(根)의 한자는 근절(根絶)의 뿌리 근(根) 자인바, 질권 중에 가장 확실한 것이 근질권, 저당 중 가장 확실한 것이 근저당으로 이해하면 된다. 즉, 변제 우선순위가 가장 빠른 것이다.

질권이나 저당권이나 계약자/채권자의 재산 권리를 보호하기 위한 안전장치이며,

- 질권(pledge)은 계약/채무의 담보로서 받은 동산, 유가증권, 채권 등을 점유함으로써 계약을 이행하지 않을 경우, 그 물건을 처분하거나 권리를 실행하여 계약 불이행에 대한 우선 변제를 받을 수 있다.

- 저당권(mortage lien)은 채무자 또는 제삼자가 채무의 담보로 제공한 부동산의 점유를 이전하지 않고 채무의 담보로 제공한 부동산에 대해 다른 채권자보다 자기 채권의 우선 변제를 받을 수 있는 권리를 말한다.

미국의 프로 스포츠

가장 큰 프로스포츠 마켓을 가진 미국에서는 끊임없이 컨텐츠가 생성된다. 4대 리그로 꼽히는 미식축구(NFL), 농구(NBA), 야구(MLB), 아이스하키(NHL)부터 규모가 매년 커지고 있는 프로 축구(MLS)까지 쉴 틈이 없다.

전 세계 팬을 확보하고 있는 시장의 규모는 다음 수치를 보면 짐작해 볼 수 있다. 2025년 Super Bowl의 평균 시청자 수는 1억 2,700만 명으로 알려졌고 하프 타임 광고 단가는 30초당 800만 달러에 판매된 것으로 추정된다.

리그의 CEO 격인 Commissioner와 구단주들이 리그의 발전과 흥행을 위해서 시스템 변경, 미디어 계약 체결, 신기술 도입 등을 관리하고 리그 차원의 사건 사고에 어떻게 대응하는지 알아보는 것도 흥미로울 것이다. 일례로 MLB는 2024년 시즌 개막전을 미국 현지가 아닌 한국에서 개최할 만큼 팬층을 확대하는 데 유연하며 적극적이다.

미국 여행 시 여유가 있다면 경기장을 방문하여 관람하면 현지 문화를 경험하는 동시에 시야를 넓힐 수 있을 것이다. 2024년 오픈한 LA 소재 Intuit Dome은 360도 디스플레이를 비롯하여 좌석에는 NFC 리더, 게임 컨트롤러, USB 포트 등이 설치되어 있어 관중과 상호 작용할 수 있는 이벤트를 진행하고 있기도 하다.

	NFL	NHL	NBA	MLB
구단 수	32	32	30	30
시즌	9월 ~ 2월	10월 ~ 6월	10월 ~ 6월	3월 ~ 10월
결승전 이름	Super Bowl	Stanley Cup Finals	NBA Finals	World Series
23-24 우승팀	Kansas City Chiefs	Florida Panthers	Boston Celtics	Los Angeles Dodgers
트로피 이름	Vince Lombardi Trophy	Stanley Cup	Larry O'Brien Championship Trophy	Commissioner's Trophy
Commissioner	Roger Goodell	Gary Bettman	Adam Silver	Rob Manfred

Chapter Ⅱ

계약 상용어와 상용 문구

Business English Agreement

01
상용어 - 법률 관용어구 포함

상용어	의 미
at the risk of and for the account of~	~의 위험과 비용으로
abandonment	(권리) 포기
abate	줄이다, 약해지다, 法 배제하다
acknowledge	(어떤 사실을) 인정하고 받아들인다(▶ 즉, 나중에 딴소리하지 않는다는 의미 내포)
accelerate	가속화하다, 앞당기다
accidental	우발적 • incidental, casual, adventitious, contingent
account receivable	외상매출금 • account payable : 외상매입금
act and deed	후일의 증거, 증거물
act of commission/ omission	• 작위 / 부작위 • act or omission, commission or omission : 法 작위 또는 부작위 • act of commission(작위) : 금지된 일을 적극적으로 하는 행위 • omission(부작위) : 마땅히 할 일을 일부러 하지 않는 소극적 행위
act of God	불가항력(force majeure) • 당사자가 제어할 수 없는, 불가피한 상황, 즉, 신의 영역으로 면책사유가 된다. • an unforeseeable event such as a flood, earthquake, war etc used as an excuse for not fulfilling a contract beyond one's control, out of one's control
ad hoc	특정 문제에 관한
addendum	부록, 부칙(supplementary provision), (복수) addenda
adjudge	판단을 내리다, 판결하다
adjudicate	판결을 내리다, 판정을 내리다, 재결하다, (대회) 심판을 보다
adopt	채택하다, 쓰다, 입양하다
advance payment	선급금, 선금 • interim payment : 중도금 • retention money : 유보금

상용어	의 미
adversely	불리하게, 반대로 • affect adversely : 악영향을 주다
affidavit	진술서
affixation of signature	기명날인
aforementioned	상기의, 상술의, 전기의, 전술의 • above-mentioned, above, aforesaid
after June 1	6월 1일 이후(▶ 6월 1일은 포함되지 않음) • before June 1 : 6월 1일 이전(▶ 6월 1일은 포함되지 않음) • from, as from, as of, to, by, until, till, commencing with June 1 : 6월 1일 포함 Incoterms 2020은 from, after 모두 포함되지 않는 것으로 일자 계산한다. 10 days from/after June 1 하면 6월 11일을 의미 영문법과 Incoterms는 일자에 대한 기산일이 다른 예도 있는바, 기산일이 중요하다면 명확히 하여야 한다. 예를 들어, on and after June 1 이라고 하면 6월 1일 포함 여부에 대한 이견이 있을 수 없다.
agent	대리인, 중계상, 에이전트, 요원, 첩보원
aggregate liability	총책임 • aggregate income : 총소득액 • aggregate investment : 총투자액
aggrieved party	손해를 입은 당사자, 피해 당사자
agreement	계약(contract) • sign the agreement : 계약서 서명하다 • close/make/enter into/reach the agreement : 계약 체결하다 • extend/renew the agreement : 계약을 연장/갱신하다 • (unilaterally) break/repudiate/breach a contract : 계약을 (일방적으로) 파기하다 • X-year contract : X년 계약(예 : five-year contract 5년 계약) • lease/rental agreement : 임대계약 • employment agreement : 고용계약 • nonfulfilment, nonperformance, nonobservance, failure of agreement : 계약 불이행 Agreement와 MOU 차이점 계약은 agreement, contract 등이라 하며 법적인 책임과 의무가 있다. MOU(memorandum of understanding)는 양해각서라고 하며, 일반적으로 정식 계약 전의 단계이며, 그냥 그런 의사가 있다는 것을 표명한 것이다. MOU는 계약서와 달리 법적 구속력이 없다. 한마디로 말해, MOU는 계약으로 이어질 수도 있고 이어지지 않을 수도 있다. MOU는 주가조작(stock manipulation)에 악용되는 경우가 있다.

상용어	의 미
all and every	일체의, 모든 것의 • any and all
all risks(A/R)	전손, 해상보험의 모든 위험 담보 조건
allegation	(증거 없는) 주장, 진술
alter	변경하다 • amend, modify, change
alternative	대안, 대체 가능한
amicable	우호적인, 원만한
amortization	감가상각 • amortization without consideration : 무상소각
anniversary	기념일, ~주년 • 1st anniversary : 1주년 • 2nd anniversary : 2주년 계약 몇 주년을 의미 시 anniversary를 사용
answer	답변서 • written answer, written reply, written refutation
appendix	본문 끝에 덧붙이는 기록, 부록
applicable law	준거법 • governing law, proper law
appoint	임명하다, 정하다
arbitration	조정, 중재 • arbitration court : 중재재판소
argument	논쟁
arm's length	공정한, 대등한 입장에서의, 서먹서먹한, 독립적인, 멀리하는 • arm's length transaction : 공정한 거래, 독립 거래 아무 관계가 없는 독립 당사자 간의 거래. 예를 들어, 부모와 자식 간의 부동산 거래는 arm's length transaction으로 간주하기 어려움
article	계약서의 몇 조, 조항
as provided in	명시된 규정에 따라
as the case may be	경우에 따라서, 상황에 따라서
assign	양도하다 • assign and transfer

상용어	의 미
assignment	(계약의) 양도
assume and agree	동의하다, 합의하다
at fault	잘못해서, 죄가 있어, 책임이 있어, (기계가) 고장이 나, 어찌할 바를 모르고, 당황해서
at one's cost and expense	누구의 비용으로
at the discretion of ~	~의 자유재량에 의거 • upon the(written) consent / agreement of ~ : (서면) 동의/합의에 의거
at the option of ~	~의 자의로, ~의 생각대로, ~의 마음대로 • at one's option
at the risk of ~, at one's risk	~의 위험을 무릅쓰고, ~을 희생하고
at will	마음대로(just as or when one wishes) • at will agreement : 월 단위로 당사자를 구속하는 계약(원 임대차 계약에 벗어나는 일부 결함이 있어 조처 요청하였으나, 조처되지 않을 경우 계약 해지 가능) • at will employee : 임의직원(언제든지 해고, 퇴사 가능한 직원)
authorize and empower	권한을 부여하다
authorized capital	수권자본금
background IP	~ 백그라운드 지적 재산
BATNA	Best Alternative To a Negotiated Agreement 협상 결렬 시 대안
be entitled to ~	~ 할 자격이 있다, ~ 할 권리가 있다
be final and binding upon ~	~에 대하여 최종적인 구속력을 갖는다
be governed by and construed under ~	~에 적용되고 해석된다
beneficiary	수익자
beyond one's control	제어할 수 없는, 통제할 수 없는 • out of control, uncontrollable, unmanageable, irrepressible, ungovernable, unstoppable, unquenchable, irresistible
biased view	편견(distorted view, prejudiced view)

상용어	의 미
bilateral	쌍무적인, 쌍방의 • unilateral : 일방적인, 한쪽에 치우치게, 편무적으로
bill of lading(B/L)	선화증권
bind and obligate	구속하다
bind upon	묶다, 구속하다, 동여매다, 체결하다
binding power	구속력(binding force)
board of directors	이사회(BOD, directorate)
boilerplate(clause)	(사업상 서류·법률적 합의안 등의) 표준 문안(조항)
bona fide	진실한, 성실한, 산의의, 선의로, 호의로
bound	(법, 의무 등에) 얽매인, (법 의무상) ~ 해야 하는
breach of promise	위약 • breach of contract, breach of agreement • breach of trust/faith : 배임, 신탁위반
breaching party	계약 위반자
broad area	광범위 • broad scope/extent/spectrum
burden of proof	입증 책임
business ethics	상도, 상도덕, 기업윤리 • business forecast : 경기예측, 사업 전망
by and between	~에 의해
by and under	~에 따라, ~에 의해
by and with	~에 의해
by virtue of	힘으로, 덕분에
by-law	조례, 내규 • by law : 법률적으로, 법으로(under law)
cancellation	취소, 무효화
candidate	후보자
capacity	자격, 능력, 용량, 수용력, 法 행위능력, 법정자격
capital contribution	자본금 출자

상용어	의 미
cause	정당한 사유, 원인 • with cause : 정당한 사유 있이 • without cause : 정당한 사유 없이
cease	중단되다, 그치다, 중단시키다 • cease and come to an end : 종료되다
certified	보증된, 공인된 • certified copy of register : 등기부등본
change of situations	사정 변경, 상황 변경 • change of circumstances
circumvent	피하다, 회피하다, 우회하다, 면하다, 둘러 가다, 포위하다 • circumvent the law : 법을 회피하다 • circumvent customs : 관세를 피하다 • circumvent real issues : 실질적인 사안을 회피하다
clause	조항, 항목 • add/amend/remove/include a clause : 조항 추가/수정/삭제/포함
collective bargaining	단체교섭
collectively	통틀어, 일괄적으로, 집합적으로
collusive bidding	담합 • collusive tendering
comfort letter	컴포트 레터 ◉ 한 회사의 재정이 안정적이라 것을 확인해주는 비공식 보고서
commentary	법률해석서
commerce	상업 • commercial business / matters / morality / practices / transaction 상용 / 상사(상업에 관한 일) / 상도덕 / 상관습 / 상거래
commercially reasonable	상업적으로 합당한 • commercially reasonable costs
commencing with	~ 일자부터 시작해서(from 일자)
common law	영국에서 전통적으로 전수되어 온 보통법 ◉ law of equity(형평법) – 보통법의 상대적 개념
compensation	배상, 보상 • compensation for damage : 손해배상, 손해보상 ◉ 「배상」은 남의 권리를 침해한 사람이 그 손해를 물어 주는 일을, 「보상」은 국가 또는 단체가 적법한 행위에 의하여 국민이나 주민에게 가한 재산상의 손실을 갚아 주는 행위이다.

상용어	의 미
competent	만족할 만한, 괜찮은, 권한이 있는, 결정권이 있는 능숙한(↔ incompetent)
compliance	(법·명령 등의) 준수, (명령 등에) 따름 • compliance table/matrix : 사양/조건 충족 여부 표
comply with	준수하다, 순응하다
compulsory	강제적인, 의무적인(mandatory), 필수의 • compulsory disposition : 강제처분 • compulsory education : 의무교육 • compulsory execution : 강제집행 • compulsory investigation : 강제수사 • compulsory removal : 강제철거
concerned party	당사자(interested party)
conflict	상충, 충돌 • conflict of interest : 이해 상충, 이해 충돌 • generational conflict : 세대 간의 갈등 • rational conflict : 인종 갈등 • conflicting : 상반된
conform	(법, 규칙 등에) 따르다, 맞다, ~에 일치하다 • conform to the law, conform to business manners • conformity : 따름, 순응
consequential	~ 결과로 발생되는, ~에 따른
consideration	약인, 대가, 고려
consist of ~	~로 구성되다
constitute	구성하다, ~이 되다, 이루다, 설립하다
construction	계약의 해석, 추정, 의미
construe	이해하다, 해석하다
consumer	소비자
contemporaneous	동시에 발생하는, 동시에 존재하는 • contemporary
contingency	우발성
contract capacity	계약 능력, 계약 자격
contract of adhesion	부합계약, 당사자의 협상력에 차이가 큰 계약 ㉮ 계약당사자의 한쪽이 계약 내용을 미리 결정하여 다른 한쪽은 계약 내용을 결정할 자유가 없는 계약. 예를 들면, 전기·가스·수도의 공급 계약, 보험 계약 등

상용어	의 미
contradiction	모순, 자가당착
consequential damages	정확한 한국어 번역은 법조인들의 대세를 따르면될 것이나, 비즈니스 관점에서의 consequential damages는 「판매 기회 상실 야기 손해/배상금」 정도로 번역하는 것이 무난하지 않을까 한다. • consequential damage는 indirect damages이며 special damages이다. 법률적인 측면에서 손해배상 종류에 대한 번역은 대략 다음과 같다. • direct damages : 직접 손해 • indirect damages : 간접 손해 • special damages : 특별 손해 • punitive damages : 징벌적 손해 • consequential damages : 결과적 손해 • reliance damages : 신뢰 이익의 손해배상
contravention	위반, 위배 • in contravention of ~ : ~을 위반하여, 위배하여
costs and expenses	비용과 경비
counterclaim	맞고소, 반소. 맞고소하다, 반소하다, 반소를 제기하다
court of equity	(형평법) 법원
court of law	(형평법/보통법) 법원
court order	법원 명령
covenant	약정, 약정하다
covenant and agree	동의하다, 합의하다
cover, embrace and include	포함하다
cross reference	상호 참조
cumulative and not exclusive	누적적이며 배타적이지 않은 ㉮ 이 권리를 행사한다고 다른 권리를 사용하지 못하는 것이 아니다. 즉, 병행 가능하다는 것임. • 어떤 법적 구제 권리를 사용하는 것은 당사자의 선택이며, 이 권리 저 권리 병행하여 사용 가능. • Lessor shall also been titled to any and all other remedies provided by law. All rights and remedies are to be cumulative and not exclusive.
customary	관례적인
damage	손해

상용어	의 미
damages	damage를 복수로 사용하면 손해배상금, 손해액, 배상액 ◦ claim damages : 손해배상금을 청구하다 ◦ pay damages : 손해배상금을 지불하다
de facto	사실상의, 실제로는 • de facto management : 사실상의 경영 • de facto marriage : 사실혼
deal memo	계약 체결 과정에서 당사자 간에 주요 조건을 적어 교환한 편지 형식의 문서
declare	선언하다, 신고하다
deduction and withholdings	공제 및 원천징수 • recoupment : 공제, 변상, 보상
deem	간주하다 • deemed and considered : 간주되고 추정된다
defamation	명예훼손, 중상
default	불이행, 불출장, 기권, (法) 채무 불이행, 디폴트(컴퓨터에서 미리 정해 놓은 값 : 기정값, default value)
deliverable	산출물, 제시물 (회사가 고객에게 약속한) 상품/제품, 제공품을 의미 • 개발의뢰자가 개발자에게 제공하는 개발에 필요한 정보, 견본, 제품 등 • 개발자가 개발하여 개발의뢰자에게 제공하여야 되는 정보, 견본, 제품 등
denominate	(특정 단위로) 액수를 매기다, 표시하다, 명명하다
deposit	계약금, 보증금 • retainer : 착수금, (변호사 등) 의뢰 비용, 상담료
determine	이해하다, 결정하다
devote	(노력, 시간, 돈을) 바치다, 쏟다, 기울이다 • devote A to B : A를 B에 바치다, 쏟다 • devote oneself to ~ : ~에 몰두하다, 전념하다
dictate	받아 쓰게 하다, 명령하다, 지시하다
diminish	줄어들다, 깎아내리다
direct or indirect	직접이든 간접이든, 직접적이거나 간접적이거나
discharge A from B	A를 B로부터 면책시키다
disclaimer	면책 경고문, 항변등 자신의 권리나 청구의 포기
disclose	밝히다, 드러내다

상용어	의 미
discrepancy	불일치, 상위, 어긋남, 모순 • non-conformity, incongruity, mismatch • NCR(non-conformity report) : 불일치 보고서, 부적합 보고서 • punch list : (건설에서 사용) 시공 상태의 수정 보완 목록
discretion	재량, 신중함 • at one's discretion : ~의 재량으로
disinterested	객관적인, 공평한 의미이며 • uninterested : 흥미 없는, 무관심한
disprove	반증하다, 틀렸음을 입증하다 • falsify, refute
divert	(생각·관심을) 다른 데로 돌리다, 전환시키다, 우회시키다, 전용하다
divulge	알려주다, 누설하다 • disclose, let on, let out, reveal, unwrap, expose, give away, discover, bring out, break
doctrine of freedom of contract	계약자유의 원칙
due and payable	만기가되어 지불/지급, 지불/지급 시점이 되다
due diligence	통상의 주의 의무, 정밀 조사, 기업 실사
duly authorized	적법하게 권한을 가진, 합법적으로 위임받은 • duly authorized representative
each and all	일체의, 모든 것의
each and every	각
effective and valid	유효한
elaborate	정교한, 정성 들인, 자세히 말하다, 상술하다, 정교하게 만들어 내다
eligible	~을 할 수 있는, 자격이 있는, 신랑·신붓감으로 좋은
eminent domain	수용권
encumbrance	장애물
enforce	강제하다
enforceable against ~	~에 대해 강제 집행력이 있는, 법적 구속력이 있는, 집행력이 있는, 법적 구속력이 있는
ensure, insure	반드시 ~하게 하다, 보장하다

상용어	의 미
entail	수반하다
enter into force	발효되다, 시행되다 • come into force
entire agreement	완전한 합의, 완전한 계약 • merger clause : 완전 합의 조항 ㊕ 본 조항이 포함된 계약서 이외의 다른 합의, 협정, 진술 등은 효력이 없다는 것임
entirely and completely	완전히
entirety	전체, 전부
equitable relief, equitable remedy	(형평법상의) 구제수단, 구제조치, 구제책 ⇔ legal remedy : 법적 구제수단, 관습법상의 구제수단 common law : (보통법상의) 구제수단 • injuctive relief : 가처분
equivalent to	~와 같은, 상응한(equal to ~) • this is in effect equivalent to ~ : 이것은 결국 ~와 같다
escrow	기탁, 조건부 날인 증서(어떤 조건이 성립될 때까지 제삼자에게 보관해 둠) • escrow account : 기탁 계정, 이스크루 어카운트
expressly or impliedly	명시적으로 또는 묵시적으로
except as otherwise specified in ~	~ 명시된 것을 제외하고
except as otherwise expressly provided in ~	본 계약에서 달리 명시적으로 규정하는 경우를 제외하고는
except herein otherwise provided	여기에 달리 제공된 경우를 제외하고
except otherwise agreed by the parties	당사자 간에 달리 합의되는 경우를 제외하고는 • unless otherwise agreed by the parties : 당사자 간에 달리 합의되지 않으면
exclusive	배타적인, 전용의, 독립적인 • exclusive possession : 전유, 혼자 소유 • exclusive right : 독점권 • exclusive use : 전용, 혼자 사용
exclusive jurisdiction	전속관할 ㊕ 법률이 고도의 적정·신속·공익상 필요로 특정 법원에만 관할권을 인정하여 재판을 하도록 하는 것 • non-exclusive jurisdiction 임의관할 ㊕ 당사자의 합의나 응소에 의하여 관할 법원을 정할 수 있도록 하는 것. 당사자의 편의 공평 도모의 취지에서 인정됨.

상용어	의 미
execute	실행하다, 해내다, 처형하다
executed and delivered	(계약서상) 작성 합의되어 교부된
exercise	행사하다
expiration	만료, 만기 • expiry
express contract	명시적 계약 ⇔ implied contract(묵시적 계약)
extinction	소멸 • extinctive/negative prescription : 소멸시효 • completion of extinctive prescription : 소멸시효완성
extreme situation	극한 상황
fabrication	날조
face value	액면가 • par value, amount value
fair	공평한 • fair and equitable principle : 신의칙, 공명정대 원칙
feasibility	타당성, 실현 가능성 • feasibility study : 예비 조사, 타당성 조사
fiduciary capacity	수탁자의 자격 • 수탁자의 자격으로 : in a fiduciary capacity
filing a lawsuit	소 제기, 소송 제기
final and conclusive	종국의
finance	재원, 재정, 금융 • financial affairs : 재무 • financial institution : 금융기관 • financial statement : 재무제표
fine print	작은 활자, 작게 쓴 약관 등 계약서상에 다른 글자보다 작게 인쇄된 내용. 즉, 예를 들면, 보험증서 뒷면의 작은 글씨로되어 있는 내용들.
finish and complete	완료하다
fit and suitable	적당한
flat fee	균일 요금

상용어	의 미
flat tax	일률과세, 단일 세율 과세 • 비례세(proportional tax) : 과세표준의 변동과 무관하게 일정한 세율을 적용하는 조세 • 누진세(progressive tax) : 소득이나 과세 대상 금액이 올라갈수록 세율이 높아지는 조세 • 역진세(regressive tax) : 소득이나 과세 대상 금액이 올라갈수록 세율이 낮아지는 조세
for and during the period of~	~기간 • for and during the term of : ~기간 중
for and in/on behalf of ~	~을 위해
for and in consideration of ~	~을 약인(約因)으로
for the avoidance of doubt	명확히 말해서, 다시 말해, 즉, 무언가를 명확히 다시 설명할 때 사용하는 관용구 • for the clarification, to make things clear 비즈니스 이메일에서도 자주 사용한다
for the purpose of ~	일반적인 의미는 '~하기 위해서' 의미이나, 계약서에서 법률적인 의미는 '~에서는'이다. • for the purpose of this agreement : 본계약에서는 • for the purpose of this article : 본 조항에서는, 본 조항의 목적상, 본 조항의 적용에 있어
forbearance	(특히 잘못한 사람에 대한) 관용, 관대 forbear : 참다, 삼가다
force and effect	효력
foregoing	전술한 내용, 앞서 말한, 방금 말한 • aforesaid, foresaid, forementioned, forenamed
foreign	외국의 • foreign currency : 외환 • foreign exchange rate : 환율 • foreign capital/money/fund : 외자
form	형식, 방식
formal objection	이의 신청
format	서식
formation	성립, 형성
forthwith	(합리적인 시간 내에서) 즉각 • immediately, promptly는 그냥 즉각, 즉시의 의미

상용어	의 미
frame contract	기본계약, 프레임 계약 A non-legally binding agreement between two parties setting out their intention to agree on the precise delivery schedule and pricing terms In the future with respect to the supply and purchase. 예를 들면, 「향후 5년간 1년에 몇 ton씩 구매하겠다.」라는 것이 기본계약이며, 연간단위로 물량/가격/납기들을 확정하는 것이다. 이 경우, 어떤 중요한 사항, 예를 들어, 가격 합의가 이루어지지 않으면 계약이 성사되지 않는다. 즉, frame contract는 법적 책임과 구속력이 없다. 하지만, frame contract는 주로 장기적인 business partner 관점의 계약서인바, 특별한 사유가 없는 한, 계약대로 진행되는 것이 일반적이다. 주로 원자재 공급/구매 계약은 장기간의 frame contract를 먼저 체결하는 것이 일반적이다. 일종의 공급자/수요자 상호 우선 협상 대상자의 지위 정도로 간주하면 된다. Smelter(제련소)의 경우, 광산과 광물 frame contract를 체결한다, 예를 들면, copper smelter는 Cu mine과 copper concentrate(동광석) frame contract를 체결하고, 매년 가격 협상하여 확정하는 것이다. 광산은 생산 물량의 일정량에 대해서 안정적인 수요처를 확보하고, 제련소는 수요 물량의 일정량은 안정적인 공급처를 확보하게되어 좋다.
free of all encumbrances	모든 방해물 없이, 어떠한 장애물도 없이 • encumbrance : 방해물, 장애물, 法 부동산에 대한 부담(저당권 등) • a house freed from all encumbrances : 담보가 전혀 잡히지 않은 주택
from and after	~후
from that time forward	그때부터 계속해서
fulfill	이행하다, 수행하다, 실행하다
full and complete	완전한
full force and effect	유효한
furnish and supply	공급하다
general	일반적인, 보편적인, 전박적인 • general affairs : 서무 • general effect, overall effect : 전체 효과 • general insurance clauses : 보험약관 • general manager : 총지배인, 총감독 중국에서는 총경리로 칭하며 대표이사 사장을 의미 • general meeting : 총회 • general meeting of shareholders : 주주총회 • general rules : 총칙, 통칙

상용어	의 미
general	일반적인, 보편적인 • generally available to the general
gentleman's agreement	신사협정, 신사협약
geographically defined	지리적으로 정의된
give and grant	부여하다
give, devise, and bequeath	유증하다
good faith	선의의, 사기성이 없는 • bona fide
goodwill	영업권
governing law	준거법 • applicable law, proper law
grant	공여, 교부, 양여 • grant-back licensor(라이센서, 기술제공자)는 licensee(라이센시, 기술도입자)에게 유상으로 기술이전을 하나, licensee가 그 기술을 기반으로 신기술을 개발할 경우, 그 신기술을 licensor에게 무상으로 제공하는 것을 의미한다. licensor들이 보험 차원에서 이런 조항을 삽입하여 기술이전하는 경우가 종종 있다. 왜냐하면, 각 사의 특화된 기술이 융합될 때 신기술이 개발될 가능성이 크기 때문이다.
grace period	거치 기간, 유예 기간 • a loan payable in ten years with a two-year grace period 2년 거치 10년 상환 대출
groundless	사실무근의, 근거 없는 • unfounded, baseless, without reason, without justification, without rational basis • a totally unfounded allegation : 전혀 근거 없는 주장 • a groundless rumor : 근거 없는 소문 • 근거 있는 : well-founded, well-grounded
harmonize	조화시키다, 화합시키다, 조화하다, 화합하다, 잘 어울리다
have and obtain	소유하다, 보유하다
heavy duty	중관세
heavy tax	중과세
hold and keep	보유하다

상용어	의 미
hold harmless	책임이 면제되다, 면책하다 • save harmless
in the ratio of ~, at the ratio of ~	~의 비율로, ~의 비율대로 • the reatio of 7 to 3 : 7 대 3의 비율로 • increase with the ratio of 7 to 3 : 7 대 3의 비율로 증가하다
in witness whereof	이상을 증명하기 위하여, 이에 대한 증거로, 이상에 대한 증거로서
including without limitation ~	~ 포함하되 ~에 제한되지 않는다. 즉, ~를 반드시 포함해서 무제한으로 • including but not limited to ~로도 사용 ㉾ including only ~라고 하면 열거하는 전부
inclusive of	including
incorporated in	~에 통합되다, ~에 편입되다, ~에 포함되다, ~에 반영되다
incorporation	회사 설립, 법인 설립
indemnify and hold harmless indemnify and save harmless	• indemnify는 이미 발생한 손실, 손해와 장래의 손실, 손해에 대한 보상, 보전을 현시점에서 배상 약속한다는 것임. • hold harmless는 제삼자로부터의 청구에 대해서 앞으로의 책임에 대해 면책한다는 의미이다. save harmless로도 사용한다 • indemnify and hold harmless against and from all expenses, claims, and loss 모든 비용, 클레임, 손실을 ~ 에게 배상하고 책임을 면제시킨다. • Distributor shall have no liability or obligation regarding any loss and claim, and Supplier shall defend, indemnify and hold Distributor harmless from any loss and expense which might be caused by Supplier's products infringing the intellectual property rights of a third party. 디스트리뷰터는 손실 및 청구에 대해 책임이나 의무가 없으며 공급자는 공급자의 제품이 제삼자의 지적 재산권을 침해함으로써 발생할 수 있는 손실 및 비용에 대해 디스트리뷰터에게 손해배상하며, 그 책임으로부터 디스트리뷰터를 보호하고 면책한다.
indemnity	indemnify A from B, indemnify A against B : (법률적으로) 보장하다, B로부터 A를 보호하다 法 B에 대한 A의 법적 책임을 면제하다, 면책을 보증하다
independently developed	독립적으로 개발된 • jointly developed : 공동으로 개발된
infringement	침해
initial here	여기에 이름 첫 글자들로 서명하라
initiate a preceeding	소송절차를 밟다

상용어	의 미
injunct	금지하다, 억제하다 • injunctive : 명령적인, 금지의 • injunctive relief : 금지명령구제 • injunction : (법원의) 명령 restraining order : (권한자의) 경고, 명령
impair	손상시키다, 악화시키다
impose	도입하다, 부과하다, 강요하다
in a timely manner	시기적절하게, 적시에, 적기에
in accordance with ~	~따라서, ~에 부합되게
in any event	아무튼, 좌우간 • in any case
in bad faith	불성실하게, 악의로 • mala fide
in compliance with	~에 따라, ~에 응하여, ~대로, ~에 쫓아 • in obedience to
in consideration of ~	약인으로, 대가로 • 약인이란 계약당사자가 계약을 체결하게 하는 동기, 유인, 즉 계약 체결의 이유로 당사자 일방에 발생하는 권리, 이익, 이득 또는 상대방이 부담 하는 손실, 손해, 책임 등을 말한다.
in duplicate	2통으로 • triplicate : 3통
in force	효력을 가지다, 유효하다 • in full force : 완전 효력을 가지다
in good faith	호의로, 선의로
in lieu of	대신에 • instead of
in no event	어떻게 되든(~이 아니다), 어떠한 경우에도 ~ 아니다
in respect to	관해서는, 대해서는 • in respect of, with reference to, in reference to

상용어	의 미
in the public domain	누구나 살 수 있는, 권리 소멸상태인
injunction	(법원의) 명령
insofar as ~	~ 하는 한(◉ 당사자의 의무가 무엇인지 제한할 때)
installment	할부, 분납, 할부금, 분할 불입, 분할 불입금 • installment loan : 할부 대출, 할부금융 • installment buying : 할부 구매 • installment selling : 할부 판매
instrument	일반 영어에서는 「기계, 기구, 도구, 악기, 수단, 방편, 앞잡이」 등의 뜻으로 사용되나, 법률, 증권, 금융, 계약 분야에서는 『법률 문서』로 사용되는 빈도 높은 단어이다.
intentional miscoduct	고의적 악행 • wilful miscodnuct
inter alia	그중에서, 특히 • among other things, among others
interfere	간섭하다, 참견하다, 개입하다
intermediary	중재자, 중개인
inure to the benefit of ~	~의 이익을 위하여 효력이 있다, ~의 이익이 되도록 효력이 발생한다 ◎ 일반 상거래 계약에서는 발생될 가능성이 희박하며, 상표권 라이선스 계약에 실제 사용되는 경우가 있다.
irreparable	회복할 수 없는, 만회할 수 없는, 바로잡을 수 없는 • irreversible, irrepairable, cureless, incurable, irremediable
irrevocable	변경할 수 없는, 돌이킬 수 없는 • irrevocable decision : 확정판결 • irrevocable letter of credit : 취소불능 신용장
is not authorized to ~	~ 할 권한이 없다 • have no authority to ~
issuance	발부, 발행 • issuance of securities : 증권발행 ◎ 증권(securities)은 주식(share/stock)과 채권(bond)의 총칭 • issuance of stocks/shares : 주식발행 • issuance at a discount : 할인발행 • issuance at a premium : 할증발행

상용어	의 미
joint	공동의, 합동의, 연대의 • joint development : 공동개발 • joint guarantee : 연대보증 보증과 연대보증은 큰 차이가 있다. 예를 들어, [A가 1억 원을 차입시 B가 보증한다.]와 [A가 1억 원을 차입 시 B가 연대보증한다.]라는 의미는 상이하다. 전자는 A가 차입금 상환 능력이 없을 경우, 채권자가 B에게 상환 청구 권리가 있지만, 후자는 A의 차입금 상환 능력 여부와 상관없이 B에게 상환 청구할 수 있고, B는 상환의무가 발생한다. 즉, 연대보증 한다는 의미가 본인이 차입한 것과 같다고 간주하여야 한다. • joint endorsement : 연명 배서 • joint investment : 공동 투자 • joint liability : 연대 책임 • joint meeting : 연석 회의 • joint ownership : 공동 소유 • joint research : 공동 연구 • joint surety : 연대보증인 • joint venture : 합작 투자, 줄여서 J/V라고 한다 joint undertaking 이라고도 한다 • joint signature : 연서 jointly : 공동으로, 연대해서
joint and several liability	연대 책임
jurisdiction	사법권, 관할권, 관할 법원
just and equitable	공정하고 정당한
justifiable	정당한, 정당한 이유가 있는
keep and maintain	유지하다
kind and character	성질 kind and nature
known and described as ~	~라고 불리다
large	큰, 대 • large part/percentage/portion of ~ : ~의 대부분 • large stockholders/shareholders : 대주주
laws and acts	법률 및 행위, 법과 행위
lawsuit	소송

상용어	의 미
legal	법률의, 법적인 • legal expense : 소송비용 • legal relationship : 법률관계 • legal representative : 법정대리 • legal requirement : 법률요건 • legal service : 법률 사무
legalese	난해한 법률문제(용어, 표현법) plain English movement : 법률용어 순화 운동
letter	• letter of credit : 신용장 • letter of undertaking : 이행각서 • letter/warrant/power of attorney : 위임장 • letter of commitment : 약정서 • letter of confirmation : 확인서
lien	선취득권, 리엔, 유치권
limited	한도의, 한정의 • limited amount : 한도액 • limited company : 유한회사 • limited liability : 유한책임 • limited partnership : 합자회사 • general partnership : 합명회사
liquidate	청산하다 • liquidator : 청산인 • liquidated damage : 확정 배상액(▶ 계약 불이행 시 손실의 발생 유무를 따지지 않고 해당 금액 배상), 지연배상액
location	소재지 • location of industry : 산업 입지 • relocation : 이전 • notice of relocation : 이전 안내
maintain	유지하다, 지키다, 주장하다
make and conclude	체결하다 make and enter into
make use of ~	~을 이용하다, 활용하다, 덕보다
manifest	적하목록, 명백한 • 화물이 선박이나 비행기에 실릴 때 작성하는 목록이다. MNF, M/F라고도 한다. 비행기 승객 명단도 manifest라고 하는데, Netflix 방영물 중에 Manifest라는 제목의 드라마도 있다.

상용어	의 미
material breach	중대한 위반 ⓟ Material breach is a contract law term which refers to a failure of performance under the contract which is significant enough to give the aggrieved party the right to sue for breach of contract. 계약을 크게 위반하는 것을 「material breach of contract」라고 하며, 국가 간의 조약을 크게 위반하는 것은 「material breach of treaty」라고 한다. Material breach에 해당되는 사안이 발생 되면 보통 계약이 파기되거나 벌칙조항이 있는 것으로 계약서를 작성하는 것이 일반적이다. • material : 직물, 천, (물건의) 재료, 물질적인, 물리적인, 중요한 ⓟ 원자재의 의미로는 일반적으로 복수형을 사용하여 raw materials ⓟ facts material to decide on the investment : 투자 의사 결정에 중요한 사실 ⓟ material evidence : 물적 증거
maturity	만기, 성숙 mature : 만기가 되다, 성숙하다, 완성하다, 만기가 된, 익은, 성숙한
may ~	~ 할 수 있다 ⓟ 허가, 허락, 권리의 의미(cf. 능력의 ~ 할 수 있다는 can) ⓟ 법적으로 ~할 권리를 행사 가능하다는 의미로 has the right to ~, be entitled to ~를 사용하기도 한다
mean and include	~ 을 의미하다
mentioned or referred to	기재 되다
milestone, milepost	마일스톤, 주요 일정표
mirror-image rule	엄격 일치의 원칙 – 청약과 승낙은 세부 내용까지 완전 일치하여야 계약이 성립된다는 원칙 • battle of forms : 서식의 전쟁
misappropriation	남용(abuse)
miscellaneous provisions	부칙, 다양한 조항, 잡다 조항
modify and change	변경하다
move-in and move-out fee	전입 전출 수수료
multimodal	복합, 다모드의, 다양한 • multimodal transport, multimodal freight : 복합운송

상용어	의 미
mutatis mutandis	준용하다, 필요한 부분만 약간 수정하여, 본질적으로 같으나 필요한 변경을 조금하여
mutually beneficial	상호 호혜적인, 서로에게 이익이 되는
negligence	과실 • gross negligence : 중과실
negotiate	협상하다, 교섭하다
neither party shall be liable to the other party for ~	양 당사자 중 어느 일방도 –에 대해(상대방 당사자에게) 책임을 지지 아니한다.
non-binding	구속력이 없는, 강제적이 아닌, 비강제적인 • non-obligatory
non-compete	경쟁 금지, 동종 품목/업종 경쟁 금지, 동종 업종 취업 금지 In contract law, a non-compete clause(often NCC), or covenant not to compete(CNC), is a clause under which one party(usually an employee) agrees not to enter into or start a similar profession or trade in competition against another party(usually the employer). Some courts refer to these as 「restrictive covenants.」 계약에서 자주 사용하는 말로서, 경쟁 관계에 있는 품목을 팔거나, 회사에 경쟁되는 일은 할 수 없다는 것이다. 예를 들어, 외국회사에 독점권을 부여하였는데, 그 독점권을 받은 회사가 독점권 공여업체와 경쟁관계에 있는 물품을 같이 판매한다면 이는 독점권 공급 업체에 손실을 끼치게될 가능성이 큰바, 이런 상황을 방지하기 위한 것이다. 또한 고용계약서에도 자주 사용하는 표현인데, 고용인이 회사를 그만둘 경우, 몇 년간은 그 회사에 취득한 지식이나 know-how를 갖고 그 회사의 이익과 상충되는 사업은 하지 못한다는 의미로 사용된다. 즉, 동종 업종에서 경쟁하지 않는다는 것임. 일반적으로 임원급 이상의 인사나 직급이 어느 정도 되는 연구원들에게만 적용되며, 각 나라마다, 각 기업마다 경쟁 금지 기간이 상이하다.
non-compliance	불이행
nonconforming	관행을 따르지 않는, 규법을 따르지 않는, 국교를 신봉하지 않는
non-performing party	불이행 당사자
not later than June 1	6월 1일보다 늦지 않게(▶ 6월 1일까지) • no later than June 1 : 6월 1일 보다 빨리 • no sooner than June 1 : 6월 1일보다 늦게 • not sooner than June 1 : 6월 1일보다 빠르지 않게
nothing contained in this Agreement should be construed to ~	본 계약에 있는 어떤 내용도 ~ 하는 것으로 해석되어서는 안 된다 • nothing contained in this Agreement should be construed as ~ing

상용어	의 미
nothing herein, however, shall be deemed to ~	하지만, 여기에 있는 어떤 것도 ~하는 것으로 간주되지 않는다
nothing prevents either party from ~ing	양 당사자가 ~하는 것을 막는 것은 아무것도 없다
notwithstanding anything to the contrary in this agreement	본 계약에 명기된 반대되는 어떤 내용의 규정에도 불구하고 계약서 조항이 상충될 경우, 우선순위를 확실히 하여 논쟁의 소지를 없게 할 필요가 있을 때 사용 • notwithstanding anything to the contrary herein
novation	(채무·계약 등의) 갱신
null and no effect	무효한 • null and no force, null and no value
null and void	무효의, 효력이 없는
obligate	(법률·도덕상의) 의무를 지우다, 강요하다 • be obligated to~ : ~해야 한다, ~할 의무가 있다 • obligation : 의무 • under no obligation to ~ : ~할 의무가 없는
occurrcncc	발생
of and concerning	~에 대해서, ~의
on and before ~	일자까지(by, until and including)
on behalf of	대표하여, 대신하여
on one's own account	누구의 비용 부담으로
one and more than one	1개 이상(not less than one) • more than one : 2개 이상
out-of-pocket expense	• 계약의 준비 및 체결 과정에서 발생한 비용 일체, 부대비용 • 자기 부담금(프로젝트를 위해 지불한 금액; 식사비, 주유비, 호텔비 등을 포함한다)
over and above	~을 넘다
partially or totally	부분적으로 또는 전체적으로, 부분적으로 또는 완전히
participate	참가하다
party	당사자
payable	지불해야 하는, 지불할 수 있는, ~를 수취인으로 하는

상용어	의 미
payment schedule	지불 일정
payroll	급여 대장, 급여대상자 명단, 급여 지불 총액 • on the payroll : 고용되어 • off the roll : 해고되어
performance bond	이행보증서, 이행보증금(즉, 약속 불이행 시 해당 돈 반환 불가)
pertaining to	~에 관한 • all matters pertaining to ~ : ~에 관한 일체의 사항
pledge	약속, 서약, 저당(금), 담보, 약속하다, 맹세하다, 저당 잡히다 pledgee : 法 질권자, 저당권자 • pledger : 法 저당권 설정자
power and authority	권한
power of attorney	위임장(POA)
preceding	이전의, 앞선, 선행하는, 바로 앞의, 전술의, 상기의
preemptive right	신주 우선 인수권, 선매권
preferential	특혜의, 우선의 • preferential duty/tariff : 특혜 관세 • preferential payment : 우선변제 prior payment, payment in preference
premises	계약서 전문, 전기의 사항
presume	(근거 있는) 추정하다 assume : 근거 없는 추정하다
presumption of innocence	무죄추정의 원칙
prevail	만연하다, 팽배하다, 승리하다, 이기다
prima facie	언뜻 보기에, 추정적 일견하여, 우선은
principal	원금, 주요한, 주물 • principal office : 본점(main/head office) • principal and interest : 원금과 이자 • principal registration : 본등기
privilege	특전, 특혜
pro rata	정비례해서(▶ 비례해서 배분한다는 의미 내포) • proportionally
proceeding	소송절차

상용어	의 미
promote	촉진하다, 홍보하다, 승진시키다
provided that ~	다만 ~ 한 경우에
provided, however, that ~	다만 ~ 한 경우에(● provided that 보다 강하게 표현)
provision	조항, 공급, 제공, 준비
provisional	임시의, 일시적인, 잠정의, 가(假 : 임시, 가짜, 시험적인) • provisional certificate : 가증서 • provisional agreement : 가계약 • provisional invoice : 가송장 • provisional payment : 가지급 • provisional registration : 가등기 • provisional seizure : 가압류 • provisional deposition : 가처분
punitive damages	징벌적 배상 • exemplary damages
purportedly	(사실이 아닐지도 모르지만) ~로 알려진, ~로 진술된
pursuant to ~	~에 준해서, ~에 따라서
raw materials	원자재 • crude materials, rough materials
recital	(증서 등의) 사실의 열거 부분, 비고 부분
recite	(참고 사실을) 문서로 구진(● 모든 것을 갖추어 자세히 진술) 하다
recourse	상환청구권, 소구권 • with recourse : 의무자의 신용 외에 이행을 청구할 수단이 있음 1차 책임자가 책임지지 않으면 2차 책임자에게 청구 가능 • without reocurse : 의무자의 신용 외에 이행을 청구할 수단이 없음(즉, 3자 면책이라는 의미) • limited recourse : 의무자의 신용 외에 이행을 청구할 수단이 있으나 제한적임
red tape	• 불필요한 요식(행위) red tape formalities : 번거로운 절차
reimburse	상환하다
reliance damages	신뢰이익의 손해배상
relieve	없애주다, 완화하다, 줄이다

상용어	의 미
render	주다, 제공하다, 만들다, 제시하다, 제출하다
represent	표시하다, 진술하다, 대표하다, 대리하다, 해당되다
representation and warranty	진술 및 보증
representation letter	대표 각서, 대리 위임장
reprisal	보복, 앙갚음
request and demand	요청과 요구 ㊟ 요구는 「받아야 할 것을 필요로 달라고 청하는 것」이며, 요청은 「필요한 어떤 일이나 행동을 청하는 것」이다. ㊟ 일반적으로 요구의 경우 요구받은 자가 요구받은 사항을 거부할 수 없으며, 요청의 경우는 요청받은 자가 요청받은 사항에 대한 판단 여지가 있다. 즉, 요구와 요청은 강제성의 정도에 차등을 두는 것이다.
request for arbitration	중재 신청서
reserve the right	권리를 유보하다
resolution	의결
resort to legal means	법적인 구제 수단을 취하다
respective	각자의
restitutionary damages	원상회복 배상 • restitution : 반환, 法 배상, 보상
restrict	제한하다, 방해하다
result from	A results from B. B로 인해 A가 발생된다. • B results in A. • B causes A.
retain	유지하다, 보유하다, 함유하다, 간직하다
revoke	철회하다, 폐지하다, 취소하다 • revoke a decision • revoke a business license
right of first refusal	우선적 선택권, 우선적으로 결정할 수 있는 권리, 우선매수권
right of publicity	퍼블리시티권, (명사들의) 이름·초상 보호권 ㊟ 유명인이 저작인격권에 속하는 성명, 초상 등에 권리를 상품화시켜 이전이 가능한 권리로 구성한 개념
rollback	(상황·법률·협상·가격·급여 등이 과거 상태로) 역행, 후퇴, 되돌림, 인하

상용어	의 미
save and except	~을 제외하고
statement of defence	피신청인 준비서면 • statement of rejoinder : 피신청인 2차 준비서면
stipulate	규정하다, 명기하다
stock	• stock corporation : 주식회사 • stock/share certifcate : 주권 • stock/share price : 주가 • stock/share transfer : 주식 양도 • stock/capital watering : 주식 증자, 물타기 증자
stoppage	조업 중단, 멈춤
strict liability	엄격 책임
subcontract	하도급, 하청업
subcontract	하노급, 하청업 • subcontractor : 하도급업자, 하청업자 요즘은 하청업체 대신 협력업체라는 말을 사용한다.
subject to	~에 달려 있다, ~에 의해 결정된다 계약서에 자주 사용되며 비즈니스 서신에서도 자주 사용된다. 일반적으로 앞 문장이 있고, 뒤에, subject to~라고 사용하는데, subject to 이하의 내용에 따라, 앞의 문장 내용이 결정되는바, subject to 이하의 내용에 신경을 써야 한다. 예를 들어, We are pleased to place an order with your company for 200 tons of PC for cellular phone housing, subject to the order quantity of service providers. 당사는 귀사에 핸드폰 케이스용 PC 200톤을 발주해서 기쁘다. 이 발주는 통신업체의 핸드폰 발주 수량에 의해 최종 결정된다. 즉, 법적으로 얘기하면, 통신업체의 발주가 없다면, 200톤의 발주는 자동 취소되는 것으로 된다. 즉, 조건부 발주이다, 하지만, 공급업체로서는 이 조건부의 PO를 받는 것과 못 받는 것은 큰 차이가 있는바, 이런 조건부 PO라도 받으면 생산 일정 잠정 수립과 자재 수급에 잠정 대처할 수 있다.
subject to the conditions hereinafter set forth	본 계약에 명시되어 있는 조건에 따라 아래에 명시되어 있는 조건에 따라
subsequent	그다음의, 차후의 • subsequent step : 그다음 움직임, 후속 조치(follow-up measures)
subsidiary	부수적인, 자회사의 • wholly-owned subsidiary : 완전 종속 회사, 완전 자회사

상용어	의 미
scope	영역 • full scope : 충분한 여지, 전면, 전규모
sealed deed	날인증서
secrecy	비밀
security	담보
shall ~	~한다(계약서의 shall은 의무를 의미한다.) • 『~ 할 의무가 있다.』라는 의미로 『~ 한다.』라고 해석하면 되며, be obligated to ~로도 사용한다. • 『shall not ~』은 『~ 하지 않기로 한다.』의 의미로, 대다수의 경우 해석은 『~ 하지 않는다.』로 하는 것이 일반적이다. 만약 명기한 대로 하지 않으면 계약 위반이 되는 것이다.
shall in no way impair the enforceability of~	~의 집행에 영향을 끼치지 않는다, ~의 강제성에 영향이 없다 ⓟ in no way : 결코/조금도 ~ 않다(not ~ at all)
shall not be unreasonably withheld	불합리하게 보류되지 않는다, 부당하게 보류되지 않는다 • The other party's written consent shall not be unreasonably withheld. 다른 당사자가 서면 동의를 부당하게 보류하지 않는다.
shall not be used for any purposes other than~	~ 이외의 용도로 사용되지 않는다, ~의 용도로만 사용된다 • shall not be used for any other purpose than ~
shortlist	우선 협상 대상자, 최종 후보자 명단, 최종 명단에 넣다
side letter	부속 서신 • side issue : 지엽 문제, 부차적 문제 • side agreement : 추가 협약, 부가 협약 • side job : 부업, 아르바이트
sign and seal	서명 날인
skeleton argument	주장 요약서(최종 서면) ⓟ 살은 없고 뼈만 있으니 압축 요약된 내용을 의미한다. • skeleton : 골격, 해골, 윤곽, 골자 • skeleton in the closet, skeleton in the cupboard, family skeleton : (남의 이목을 꺼리는) 집안 비밀
slowdown	둔화
sole and exclusive	유일의, 배타적인

상용어	의 미
specific performance	특정 이행 명령
standby credit	보증신용장
statement of claim	신청인 준비서면 • statement of reply : 신청인 2차 준비서면
substantial	상당한, 사실상, 실직적인, 내용이 풍부한 • substantial amount of money : 상당한 액수의 돈 • substantial evidence : 상당한 증거 • substantially : 실체상, 본질상, 사실상
successful bidding	낙찰 • successful bid : 낙찰 • successful bidder : 낙찰자
supersede	대리하다, 대신하다 • take the place of, replace, supplant
supersede and displace	~을 대신하다, ~을 무효로 하다
survival	규정의 존속성 • survival clause : 존속 조항
TBD	곧 결정될 것임, 추후 결성, 현재 미성 • to be determined, to be decided
temporary	일시적인
tender of performance	변제(채무 이행의) 제공 • tender of payment ㉮ 채권자의 협력을 필요로 하는 채무에서, 채무자가 급부의 실현에 필요한 모든 준비를 다하여 채권자의 협력을 요구하는 일
term sheet(T/S)	주요 조건 요약서
terms and conditions	조건, (계약상) 지불 조건 및 일반 조건
terms of reference(TOR)	위임사항, 권한
territory	영역
the day and date first written above	서두에 기재된 일자
then current	당시 현재 • then-current : 당시의

상용어	의 미
then existing	그 당시에 존재하는, 당시에 유효한, 당시의
this agreement shall govern and prevail	본 계약에 따르며, 본 계약이 우선한다.
through one's fault	~의 과실로 • through no(particular) fault of one's own : ~의 잘못이 아닌데도
thrust	요점, 취지, 찌르기, 공격 • thrust of a clause : 조항의 요지
timely	시의적절한, 적기의 • timely ↔ untimely • opportune ↔ inopportune • seasonable ↔ unseasonable
to the extent permitted by law	법이 허용하는 범위 내에서
to the maximum extent possible	최대한
to whatever extent	어느 정도
tort	(민사소송으로 이어질 수 있는) 불법 행위
trade name	상표명, 상품명(brand name)
trademark	상표, 트레이드마크
transfer	양도, 이월
treasury stock	자사주
trigger event	(일련의 사건을 유발하는) 계기, 유인 • quick on the trigger : 재빠른, 빈틈이 없는, 사격이 빠른
true and correct	올바른
type and kind	~ 종류의
unavoidable	피할 수 없는 ineluctable, inescapable, inevitable, ineludible
under and subject to	~에 따라
under one's hand and seal	서명 날인되어

상용어	의 미
under the direction and control of ~	~의 지시와 감독에 따라
under the pains and penalties of perjury	위증죄 형벌하에
understood and agreed	합의된, 동의된
undertaking	약속, 의무, 보증
undue influence	부당 위압
unless caused by ~	~로 야기되지 않으면
unless in writing	서면이 아니면
unless otherwise agreed	별도 합의가 없으면
unless otherwise specified in~	~에 달리 명기되지 않는 한
unless otherwise notified by	별도로 통지받지 못하면
untrue statement	허위진술, 사실 와전 • misrepresentation
upon the close of this agreement	계약이 체결되는 대로
vacate	(좌석, 방, 집 등을) 비우다, 방을 빼다, (일자리에서) 떠나다 法 무효로하다 • vacate a house, vacate the seat
validate	입증하다, 인증하다, 승인하다, 인정하다
validity, legality and enforceability of ~	~의 효력, 적법성 및 집행 가능성
via a written change order	서면으로 변경 지시하여, 서면 변경 지시를 통해서 • thru a change order in writing
vice versa	반대의 경우도 같다
void	무효의, (법적) 효력이 없는
voluntarily or by cause	자발적이든 사유가 있든

상용어	의 미
voluntary	자발적인, 임의적인 • voluntary auction : 임의경매 • voluntary unemployment : 자발적실업
voting stocks/shares	의결권주
waive the right	권리를 포기하다
waiver	권리 포기 non-waiver : 권리 불포기
walk-through	단계별 검증, 검사, 외관 검사, 연습, 리허설 주로 건설 쪽에 사용된다. 건설 진행 상황을 걸어 다니면서 검사, 검증한다는 것이다.
warrant	보장하다, 장담하다, 영장 • search warrant : 수색영장 • arrest warrant : 체포영장 • warrant for search and seizure : 압수 수색 영장
when and as	~일 때, ~의 경우
when and if	~일 때, ~의 경우
whereas	반면에, 한 사실이 있으므로, ~라는 사실에 비추어, ~한 사실이 있으며 • while, on the other hand Shipment is covered in article 7 whereas quality control is defined in article 17. 선적은 7조에 명기되어 있는 반면에 품질관리는 17조에 명기되어 있다.
whereas clause	계약서 전문 중 설명 조항(= recitals)
wholly owned	완전히 소유된
without cause	정당한 사유 없이, 이유 없이
willfully and knowingly	고의로, 알면서
with all due speed	전속력으로
with reference to	~에 관하여 • with regard to, in connect to, with respect to
withdrawal	철회, 취하 • early withdrawal : 조기 해약, 중도 해약 • withdrawal of litigation : 소송 취하

상용어	의 미
withholding	원천징수 • withholding income tax : 원천소득세 🔘 세법상 원천징수의무자는 돈을 주는 사람이다. 회사에서 직원에게 급여를 지급하면, 급여의 세금을 차감한 후 직원에게 급여를 지급하며, 그 세금은 회사에서 직원 명의로 대납한다.
within the meaning of ~	~에 규정되어 있는
withnesseth	주목하다, 알아차리다, 주의하다, 논평하다, 증언하다 • take notice of
without commitment	아무런 의무를 지지 않고, 확약 없이, 언질 없이
without limiting the generality of the foregoing	앞에서 설명한 사안의 일반성을 한정하는 것은 아니며 🔘 어떤 사항을 일반적으로 규정하고 몇 가지를 특정하여 예시할 경우 사용
without prejudice to ~	~에 영향을 주지 않고, ~를 침해하지 않고, 🔘 어떤 행위를 한다고 해서 ~에 대해 어떠한 영향을 주지 않는다는 것임. 즉, ~에 대한 권리는 여전히 살아있는 것임. • without prejudice to any other rights or remedies which may be available to the company 회사에서 조처 가능한 다른 권리나 구제책에 영향 없이 • Until your company supplies 2 Mil PCS, the agreement between us shall continue to be enforced without prejudice to the amendment to the agreement. 귀사가 200만 개를 공급할 때까지 귀사와 당사 간의 계약은 계약 수정 사항에 영향 없이 계속 유효하다.

02
상용 문구

본 문구들은 거의 모든 계약서에 상시 명기되어야 하는 내용이다. 기본적인 내용은 대동소이하나, 계약서 작성자에 따라 표현 방법이 상이하다고 간주하면 된다. 즉, 다음 페이지들에 소개된 문장들을 기본으로 필요에 따라 조금만 변형하면 원하는 문구 작성이 가능할 것이다.

국문이든 영문이든 계약서 문체는 비즈니스 이메일 문체와는 상이하다. 비즈니스 이메일은 최대한 간단명료하게 작성하지만, 계약서는 그러하지 않다. 왜냐하면 계약서는 불확실한 미래에 발생할 수 있는 상황에 관한 내용을 가급적 자세히 명기하여야 하기 때문이다. 이러한 사유로 영문계약서의 영어는 간단하지 않다.

하지만, 자세히 들여다보면 영문법에 상당히 충실하게 나열식으로 작성되어 있는바, 문법적으로 분석하면 금방 친숙해질 수 있다. 계약서 내용의 대부분은 부사절, 부사구인바, 주어 동사 목적어만 찾으면 문장이 쉽게 이해될 것이다. 또한, 영어의 대 원칙 중 하나인 「긴 내용은 뒤로 간다.」라는 원칙을 대부분 따르고 있는바, 문장 구조를 먼저 파악한다면 영문계약서 작성이 쉬울 것이다.

계약서 첫 문장

『본점 주소가 어디인 회사가 본점 주소가 어디인 회사와 언제 계약을 체결하고, 그 회사들을 계약서에서 뭐라 호칭한다.』라고 시작하는 것이 일반적이다.

첫 문장에 회사 이름 명기 시 Business registration No(사업자 등록번호)를 명기할 수도 있으며, 첫 문장에는 명기하지 않고, 계약서 마지막 서명란에 명기할 수도 있다. 두 군데 모두 기재하는 것도 무방하다.

상용 문구

- is made and enter into : 작성되어 체결하다
- enter into : 체결하다
- hereinafter referred to as ~, hereinafter called as ~ : ~라고 칭한다
- principal place : 본점 소재지

예문 1

This Design Agreement("Agreement") is made and entered into as of the third day of September, 2021("Effective Date") by and between Indifatigable Co., Ltd.("Indifatigable") having its principal place of business at #1327, 217, Tantanda-ro, Yeondong-gu, Daegu City, Korea, 16226("Indifatigable"), and Invincible Inc., a Nevada corporation having its principal place of business at 976 N. Capital of Tantan Hwy., Suite 456, Las Vegas, NV, 58767, USA("Invincible"). Indifatigable and Invincible also are hereinafter referred to individually as a "Party" and collectively as the "Parties."

본 디자인 계약("계약")은 2021년 9월 3일("발효일")을 기준으로 대구 영동구 탄탄대로 1327에 본점이 소재하고 있는 Indifatigable Co., Ltd.("Indifatigable")와 본점 소재지가 976 N. Capital of Tantan Hwy., Suite 456, Las Vegas, NV, 58767, USA인 Invincible Inc. 간에 체결된다. 각 사는 개별적으로 "Party"라고 호칭하며, 집합적으로는 "Parties"라고 한다.

예문 2

THIS EXCLUSIVE AGENT AGREEMENT(hereinafter referred to as the "Agreement") is made and entered into as of August 15, 2021 between Indifatigable Technology Inc., a company organized and existing under the laws of Taiwan, having its principal offices at No 1-1 Tantandae-ro, Guan-Yin Industry Park, Tao Yuan, Taiwan("Indifatigable"), and Invincible Inc., a corporation organized and existing under the laws of Republic of

Korea with its principal offices at Suite 1508, Tantan Bulilding, 51-11 Tantan-dong, Songpa-ku, Seoul, Korea.("Invincible")

이 독점 대리점 계약(이하 "계약")은 대만 법률에 따라 설립되고 존재하며 본사는 1-1 Tantandae-ro, Guan-Yin Industry Park, Tao Yuan, Taiwan 7777에 소재한 Indifatigable Technology Inc.("Indifatigable") 사와 대한민국 법률에 따라 설립되고 존재하며 본점 소재지가 서울특별시 송파구 탄탄동 51-11, 탄탄빌딩 1508호인 법인 Invincible Inc.("Invincible") 간에 2021년 8월 15일자로 체결된다.

예문 3

Tantan Stanzteohnik GmbH, a company organized and existing under the laws of Germany, having its principal offices at Tantanstrasse 8, 15787 Minigsbach-Stein, Germany(Tantan), and Jalpanda Corp., a corporation organized and existing under the laws of Republic of Korea with its principal offices at Suite 1508, Tantan Building, 567-11 Bangi-dong, Songpa-ku, Seoul, Korea, zip code 118-777("Invincible") enter into this agreement as of October 23, 2021, and they hereto mutually agree as follows:

독일 법률에 따라 설립되고 존재하는 회사로, 본점 소재지는 Tantanstrasse 8, 15787 Minigsbach-Stein, Germany(Tantan)에 있는 Tantan Stanzteohnik GmbH와 대한민국 법률에 따라 설립되고 존재하는 법인으로 본점 소재지는 서울특별시 송파구 방이동 567-11 탄탄빌딩 1508호인 Jalpanda Corp.는 2021년 10월 23일자로 본 계약을 체결하며, 다음과 같이 상호 동의한다.

예문 4

This Exclusive Agent Agreement(hereinafter referred to as the "Agreement") is made and entered into as of July 24, 2020 between Magic Plastics Inc., (hereinafter called as MAGIC) a company organized and existing under the laws of Japan, having its principal offices at ADDRESS A and Jalpand Corp., (hereinafter called as JALPANDA) a corporation organized and existing under the laws of Republic of Korea with its principal offices at ADDRESS B.

본 독점 대리점 계약(이하 "계약")은 2020년 7월 24일 자로 Magic Plastics Inc.(이하 MAGIC)과 Jalpanda Corp.(이하 Jalpanda) 사이에 체결되었다. 일본 법률에 의거 설립되고 존재하는 MAGIC의 본점 소재지는 ADDRESS A이며, 대한민국 법률에 따라 설립되고 존재하는 JALPANDA의 본점 소재지는 ADDRESS B이다.

MAGIC and Jalpanda desire to enter into an agreement pursuant to which Jalpanda will exclusively promote and sell all of MAGIC's products within a specific, geographically defined area(hereinafter called as TERRITORY) on a specifically defined basis.

MAGIC과 JALPANDA는 상호간에 『Jalpanda가 구체적으로 정의된 특정 지역(이하 TERRITORY) 내에서 MAGIC의 모든 제품을 독점적으로 홍보하고 판매하는』 계약을 체결하기를 원한다.

Now, therefore, based on the foregoing premises and in consideration of the mutual covenants hereinafter set forth, the parties hereto mutually agree as follows:

본 문장은 암기해 두는 것이 매우 유용하다.

따라서 이제, 전술한 전제에 기초하고 이하에 기술된 상호 약정을 약인으로 당사자들은 다음과 같이 상호 합의한다.

- foregoing : 전기한, 전술의, 앞에서 말한, 상술한
  aforesaid, foresaid, aforementioned, forementioned, aforenamed, forenamed, previously mentioned, earlier mentioned, prior mentioned
- as + 위의 단어 : 상술한 바와 같이, 전술한 바와 같이
  as aforesaid, as foresaid, as aforementioned, ~

▶ in consideration of : 약인(約因)으로, 대가로
약인은 한자 그대로 한쪽의 약속에 대한 또 다른 한쪽의 반대급부를 의미하며, 영미법에서는 이를 계약의 유효 조건으로 한다. 대가는 뭔가를 얻기 위하여 하는 노력이나 희생을 의미한다.

용어 정의

계약서에 있는 주요 단어들의 의미를 정의함으로써 용어에 대한 의미 이해 차이로 인한 분쟁 발생 가능성을 미연에 방지한다.

▶ 미연에 방지하다 : nip ~ in the bud

Why don't you nip the issue in the bud before it starts affecting the whole schedule?

전체 일정에 영향을 미치기 시작하기 전에 문제를 미리 해결하지 않으시겠습니까?

1. Definitions

For purposes of this Agreement, the following terms shall have the meanings hereinafter set forth:

본 계약서상, 다음 용어의 의미는 아래와 같다.

1.1 Agreement

"Agreement" means this document, together with all exhibits, schedules and other attachments or addenda to be attached hereto if any in the future and made a part hereof, as amended from time to time.

▶ addendum : 부록, 부칙(supplementary provision), 복수는 addenda

"계약"은 본 문서를 의미하며, 모든 첨부물, 일정 및 기타 첨부 파일 또는 부록과 향후 계약서의 일부로 첨부되거나 가끔 수정되는 내용을 포함한다.

1.2 Customer

"Customer" means any party maintaining a principal place of business within Korea and their subsidiaries out of Korea.

"고객"이라 함은 한국 내에서 본점과 그 회사의 해외 자회사를 의미한다.

- 완전 소유 자회사는 wholly owned subsidiary이라고 한다.

고객을 본점과 해외지사로 정의하는 사유

현대는 global business 시대이다. 한 회사의 본점과 해외 지사는 각각 독립채산제일 수 있으며, 각지 현지에 최적인 방법으로 생산 영업 구매 활동을 할 수도 있다.

즉, 예를 들어 Jalpanda 회사가 Indefatigable 사의 한국 본점과 특정 제품을 개발하여 공급할 때, Indefatigable 사의 미국 지사는 Jalpanda 회사와 거래하지 않고 다른 회사에 의뢰하려 같은 제품을 만들 수도 있는바, 그러한 가능성을 차단함으로써, 비즈니스 성사 시 본점뿐만 아니라 해외 지사에도 공급하는 것을 보장받기 위해 고객이 어디를 의미하는지 확실히 명기하는 것이다.

또한, Indefatigable 사의 한국 본점에서 개발하였으나, 생산은 인도 지사에서 할 수도 있으며, 이 경우, 실제 생산하는 인도 지사에서 다른 업체에 발주할 수도 있는바, 그러한 때를 대비하여 미리 자사의 이익을 보호하자는 것이다.

부품이나 제품을 발주하는 회사는 되도록 로컬 거래를 선호한다. 즉, 한국에 있는 업체가 발주하면 한국에 있는 업체가 1순위이며 미국에 있는 업체가 발주하면 미국에 있는 업체가 1순위가 되는 것이다. 특별한 이유가 없다면 수입 거래보다는 항상 로컬 거래를 우선시한다. 왜냐하면 의사소통이 편하고 수입 거래에 따른 환율 사안이 배제되며, red tape가 필요하지 않기 때문이다.

이러한 사유로 인해 고객을 확실히 정의하지 않으면 비즈니스가 성사는 되었으나, 그 과실은 다른 업체에 넘어갈 수도 있는바, 글로벌 기업과 사업 추진 시, 고객의 정의는 중요하다.

기밀 유지 조항

기업 간의 기밀 유지계약은 계약당사자 간에 사업 비밀을 공유하면서 사용을 제한할 때 체결하는 계약이다. 기밀 유지계약은 confidentiality agreement, non-disclosure agreement(NDA)이라고 칭한다. 이 계약만 별도로 체결할 수도 있고, 전체 계약서에 기밀 유지 조항을 명기하는 것으로 기밀 유지 계약서를 갈음하여 기밀 유지 계약서를 별도로 체결하지 않을 수도 있다.

예문 1

This Agreement shall be treated as confidential information according to the confidentiality obligations as set forth in the mutual Non-Disclosure Agreement executed effective April 10, 2022("NDA") between the Parties. Further, the Parties agree that confidential Information use and protections, definitions, and exceptions shall comply with Article 2 and Article 3 of the NDA. Each Party authorizes the Receiving Party to use the Disclosing Party's Confidential Information to accomplish the Receiving Party's obligations under this Agreement.

본 계약은 계약당사자 간에 2022년 4월 10일 자로 발효된 상호 기밀 유지협정(NDA)에 명시된 기밀 유지 의무에 따라 기밀 정보로 취급된다. 또한 당사자는 기밀 정보 사용 및 보호, 정의 및 예외 사항은 NDA의 2조, 3조를 따르는 것에 동의한다. 계약의 각 당사자는 정보 수령 당사자가 본 계약에 따른 의무를 수행할 수 있도록 정보 수령 당사자에게 정보 공개 당사자의 기밀 정보를 사용할 수 있는 권한을 부여한다.

- confidential, secret, for your eyes only, hush-hush, auricular : 비밀의
- comply with : 따르다, 준수하다, 지키다

예문 2

The Parties shall maintain in strictest confidence and will not, directly or indirectly, intentionally or inadvertently, use, publish, or otherwise disclose to any person or entity, any of the information belonging to the other Party, and agree, promise and covenant that the terms and provisions of this Agreement shall remain and be kept strictly confidential and shall not be disclosed. The Parties further agree not to make or publish any disparaging statements regarding, or otherwise malign the business reputation of, the other Party.

- 마지막 문장의 구조는, the other party를 한 번만 사용한 것이다. 즉, regarding the other Party or otherwise malign the business reputation of the other Party인데, the other party가 반복되니, regarding 다음에 the other party를 생략한 것이다.

당사자는 다른 당사자의 정보를 가장 엄격히 기밀을 유지하며, 직접 또는 간접적으로, 의도적 또는 부주의로 다른 당사자 소유의 정보를 사용, 게시 또는 공개하지 않으며, 본 계약의 조건 및 조항은 엄격하게 기밀로 유지되고 공개되지 않는다. 당사자들은 상대방에 대해 헐뜯는 진술을 하거나 공표하지 않기로 동의하며, 상대방의 비즈니스 평판을 달리 훼손하지 않는다는 데 동의한다.

- inadvertently, unintentionally, without intention : 우연히, 무심코, 본의 아니게, 의도하지 않게, 실수로
- covenant : 계약, 서약, 계약하다
- disparaging : 얕보는, 험담하는, 헐뜯는
- malign : 헐뜯다, 욕설하다, 해를 끼치다. 해로운, 악성의

belong의 다양한 사용법을 알아 두면 요긴하게 사용할 수 있다.

- You don't belong here. 여기는 당신이 올 곳이 아니다.
- She does not belong in this job. 그녀는 이 일에 맞지 않는다.
- Tom surely belongs in this project. 탐은 이 프로젝트에 적격이다.
- The shirt doesn't belong with his jacket. 셔츠는 재킷과 어울리지 않는다.

경쟁 금지 조항(Non-compete)

계약에서 자주 사용하는 말로서, 경쟁 관계에 있는 품목을 팔거나, 회사에 경쟁하는 일은 못 한다는 것이다. 예를 들어, 외국회사에 독점권을 부여하였는데, 그 독점권을 받은 회사가 독점권 공여 업체와 경쟁 관계에 있는 물품을 같이 판매한다면 이는 독점권 공급업체에 손실을 끼치게될 가능성이 큰바, 이런 상황을 방지하기 위한 것이다.

또한 고용 계약서에도 자주 사용하는 표현인데, 고용인이 회사를 퇴직할 경우, 몇 년간은 그 회사에서 취득한 지식/know-how를 갖고 그 회사의 이익과 상충되는 사업은 하지 못한다는 의미로 사용된다. 즉, 동종 업종에서 경쟁하지 않는다는 것이다. 일반적으로 임원급 이상의 인사와 직급이 어느 정도 되는 연구원들에게 주로 적용되며, 나라마다 경쟁 금지 기간이 상이하다.

NCC, CNC

동종 품목/업종 경쟁 금지, 동종 업종 취업 금지

In contract law, a non-compete clause(NCC), or covenant not to compete(CNC), is a clause under which one party(employee in employment agreement) agrees not to enter into or start a similar profession or trade in competition against another party(usually the employer in case of employment agreement). Some courts refer to these as 「restrictive covenants」.

▶ 계약법에서 경쟁 금지 조항(NCC) 또는 경쟁 금지 서약(CNC)은 일방 당사자(고용 계약서에서는 직원)가 유사한 직업에 종사하거나 또는 경쟁 비즈니스를 시작하지 않기로 동의하는 조항이다. 일부 법원에서는 이를 「제한적 계약」이라고 한다.

예문 1 – 상거래 대리점 계약 시 경쟁 금지 조항

The Supplier hereby acknowledges and agrees that the Seller shall have the right to market and sell the products of other manufacturers which are not competing with the products of Supplier. And the Seller hereby acknowledges and agrees that the Supplier shall have the right to immediately terminate this Agreement any time if the Seller markets and/or sells the magnesium/aluminum products of other die-casting companies which are competing with the products of the Supplier.

공급자는 판매자가 공급자의 제품과 경쟁하지 않는 다른 제조업체의 제품을 마케팅 및 판매할 권리가 있음을 인정하고 이에 동의한다. 그리고 판매자는 판매자가 공급자의 제품과 경쟁하는 다른 다이캐스팅 회사의 마그네슘/알루미늄 제품을 마케팅/판매하는 경우 언제든지 공급자가 본 계약을 즉시 해지할 권리가 있음을 인정하고 동의한다.

Cause vs. Non-compete

Non-compete 여부 적용은 일반적으로 cause(정당한, 합리적인 사유)와 without cause(이유 없이, 까닭 없이, 정당한 사유 없이)에 의해 좌우된다.

- 회사가 직원을 해고할 때는 정당한 사유가 있어야 하며, 그 사유가 정당할 때는 직원이 해고됨에도 불구하고 non-compete 조항을 준수하여야 하는 것이 일반적이다. 만약, 정당한 해고 사유 없이 회사가 직원을 해고한다면, non-compete 조항이 적용되지 않는 것이 보편적이나, 계약 내용은 항상 계약 당사자에게 달린 것인바, 구체적인 계약 내용은 계약서에 의한다.

- 그럼 「정당한 사유」가 어떤 경우인지에 대해 정의할 필요가 있다. 해고가 어떤 경우에 정당한지는 계약서에 구체적으로 명기되어야 논쟁의 소지를 최소화할 수 있다.

예문 2 - 고용계약 시 경쟁 금지 조항

You shall not, during your employment by Invincible Co., Ltd., or any of its affiliates(whether pursuant to this agreement or otherwise) and for a period of 36 months after your employment terminates. for any reason other than our termination of you without cause after your initial 36 months of employment with Invincible Co., Ltd., directly or indirectly, as an individual, partner, shareholder, creditor, director, officer, agent, employee, consultant or in any other relationship or capacity, engage in any "Competition" with Invincible Co., Ltd., any of its subsidiaries, or any affiliate of Invincible Co., Ltd.

- capacity : 자격, 용량, 法 법적 자격
  in an official capacity : 공적인 자격으로

㈜인빈서블 또는 그 계열사(본 계약에 따라, 또는 다른 방식으로)에 고용된 기간 및 고용 종료 후 36개월 동안은 개인, 파트너, 주주, 채권자, 이사, 임원, 대리인, 직원 등 직접이든 간접이든 어떤 형태로든 ㈜인빈서블, 그 자회사 또는 계열사와 경쟁이 되는 일을 할 수 없다. 단, 첫 36개월 고용 종료 후 정당한 사유 없이 귀하를 해고하는 경우는 경쟁 금지 조항이 적용되지 않는다.

The non-compete terms per clause above shall be valid for six years after you join Invincible Co., Ltd., and thereafter for one year from the date you leave employment unless your employment has been terminated without cause.

위 조항의 경쟁 금지 조건은 ㈜인빈서블에 입사한 후 6년 동안 유효하며, 정당한 사유 없이 해고되지 않는다면 그 이후에는 퇴직한 날로부터 1년간 경쟁 금지 조항이 적용된다.

불가항력(Force Majeure, Act of God)

불가항력 조항은 전쟁이나 천재지변 등 계약 당사자의 의도와는 관계없이 통제할 수 없는 사유로 인해 계약을 이행할 수 없거나 지연될 때 계약 당사자의 책임을 면하게 되는 것을 의미한다. 이러한 불가항력으로 인해 계약을 이행하지 못하거나 지연시켰을 경우 면책이 가능하나, 계약을 이행하지 못하는 경우 입증의 의무가 있다. 물론 2020년대 초반의 COVID-19 팬데믹처럼 누구나 다 아는 사고/사건의 경우는 그렇지 않으나, 예를 들어 일부 지역의 정전이 며칠간 지속되어 생산/선적 지연이 되는 것은 그 지역이 정전되었다는 것을 입증하여야 하는 의무가 있다.

Neither Party shall be liable for any default or delay in the performance of its obligations hereunder of and to the extent:

어느 당사자도 다음과 같은 경우 의무 이행의 불이행 또는 지연에 대한 책임을 지지 않는다.

A. such default or delay is caused, directly or indirectly, by fire, flood, earthquake, elements of nature or acts of God, acts of war, terrorism, riots, civil disorders, rebellions, revolutions or any governmental action or failure to act, strikes, lockouts, or labor difficulties; or any other similar cause beyond the reasonable control of the nonperforming Party; and

그러한 불이행 또는 지연이 화재, 홍수, 지진, 자연적 요소 또는 천재지변, 전쟁, 테러, 폭동, 시민 혼란, 반란, 혁명 또는 정부의 조치 또는 불이행 행위, 파업, 직장 폐쇄 또는 노동 어려움, 또는 불이행 당사자의 합리적인 통제를 벗어난 기타 유사한 원인으로 인해 직간접적으로 발생하는 경우

B. such default or delay could not have been prevented by reasonable precautions and cannot reasonably be circumvented by the nonperforming Party through the use of alternative sources, workaround plans or other means.

▶ workaround : 차선책, 제2의 계획, 대처 방안

합리적인 예방 조치에도 방지할 수 없었으며 대체 수단, 차선책 또는 기타 수단을 써도 피할 수 없는 불이행이나 지연의 경우

ⓐ Any Party delayed in its performance will immediately notify the other by telephone or by other acceptable means within five(5) days of the inception of such delay and describe at a reasonable level of detail the circumstances causing such delay.

계약 이행 지연 당사자는 그러한 지연이 시작된 후 5일 이내에 전화 또는 기타 허용 가능한 수단을 통해 상대방에게 즉시 그러한 지연이 시작되었음을 통지하고 그러한 지연을 초래한 상황을 합리적인 수준으로 상세하게 설명한다.

ⓑ In such event, the nonperforming Party will be excused from any further performance or observance of the obligations so affected for as long as such circumstances prevail and such Party continues to use its commercially reasonable efforts to recommence performance or observance whenever and to whatever extent possible without delay.

상세하게 설명할 경우, 그러한 상황이 지속되고 가능한 한 지체 없이 언제나 계약 이행 또는 준수를 재개하기 위해 당사자가 상업적으로 합당한 노력을 계속하는 한, 불이행 당사자는 그렇게 영향을 받는 계약 의무를 추가 이행하거나 준수하여야 하는 의무에서 면제된다.

ⓒ If any of the above-enumerated circumstances substantially prevents, hinders, or delays performance of the Agreement for more than sixty(60) days, then the non-affected Party may terminate this Agreement or any Project without further liability effective immediately upon written notice to the other.

위에 열거된 상황으로 인해 본 계약이 60일 이상 실질적으로 이행 방해 또는 지연되는 경우, 영향을 받지 않는 당사자는 상대방에게 서면 통지 즉시 추가 책임 없이 본 계약 또는 프로젝트를 해지할 수 있다.

circumvent

피하다, 회피하다, 우회하다, 면하다, 포위하다

- circumvent the law/ customs duty/ real issues : 회피하다, 우회하다
- circumvent the enemy : 적을 포위하다
- He elaborately circumvented the red tape of government-related authorities in order to shorten the lead time for approval.
  그는 승인 소요 시간 단축을 위해 정부 유관 당국의 관료적 형식을 정교하게 우회하였다.

중재(Arbitration)

계약 당사자 간에 계약에 대한 충돌이 있을 경우, 다음과 같이 해결 방법이 몇 가지 있으며, 일반적으로 계약서 작성 시 중재 조항을 명기해둔다.

- 당사자 간의 협의 조정
- 중재
- 소송

중재(arbitration)는 분쟁 당사자의 합의에 따라 분쟁에 관한 판단을 법원이 아닌 제삼자(중재인 또는 중재기관)에게 맡겨 그 판단에 복종함으로써 분쟁을 해결하는 방법으로, 법원을 통한 소송보다는 시간과 비용이 절감된다.

중재라는 용어는 분쟁 당사자 사이에 제삼자가 개입하여 화해를 붙인다는 점에서 일상적으로는 조정과 큰 차이가 없으나 법률적으로는 명확하게 구별된다.

- 조정에서는 분쟁의 당사자가 제삼자의 조정안을 승낙하여야 당사자를 구속한다. 즉, 당사자들이 조정을 받아들이지 않을 수 있다.
- 이에 반해, 중재에서는 제삼자의 판단이 법적인 구속력을 가짐으로써 당사자는 이에 따라야 한다.

가능하다면 계약 당사자와의 협의로 원만히 타결하는 것이 바람직하다. 중재든 소송이든, 일단 시작하면 시간 투자, 비용 발생이 되며, 기회비용 발생이 크기 때문에 신중하게 판단하여야 한다. 그리고, 유리하게 판결이될 경우, 얻을 수 있는 수익과 관련 비용을 따져 결정하여야 한다.

중재, 소송의 결과는 장담하지 못하는바, 중재, 소송에 의존하는 것은 정말 신중하여야 한다. 중재, 소송에서 이기려면 기본적으로 계약서를 잘 작성하여 체결하여야 한다. 그리고, 『상식적으로나 그 산업 분야에서 당연한 사실이나 사양이더라도 계약서에 반드시 명기하여야』 뒤탈이 없으며, 중재, 소송 시 유리하다. 중재인이나 재판관은 특정 비즈니스 분야의 전문가가 아닌바, 계약서에 명기되어야 중시하는 경향이 있다.

예문 1

When there is any argument regarding this agreement, Supplier and Seller shall try to reach an amicable solution thru Taiwanese Arbitration Association, based upon the laws of Taiwan.

본 계약과 관련하여 논쟁이 있는 경우 공급자와 판매자는 대만 법률에 따라 대만 중재협회를 통해 우호적인 해결을 하도록 노력하기로 한다.

예문 2

Both parties shall settle any disputes arising from the implementation or interpretation of this agreement in an amicable manner by cooperation. Contractual claims or disputes on which both parties cannot reach agreement shall be arbitrated by and in accordance with the arbitration laws in the country concerned.

양 당사자는 이 계약의 이행 또는 해석으로 인해 발생하는 모든 분쟁을 협력하여 우호적인 방식으로 해결한다. 양 당사자가 합의에 도달할 수 없는 계약상 클레임 또는 분쟁은 해당 국가의 중재법에 따라 중재하기로 한다.

준거법 및 관할 법원(Governing Law and Jurisdiction)

준거법은 그 계약에 적용하는 법률을 말하며, 관할 법원은 소송 담당 법원을 의미한다. 준거법이 한국이면 한국 법원이 관할 법원이 되며, 준거법이 싱가포르이면 싱가포르 법원이 관할 법원이 되는 것이 일반적이다.

계약서 작성 시 계약 당사자의 우월적 지위 여부에 따라 준거법이 정해지고 관할 법원이 정해진다. 만약 대구에 있는 업체가 준거법을 한국법으로 할 수 있다면, 관할 법원은 대구지법, 대구고등법원으로 확정하는 것이 편리하다. 왜냐하면 대구에 있는 업체가 재판을 위해 서울 소재 법원까지 가야 한다면 그것도 시간 낭비가될 것이기 때문이다.

예문 1

This Agreement shall be governed by the laws of the Republic of Korea. In the event any dispute arises from or in connection with this Agreement, the Seoul Central District Court shall have exclusive jurisdiction over such dispute and this Agreement.

본 계약은 대한민국 법을 준거법으로 한다. 본 계약과 관련하여 분쟁이 발생하는 경우, 해당 분쟁 및 본 계약에 대한 전속 사법권은 서울중앙지방법원이 행사하기로 한다.

예문 2

This Agreement shall be construed in accordance with and enforced under the laws of the State of California, USA.

- in accordance with the laws of the State of California, USA and under the laws of the State of California, USA의 구조이다.

본 계약은 미국 캘리포니아주 법률에 따라 해석되고 시행된다.

한국의 재판제도 및 법원

한국의 재판은 3심 제도이며, 법원은 1심 법원인 지방법원(district court), 2심 법원인 고등법원(high court), 3심 법원인 대법원(supreme court) 으로되어 있다.

대도시의 경우, 지방법원, 고등법원이 있으며, 대법원은 서울에만 있다. 또한 대도시의 경우, 지방법원은 몇 군데 있을 수 있다. 서울의 경우, 5개의 1심 지방법원이 있다. 서초동에 서울중앙지방법원, 목동에 서울남부지방법원, 문정동에 서울동부지방법원, 공덕동에 서울서부지방법원, 도봉동에 서울북부지방법원이 있다. 따라서, 계약서 작성 시 지방법원, 고등법원은 회사와 인접한 곳으로 지정해두는 것이 추후 소송 발생 시 유리하다.

- 1심, 2심은 사실심이며, 즉, 실제적인 사건의 경위를 심리하는 것이며,
- 3심은 법리심리이다.

대법원의 법리심은 고등법원의 판결 법리가 잘못된 것이 있는지 없는지를 심리하지, 사건의 실체는 따지지 않는 것이 기본이다. 따라서, 고등법원에서 승소하면 대부분 대법원에서도 승소할 가능성이 상당이 높다.

계약 기간, 만료, 연장, 해지

예문 1 – 계약 기본 기간

This contract enters into force on the date on which it is signed and will last for a maximum period of five years. Should it not be terminated before its expiry date, the parties will meet three months in advance in order to discuss the possibility of concluding a new contract.

▶ should ~ 동사 : 만약 ~ 한다면

본 계약은 서명된 날짜에 발효되며 최대 5년 동안 지속된다. 만료일 이전에 계약이 종료되지 않으면 당사자는 새로운 계약을 체결할 가능성을 논의하기 위해 계약 만료 3개월 전에 만나기로 한다.

예문 2 – 계약 만료/해지

This contract may be terminated by either party by a written notice of two months in advance during the second year, three months in advance during the third year, four months in advance during the fourth year and five months in advance during the fifth year. The termination notice shall be notified to the other party in writing by means of communication ensuring evidence and date of receipt(e.g. registered mail with return receipt, special courier, telex).

본 계약은 2년 차에는 2개월 전, 3년 차에는 3개월 전, 4년 차에는 4개월 전, 5년 차에는 5개월 전의 서면 통지에 의해 일방 당사자가 해지할 수 있다. 해지 통지는 상대방에게 서면으로 수령 증거 및 수령 일자를 확인하는 통신수단 (예 : 반송 영수증이 있는 등기우편, 특급우편, 텔렉스) 으로 통지한다.

예문 3 – 계약 기간 및 임의 해지 가능

The initial term of this Agreement shall begin on the Effective Date and shall end on the day immediately preceding the 3rd anniversary of the Effective Date. But, if no business is generated(that means any PO from the agent responsible for 'Territory' is not issued) within one year after the agreement, Supplier shall have the right to terminate the agreement any time.

본 계약의 최초 기간은 발효일에 시작하여 발효일 3주년 직전일에 만료된다. 그러나 계약 후 1년 이내 비즈니스가 창출되지 않는 경우 (즉, 그 지역을 담당하고 있는 대리점으로부터 PO가 발행되지 않는 경우) 공급자는 언제든지 계약을 해지할 수 있다.

예문 4 – 계약 자동 연장

After the initial term of three years, this Agreement shall automatically be deemed to have been extended for an additional one(1) year term unless either Supplier or Seller notifies either party of termination by 90 days in advance before the termination of agreement

최초 3년 기간이 지난 후 공급자 또는 판매자가 계약 종료 90일 전에 일방 당사자에게 해지를 통지하지 않으면, 본 계약은 자동으로 1년 추가 연장된 것으로 간주한다.

예문 5 – 계약 만료 통보 시 계약 해지

After the initial 3 years, Supplier and Seller may terminate this Agreement by providing either party with advance written notice at least ninety(90) days.

▶ may ~ : ~할 권리가 있다, ~할 수 있다

최조 계약 기간 3년 만료 후, 공급자와 판매자는 최소 90일 전에 상대방에게 사전 서면 통지함으로써 본 계약을 해지할 수 있다.

N.B : 한국어로 ~할 수 있다고 하면 can을 사용할 수도 있으나, 문법적으로 may와 can은 엄연히 상이하다.『may의 ~ 할 수 있다는 권리, 허가의 의미, 즉, be entitled to ~ 이며, can의 ~할 수 있다는 능력의 의미, 즉 be able to ~의 의미』이다. 어쨌든 계약서에서 사용되는 상시 조동사는 shall, may, will, should 정도로 간주하고 상황에 맞게 적절히 사용하면 계약서 작성이 쉽고 정확할 것이다.

예문 6 – 조건부 계약 해지

If the sales amount of Seller does not exceed over US$60,000 for the first year, the Agreement will automatically cease. It will be calculated at the end of the year and revealed within the beginning 5 days of next year. Seller shall have the privilege as a first candidate for sales agent of the new products of Supplier in Korea.

판매자의 판매 금액이 첫해에 US$60,000를 초과하지 않으면 계약은 자동으로 종료된다. 연말에 판매액을 산정해 다음 연도 초 5일 이내 공개한다. 공급자가 신제품 출시 시, 판매자는 최우선으로 한국 시장 판매 대리인 후보 자격을 가진다.

- 공급업체가 해외 대리점 계약 시 상품별로 할 수도 있고 회사 품목 전체에 대해 할 수도 있는데 위의 밑줄 친 조항은 상품별 대리점 계약 체결 시 자주 사용되는 내용이다.

예문 7 – 계약 조기 해지

Each party may terminate this contract with immediate effect, without respecting a period of notice, by notice given in writing by means of communication ensuring evidence and date of receipt in case of a breach of its contractual obligations by the other party, amounting to a justifiable reason for immediate contract termination.

- without respecting a period of notice : 통지 기간을 중요시하지 않고, 통지 기간을 참작하지 않고, 헤아리지 않고

상대방이 계약 해지를 정당화할 만큼 계약상의 의무를 위반한 경우, 각 당사자는 증거 및 수령 날짜를 보장하는 통신수단을 통해 서면으로 통지함으로써 통지 기간에 개의치 않고 즉시 계약을 해지할 수 있다.

예문 8 – 권리 불포기/비포기 조항(Non-waiver Clause)

Failure to require strict performance of any of the provisions here shall not waive or diminish a Party's right thereafter to demand strict compliance therewith or with any other provision. Waiver of any obligation, term or condition of this Agreement shall not be deemed as any further or continuing waiver of any other term, provision or condition of this Agreement. A Party shall not be deemed to have waived any rights hereunder unless such waiver is in writing and signed by a duly authorized representative of the Party making such waiver.

여기에 있는 어떤 조항을 엄격히 이행할 것을 요구하지 않는다고 해서 이후에 당사자가 그에 따라 또는 다른 조항에 대한 엄격한 준수를 요구할 수 있는 권리를 포기하거나 축소하

지 않는다. 본 계약의 특정 의무, 기간 또는 조건에 대한 포기는 본 계약의 다른 조건, 조항 또는 조건에 대한 추가 포기나 지속적인 포기로 간주하지 않는다. 그러한 포기가 서면으로 작성되고 당사자로부터 정당하게 권한을 위임받은 대리인이 서명하지 않는 한, 당사자가 본 계약에 따른 권리를 포기한 것으로 간주하지 않는다.

- 이게 도대체 무슨 의미일까? 계약서를 다루어 보지 않은 사람은 상당히 헷갈릴 수 있으나 의미는 단순하다. 『상대방이 계약을 위반할 시, 당장 이의를 제기하지 않는다고 해서 이의제기를 포기하는 것이 아니며, 이의제기하지 않는다고 해서 계약서 전체에 어떠한 영향을 줄 수 없다. 단, 문서로 이의제기하지 않는다고 통보하면 그 권리를 포기한 것으로 간주한다.』라는 것이다.

달리 얘기하면, 『계약서에 여러 가지 권리가 있는데, 만약 그중 한 가지에 대해 이의제기를 하지 않거나 포기했다고 해서 다른 모든 권리를 포기하는 것을 의미하지는 않는다.』라는 것을 의미한다. 즉, 계약서의 여러 사안에 대한 권리 중에서 특정 조항에 대해 이의제기를 하지 않아도 별로 타격이 없을 때는 그냥 넘어갈 수도 있을 것인데, 만약 계약 상대방이 그 조항에 대한 권리를 포기하고 나아가서는 모든 권리를 포기한 것처럼 오해할 수도 있어, 이러한 내용을 명기해두는 것이다. Non-waiver Clause는 영문 계약서에 상시 등장하는 조항인바, 관련 영문을 그냥 암기해 두는 것이 계약서 작성에 편할 것이다.

계약서 조항의 가분성(Severability)

If any provision of this Agreement is held to be void, invalid, inoperative or unenforceable, such provision shall not affect any other provision hereof and this Agreement shall be effective as though such provision had been omitted.

본 계약의 어떤 조항이 무효, 근거가 없거나, 작동 불능 또는 시행 불가능한 것으로 판단되는 경우, 해당 조항은 본 계약의 다른 조항에 영향을 미치지 않으며 본 계약은 해당 조항이 생략된 것처럼 유효하다. 즉, 계약서의 각 조항은 독립성을 가진다.

- 계약서에 본 조항은 있어도 되고 없어도 된다. 계약서의 일부 조건에 문제가 생기더라도 다른 내용에는 영향을 주지 않는다는 의미이며, 계약서 해석의 기본 원칙이 『각 조항을 가분하여 판단』하므로 본 조항이 없어도 되나, 계약 상대방이 본 조항을 제시한다면 그냥 받아들이면 될 것이다.

- 사소한 꼬투리를 잡아 계약 전체 효력을 부인하는 것을 방지할 수 있다면 쓸데없이 언쟁할 필요가 없는 바, 계약서에 본 조항을 명기함으로써 쓸데없는 언쟁이 야기되는 일이 없도록 하는 것이다.

완전 계약, 완전 합의(Entire Agreement)

This Agreement, together with all exhibits and documents referenced, shall constitute the entire agreement between the parties, and supersede all prior agreements and understandings between the parties.

- supersede : supplant, replace, displace
  - ⓐ to replace in power, authority, effectiveness, acceptance, use, etc., as by another person or thing
  - ⓑ to set aside or cause to be set aside as void, useless, or obsolete, usually in favor of something mentioned
  - ⓒ to succeed to the position, function, office, etc., of; supplant

본 계약은 모든 첨부물 및 문서와 함께 당사자 간의 완전한 합의를 구성하며, 당사자 간의 이전의 모든 계약 및 협의 사항은 무효화하며 본 계약으로 대체하기로 한다.

- 본 조항은 말 그대로 『해당 계약서가 당사자 간 합의 전부를 반영하고 있다는 뜻이며, 본 계약 체결 전에 이루어진 구두 협의 등은 본 계약서에 명시되지 않는 한 효력이 없다.』라는 것임. 쉽게 말해, 『완전 계약이라는 것은 계약서에 명기된 내용에 대해서만 상호 책임 관계가 성립한다.』라는 의미이다. 즉, 계약서에 명기되지 않은 사항은 책임이 없다는 것이다.
- 만약 이 조항이 없다면 어떻게 될까? 때에 따라, 과거의 협의 및 계약에 상충되는 일이 발생할 경우, 분쟁의 소지가 있을 수도 있고 뒤통수를 맞을 수도 있는바, 『완전 계약 조항』을 넣어 명확히 해두는 것이 안전하다.
- 한글도 작성자에 따라 문체가 다르고 문장이 다르듯이 영문 계약서도 마찬가지이다. 『완전 계약 조항』은 다음과 같이 명기할 수도 있다. 작성 문구는 다양하다.

This Agreement, together with all attachments and documents, constitutes the entire agreement between the parties, and all prior agreements and understandings between the parties shall lose their effect and be replaced by this Agreement.

- 상단의 문장과 하단의 문장은 외워둘 만하다.

일반조항, 부칙(Miscellaneous Provisions)

계약서에 관행적으로 명기되는 내용을 한곳으로 몰아 일괄적으로 명기하는 조항이나, 계약 당사자에 따라, Entire Agreement, Severability, Governing Law, Non-waiver 등을 Miscellaneous Provisions에 명기하는 경우도 있다.

예문

This Agreement shall be binding upon each of the parties and his, her or its respective heirs, executors, administrators, successors and assigns, and each party hereby agrees to execute any and all documents and to perform any acts which may be necessary or proper to carry out the objectives of this Agreement.

본 계약은 각 당사자와 당사자의 각 상속인, 유언 집행자, 관리자, 승계인과 양수인을 구속하며, 각 당사자는 이에 따라 모든 문서를 실행하고 본 계약의 목적 수행에 필요하거나 적합한 행위를 수행하기로 동의한다.

No right, privilege or benefit shall be deemed to have been conferred upon or inure to any party not a signatory to this Agreement.

- deemed to have been conferred upon any party or deemed to inure to any party ~
  confer upon : 주다, 부여하다 inure to : 효력을 발생하다, 도움이 되다

어떠한 권리, 특권 또는 혜택도 본 계약에 서명하지 않은 당사자에게 부여되거나 그 당사자의 이익을 위해 효력을 발생하는 것으로는 간주하지 않는다.

This Agreement may be executed in one or more counterparts, each of which shall be deemed an original, and all of which shall constitute one and the same instrument.

- counterpart : 정본 두 통 중의 한 통, 부본, 사본, (짝의) 상대방

본 계약은 하나 이상의 부본으로 실행될 수 있으며, 각 부본은 원본으로 간주되며 모두가 하나의 동일한 문서를 구성한다.

Inure, Confer

Inure, Enure
익히다, 단련하다, 길들이다, 이득이 되다, 도움이 되다, 효력을 발생하다

- to cause to accept or become hardened to; habituate
  Though the food became no more palatable, he soon became sufficiently inured to it.
  ▶ palatable, delicious
  음식이 이제는 맛이 나지는 않았지만, 그는 곧 그것에 익숙해졌다.

- to become beneficial or advantageous

- (Law) to come into operation; take effect
  This Agreement shall be binding upon each party and inure to the benefit of the investors in the joint venture company.

  본 계약은 각 당사자에게 구속력을 가지며 합작 투자 기업 투자자에게 이득이 되도록 유효하다.

Confer
상의하다, 수여하다, 부여하다, 비교하다

- to grant or bestow (an honor, gift, etc)
- to hold or take part in a conference or consult together
- to compare(cf.)

He conferred with his general manager about the new project.
그는 새 프로젝트에 대해 부장과 상의하였다.

The university conferred degrees on two famous economists.
대학은 두 명의 유명한 경제학자에게 학위를 수여하였다.

계약서 종결 문구

계약서 말미의 종결 문구는 거의 비슷하다. 그냥 「계약하고 서명한다.」가 관용어처럼 사용된다.

예문 1

In order to execute this Agreement, Supplier and Seller duly sign two copies of this Agreement on the date hereinafter, and each keeps one copy.

IN WITNESS WHEREOF, the Parties hereto have caused the Technology Transfer Agreement to be signed by duly authorized officers or representatives effective as of the date stated above.

본 계약을 실행하기 위해 공급자와 판매자는 아래 날짜에 본 계약서 2부에 정식으로 서명하고 각각 한 부씩 보관한다. 이상의 증거로, 양 당사자는 위에 명시된 날짜에 계약 당사자로부터 정당하게 권한을 부여받은 임원 또는 대리인이 기술이전 계약서에 서명하도록 하였다.

예문 2

In witness whereof, the parties hereto have executed this agreement in duplicate as the date and at the place above.

이상의 증거로 당사자들은 위에 기재된 날짜와 장소에서 본 계약서를 2부 작성하여 계약의 효력을 발효시켰다.

예문 3

In order to execute this Agreement, Wonder Inc., and Jalpanda Corp., duly sign two copies of this Agreement on this date of June 10, 2021, and each keeps one copy.

본 계약의 내용을 이행하기 위해 주식회사 원더와 잘판다 주식회사는 2021년 6월 10일 본 계약서 2부에 서명하고 각각 1부를 보관한다.

술 이야기 - Beer

맥주는 수천 년간 맥아를 빻아 빵을 만들고, 여기에 물을 부어 반죽해 발효시키는 방법으로 제조했다. 10세기를 전후해 독일에서 맥주에 홉을 넣기시작했다.

중세의 맥주는 지역마다 사용하는 보리의 종류가 상이하고 제조법도 약간 차이가 있어 맛과 향이 천차만별이었다. 이에 독일의 빌헬름 4세는 1516년 맥주는 보리/홉/효모/물이외의 어떤 것도 넣어서는 안 된다는 맥주 순수령을 공포했다. 본 맥주 순수령은 지속적인 효력을 발휘, 다른 술들과는 달리 세계 어디를 가든 맥주 맛은 비슷하다.

세계의 주요 맥주 브랜드를 보면,

- 미국: Budwiser, Bud lite, Miller Lite
- 벨기에: Hoegaarden, Stella Artois
- 멕시코: Corona, Coors
- 독일: Becks, Paulaner
- 필리핀: San Miguel
- 중국: Qingdao
- 네덜란드: Heineken
- 아일랜드: Guinnes
- 브라질: Skol, Brahma
- 일본: Asahi, Sapporo
- 인도: King Fisher
- 북한: 대동강 맥주, 흑맥주(생맥주)

맥주는 발효 온도에 따라 Ale과 Lager로 분류된다. Ale은 15~21℃에서 효모가 발효되는 상면 발효 맥주이고, Lager는 7~12℃에서 효모가 발효되는 하면 발효 맥주이다. 상면 발효 맥주는 저장 기간이 4~6일이고, 하면 발효 맥주는 8~10일이다. 대부분의 맥주는 하면 발효 맥주이다.

중국 청도에서는 매년 8월 중순 칭따오 맥주 박람회가 개최된다. 세계 유수 맥주 시음과 칭따오 맥주 공장 견학도 가능한 바, 가볼만한 하다.

※ 기네스 북(Guiness Book)
아일랜드 맥주 회사인 기네스에서 만든 책으로, 기네스의 임원이 새 사냥 대회에서 유럽에서 어느 새가 가장 빠른지를 논쟁하다, 각 분야의 세계 최고에 대한 기록을 담은 책을 발간하게 되어 오늘날까지 지속되고 있다.

★ 술 이야기 : 75쪽, 107쪽, 187쪽, 361쪽

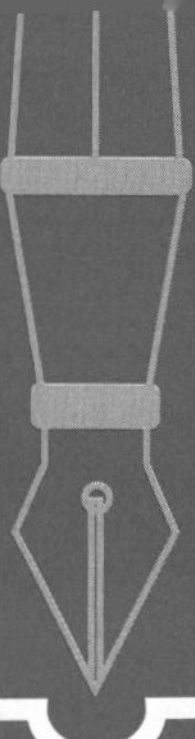

Chapter Ⅲ

상품 매매 계약서

Business English Agreement

01
핵심 사안

상품 매매 계약은 다른 계약서에 비해 비교적 단순하다. 왜냐하면 상품과 돈을 교환하는 거래이기 때문이다. 하지만, 상품 매매 계약도 적어도 다음 사안들은 확실히 짚고 넘어가야 추후 논쟁의 소지가 없을 것이다.

- 상품
- 사양
- 가격(거래 조건)
- 수량
- 포상
- 납기
- 결제조건
- 제품 하자 보상
- 선적 지연 보상
- 통관 관련 서류
- 불가항력

02
실전 계약서 - 법적 구속력

계약서라는 것이 쌍방이 서명 날인을 꼭 하여야 하는 것이 아니다. 한쪽이 일방적으로 의사 표시 문서를 발행하여도 상대방이 그 내용을 수락하면 계약이 체결된 것과 같다.

단, 쌍방이 서명 날인한 계약서(agreement, contract)는 쌍방이 서명 날인함으로써 이미 효력이 발생하였으나, 일방이 서명 날인한 것은 상대방이 그 내용을 수락할 때 효력이 발생한다. 즉, 법적인 책임 발생 시점 차이가 있는 것이다. 상대의 서명 날인 없이 일방이 발행하는 계약서는 Offer, Bid, PO, Letter of Guarantee 등이 있다.

Offer

Offer는 물품 공급업체가 「어떤 상품을 어떠한 조건에 공급」하겠다는 확약서이며, offer validity를 명기한다. 따라서 Offer를 받은 업체는 「Offer validity 내에서는 언제든지 제시된 조건으로 물품을 구매」할 수 있는 권리를 갖고 있다. 즉, 쌍방이 서명 날인은 한 것은 아니나, Offer를 받은 업체로서는 Offer Validity 내에서는 언제든지 계약을 진행할 수 있는 권리가 주어진 것이다.

Offer 발행 업체에서 Offer에 Offer 대상 업체가 서명 날인하도록 서명란을 만들어 발행하기도 하며, 즉, 이 경우, Offer를 받는 업체는 그냥 offer에 서명만 함으로써 계약 체결을 통보하기도 하나, Offer를 받은 업체에서 물품을 구매하는 경우, Offer에 따른 PO(Purchase Order)를 발행하는 것이 일반적인 방법이다.

Offer에는 반드시 Offer validity를 명기해두어야 한다. 그래야 그 일자가 지나면 그 Offer는 유효하지 않으며, Offer 발행자는 그 Offer에 대한 책임이 없는 것이다. Offer validity는 상품의 특성에 따라 상이하나, 일반적으로 30일로 하여 Offer 발행하는 경우가 많다. 어쨌든, Offer validity는 발행자가 시장 상황을 고려, 결정할 사안이다.

단순 Offer의 경우

January 10, 2022
Ref : SH20220110A

Mr. Tom Hampson
Executive Director
Marketing & Sales Division
Invincible Inc.

Dear Mr. Hampson :

Regarding your inquiry of January 7, 2022, we are pleased to offer the below.

1. Item : Solar Glass
2. Size : 3.2T * 1000 * 1000 mm
3. Specification : Low iron patterned, tempered
4. Unit price : FOB China US$7/SM
5. Quantity : 50,000 PCS
6. Amount : US$350,000
7. Shipment : within 3 weeks after receipt of the advance money
8. Terms of payment : 50% T/T in advance and 50% T/T within seven days after B/L date
9. Validity : Until February 10, 2022

I look forward to your order in the near future.

Sincerely yours,

Haha Kim
General Manager
Trading Department
Inevitable Co., Ltd.

주) Validity : Until February 10, 2022 : ~ 까지 유효하다.
즉, 2022/2/10일까지만 본 offer에 대한 책임을 진다는 것이다.
This offer is valid/good until February 10, 2022.

상대방의 수락 서명 날인란을 명기한 경우

January 10, 2022
Ref : SH20220110A

Mr. Tom Hampson
Executive Director
Marketing & Sales Division
Invincible Inc.

Dear Mr. Hampson :

Regarding your inquiry of January 7, 2021, we are pleased to offer the below.

1. Item : Solar Glass
2. Size : 3.2T * 1000 * 1000 mm
3. Specification : Low iron patterned, tempered
4. Unit price : FOB China US$7/SM
5. Quantity : 50,000 PCS
6. Amount : US$350,000
7. Shipment : within 3 weeks after receipt of the advance money
8. Terms of payment : 50% T/T in advance and 50% T/T within seven days after B/L date
9. Validity : Until February 10, 2022

I look forward to your order in the near future.

Sincerely yours,

IS Kim
General Manager
Trading Department
Inevitable Co., Ltd.

Accepted by : Tom Hampson
Executive Director
Marketing & Sales Division
Invincible Inc.

주) Invincible Inc.에서 본 offer에 서명하여 offer 발행자인 Inevitable Co.에 송부하면 계약이 성립되는 것이다. 단, validity 내에 하여야 한다.

Bid

Bid는 매수자가 발행하는 것으로 『어떤 품목을 어떤 결제 조건으로 언제까지 공급받는 조건으로 구매하겠다.』라는 확약서이다.

- Bid에는 유효 기일이 명기 되는바, 이 유효 기일이 지나면 Bid의 내용은 유효하지 않다.
- Bid는 Bid 발행자의 법적 책임이 있다. 즉, 공급자가 Bid의 유효 기일 내 공급 확약을 하면 Bid 내용대로 구매하여야 한다.

Bid를 발행하는 목적은 대체로 두 가지 경우가 있다.

- 공급업체의 가격을 좀 더 인하하고 싶거나,
- 시장이 seller's market일 경우 물품을 확실히 확보하기 위함이다.

즉, 거래 조건 협상이 아니라, 『특정 조건으로 공급할 수 있다면 구매하겠다는 의사 표시를 확실히 하는 것』이다.

「공급업체에 발주서를 주지 않으면서 가격 협상하는 것」과 「이 가격이면 구매하겠다는 의지를 확실히 표명한 다음 협상하는 것」은 공급업체로서는 큰 차이가 있다. 왜냐하면,

- 공급업체의 입장에서는, 잠재 고객으로부터 일단 Bid를 수취하면, Bid 가격 밑으로는 가격이 더 이상 내려가지 않을 것이고, 오더 수주 여부는 전적으로 공급업체의 의사에 따라 결정되기 때문이다.

- 잠재 고객이 발주서를 발행하지 않은 상황에서 가격 협의하는 것은 가격이 확정되어도 잠재 고객이 발주한다는 보장은 없는 것인바, Bid의 효력은 상당하다.

Inevitable Co., Ltd.

Room 205 Yongho, 15 Gil-77, Songi-ro, Songpa-ku, Seoul, Korea(zip code : 057777)
E-mail : hahakim_trade@naver.com Phone : 82-2-777-7777 Facsimile : 82-2777-7778

January 10, 2022
Ref : SH20220110A

Mr. Shine Wang
Executive Director
Marketing & Sales Division
Invincible Inc.

Dear Mr. Wang :

We are pleased to issue our firm bid to your preeminent firm as below.

1. Item : Solar Glass
2. Size : 3.2T * 1,000 * 1,000 mm
3. Specification : Low iron patterned, tempered
4. Unit price : FOB China US$6/SM
5. Quantity : 50,000 PCS
6. Amount : US$300,000
7. Shipment : By February 15, 2022
8. Terms of payment : 100% T/T within 7 days after B/L date
9. Validity : Until February 10, 2022

I look forward to your acceptance of our bid and shipment schedule by return.

Sincerely yours,

IS Kim
General Manager
Trading Department
Inevitable Co., Ltd.

▶ 회사 이름이 명기된 letterhead 지에 서신을 작성한다면, 서명란에 회사 이름은 명기하지 않는 것이 일반적이다.

주) SM : square meter, 1 pyong = 3.3 SM

유리(Glass)

• 유리의 주원료

유리의 주원료는 모래이며, 모래의 주산지는 sand mine(모래 광산), 강 및 해안이다.

• 유리의 제조 vs. Glass Furnace

glass furnace에 모래와 화학물질을 넣어, 녹여서 유리 원판을 제조한다. 포항제철에서 용광로에 철판을 뽑아내는 것과 같은 원리이다.

한국에 glass furnace를 보유하고 있는 유리 원판 업체는 KCC와 한국유리 정도이나, 실제적인 생산은 별로 하지 않는 것으로 알려져 있다. 즉, 한국의 유리업체는 대부분 원판을 구매하여 후가공 후 판매하는 업체이다.

• Solar Glass(태양광 유리)

Solar Glass는 태양광 유리로 PV glass(photovoltaic glass)라고도 한다. 빌딩, 주택 등에 사용되는 일반 유리와는 제조 공법이 약간 상이하다. 태양광 유리든 일반 유리든 glass furnace에 모래와 화학물질을 혼합하여 제조하나, 태양광 유리와 일반 유리는 제조에 투입되는 화학물질이 상이하여, 한 glass furnace에서 두 가지 유리를 생산할 수는 없다. 두 종류 유리를 생산하려면, 한 종류 유리 생산 후 furnace 가동을 중단, furnace를 깨끗이 하여야 다른 유리 생산 가능한바, furnace 가동 중단에 따른 손실이 막대하여 glass furnace 하나로 한 종류의 유리만 생산한다.

▶ 태양광 패널은 solar panel, PV panel이라 칭한다.

• low iron glass(저철분 유리)

철분 성분이 적다는 것으로, 유리에 철분이 적게 함유될수록 태양열의 유리 통과가 쉽고 핸드폰 전파 통과가 잘된다.

• patterned glass : 격자가 있는 유리(cf. float glass)

• temper : 강화하다(strengthen, toughen)

일반적으로 유리, 철강 제품의 강화는 높은 열로써 한다. 강화의 원리는 단순하다. 순간적으로 어떤 물질에 높은 온도를 가함으로써 그 물질의 표면과 내부의 분자 구조가 상이하게되어 강화되는 것이다. 강화유리는 영어로 tempered/strengthened/toughened glass, 비강화 유리는 untempered glass이라고 한다. 유리 원판 자체가 불량이거나 강화가 잘못되었거나 하면 유리가 폭발하기도 하는바, 구매에 신중하여야 한다.

PO(Purchase Order)

PO에 기재되는 내용은 기본적으로 Offer, Bid와 같다. 일반적으로 PO는 매도자와 매수자 간에 모든 사항이 합의되어 매수자가 발행하는 것으로 매도자의 생산/선적의 근거가 된다. 무역 거래에 있어 PO를 반드시 발행하여야 하는 것은 아니다.

그냥 Offer/Bid에 accept(offer/bid 내용 수락)한다는 내용을 명기하여 그것을 근거로 생산/선적/통관/수취의 절차를 밟을 수도 있으며, 간단한 계약서를 작성할 수도 있다.

Seller's Market이면, Buyer는 물품을 선 확보하기 위해 PO를 발행하기도 하며, Seller에 유리한 조건으로 PO를 발행하기도 한다.

- 좋은 조건으로 구매하기 위해 구매 의사 표시를 확실히 하는 방법임.

Buyer-Seller 협상 과정에서 Buyer가 Seller와 거래를 성사시키려고 PO를 발행하면서 가격 인하를 유도하기도 한다. PO는 Buyer의 구매 의사를 더 확실히 표명하는 것인바, 거래 조건 협상 그 이상의 의미가 있다. 물론 이 경우, Bid를 발행하여도 PO와 같은 효과가 있다.

> Dear Mr. Wang :
>
> **PO for Solar Glass**
>
> We are pleased to place an order as below.
>
> 1. Item : Solar Glass
> 2. Size : 3.2T * 1000 * 1000 mm
> 3. Specification : Low iron patterned, tempered
> 4. Unit price : FOB China US$7/SM
> 5. Quantity : 50,000 PCS
> 6. Amount : US$350,000
> 7. Terms of Payment : 100% T/T remittance to your bank account within 30 days after B/L date
> 8. Shipment : By January 20, 2022
> 9. Validity : Until January 20, 2022
>
> Your return confirmation of the above order would be appreciated.

해외 송금 시 은행 계좌 기입 사항

해외 송금이나 해외로부터 돈을 받을 경우, 계좌명, 계좌 번호, 수취 은행 주소, SWIFT Code, Routing & Transit No를 기재하는 것이 일반적인 요건이나, Routing & Transit No를 모를 경우 명기하지 않아도 된다.

- Bank Account Name : RFCHIP INC
- Bank Account No : 3300792491
- Banker : SILICON VALLEY BANK
  3003 TASMAN DRIVE
  SANTA CLARA, CA 95054, USA
- ROUTING & TRANSIT # : 777777777
- SWIFT CODE : SVBKUSSS

▶ SWIFT는 민간단체인 국제 은행 간 통신 협회, Society for Worldwide Interbank Financial Telecommunication의 약어이며, 은행별 우편번호와 같은 역할을 하는바, 여기서 탈퇴되면 은행 간 업무가 불가능하게 된다. 2022년 러시아 우크라이나 사태 때 SWIFT 제재가 있었다.

※ 숫자 앞뒤 통화/단위 사용법
숫자 앞에 어떤 통화/단위가 올 때는 단위 뒤에 빈칸 없이 숫자를 붙여 쓰고, 숫자 뒤에 단어가 올 때는 숫자 뒤에 한 칸 띄우는 것이 일반적이다. 단, 숫자 다음에 %가 올 때는 숫자에 바로 붙여 쓴다.
예 US$200, 200 M/T, 70%

PO 발행자의 주소와 배달지의 주소가 다를 경우

간혹 PO 발행자 주소와 화물 배달지의 주소가 다른 때도 있다. 화물을 courier로 운송 시 AWB에 배달지가 서울로되어 있는 것을 한국에 화물 도착 후 대전으로 변경하려면 추가 비용이 발생한다. 만약 세계 유수 courier 대표 브랜드 중 하나인 Fedex로 화물을 수입할 경우, 어떤 처리를 하여야 추가 비용 없이 원하는 장소에서 화물 수취가 가능할까?

PO 발행 시 다음 내용을 명기하면 추가 비용 없이 원하는 장소로 배달된다.

- PO 발행업체를 물품 대금 결제 업체로 표기. 즉, "Bill to 업체"로 명기, 즉, "Bill to 업체"의 업체가 물품 대금 결제 업체인바, 이는 사업자 등록증과 일치하여야 하며, 이 업체 명의로 통관한다.
- 배달지 주소를 명기
- Fedex AWB에 배달지 주소가 명기되도록 함.

이 내용을 표시하면 다음과 같다,

구 분	명기 내용
"Bill To" in the invoice	Mr. SK Hong Jalpanda Corp. Room 207 Youngtongsangga, 77 Gil-377 Songi-ro, Songpa-ku Seoul, Korea(zip code : 777777) C/P : E-mail :
"Delivery To" in the invoice	Mr. SK Hong Room 756, TH Plaza Bldg, 777 Dongtandae-ro, Hwaseong-si, Gyeonggi-do, Korea(zip code : 77777) C/P : E-mail :
"Delivery Place" in Fedex AWB	Mr. SK Hong Room 756, TH Plaza Bldg, 777 Dongtandae-ro, Hwaseong-si, Gyeonggi-do, Korea(zip code : 77777) C/P : E-mail :

주) 특송업체이든 일반 배달업체이든 AWB의 화주 소재지국 주소 기준으로 화물을 분류하는바, 애초 외국에서 선적 시 배달지를 확실히 해주어야 물품이 목적국에 도착 후 배달지 변경에 따른 추가 비용이 발생하지 않으며 업무 혼선이 없다.

Agreement (Contract)

Offer, Bid, PO 없이 그냥 계약서를 작성하여 상품을 거래하기도 한다. Offer, Bid, PO 내용을 근간으로 계약서에 들어가는 요식적인 내용을 덧붙이면 계약서가 작성된다. 계약 당사자 모두가 계약서에 명기되며, 계약 당사들이 서명/날인하여야 계약의 내용이 유효하다. 간단한 약식 계약서를 작성한다면 다음과 같다.

AGREEMENT

January 10, 2022

Buyer : Invincible, Inc. Seller : Inevitable Co., Ltd.

Invincible, Inc., and Inevitable Co., Ltd., enter into the Agreement that Inevitable supplies the solar glass for Invincible at the terms & conditions mentioned below.

1. Item : Solar Glass
2. Size : 3.2T * 1000 * 1000 mm
3. Specification : Low iron patterned, tempered
4. Unit price : FOB China US$7/SM
5. Quantity : 50,000 PCS
6. Amount : US$350,000
7. Terms of Payment : 100% T/T remittance to the bank account of Inevitable Co., Ltd., within 30 days after B/L date
8. Shipment to Inchon Port : By February 20, 2022

In order to execute this Agreement, Invincible, Inc., and Inevitable Co., Ltd., duly sign two copies of this Agreement on the date hereinafter, and each keeps one copy.

Buyer : Invincible, Inc. Seller : Inevitable Co., Ltd.

03
LOI와 MOU - 법적 비구속력

LOI와 MOU는 법적 구속력이 없다. LOI, MOU에 명기된 내용은 의사 표시에 불과하다. LOI는 구매의향서로 칭하며, MOU는 양해각서로 칭하는데, 한국어 자체로는 아주 신뢰가 있어 보여, 간혹 사기의 수단으로 활용되기도 하니 주의하여야 한다.

LOI(letter of intent) 구매의향서

LOI는 letter of intent의 약자로 「구매의향서」라고 하며, 말 그대로 어떤 제품을 구입하고 싶을 때, 제품과 관련된 질문이나 거래 방식 등의 내용을 담아 공급 가능 업체에 보내기 위해 작성하는 것으로 실구매의 사전 조사 단계이다.

하지만, 가격 동향 파악 차 구매의향서를 남발하는 업체도 있으며, 『구매할 의향이 있다고 피력하는 것이지, 구매한다.』라는 것은 아니다. 즉, 구매의향서는 법적 효력이 없는바, 구매의향서에 부화뇌동하는 것은 바람직하지 않다. 하지만, 가끔 실제로 구매로 이어지기도 하는바, 구매의향서를 받으면, 구매의향서 발행업체의 신인도(credibility, reliability)에 근거, 신중히 판단하여 대처하여야 한다.

MOU(memorandum of understanding) 양해각서

MOU는 memorandum of understanding의 약자로 양해각서라고 하며, 조약이나 계약을 정식으로 체결하기 전 상호 간 이해하는 내용을 기재하는 잠정 합의 사항 기록서이다. 좋게는 계약 직전의 단계로 간주할 수도 있으나, 법적 구속력이 없어, 양해각서에 의거, 어떤 일을 진행하면 낭패를 당할 수도 있다. 그리고, 실제 상황이 양해각서 내용을 크게 벗어나게 되거나 양해각서의 명기된 내용이 사실과 다를 경우, 당사자는 도덕적인 비난과 신뢰를 상실하게될 수도 있다.

- MOU는 주가조작(stock manipulation)이나 M&A 등에 악용되기도 하는바, 특히 조심하여야 한다. MOU는 일종의 회의록 정도로 간주하면 된다.

04
일방적인 판매 약관

• 공급자 우위의 제품일 경우, 공급자의 일방적인 판매 조건을 전제로 물품을 공급받을 경우도 발생한다. 이에 대한 계약서를 소개한다.

Offer and Acceptance(오퍼와 수락)

These terms and conditions of sale(the "Terms") shall apply to Buyer's purchase of products from Texsacom, Inc. and/or any of its subsidiary or parent companies(the relevant selling party shall be referred to as "Texsacom").

본 판매 약관(이하 "약관")은 구매자가 텍사콤 및 자회사 또는 모회사(관련 판매 당사자를 "텍사콤"이라 칭함)로부터 제품 구매 시 적용된다.

Any Buyer purchase order or other Buyer document which purportedly modifies, supersedes or otherwise alters these terms and conditions is rejected by Texsacom and shall be of no force or effect whatsoever.

▶ purportedly, supposedly, allegedly, reportedly : 추정상, 아마, ~라고 알려진

이러한 조건을 수정, 대체 또는 변경하는 것으로 추정되는 구매자의 구매 주문서 또는 기타 구매자 문서는 텍사콤에 의해 거부되며 어떠한 효력도 발생하지 않는다.

Any accompanying Texsacom confirmation of sale or Texsacom invoice(the "Sales Confirmation") and these Terms comprise the entire agreement between the parties, and supersede all prior or contemporaneous understandings, agreements, negotiations, representations and warranties, and communications, both written and oral.

▶ contemporaneous, contemporary : 동시에 발생하는, 동시에 존재하는

판매에 대한 텍사콤 확인서 또는 텍사콤 송장("판매 확인서")과 본 약관은 당사자 간의 전체 계약을 구성하며, 서면이든 구두이든 이전 또는 현재의 모든 이해, 계약, 협상, 진술, 보증, 및 통신에 우선한다.

The Agreement prevails over any of Buyer's general terms and conditions of purchase regardless whether or when Buyer has submitted its purchase order or such terms. Fulfillment of Buyer's order does not constitute acceptance of any of Buyer's terms and conditions and does not serve to modify or amend these Terms or the Agreement.

▶ prevail : 우세하다, 널리 보급되다, 유행하다, 유력하다, 설득하다
(우세하다 : prevail, dominate, predominate, reign, rule)
prevailing : 우세한, 널리 보급되어 있는, 유행하고 있는

본 계약은 구매자가 구매 주문서 또는 그러한 조건을 제출했는지와 제출 시기와 관계없이 구매자의 일반 구매 조건보다 우선한다. 구매자의 주문을 공급하여 주는 것이 구매자의 이용 약관을 수락하는 것으로 간주하지 않으며, 본 이용 약관 또는 계약을 수정하거나 개정하는 역할을 하는 것은 아니다.

▶ 텍사콤의 사정이 허락할 경우, 구매자의 오더를 공급할 수 있으나, 공급한다고 해서, 『텍사콤에서 구매자의 조건을 수락한 것은 아니며, 구매자의 구매 조건이 텍사콤의 판매 조건에 우선하는 것도 아니다.』라는 의미이다.

Price and Payment(가격 및 결제)

Prices are in U.S. dollars. Transportation and all sales, VAT, property, excise, duties, and other federal, state and local taxes (other than those based on Texsacom's net income) shall be paid by Buyer.

- 실제 이런 조건의 무역 거래는 없다고 해도 과언이 아닐 것이다. 이런 세금은 당연히 Seller가 알아서 처리하는 사안이다.

가격은 미국 달러이다. 운송 및 모든 판매, 부가 가치세, 재산, 소비세, 관세 및 기타 연방, 주 및 지방 세금(텍사콤의 순이익을 기준으로 한 세금 제외)은 구매자가 지불한다.

All invoices are due and payable within fifteen(15) days of date of invoice, unless otherwise provided in the Purchase Agreement. Overdue invoices shall incur a finance charge of one percent(1%) per month or the maximum amount permitted by law, whichever is lower.

- 「A or B, whichever 비교급」 구조의 문장은 긴요하게 사용할 수 있는 문장인바, 자기 것으로 만들어 두면 편하다. whichever is shorter, whichever is higher, whichever is bigger, whichever is less risky, whichever is more profitable, whichever is more important 등등으로 원하는 상황 설명이 가능하다.

구매 계약에 달리 명시되지 않는 한 모든 송장은 송장일로부터 15일 이내에 지불하여야 한다. 연체된 인보이스는 매월 1% 또는 법에서 허용하는 최대 금액 중 더 낮은 금액의 이자가 부과된다.

Texsacom may require full or partial payment prior to delivery. There is no discount for advance payment.

텍사콤은 배송 전에 전체 또는 일부 지불을 요구할 수 있다. 선결제에 대한 할인은 없다.

No Cancellation, No Rescheduling(취소 불가, 일정 조정 불가)

The Texsacom Product described in the Agreement is a custom product, designed by Texsacom specifically for Buyer. Accordingly, Buyer may not cancel, reschedule or return orders for the Texsacom Product.

계약서에 설명된 텍사콤 제품은 텍사콤에서 구매자를 위해 특별히 설계한 맞춤형 제품이다. 따라서 구매자는 텍사콤 제품에 대한 주문을 취소, 일정 변경 또는 반품할 수 없다.

Custom Product

Custom product는 custom-built product, custom-made product라고도 하는데, 고객의 요구 사양으로 만들어진 제품이라는 의미이다.

예를 들면, 소비재 제품의 gift box는 고객의 요구 사양대로 고객의 명의로 만들어지는바, 대표적인 custom product이다. Gift box는 고객이 인수하지 않으면 폐지로밖에 사용할 수 없는 대표적인 custom product이다.

산업재도 고객의 특정 사양에 맞추어 제작하는 제품들이 있는바, 이는 그 고객이 인수하지 않으면 판매할 수 없을 수도 있다.

Custom product 오더 수주는 결제 조건에 주의하여야 한다. 그 고객이 갖고 가지 않으면 악성 재고, 쓰레기가될 가능성이 농후한바, 항상 대금 결제를 확실히 챙겨야 한다.

Delivery(납품, 납기)

Delivery terms shall be EX WORKS Texsacom shipping point(INCOTERMS 2020). Title and risk of loss shall pass to Buyer at the applicable shipping point set forth above.

▶ title : 法 소유권, (부동산) 소유증서, 표제, 편, 장

배송 조건은 텍사콤 공장도 출고 가격(INCOTERMS 2020)이다. 소유권 및 손실 위험은 위에 명시된 해당 배송 지점에서 구매자에게 이전된다.

Delivery shall be subject to Texsacom's then current lead times. Shipment dates are approximate, and there shall be no penalty for early or late shipment.

▶ then current : 당시 시점의

배송은 오더 시점 당시의 텍사콤의 리드 타임에 따른다. 배송 날짜는 대략적인 날짜이며 조기 또는 지연 배송에 대한 위약금은 없다.

Texsacom reserves the right to adopt an equitable plan of allocation and to adjust delivery schedules accordingly in the event of reasonably unforeseeable shortages.

텍사콤은 공정한 할당 계획을 채택하고 예측할 수 없는 부족분이 발생하더라도 합리적일 경우, 그에 따른 배송 일정을 조정할 수 있는 권리를 보유한다.

Texsacom shall not be liable for any loss, expense, or damage caused by delays or failures in performance resulting from acts of God, or other causes beyond its reasonable control. Any liability of Texsacom for non-delivery of product shall be limited to replacing such product within a reasonable time or adjusting the invoice respecting such product to reflect the actual quantity delivered.

텍사콤은 천재지변 또는 합당한 통제를 벗어난 기타 원인으로 인한 계약 이행 지연 또는 실패로 인한 손실, 비용 또는 손해에 대한 책임을 지지 않는다. 제품 미배송에 대한 텍사콤의 책임은 합리적인 시간 내에 해당 제품을 교체하거나 실제 배송된 수량을 반영하도록 해당 제품에 대한 송장(금액)을 조정하는 것으로 한정한다.

Limited Warranty(한정 보증)

Texsacom warrants for a period of 12 months from the date of shipment of the product that all product shall conform to Texsacom's published specifications and be free of defects in manufacture and workmanship.

텍사콤은 모든 제품이 텍사콤에서 외부에 공개한 사양을 준수하고 제조 및 제작상의 결함이 없음을 제품 선적일로부터 12개월 동안 보증한다.

On condition that Buyer notifies Texsacom in writing within twelve(12) months of the date of Delivery to Buyer of such defective or non-conforming product, and that Buyer promptly returns such product to Texsacom in accordance with Texsacom's instructions, freight charged to Texsacom, Texsacom shall, at Texsacom's option and expense, either repair, replace or refund the purchase price of any nonconforming or defective product.

- repair, replace or refund the purchase price of에 공용으로 걸리는 것은 any nonconforming or defective product이다. 즉, either repair any nonconforming or defective product, replace any nonconforming or defective product, or refund the purchase price of any nonconforming or defective product의 문장이다.

구매자가 결함이 있거나 부적합한 제품을 구매자에게 배송한 날로부터 12개월 이내에 서면으로 텍사콤에 통지하고 구매자가 텍사콤의 지침에 따라 텍사콤 운임 부담으로 텍사콤에 해당 제품을 신속하게 반품할 경우, 텍사콤은 텍사콤의 선택과 비용으로 부적합하거나 결함이 있는 제품의 수리, 교체 또는 환불한다.

Texsacom shall have no obligation with respect to any damage arising from misuse(including but not limited to use outside of published specification parameters), neglect, tampering, unauthorized or improper use, or installation, disassembly, repair, alteration or accident.

텍사콤은 오용(공개된 사양 매개변수 이외의 사용을 포함하되 이에 국한되지 않음), 방치, 변조, 무단 또는 부적절한 사용, 또는 설치, 분해, 수리, 변경 또는 사고로 인해 발생하는 손실에 대한 책임을 지지 않는다.

Notwithstanding the foregoing, if any product is designated developmental or experimental, such product shall be purchased "as is, with all faults" and the remedy granted above shall be or no force or effect whatsoever.

전술한 내용에도 불구하고, 제품이 개발 또는 실험용으로 지정되면 해당 제품은 "모든 결함이 있는 그대로" 구매되어야 하며 위에 부여된 구제책은 해당 제품에 대해 어떠한 강제력이나 효력도 없다.

Except for the warranty set for in this section 5, Texsacom makes no warranty whatsoever with respect to the products, including any

본 섹션 5에 명시된 보증을 제외하고 텍사콤은 다음을 포함하여 제품과 관련하여 어떠한 보증도 하지 않는다.

ⓐ warranty of merchantability : 상품성 보증

- merchantability : 매매할 수 있음, 장사에 적합함
  merchantable : (물품 상태가) 팔 수 있는

ⓑ warranty of fitness for a particular purpose : 특정 목적에 대한 적합성 보증

ⓒ warranty of title : or 소유권 보증, 또는

ⓓ warranty against infringement of intellectual property rights of a third party; whether express or implied by law, course of dealing, course of performance, usage of trade or otherwise, Texacom disclaims all implied.

- usage of trade : 상관습

제삼자의 지적 재산권 침해 관련 보증; 법, 거래 과정, 이행 과정, 상관습 등에 의해 명시적이든 묵시적이든, 텍사콤은 묵시적인 모든 것에 대한 책임이 없음을 밝힌다.

Tamper

- tamper
  참견하다, 간섭하다, (허락 없이) 우편물을 개봉하다, 주무르다, 조작하다, 변조하다, 변경하다, 뇌물을 주다, 매수하다

- tamper with something
  (허락도 받지 않고 마음대로) 손대다, 건드리다. 조작하다

  He was worried whether his manager would tamper with his market report.
  그는 자기의 매니저가 시장 보고서를 조작하지 않을까 걱정하였다.

  He had nearly fainted when he found that the news had undoubtedly been tampered with.
  뉴스가 의심할 것도 없이 조작되었다는 사실을 알았을 때 그는 거의 기절할 뻔했다.

- tamper-evident, tamper-indicative
  손댄 흔적이 있는, 조작된 흔적이 있는, 개봉된 흔적이 있는

- tamper-proof : 부정 조작이 불가능한, 고쳐질 염려 없는

- tamper-resistant : 부정 조작되기 어려운

- tamper-sensitive : 부정에 좌우되기 쉬운

Intellectual Property Indemnity(지적 재산권 보상)

Texsacom shall defend Buyer at its expense against any third party claims relating to intellectual property infringement as set forth in the Agreement("Claim").

텍사콤은 계약("클레임")에 명시된 지적 재산권 침해와 관련된 제삼자 클레임에 대해 텍사콤 비용으로 구매자를 방어한다.

In connection with its defense of such Claim, Texsacom shall pay those costs and damages(including legal costs and reasonable attorney fees) finally awarded against Buyer pursuant to the Claim.

그러한 클레임의 변호와 관련하여, 텍사콤은 클레임에 의해 구매자에게 최종적으로 부과된 비용 및 손해(법무 비용 및 합리적인 변호사 비용 포함)를 지불한다.

In the event of a settlement of a Claim, Texsacom shall pay any amounts agreed to in a written settlement agreement of such Claim provided that Texsacom has reviewed and approved the terms of the settlement prior to its signing.

클레임 해결의 경우, 구매자가 서명 전에 텍사콤이 클레임 화해 조건을 검토하고 승인하였다면, 텍사콤은 해당 클레임에 대한 서면 화해 계약에 동의한 금액을 지불한다.

Texsacom's indemnity obligation shall be conditioned on Buyer promptly notifying Texsacom in writing of any Claim, giving Texsacom sole control of the defense and settlement thereof, and providing all reasonable assistance in connection therewith.

- conditioned : 조건부의, 가입하의, 가진급의, 어떤 상태에 있는

클레임 발생 시 구매자는 서면으로 텍사콤에 즉시 통지하고, 텍사콤이 단독으로 클레임 방어 및 해결할 수 있도록 하며, 이와 관련하여 구매자가 모든 합당한 지원을 텍사콤에 제공하는 조건으로 텍사콤의 배상 의무가 성립한다.

If any Texsacom product is finally adjudged to so infringe or is likely to so infringe in Texsacom's judgment, Texsacom will, at its own option and expense, either

▶ adjudge : 판단을 내리다, 판결하다

텍사콤 제품이 최종적으로 그렇게 침해하는 것으로 판정되거나 텍사콤의 판단으로 그렇게 침해할 가능성이 있는 경우, 텍사콤은 자체 비용으로 다음 중 하나를 선택하여 이행한다.

ⓐ procure for Buyer the right to continue using the product;
구매자가 제품을 계속 사용할 수 있는 권리를 확보

ⓑ modify or replace the product so there is no infringement; or
침해가 없도록 제품을 수정하거나 교체 또는

ⓒ refund the purchase price paid upon return of the product.
제품 반환 시, 지불한 구매 가격을 환불

Texsacom shall have no liability or obligation regarding any claim, and Buyer shall defend and hold Texsacom harmless from any claim that Texsacom's products infringe the intellectual property rights of a third party or any other claim of misappropriation to the extent such claims arise as a result of:

텍사콤은 어떠한 클레임에 대해서도 책임이나 의무가 없으며, 구매자는 텍사콤의 제품이 제삼자의 지적 재산권을 침해하거나 다음의 결과로 클레임이 발생하는 한도 내에서 다른 모든 부정 유용에 대한 클레임에서 방어하고 면책한다.

- Buyer's combination of products with other products or services and the infringement would have been avoided but for such combination;

  구매자의 제품과 다른 제품 또는 서비스의 결합으로 침해는 피할 수 있었지만 그러한 결합에 대해서는;

- Texsacom's implementation of a Buyer originated design or specification;

  텍사콤이 텍사콤의 구매자가 만든 설계 또는 사양 구현

- use of the Buyer's intellectual property; or

  구매자의 지석 재산 사용

- modification of the Products made other than by Texsacom or without Texsacom's authorization.

  텍사콤의 사양과 다르게 만들어졌거나 텍사콤의 승인 없이 만들어진 제품의 수정

The Section 6 and Section 8 of the agreement constitute Texacom's sole and entire liability and buyer's sole and exclusive remedy for any infringement of misappropriation of any third party rights, including any intellectual property rights.

계약의 섹션 6 및 섹션 8은 지적 재산권을 포함한 제삼자 권리의 침해 또는 남용에 대한 텍사콤의 유일하고 완전한 책임과 구매자의 유일하고 배타적인 구제책을 구성한다.

Condition, Conditional, Unconditional

- condition : 조건, 상태, 지위, 필요조건이 되다, 조건부로 승인하다
  ~을 조건으로 하다, 습관화시키다, 익숙해지도록 길들이다

  conditional(조건부, 단서가 붙은) ↔ unconditional(무조건적인, 조건 없는)

- Thanks to the recent improvement of economic conditions, your salary is conditioned on the sales performance.
  경제 여건의 개선으로 급여는 판매 실적에 연동된다.

- She conditioned her joining the trip to Paris on the expense.
  그녀의 파리 여행 참여 여부는 여행 비용이 조건이다.

- The company promised to provide unconditional funding.
  회사는 무조건의 자금 제공을 약속하였다.

Limitation of Liability(책임의 한계)

The remedies set forth herein constitute the exclusive remedies of buyer whether arising in contract, tort, other legal theory.

▶ tort : 法 (피해자에게 배상청구권이 생기게 되는) 불법 행위

여기에 명시된 구제책은 계약, 불법 행위 또는 기타 법률 이론에서 발생하는 구매자의 배타적 구제책을 구성한다.

<u>In no event shall either party be liable to the other for loss of</u> profits, re-work costs, excess costs, or incidental, consequential, special or indirect damages even if the other party has been advised of the possibility of such damages.

다른 당사자가 그러한 손실 가능성에 대해 통보받더라도, 어떠한 경우에도 어느 쪽 당사자도 이익 손실, 재작업 비용, 초과 비용 또는 부수적, 결과적, 특수적 또는 간접적 손해에 대해 상대방에 대한 책임을 지지 않는다.

▶ 간접 손실이나 기회 손실에 대한 책임은 없다는 것임.

Texsacom's liability hereunder shall not exceed the purchase price paid by buyer for the affected product.

텍사콤이 책임지는 최대치는 해당 제품에 대해 구매자가 지불한 구매가를 초과하지 않는다.

▶ 텍사콤이 판매한 금액이 책임 최대한도라는 의미이다.

This limitation of liability shall not be affected by any failure of buyer's remedies under the express warranty set forth above.

위에 명시된 명시적 보증에 따른 구매자 구제 조치가 실패하더라도 이 책임 한도는 상향되지 않는다.

Export Controls(수출 통제)

Buyer agrees to comply with all applicable export laws, regulations, and orders. Buyer specifically acknowledges that it may be required to obtain export or re-export licenses from the United States Government in order to export or re-export some Products or technology to certain locations.

구매자는 모든 관련 수출법, 규정 및 주문을 준수할 것을 동의한다. 구매자는 텍사콤이 특정 지역으로 일부 제품 또는 기술을 수출하거나 재수출하기 위해 미국 정부로부터 수출 또는 재수출 라이센스를 취득하여야 할 수도 있음을 구체적으로 인정한다.

▶ 텍사콤이 수출 계약을 하였으나 정부 통제로 제한을 받을 수도 있는바, 그럴 경우는 계약 파기 내지는 계약 불이행의 책임이 없다는 것이다. 이런 경우, 간단히 『subject to government regulation』 또

는 『subject to government approval』 등의 어구를 계약에 추가하면 된다. 계약은 체결하였으나 계약의 유효성은 정부 규정, 정부 승인으로 최종 결정된다는 것이다.

Choice of Law(준거법 선택)

This Agreement shall be governed by, interpreted, construed and enforced in accordance with the laws of the United States of America and the State of California, without regard to the conflicts of laws provisions thereof.

본 계약은 법률 조항 충돌과 관계없이 미합중국 및 캘리포니아주 법률이 적용되며, 그 법률로 해석되며 시행된다.

Force Majeure(불가항력)

Texsacom shall not be liable to Buyer for any delay or non-performance of its obligations hereunder in the event and to the extent that such delay or non-performance is due to an event beyond Texsacom's reasonable control, including but not limited to war, civil unrest, strikes, lock-outs, acts of government, natural disasters, pandemics, accidents, fire, explosions, and general shortages of energy and materials.

- non-performance, nonfulfillment : 불이행

본 계약상 지연 또는 의무 불이행이 전쟁, 시민 소요를 포함, 텍사콤의 합리적인 통제를 벗어난, 전쟁, 시민들의 소요, 파업, 직장 폐쇄, 정부 조치, 자연재해, 전염병, 사고, 화재, 폭발 및 일반적인 에너지 및 물자 부족 사건으로 인한 경우, 텍사콤은 본 계약에 따른 의무의 지연 또는 불이행에 대해 구매자에게 책임을 지지 않는다.

Time Limit for Suit(소송 제기 가능 기한)

Any action by Buyer must be commenced within two years of delivery of the product or the date the cause of action arose, whichever is earlier.

구매자의 소송 제기 기한은 제품 인도 후 2년 이내 또는 소송 원인 발생일 중 더 빠른 일자 이내라야 가능하다.

- 3년째에 소송 원인이 발생했다면? 소송 불가하다.
- 『A or B, whichever 비교급』 구조의 문장은 긴요하게 사용할 수 있는 문장인바, 자기 것으로 만들어 두면 편하다. whichever is shorter, whichever is higher, whichever is bigger, whichever is less risky, whichever is more profitable, whichever is more important 등등으로 원하는 상황 설명이 가능하다.

Incorterms - 수입 통관 책임

수출업체가 수입업체의 통관을 책임지는 거래는 가급적 하지 않는 것이 바람직하다. 왜냐하면, 수입 물품에 관한 법령과 관세율은 변동될 수 있으며, 이는 해당국의 결정 사안인바, 수출업체가 통제 관리할 수 있는 사안이 아니다. 만약 계약 당시 수입 관세율이 5%였는데, 갑자기 8%로 인상된다면 수출업체는 3%만큼 피해를 보게 된다. 애초 계약 때, 「가격은 관세율에 연동된다」 라고도 명기할 수도 있으나, 굳이 이런 사안까지 거론하여 복잡한 정산하면서 거래를 할 이유가 있을지 의문시된다.

특히, 일부 후진국의 경우, 통관에 따른 예기치 못한 상황이 발생할 가능성이 있으며, 뒷거래도 있을 수 있는바, 이에 대한 책임을 지고 거래를 한다는 것은 매우 위험한 일이다.

그리고, 수입 통관시 검사 품목으로 지정되는 경우도 있어, 여기에 따른 follow-up 시간 loss도 상당할 수도 있어, 기회비용 측면도 고려하여야 한다.

수출업체의 통관 책임이 없는 DAP 거래는 하여도 무방하다. DAP는 수입 통관은 수입업체의 책임하에 하되, 수입업체의 화물인수 장소까지의 운임을 수출업체가 부담하는 것이다.

05
Incorterms 2020

• 상품 거래는 Incoterms를 따르는 것이 일반적이다. Offer, Bid, PO, 계약서 등에 『구체적으로 언급되지 않은 사항들은 Incorterms 2020에 따른다.』라고 명기할 수도 있다. 상호 신뢰가 있는 관계이고 장기 거래처일 경우, 명기하지 않을 수도 있다. 어쨌든 글로벌 상거래는 달리 명기한 것이 없다면(unless otherwise specified), Incortems 2020을 준수하는 것으로 간주하는 것이 일반적이다.

E 조건 : 출발지 인도 조건

• EXW(Ex-works, Ex-factory) : 공장인도조건

F 조건 : 운송비 미지급 인도조건

• FCA(free carrier) : 운송인인도조건
• FAS(free alongside ship) : 선측인도조건
• FOB(free on board) : 본선인도조건

C 조건 : 운송비 지급 인도조건

• CFR(cost&freight) : 운임포함조건
• CIF(cost, insurance, freight) : 운임 보험료 포함인도
• CPT(carriage paid to) : 운송비 지급 인도조건
• CIP(carriage and insurance paid to) : 운송비 보험료 지급 인도조건

D 조건 : 도착지 인도조건

- DAT(delivered at terminal) : 도착터미널 인도조건
- DAP(delivered at place) : 도착장소 인도조건
- DDP(delivered duty paid) : 관세지급 인도조건
- 복합운송조건 : EXW, FCA, CPT, CIP, DAT, DAP, DDP
- 해상운송조건 : FAS, FOB, CFR, CIF

Incoterms의 각 거래 조건별 책임 한계를 도표로 표시하면 다음과 같다.

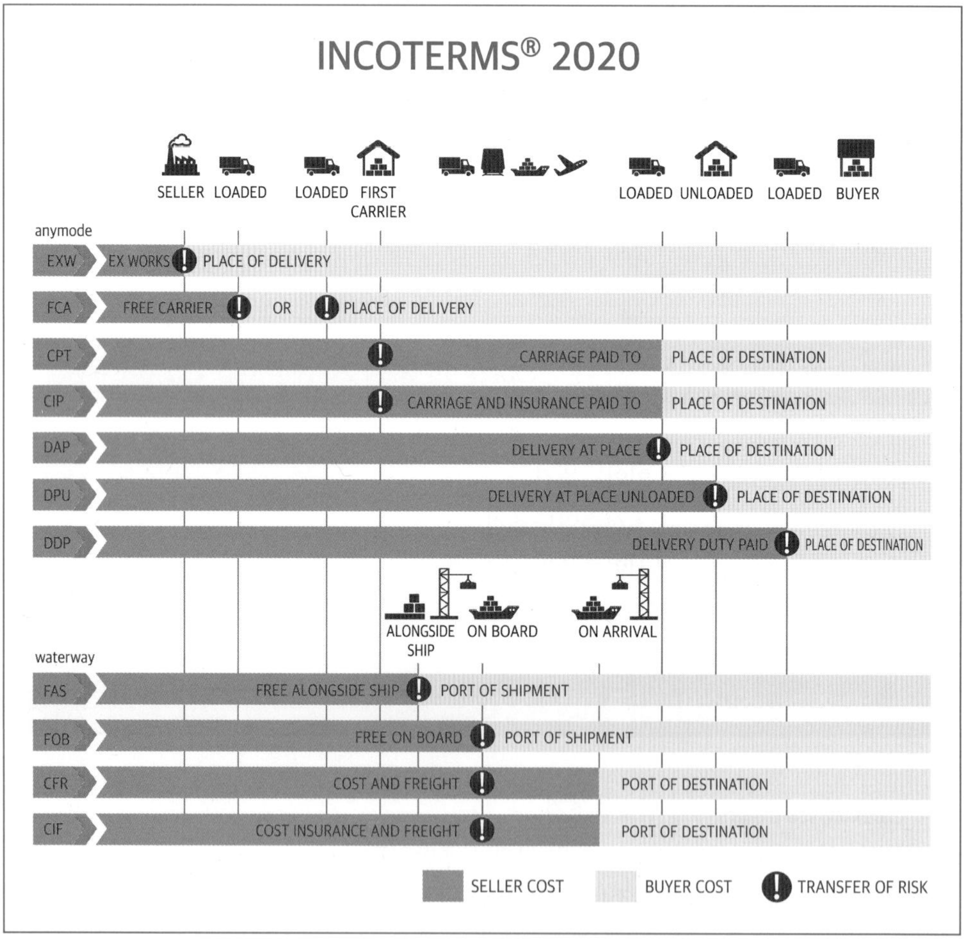

INCOTERMS® 2020

SELLER LOADED LOADED FIRST CARRIER LOADED UNLOADED LOADED BUYER

anymode

EXW EX WORKS PLACE OF DELIVERY

FCA FREE CARRIER OR PLACE OF DELIVERY

CPT CARRIAGE PAID TO PLACE OF DESTINATION

CIP CARRIAGE AND INSURANCE PAID TO PLACE OF DESTINATION

DAP DELIVERY AT PLACE PLACE OF DESTINATION

DPU DELIVERY AT PLACE UNLOADED PLACE OF DESTINATION

DDP DELIVERY DUTY PAID PLACE OF DESTINATION

ALONGSIDE SHIP ON BOARD ON ARRIVAL

waterway

FAS FREE ALONGSIDE SHIP PORT OF SHIPMENT

FOB FREE ON BOARD PORT OF SHIPMENT

CFR COST AND FREIGHT PORT OF DESTINATION

CIF COST INSURANCE AND FREIGHT PORT OF DESTINATION

SELLER COST BUYER COST TRANSFER OF RISK

출처 : https://internationalcommercialterms.guru/#incoterms-2020

술 이야기 - Whisky

위스키는 스코틀랜드 고지대에서 살고있는 켈트족의 말로써 생명의 물을 뜻하는 위스게 바하에서 왔다고 한다. 그중 스카치 위스키는 대영제국이 과도한 주세를 부과하자, 스코틀랜드 위스키 제조업자들이 산속으로 피신하여 밀주를 제조해 오크통에 숨겼는데 습도가 높은 스코틀랜드의 공기가 오크통을 통해 위스키와 어울리면서 신비한 맛이 생성되었다고 한다.

위스키는 malt(맥아)를 원료로 하는 몰트 위스키와 보리/옥수수를 증류하여 만드는 grain(곡물) 위스키가 있다. 이 두 가지를 섞는 기술을 blending 기술이라고 하며, 섞어 만든 위스키를 블랜디드(blended) 위스키라고 한다. 한국 사람이 가장 좋아하는 위스키의 대부분이 블랜디드 위스키이다.

생산지에 따른 위스키의 분류는,

- 스카치 위스키: 스코틀랜의 술로 발레타인, 시바스 리갈, 조니 워커등이 블렌디드 위스키이며, 그랜피딕은 몰트위스키이다.
- 아이리쉬 위스키: 제임슨, 존파워, 올드 부시월드
- 테네시 위스키: 미국 테네시 지방에서 만드는 위스키로 잭 다니엘이 유명
- 버번 위스키: 미국 켄터키주의 버번 카운티에서 만드는 술로 짐빔, 와일드 터키등이 있다.
- 라이 위스키: 미국의 대표적 위스키로 워싱턴, 제퍼슨 대통령등이 증류소를 운영하기도 했다.
- 캐나다: 크라운 로얄
- 일본: 산토르 위스키 등이 있다.

위스키의 가격은 오크통에서의 숙성 기간이 길수록 고가이다. 스카치 위스키가 대표적인 고가 위스키이며, 기타 국가에서 생산되는 위스키의 대부분은 일반인들이 쉽게 접근할 수 있는 가격대의 대중적인 위스키이다.

⋆ 술 이야기 : 75쪽, 107쪽, 187쪽, 361쪽

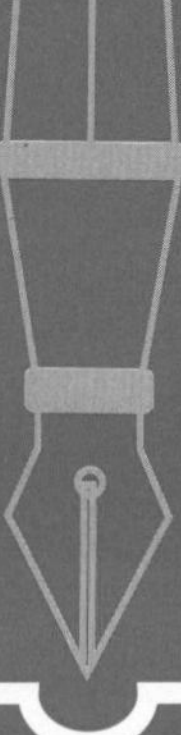

Chapter Ⅳ

기밀 유지 **계약서**

Business English Agreement

01
핵심 사안

「기밀 유지 계약」은 「비밀 유지 협약」, 「비밀 유지 약정」이라고도 하며, 영어로는 Confidentiality Agreement, NDA(Non-Disclosure Agreement), CDA(Confidential Disclosure Agreement)라고 한다. 별도 계약으로 체결하기도 하고, 계약서의 일부 조항 형식으로 명기되기도 한다.

NDA의 기본은 『계약 당사자 이외의 제삼자에게 계약 체결로 취득한 정보, 기술 등 비밀스러운 내용을 공개하지 않으며, 만약 공개한다면 거기에 따른 책임을 진다.』라는 것이다. 틀에 박힌 전형적인 조항과 문구를 사용하고 있는바, 문장에 익숙해지면 신경을 쓰지 않을 조항이다.

NDA를 경시하는 예도 있으나 비즈니스 진행 시 분쟁의 대상이 되는 경우가 있는바, 다음과 같은 핵심 사안을 신중히 검토 후 체결하여야 한다.

- 제공 정보의 구체적 내용
- 정보의 경제적 가치
- 정보 활용의 구체적 권리
- 비밀 유지 의무 및 기간
- 비밀 유지 위반 시 손해배상

배상 vs. 보상

배상, 보상은 영어로는 compensation을 사용한다. 한국에서는

- 보상(報償)이란 적법한 행위이지만 손해를 입으면 손실 보전
- 배상(賠償)은 위법 행위로 인한 피해 손실 보전

이나 실제 필드의 비즈니스맨들은 구별하지 않고 사용하며, 법조인들은 엄격히 구분하고 있는 것 같다. 비즈니스맨들은 돈을 받는 것이 목적이라 그런지 용어의 의미는 개의치 않는 것 같다.

02
상거래 관련 NDA

상거래를 하면서 NDA는 왜 필요할까?

가장 중요한 사안 중 하나는 계약이 종료되거나 해지·파기되었을 때, 상대방이 경쟁상대로 돌변할 수도 있기 때문이다. 사업 파트너이든 공급처든 거래를 하게 되면 다양한 정보를 공유하게 되는바, 상대방이 그 정보를 활용하여 손해를 끼칠 수도 있기 때문이다.

독일업체 Invincible Device GmbH가 한국업체 Jalpanda Corp.에 대리점권을 주면서 체결한 NDA 계약서를 소개한다. 물론 회사명은 가칭이다.

CONFIDENTIALITY AGREEMENT

between
Invincible Device GmbH
Im Gewerbepark 2, 58579 SchalksmOhle – Germany
and
Jalpand Corp.
Room 2011, 20th Floor, Zalpand Building, 106-7 Don-dong,
Kangdong-Ku, Seoul, Korea 134-777

referred to hereinafter as "Party" and collectively referred to hereinafter as "Parties".

Invincible Device GmbH와 Jalpanda Corp. 사이에 체결된 기밀 유지 협정. 계약 당사자를 Party이라고 칭하며, 통틀어 Parties이라고 칭한다.

To facilitate business discussions between the Parties in the Project of developing wireless products for telecommunication area in Korea, it is or may be necessary for one or both of the Parties to disclose to the other Party confidential, financial, technical and/or business information. It is mutually understood that neither Party shall be obligated to disclose any information to the other Party, and also that any information which is disclosed is at the discretion of the disclosing Party.

한국의 통신 분야용 무선 제품 개발 프로젝트 관련, 당사자 간의 비즈니스 토론을 쉽게 하려면 한쪽 또는 양쪽 당사자가 다른 쪽 당사자에게 재무, 기술 및/또는 비즈니스 관련 기밀 정보를 공개하는 것이 필요하거나 필요할 수 있다. 어느 당사자도 다른 당사자에게 정보를 공개할 의무가 없으며, 공개되는 어떤 정보든 공개 당사자의 재량에 따른 것으로 상호 이해한다.

- disclose, reveal, expose, divulge : 공개하다, 누설하다, 밝히다
- at the discretion of, at one's own discretion : 재량으로, 좋을 대로, 임의로
  She was given the money to use at her own discretion : 재량대로 사용할 돈을 받았다.
- I want to leave it to your discretion. 당신 재량에 맡기고 싶다.
- be obligated to ~ : ~ 할 의무가 있다.
- obligation : 의무, 책임　　obligatory : 의무로서, 의무적인, 필수의

긴 내용은 뒤로, 주어 동사 목적어 보어 찾기

- to disclose to the other Party confidential, financial, technical and/or business information.
  영어의 기본 원칙 중 하나는 「긴 내용은 문장 뒤쪽에 서술한다.」이며, 가주어, 진주어도 이러한 관점하에 나온 것이다.

B에게 A를 공개한다고 하면, disclose A to B라고 하면 된다.
그런데 만약 A의 내용이 길다면 disclose to B A라고 표현한다.
그래야 상대방이 알아보기 쉽고 듣기 편하다.

위의 문장은 to disclose confidential financial, technical and/or business information to the other Party인데 공개하는 내용이 많아 to disclose to the other party confidential, financial, technical and/or business information이라고 한 것이다.

- Each Party receiving information from the other Party will treat as confidential all information that ~

- 주어 동사 목적어만 떼어 내면 『Each Party will treat all information as confidential. 각 당사자는 모든 정보를 기밀로 취급할 것이다.』로 간단하다.
- 하지만, all information에 대한 설명이 장황한바, 목적보어 격인 as confidential이 목적어 앞에 온 문장이다. 영어의 기본 원칙 「긴 내용은 뒤에 서술한다」를 따른 것이다.

Therefore, the Parties agree as follows:

따라서 당사자들은 다음과 같이 합의한다.

A. Each Party receiving information from the other Party will treat as confidential all information that is reasonably identified in writing as confidential by the other Party at the time of disclosure or, if disclosed orally, reasonably identified in writing by the disclosing Party as confidential within thirty(30) days of the oral disclosure("Confidential Information");

상대방으로부터 정보를 받는 각 당사자는 공개 시점에 상대방이 서면상 합리적으로 기밀로 식별한 모든 정보, 또는, 구두로 공개된 경우, 공개 당사자가 구두 공개 후 30일 이내에 서면으로 합리적으로 기밀로 식별한 정보를 기밀로 간주한다.

will use such Confidential Information only for the purpose of evaluating the feasibility of entering into a business relationship with the other Party and for no other purpose;

그러한 기밀 정보는 상대방과 사업 관계 수립 타당성을 평가할 목적으로만 사용하며 다른 목적으로는 사용하지 않는다.

will disclose such Confidential Information only to those of its employees and contractors(including employees and contractors of its affiliates) who reasonably require the same and only for the above-described purpose;

그러한 기밀 정보는 위와 같은 목적으로만 합리적으로 요구되는 직원과 계약자(계열사의 직원 및 계약자 포함)에게만 공개된다.

will ensure that such employees and contractors are legally bound to protect such Confidential Information to the same extent that the receiving Party is bound hereunder;

- be bound to ~ : (의무상) ~ 해야 하는, (의무 등에) 얽매인

그러한 직원과 계약자는 해당 기밀 정보를 보호할 의무가 있으며, 그 범위는 정보 수신 당사자가 본 계약에 따라 부담하는 법적 의무범위와 같다는 것을 보장한다.

and will use the same standard of care to protect such Confidential Information which they use to protect confidential information of their own against unauthorized use or disclosure, which standard of care shall be, at a minimum, to use reasonable efforts to protect such Confidential Information.

▶ at a minimum : 최소한도로

자신들의 기밀 정보가 무단 사용되거나 공개되는 것을 보호하기 위해 기울이는 주의와 같은 수준으로 그러한 기밀 정보를 보호 노력한다. 그러한 주의 수준은 최소한 그러한 기밀 정보를 보호하기 위해 합리적인 노력을 기울이는 것이다.

B. Nothing contained herein shall in any way restrict or impair either Party's right to use, disclose or otherwise deal with any information or data received from the other Party, directly or indirectly, which

직간접적으로 상대 당사자로부터 받은 정보 또는 데이터의 사용, 공개 또는 처리 권리는 여기에 명기된 어떤 것으로도 제한되거나 침해되지 않는다.

▶ 관계대명사 which는 information or data를 받으며, information or data가 무엇인지 아래에 상술되어 있다.

ⓐ at the time of disclosure is generally available to the public or later becomes generally available to the public through no act of the receiving Party;

▶ which, at the time of disclosure, is generally ~의 문장이다.

공개 시점에 일반 대중의 이용이 보편화되어 있거나 나중에 정보 수령 당사자의 공개 없이도 일반 대중이 이용할 수 있게 되는 경우

ⓑ was in the receiving Party's possession as a matter of record prior to its disclosure to the receiving Party;

▶ as a matter of record : 기록상

정보 수령자에게 공개 전 문서상 소유권이 정보 수령자에 있는 경우

ⓒ is received from a person or entity not a Party to this Agreement, whose disclosure does not, to the receiving party's knowledge, violate any confidentiality obligation;

본 계약의 당사자가 아닌 개인 또는 단체로부터 받은 정보로서, 정보 수령 당사자가 아는 한, 정보 공개 기밀 유지 의무를 위반하지 않는 경우

ⓓ as a matter of record is independently developed by the receiving Party

기록상 정보 수령 당사자에 의해 독립적으로 개발된 경우

ⓔ is required by court order or otherwise by law to be disclosed, in which event the receiving Party shall notify the disclosing Party prior to any required disclosure and the receiving Party shall, upon the request and at the expense of the disclosing Party, cooperate with the disclosing Party in contesting any such disclosure.

▶ contest : (결정이나 진술에) 이의를 제기하다, 경쟁하다, 다투다

법원 명령 또는 법으로 공개되어야 하는 경우, 수령 당사자는 공개 당사자에게 공개 전에 통지하여야 하며, 수령 당사자는 공개 당사자의 요청 및 비용으로 그러한 공개에 이의를 제기하는 공개 당사자에 협력하여야 한다.

C. Upon written request at any time, each receiving Party will return to the disclosing Party all documentation containing Confidential Information of the disclosing Party and all copies of the same in the receiving Party's possession.

서면 요청이 있는 경우 언제든지, 각 정보 수령 당사자는 공개 당사자의 기밀 정보가 명기된 모든 문서와 수령 당사자가 소유하고 있는 같은 사본을 공개 당사자에게 반환한다.

D. The existence and terms of this Confidentiality Agreement and the substance of the discussions, negotiations and correspondence shall not be disclosed to anyone not a Party to this Confidentiality Agreement, without the written consent of the Parties.

본 기밀 유지 계약의 존재 및 조건과 논의, 협상 및 서신의 내용은 당사자의 서면 동의 없이는 이 기밀 유지 계약의 당사자가 아닌 누구에게도 공개되지 않는다.

E. The obligations under this Confidentiality Agreement shall continue for a term of five(5) years from the effective date indicated in the first paragraph of the Agreement.

본 기밀 유지 계약에 따른 의무는 계약의 첫 번째 단락에 표시된 계약 발효일로부터 5년 동안 지속된다.

F. This Confidentiality Agreement shall be governed by German law. The place of jurisdiction is determined by the place of jurisdiction of Frankfurt, Germany.

본 기밀 유지 계약은 독일 법률이 적용된다. 관할 법원은 독일 프랑크푸르트의 사법권 관할지로 결정된다.

G. The parties agree that this Agreement is the complete and exclusive statement of the agreement between the parties relating to the subject matter of the Agreement including the rights and obligations of the parties. This agreement supersedes all proposals or other prior agreements, oral or written, and all other communications between the parties relating to the subject matter of this Agreement.

당사자는 본 계약이 당사자의 권리와 의무를 포함한 수제 사안과 관련하여 당사자 간의 계약에 대한 완전하고 배타적인 진술이라는 데 동의한다. 그간의 구두 또한 서면에 의한 모든 제안 또는 기타 이전 계약 그리고 본 계약의 주제와 관련된 당사자 간의 기타 모든 교신 내용은 본 계약의 내용으로 대체한다.

H. The parties acknowledge that each has read this agreement, understands it and agrees to be bound by the terms and condition herein.

- acknowledge : 인정하고 받아들이다
「확실히 인지하며, 따라서 나중에 딴소리 안 한다.」는 의미 내포

당사자들은 각자가 본 계약을 읽고 이해하였으며 계약 조건을 준수할 것임을 동의한다는 사실을 인정하며 확인한다.

April 10, 2022

Wilhelm Schmidt
President & CEO
Invincible Device GmbH
Business Registration No :

Haha Kim
President & CEO
Jalpanda Corp.
Business Registration No :

03
개인적인 계약 관련

고용 계약시 NDA에 대해 알아 보자.

고용주(employer)인 회사의 입장과 고용인(employee)인 직원의 입장에서 상호 만족하면 고용계약서가 합리적으로 작성된 것이다.

- 고용주의 입장은 능력 좋은 고용인을 고용하여 적절한 대가를 주고 회사에 도움이 된다면 계속 고용할 것이고, 그렇지 않다면 회사에서 내보내고 싶어 할 것이다. 그런데, 고용인이 회사를 그만두고 회사의 경쟁상대가 된다면 그건 원치 않는 상황이 전개되는 것이니, 그러한 상황이 발생하여도 회사에 피해가 없도록 관련 근거 문서를 확보하려고 할 것이며, 이건 당연한 일이다.

- 고용인은 좋은 조건을 제시하는 고용주를 찾을 것이며, 본인의 자유를 보장받으려고 할 것이다. 즉, 고용인의 입장에서는 고용주에 의해 부당하게 해고당할 수도 있는 바, 그러한 경우에 대한 안전장치를 원할 것이다.

- 결국, 고용주와 고용인 모두를 만족시킬 수 있는 내용으로 고용계약서와 기밀유지협정이 체결될 것이다. 기밀유지 협정은 독립적으로 체결될 수도 있지만, 고용계약서에 관련 내용을 간단히 명기하기도 한다.

Confidentiality Agreement

May 10, 2021

This letter sets forth the agreement between you and Invincible Armada Inc., its affiliates, successors and assigns(collectively the "Company") with respect to the Company's agreement to employ you.

- set forth : 제시하다, 발표하다, 진술하다, 설명하다, 밝히다, 출발하다
  assigns : 法 양수인(assign을 복수로 사용하면 명사가 되며, 법률 용어가 된다)
- invincible : unbeatable, unassailable, indomitable, unyielding, insuperable, indestructible, impregnable, invulnerable, unconquerable, unvanquishable, unsurmountable, undefeatable

회사의 귀하 고용과 관련, 본 서신은 귀하와 Invincible Armada Inc., 그 계열사, 승계인 및 양수인(총칭하여 "회사") 간의 계약을 설명한다.

"Confidential Information" includes, whether or not marked confidential, the identity, characteristics and preferences, financial, sales and marketing information, pricing, fee structure, trade secrets, designs, know-how, processes, formulas, inventions, plans, including intangible property rights and other ways of doing business.

기밀 표시 여부와 관계없이, "기밀 정보"는 무형의 재산권 및 기타 사업 방식을 포함하여 신원, 특성 및 선호도, 재무, 판매 및 마케팅 정보, 가격 책정, 수수료 구조, 영업 비밀, 디자인, 노하우, 프로세스, 공식, 발명, 계획을 망라한다.

You agree, both during and after your employment by the Company, to hold all Confidential Information in a fiduciary capacity for the benefit of the Company and to defend such Confidential Information, and you shall not directly or indirectly, use or disclose such Confidential Information except as may be necessary in the good faith performance of your duties to the Company.

따라서 귀하는 회사 재직 기간 및 퇴직 후 회사의 이익을 위해 모든 기밀 정보를 수탁자 자격으로 보유하고 해당 기밀정보를 보호하는 데 동의하며, 회사에 대한 귀하의 의무를 성실하게 수행하는 데 필요한 경우를 제외하고 이러한 기밀정보를 직간접적으로 사용하거나 공개하지 않기로 한다.

fiduciary capacity, fiduciary character

- fiduciary : 신탁의, 수탁자
  - fiduciary relationship : 신뢰 관계(회사 대표와 주주, 의뢰인과 변호사, 은행과 예금주와의 관계 등)
  - a company's fiduciary responsibility to investors : 투자자에 대한 회사의 수탁 책임
  - fiduciary obligations of private equity fund : 사모 펀드의 수탁 의무
- capacity : 法(행위) 능력, (법정) 자격(character)
  - in the capacity of legal adviser : 법률자문가의 자격으로
    in the capacity of exclusive agent covering Korea market : 한국 시장 독점 대리인 자격으로
    in a fiduciary capacity/character : 수탁자의 자격으로
  - 도대체 「수탁자의 자격으로」라는 의미가 무엇일까? 수탁자는 남의 부탁을 받거나 남의 물건 따위를 맡은 사람, 신탁 관계에 따라 일정한 사무를 위임받은 주체를 의미하는바, 위탁자(truster, consignor, client)의 이익에 위배되지 않도록 신의 성실의 원칙에 의거 잘 관리한다는 것이다. 「수탁자처럼, 수탁자의 입장에서」로 의역하는 것이 부드러운 번역 같다.

You acknowledge that all records, files, memoranda, documents, reports and other written, printed or recorded materials and data, regardless of data storage method(collectively, "Documents"), received, created or used by you during the course of your employment are and will remain the sole property of the Company and will be returned to the Company by you promptly upon termination of your employment.

고용 기간에 귀하가 수신, 생성 또는 사용한 모든 기록, 파일, 메모, 문서, 보고서 및 기타 서면, 인쇄 또는 녹음 자료 및 데이터는 데이터 저장 방법(총칭하여 "문서")에 관계없이 회사의 단독자산이며, 그리 유지될 것이며, 그러한 내용물들은 고용계약 종료 즉시 회사에 반환하여야 한다는 것을 인식하고 있다.

In view of the nature of the Company's business, you acknowledge that the restrictions and covenants set forth in this letter are fair, reasonable and necessary to protect the legitimate interests of the Company and that the Company will suffer irreparable harm in the event of any actual leakage of confidential information.

- irreparable damage : 만회할 수 없는 손해, 회복할 수 없는 피해
  irreparable : beyond repair, irreversible, incurable, irretrievable, irrecoverable, irremediable, cureless, hopeless, incurable, impossible to repair, rectify, or amend

회사 사업의 성격, 귀하는 이 서신에 명시된 제한 사항 및 약정이 공정하고 합리적이며 회사의 법적인 이익을 보호하는 데 필요함을 인정하고, 기밀 정보의 실제 누출의 경우, 회사는 회복할 수 없는 손해를 입게 된다는 것을 인정한다.

You therefore agree that the Company shall be entitled to a court order requiring you to cease any such leakage of "Confidential Information."

따라서 귀하는 회사가 법원 명령을 발부받아 귀하에게 그러한 기밀 정보 누설을 중단하도록 요구할 권리가 있다는 데 동의한다.

Any disputes or controversies related to this letter shall be interpreted under the laws of Korea. If a court should determine that any provision of this letter is overbroad or unreasonable, such provision and the remaining provisions hereof shall be given effect to the maximum extent possible.

이 서신과 관련된 모든 분쟁이나 논쟁은 한국법에 따라 해석된다. 법원이 본 서신의 조항이 지나치게 광범위하거나 비합리적이라고 결정하는 경우, 해당 조항과 나머지 조항은 최대한 가능 범위에서 효력을 갖는 것으로 한다.

Please sign two original copies of this letter and return one original to me by email. The other original is for you to keep for your records.

아래에 서명하고, 나에게 원본 1부를 이메일로 돌려달라. 다른 원본은 귀하 보관용이다.

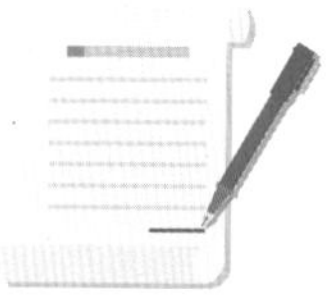

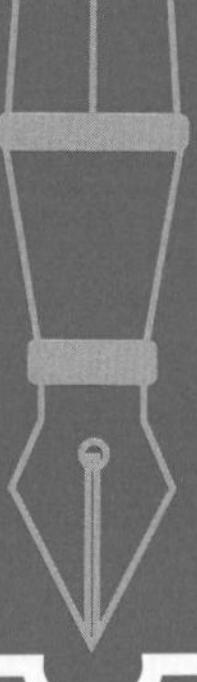

Chapter V
대리점 계약서

Business English Agreement

01
핵심 사안

대리점 계약은 공급업자와 판매업자의 역량 및 입장에 따라 계약의 내용이 좌지우지되는 것이 일반적이다. 예를 들어, 잘 팔리고 있는 제품의 대리점권을 획득하는 것은 공급업체가 우월한 지위에서 대리점 계약서를 작성할 것이고, 그 반대의 제품은 대리점에 유리한 계약서를 작성하는 경우가 빈번하다.

어떤 경우든 대리점 계약서의 핵심은 『어떤 상품을 어떤 가격 및 거래 조건으로 판매할 수 있으며, 대리점권을 유지하기 위한 의무 구매 수량과 영업 활동이 무엇인지, 독점권 여부』 등이다. 계약의 기본이 되는 사안들을 열거하면 다음과 같다.

- 상품
- 가격 및 거래 조건
- 의무 구매 수량
  - 주로 소비재에 해당
- 영업 활동
  - 산업재는 의무 구매 수량보다는 영업 활동이 우선
- 독점권 여부
- 경쟁 불가
- 제품 하자 보상
- 대리점 기간 및 연장 조건

대리점 vs. 판매점

엄격히 말하면 대리점(Agent, Representative)과 판매점(Distributor)은 차이가 있으나 표현을 확실히 구분하여 사용하지 않는 일도 있는바, 전체적인 계약 내용에 따라 대리점인지 판매점인지를 판별하여야 한다.

단어의 의미로 보면, 대리점은『공급업체의 권한/책임을 어느 정도 이양』받았으며, 판매점은『단지 물품 판매 창구 역할만 하는 것으로 간주』할 수도 있으나, 실제 상황은 관련 계약서의 내용으로 판단하여야 한다.

글로벌 거래에 있어, 특정 제품을 판매 또는 구입하기 위하여 외국 기업과 지속적인 거래 관계를 맺고 있을 때, 그 상대방을 대리점 또는 판매점이라 하며, 대리점, 판매점을 총칭하여 대리점으로 부르기도 한다.

글로벌 거래에서 대리점은 Agent, Representative이라고 칭하는 것이 일반적인 표현이며, 판매점은 Distributor, Dealer, Vendor, Reseller, Wholesaler, Value Added Reseller 등으로 칭하는데, 실제 계약 내용을 보면 대리점 역할을 하고 있는데 Distributor이라는 말을 사용하는 예도 있으며, 단순 판매점 역할만 하고 있지만, Agent이라고 칭하는 업체도 있다.

따라서, 용어 자체에 고정된 의미를 부여하는 것은 실제 상황과 상이할 수도 있어, 실제 계약 내용이 뭔지, 즉 거래 형태와 내용을 파악하는 것이 중요하다.

대리점 – 소비재 vs. 산업재

외국 기업과 한국 시장 대리점 계약을 체결할 경우, 대상 품목이 소비재인지 산업재인지에 따라 대리점권, 판매권을 공여하는 조건이 상이하다.

『소비재는 판매량, 산업재는 신규 고객 확보』 등으로 대리점 능력을 판단하는 경우가 일반적이다. 소비재는 개인 end-user가 고객인바, 매출 창출 기간이 짧지만, 산업재는 고객이 회사인바, 신규 고객 확보와 매출 창출에 상당한 시간이 소요된다.

- 외국 기업이 골프공 생산업체일 경우, 주 고객은 소비자를 대상으로 영업 판매하므로 골프공의 매출은 상대적으로 일찍 발생할 수 있다. 따라서, 판매 수량 및 판매액으로 대리점의 능력을 결정한다.
- 외국 기업이 산업재 기업일 경우, 예를 들어 핸드폰 제조에 필요한 부품을 생산하는 기업의 대리점을 한다면, 소비자가 영업 대상이 아니고 핸드폰 제조업체가 영업 대상이될 것인바, 핸드폰 업체의 그 부품 채택 여부로 대리점의 능력을 먼저 결정하게 된다.

핸드폰 생산에 새로운 부품을 채택하게 만드는 것은 엄청 어려운 일이며 채택 결정에만 상당한 기간이 소요된다. 일단 채택을 결정하게 되면 신규 모델에 적용되도록 제품 설계를 하고 이 제품이 실제 양산에 들어가야 외국 업체의 매출이 발생하게 되는 것이다.

한국에서 대리점 하는 업체도 상당한 시간 투자를 하여야 매출 창출이 가능하며, 그전에는 일전 한 푼 수익 창출이 되지 않는다. 이러니, 산업재 대리점은 계약 체결 후 일정 기간은 매출이 아닌 영업 활동으로 평가받는다. 소비재처럼 당장 매출이 발생하는 것이 아닌바, 일정 기간이 지나야 매출이 발생한다.

산업재 대리점이 좋은 점은, 일단 완제품 업체에서 부품을 채택하게 만들면 적어도 몇 년은 지속 공급이 되는 경우가 대부분이라는 것이다. 항상 신경이 곤두서 있는 소비재 대리점과는 다른 상황이다.

02
실전 계약서

소비재

본 계약서는 일반적인 비즈니스 영어로 작성되어 이해하기 쉬운 계약서이다. 이 회사는 쉬운 법률 영어 계약서 운동에 동참한 것이 아닌가 한다.

EXCLUSIVE DISTRIBUTION CONTRACT

June 27, 2021

Between
Wonderful Cosmetics Inc.
6077 Guion Road, Los Angeles, CA 46254, USA
represented by Ms. Cathy Kennedy
hereinafter called "the Manufacturer"

And
Jalpanda Corp.
7777 Dongtandaro, Hwasungsi, Gyeonnggi-do, Korea(zip code)
represented by Ms. Hana Kim
hereinafter called "the Distributor".
IT IS AGREED AS FOLLOWS :

1. Territory and Products(판매 지역과 제품)

1.1 The Manufacturer grants and the Distributor accepts the exclusive right to sell the products listed in Annex 1(hereinafter called "the Products") in the territory indicated in Annex 2(hereinafter called "the Territory").

제조업체는 부속서 1에 나열된 제품(이하 "제품"이라고 함)을 부속서 2에 표시된 영역(이하 "영역"이라고 함)에서 판매할 수 있는 독점권을 판매대리점에 부여하고 판매대리점은 이를 수락한다.

2. Distributor's Functions(디스트리뷰터의 역할)

2.1 The Distributor sells in his own name and for his own account, in the Territory, the products supplied to him by the Manufacturer.

디스트리뷰터는 제조업체가 공급한 제품을 자신의 이름과 계정으로 해당 지역에서 판매한다.

- 본 조항의 의미는 공급업체는 공급 제품의 품질에 대해서는 책임을 지나, 판매업체의 이미지, 명성, 신뢰 등에 대해서는 개입하지 않고 책임이 없다는 것을 명확히 하는 것이다. 즉, 판매업체의 상행위에 대해 개입하지 않고 책임도 없다는 것이다.
- Distributor는 배급업체/판매업체/유통업체/판매대리점/디스트리뷰터 등으로 번역된다.

2.2 The Distributor has no authority to make contracts on behalf of, or in any way to bind the Manufacturer towards third parties.

판매업체는 제조업체를 대신하여 제삼자들과의 계약을 체결하거나 제조업체를 제삼자에 대해 구속할 권리가 없다.

- 『제조업체는 판매업체와 별개의 회사이며, 판매업체는 제조업체를 대리하지 않는다.』라는 사실을 명확히 하고 있다.

2.3 The Distributor agrees to promote in the most effective way, and in accordance to the general directions given by the Manufacturer, the sale of the Products within the whole Territory and to protect the Manufacturer's interests with the diligence of a responsible businessman.

디스트리뷰터는 제조업체가 제공한 일반적인 지침에 따라 가장 효과적인 방법으로 전체 지역 내에서 제품 판매를 촉진하며, 책임감 있는 사업가의 근면성으로 제조업체의 이익을 보호하기로 동의한다.

He shall especially set up and maintain an adequate organization for sales (and, where appropriate, after-sales service) with all means and personnel as are reasonably necessary in order to ensure the fulfillment of his obligations under this contract for all Products and throughout the Territory.

그는 특히 모든 제품에 대한 본 계약에 따른 의무 이행을 보장하기 위해 합리적으로 필요한 모든 수단과 인력으로 판매(및 적절한 경우 애프터 서비스) 조직을 적절하게 구성하고 유지해야 한다.

- 독점 대리점 계약을 체결하고 제품 판매를 위해 노력하지 않는다면 대리점권을 공여한 제조업체의 입장에서 큰 기회비용이 발생한다. 따라서, 판매를 위한 적절한 조직을 갖추어야 한다는 내용이다.

3. Undertaking Not To Compete(경쟁 금지 의무 - 경쟁 상품 판매 불가)

3.1 Without the prior written authorization of the Manufacturer, the Distributor shall not distribute, manufacture or represent any products, which are in competition with the Products, for the entire term of this contract.

디스트리뷰터는 이 계약의 존속 기간 동안 제조업체의 사전 서면 승인 없이 제조업체의 상품과 경쟁 관계에 있는 상품을 유통, 제조 또는 대표할 수 없다.

3.2 In particular he shall not be engaged, within the Territory or elsewhere, directly or indirectly, in acting as distributor, commission merchant, reseller, distributor, agent, or in any other way, for the benefit of third parties who manufacture or market products which are in competition with the Products.

특히 디스트리뷰터는 지역 내 또는 다른 곳에서 직접 또는 간접적으로 유통업자, 위탁 상인, 재판매업자, 유통업자, 대리점 역할을 하거나 다른 방식으로 경쟁 관계에 있는 제품을 제조하거나 판매하는 제삼자의 이익을 위해 관여하지 않는다.

3.3 However, the Distributor may market or manufacture non-competitive products (provided not for the benefit of competing manufacturers) on condition that he informs the Manufacturer in writing in advance (stating in detail the types and characteristics of such products), and that the exercise of such activity does not prejudice the punctual fulfillment of his obligations under this agreement.

- prejudice : 해를 끼치다, 악영향을 끼치다, 편견을 갖게 하다, 편견
- 『공급업체의 제품과 직접적인 경쟁 관계에 있지 않은 품목이더라도, 만약 제조/판매하는 제품이 경쟁업체에 도움이 될 만한 것이라면 판매 불가하다.』라는 것이다. 애매한 상황이 발생할 수도 있는 문장이며, 사실 규명 또한 어려울 수 있으며, 문제 발생 소지도 있는바, 그러한 제품이 있다면 검증을 해보고, critical한 것이라면 상황에 맞는 계약을 하는 것이 바람직하다.

하지만 대리점은 제조업체에 사전 서면으로(해당 제품의 유형과 특성을 구체적으로 명시) 비경쟁 제품의 제조 또는 판매에 대해 알리며, 그러한 제조/판매 활동이 본 계약상의 의무를 적기 이행하는 것에 악영향이 되지 않을 경우, 경쟁 제조업체의 이익에 도움이 되는 것이 아니라면 비경쟁 제품을 판매하거나 제조할 수 있다.

4. Minimum Purchase(최소 구매량)

4.1 The Distributor undertakes to purchase, during each year, Products amounting to at least the minimum yearly turnover indicated in Annex 3. Unless otherwise agreed, such turnover will be automatically increased by 10% every successive year for three years.

- undertake : 착수하다, 약속하다, 동의하다
- amount to ~ : ~이 되다, ~에 해당하다, 합계가 ~이 되다.

디스트리뷰터는 첨부 3에 명시된 바와 같이, 매년 적어도 최소 연간 매출에 해당하는 제품을 구매할 것을 약속한다. 달리 합의하지 않는 한, 최소 구매액은 3년 동안 연속적으로 매년 10%씩 자동으로 증가하는 것으로 한다.

4.2 If the Distributor fails to attain within the end of any year the minimum purchase in force for such year, the Manufacturer shall be entitled, by notice given in writing by means of communication ensuring evidence and date of receipt(e.g. registered mail with return receipt, special courier, telex), at his choice, to terminate this Agreement, to cancel the Distributor's exclusivity or to reduce the extent of the Territory.

- in force : 유효하여, 시행 중인, 현행의, 군대가 대거하여
- entitle A to ~, A is entitled to ~ : A가 ~ 할 권리가 있다, ~할 자격이 있다,
  He is entitled to travel first class under the employment agreement.
  The employment agreement entitles him to travel first class.
  고용계약서상 일등석을 탈 권리가 있다.

디스트리뷰터가 해당 연도의 의무 구매 최소량을 연말까지 구매하지 못하는 경우, 제조업체는 수령 증거와 일자를 확인하는 통신 수단(예 : 등기 우편물 수령 통지, 쿠리어, 텔렉스)의 서면 통지를 통해 본 계약을 해지하거나, 디스트리뷰터의 독점권을 취소하거나, 또는 판매 영역을 축소할 수 있다.

- 예를 들어, 한국 시장 전체에 대한 독점권을 공여하였으나, 영업 실적이 시원치 않을 경우, 독점권을 없애고 「one of distributors」로 하거나, 일부 지역만 독점권을 주거나 하여, 제조업체의 영업이 활성화되게 조처할 수 있는 칼자루를 제조업체가 가지겠다는 것이다. 즉, 『디스트리뷰터가 영업을 잘하면 독점권을 유지하고 그게 아니면 독점권 지속은 불가하다.』라는 것이다. 합리적이고 정당한 계약으로 생각한다.

5. Advertising and Fairs(광고 및 박람회)

5.1 The Distributor shall be responsible for all advertising necessary to promote the Products within the Territory. Such advertising must be in accordance with the indications given by the Manufacturer, in order to warrant that it conforms to the Manufacturer's image and marketing policies. Unless otherwise agreed, the costs of advertising are to be covered by the Distributor.

디스트리뷰터는 판매 지역 내에서 제품을 홍보 광고할 책임이 있다. 이러한 광고는 제조업체의 이미지 및 마케팅 정책을 준수함을 보증하기 위해 제조업체가 제공한 표시법을 따라야 한다. 달리 합의하지 않는 한, 광고 비용은 디스트리뷰터의 부담으로 한다.

5.2 The Distributor shall take part, at his own expense, in the most important fairs and exhibitions in the Territory.

디스트리뷰터는 자신의 비용으로 영업 지역에서 가장 중요한 박람회 및 전시회에 참가해야 한다.

▶ 적극적인 판매 활동을 하라는 것임.

Exhibition(전시회), Fair(박람회), EXPO(엑스포)

- 일반적으로 전시회는 특정 분야에 대한 제품 전시 홍보 광고용이며. 문화 엔터테인먼트는 없는 것이 보편적이다.
- 박람회는 여러 산업 제품들이 출품되고 문화 엔터테인먼트가 있다,
- EXPO는 과거 만국박람회, 국제박람회라고 하였으나 현재는 그냥 엑스포라고 칭하며, 다양한 제품, 문화활동, 먹거리, 엔터테인먼트가 가미되며 여러 국가가 참가하는 큰 축제장이다. 1851년 런던 엑스포를 그 기원으로, 1928년에 파리에서 체결한 국제박람회 조약에 따라 가맹국의 주최로 5년마다 개최된다.
- 규모 면에서 「엑스포 〉 박람회 〉 전시회」 순으로 크며, 개최 기간 면에서도 「엑스포 〉 박람회 〉 전시회」 순으로 길다.

6. Conditions of Supply — Prices(공급 조건 - 가격)

6.1 All sales of the Products to the Distributor shall be governed by the Manufacturer's general conditions of sale, if attached to this contract. In case of contradiction between such general conditions and this contract, the latter shall prevail.

제조업체의 「일반 판매 조건」이 본 계약에 첨부된 경우, 디스트리뷰터에 제품 공급 시 모든 공급 조건은 제조업체의 「일반 판매 약관」이 적용된다. 이러한 「일반 판매 약관」과 본 계약이 상충하는 경우, 후자, 즉 본 계약서가 우선한다.

▶ 기본적으로 회사 대부분은 회사 지침 및 직원 통제용으로 기본적인 「일반 판매 약관」(마치 보험약관처럼 작성되어 있음)이 있는바, 만약 그러한 조건이 본 계약서에 첨부되어 있으며, 그 조건하고 본 계약의 내용이 어떤 이해 상충이 있으면, 본 계약이 우선한다는 것이다. 대리점 계약서에 일반적으로 어떤 식으로든 언급이 되는 내용이다.

6.2 The prices payable by the Distributor shall be those set forth in the Manufacturer's price lists as in force at the time the order is received by the Manufacturer with the discount indicated in Annex 4. Such prices are subject to change at any time, subject to a one month's notice.

공급업체의 판매가와 대리점 가격

BIZ 구조를 생각하면 영어 계약서의 내용이 당연하다는 것을 알 수 있다.
예를 들어, 미국의 「난다 골프공 주식회사」가 한국의 「잘판다 주식회사」에 한국 시장 대리점권을 주었다.

「난다 골프공(주)」의 홈피에는 여러 종류의 골프공에 대한 소비자 가격이 공지되어 있으며, 누구나 그 가격으로 구매할 수 있다. 만약, 대리점에 그 가격으로 골프공을 공급한다면, 대리점은 수익을 창출할 방법이 없을 것이다. 그래서 「난다 골프공(주)」은 홈피에 공지된 소비자가보다 일정 % 낮은 가격으로, 즉 일정 할인율을 적용하여 「잘판다(주)」에 공급한다.

공지된 가격을 published price이라고 하며, 할인 가격은 discounted price이라고 한다. 한국에 있는 대리점은 골프공 수입 때 관세(무관세일 수도 있다. 품목에 따라 상이하다) 및 수입 부대 비용이 발생한다. 대리점의 계신상 매출이익은 『published price −(discounted price + duty if any + import incidental expenses)』으로 계산된다.

「잘판다(주)」가 이익을 크게 창출하려면 판매를 잘하여야 하며, 「난다 골프공(주)」으로부터 낮은 가격으로 공급받아야 한다. 낮은 가격으로 공급받기 위해서는 설득력 있는 시장 설명이 필요하다. 즉, 『한국 시장 상황이 경쟁이 치열하여 판관비가 많이 든다. 한국 시장의 골프 인구는 급성장하고 있다. 「잘판다(주)」의 영업전략은 이러하다. 목표 달성을 하려면 공급가격을 어떻게 해주어야 한다 등』을 잘 설명하여 「난다 골프공(주)」에서 한국 시장을 중시하고, 「잘판다(주)」를 신뢰하게 만들어야 한다. 그러면, 좋은 조건으로 골프공을 공급받을 수 있을 것이다. Nothing is unnegotiable. Impossible is nothing이라는 말이 있듯이 예외가 없는 법칙은 없다. 대리점 공급가격은 언제든지 조정될 수 있는 것이다. 얼마나 좋은 가격에 골프공을 공급받을 수 있는가는 대리점의 설득력에 달려 있다.

디스트리뷰터의 지불 가격은 제조업체가 주문을 접수한 시점에 유효한 제조업체의 판매 가격으로 하며, 디스트리뷰터에게 첨부 4에 있는 할인율이 적용된다. 이러한 가격은 1개월 전 사전 통지 조건으로 언제든지 변경될 수 있다.

- subject를 연달아 사용한 재미있는 문장이다. 가격은 언제든지 변경될 수 있으며, 그 가격 변동은 반드시 한 달 전에 통보하여야 유효하다는 것이다. subject to를 한 번만 사용하여 표현하면,
  Such prices are changeable any time, subject to the advance notice of one month.

6.3 Payment will be made, unless otherwise agreed, by means of Bank Wire Transfer in advance of shipment.

달리 합의되지 않는 한, 물품 대금은 선적 전 은행 송금으로 결제한다.

6.4 The Distributor agrees to comply, with the utmost care, with the terms of payment agreed upon between the parties.

디스트리뷰터는 양 당사자 간에 합의된 결제조건을 확실히 준수하기로 동의한다.

7. Resale of Contractual Products(계약 품목의 재판매)

7.1 The Distributor agrees not to promote sales(e.g. through advertising, establishing branches or distribution depots) into the territories reserved by the Manufacturer exclusively for himself or to other distributors or buyers.

디스트리뷰터는 제조사가 자사 또는 다른 디스트리뷰터나 구매자를 위해 독점적으로 남겨두고 있는 영역으로의 판매(예 : 광고를 하거나 지점을 설립하거나 유통 창고 설립)는 촉진하지 않기로 동의한다.

7.2 The Distributor is free to determine the resale prices of the Products, with the only exception of maximum sales prices that the Manufacturer may impose.

디스트리뷰터는 제조업체가 부과할 수 있는 최대 판매 가격 내에서 재판매 가격을 자유롭게 결정할 수 있다.

- resale이란 의미는 디스트리뷰터가 제조업체로부터 사서 다시 판다는 것인데, 그 재판매 가격의 상한선을 제조업체가 정해 놓으니, 그 가격을 상회하는 가격으로 판매하여서는 안 된다는 것이다.
- 하지만, 여기서 재미있는 것이, 관세와 수입 부대 비용 사안이다. 만약, 개인 소비자가 제조업체 홈피에서 고시가(published price)로 제품을 10개 구매한다고 하면, 그 수입 부대 비용이 만만치 않다. 특히 외국 제품일 경우, 운송비가 핵심 사안인데, Fedex 같은 courier를 사용한다면, 배보다 배꼽이 더 큰상황이 발생할 수 있다. 그리고 수입에 따른 번거로운 일도 발생한다. 따라서 한국 대리점에서 가격 책정

시, 「항상 미국 제조업체의 고시가, 관세, 수입 부대 비용을 계산하여 미국에서 직접 구매하는 것에 비해 크게 높지 않은 가격으로 판매하면」 소비자는 한국 대리점에서 구매할 것인바, 대리점은 소비자의 눈으로 판매 가격을 탄력적으로 책정하면 된다.

▶ 본 문장은 차라리 subject to를 사용하는 것이 더 clear-cut 한 것 같다.
The Distributor is free to determine the resale prices of the Products, subject to maximum sales prices that the Manufacturer may impose.

8. Manufacturer's trademarks(제조업체의 상표)

8.1 The Distributor shall make use of the Manufacturer's trademarks, trade names or any other symbols, but for the only purpose of identifying and advertising the Products, within the scope of his activity as distributor of the Manufacturer and in the Manufacturer's sole interest.

디스트리뷰터는 제조회사의 상표, 상호 또는 기타 기호를 사용하지만, 제조회사 디스트리뷰터로서의 활동 범위 내에서, 그리고 제조회사의 이익을 위해 제품 식별 및 광고 목적으로만 사용하여야 한다.

8.2 The Distributor hereby agrees neither to register nor to have registered, any trademarks, trade names or symbols of the Manufacturer(nor any trademarks, trade names or symbols of the Manufacturer that may be confused with the Manufacturer's ones), in the Territory or elsewhere. He furthermore agrees not to include the above trademarks, trade names or symbols of the Manufacturer in his own trade or company name.

디스트리뷰터는 이에 따라 제조업체의 상표, 상호 또는 기호(제조업체의 상표와 혼동될 수 있는 제조업체의 상표, 상호 또는 기호)를 판매 지역 또는 기타 지역에 등록하지 않을 것이며 등록하지 않은 것에 동의한다. 또한 디스트리뷰터는 위의 상표, 상표명 또는 제조업체의 기호를 자신의 상표 또는 회사 이름에 포함하지 않기로 동의한다.

8.3 The right to use the Manufacturer's trademarks, trade names or symbols, as provided for under the first paragraph of this article, shall cease immediately for the Distributor, on expiration or termination, for any reason, of the present contract.

본 조항의 첫 단락에 따라 제공된 제조업체의 상표, 상호 또는 기호를 사용할 수 있는 디스트리뷰터의 권리는 현재 계약이 어떤 사유로 만료되거나 해지되든 즉시 중단된다.

9. Exclusivity(독점권)

9.1 Except as set out hereafter, the Manufacturer will sell, in the Territory, only to the Distributor. He agrees furthermore not to appoint in the Territory any distributors, agents or intermediaries, for the purpose of distributing the Products. He will however be free to send his personnel to the Territory in order to harmonize the Distributor's activities with his own commercial policy and to contact directly the customers of the Territory.

이후에 명시된 경우를 제외하고 제조업체는 판매 대상 지역 내에서 디스트리뷰터에게만 판매한다. 또한, 제조업체는 제품을 배포할 목적으로 해당 지역에 다른 디스트리뷰터, 대리인 또는 중개자를 지정하지 않을 것에 동의한다. 하지만, 제조업체는 디스트리뷰터의 활동을 자신의 영업 정책과 조화롭게 연계시키고 해당 지역의 고객에게 직접 연락하기 위해 제조업체의 직원을 판매 지역에 자유롭게 파견할 수 있다.

- 독점권은 인정하되 어느 정도의 간섭은 하겠다는 것이다. 어떻게 보면 당연한 권리이다. 대리점에서 영업을 잘하면 대리점권을 공여한 업체는 간섭하지 않는다. 오히려 대리점에서 판매 지원을 요청하는 예도 있다. 비즈니스가 잘되면 관련 당사자 모두 좋고 서로 간섭할 일이 없으나, 비즈니스가 잘되지 않으면 간섭이 심해지고, 결국은 파트너 관계가 종식될 수밖에 없다. 잘하면 독점권을 계속 줄 것이나, 잘하지 못한다면, 독점권을 보장받기 어렵다.

10. Term and Termination of the Contract(계약 기간 및 해지)

10.1 This contract enters into force on the date on which it is signed and will last for a maximum period of five years. Should it not be terminated before its expiry date, the parties will meet three months in advance in order to discuss the possibility of concluding a new contract.

본 계약은 서명된 날짜에 발효되며 최장 5년 동안 지속된다. 만료일 이전에 해지되지 않으면 당사자는 만기 3개월 전에 만나 계약 갱신 가능성을 논의한다.

10.2 This contract may be terminated by either party by a written notice of two months during the second year, three months during the third year, four months during the fourth year and five months during the fifth year. The termination notice shall be notified to the other party in writing by means of communication ensuring evidence and date of receipt(e.g. registered mail with return receipt, special courier, telex).

본 계약은 2년 차에 2개월 전, 3년 차에 3개월 전, 4년 차에 4개월 전, 5년 차에 5개월 전 서면 통지로 일방 당사자에 의해 해지될 수 있다. 해지 통지는 상대방에게 서면으로 증빙서류 및 수령 일자를 확인하는 통신 수단(예 : 반송 영수증이 있는 등기우편, 특급택배, 텔렉스)으로 통지한다.

11. Earlier Contract Termination(계약 조기 해지)

11.1 Each party may terminate this contract with immediate effect, without respecting a period of notice, by notice given in writing by means of communication ensuring evidence and date of receipt(e.g. registered mail with return receipt, courier, email, and so on), in case of a material breach of its contractual obligations by the other party, amounting to a justifiable reason for immediate contract termination(according to article 11.2) or in case of occurrence of exceptional circumstances which justify the earlier termination(as set out in article 11.3).

- material breach : 중대한 위반
- 밑줄 친 문구들을 외워 두면 응용할 기회가 많을 것이다.

계약을 즉시 해지할 수 있는 정당한 사유에 해당하는 중대한 계약 위반을 하거나(제11.2조에 따름) 계약 조기 해지를 정당화하는 예외적인 상황이 발생하는 경우(제11.3조에 따름), 각 당사자는 사전 통지 기간의 제한 없이, 증거 및 수신 날짜를 보장하는 통신 수단(예 : 반송 영수증이 있는 등기우편, 쿠리어, 이메일 등)으로 상대방에게 서면 통지함으로써 통지 기간과 무관하게 계약을 즉시 해지할 수 있다.

amount to(~에 이르다, 달하다, ~와 마찬가지이다, ~에 해당하다)

- The directors doubt that this business will ever amount to anything really lucrative.
  이사들은 이 사업이 정말 수익성 있는 사업이될 수 있을지 의심한다.
- The company's unexpected actions amount to a breach of contract.
  그 회사의 예상치 못한 행위는 계약 위반에 해당한다.
- The company's sales revenue of last year is said to amount to US$100 Mil.
  그 회사의 작년 매출은 1억 불에 달한다고 한다.
- My tips tonight only amount to $30.
  오늘 저녁은 팁이 $30밖에 안 된다.

11.2 Any failure by a party to carry out his contractual obligations, which is of such importance as to prevent the contractual relationship from continuing, shall be considered as a justifiable reason for the immediate contract termination in the article 11.1.

- of + 명사 = 형용사
  of importance = important, of use = useful, of interest = interesting,
  of ability = able, of value = valuable, of experience = experienced

당사자가 중요한 계약상의 의무를 이행하지 않아 계약 관계의 지속성을 방해할 정도가 되면 11.1조의 계약 즉시 해지에 대한 정당한 사유로 간주한다.

The parties furthermore jointly agree that the breach of the provisions under articles 2.2, 3, 4.1, 6.4, 8 and 9 of this contract is to be considered in any case, whatever the importance of the violation, as a justifiable reason for immediate contract termination.

- 밑줄을 친 내용을 연결하며 「the breach of the provisions is to be considered as a justifiable reason for immediate contract termination」으로 누구나 알 수 있는 아주 쉬운 문장이 된다. 나머지 내용은 모두 수식어이다.

또한 당사자들은 본 계약의 2.2, 3, 4.1, 6.4, 8 및 9조에 따른 조항을 위반하면, 위반의 중요성에 상관없이, 언제나 즉시 계약 해지의 정당한 사유로 간주한다는 데 공동으로 동의한다.

Also the breach of any other contractual obligation, which is not remedied by the breaching party within a reasonable term after having been invited in writing to do so by the other party, shall be considered as justifiable reason for the immediate contract termination.

- remedy : 처리방안, 해결, 개선, 개선책, 法 구제 방법, 바로잡다, 고치다

또한, 기타 계약 의무 위반의 경우, 상대방이 서면으로 시정 요청한 후 위반 당사자가 합리적인 기간 내에 시정하지 않으면 계약 즉시 해지의 정당한 사유로 간주한다.

11.3 Such cases as bankruptcy, any kind of composition between the bankrupt and the creditors, death or incapacity of the Distributor, civil or criminal sentences as well as any circumstances which may affect his reputation or hamper the punctual carrying out of his activities shall be considered as exceptional circumstances justifying the immediate contract termination.

- composition : 法 화해, 타협, 화해금, (채무) 일부 변제금
  incapacity : 法 무능력, 무자격, 실격
  hamper : 방해하다, 막다

제조업체의 평판에 영향을 미치거나 사업 활동의 적기 수행을 방해할 수 있는 상황뿐만 아니라 파산, 파산자와 채권자 사이의 어떤 타협, 디스트리뷰터의 사망 또는 자격 상실, 민

사 또는 형사 판결 같은 경우는 즉시 계약을 해제할 수 있는 정당한 사유로 예외적인 상황으로 간주한다.

11.4 In addition, if the Distributor is a company, any material change in the legal structure or management of the Distributor company shall be deemed so.

또한, 디스트리뷰터가 회사인 경우, 디스트리뷰터 회사의 법적 구조나 경영상의 중대한 변경도 그렇게 간주한다.

12. Applicable Law — Jurisdiction(준거법 : 관할권 - 사법권, 재판권)

12.1 The present contract is governed by the laws of United State of America.

본 계약은 미국법의 적용을 받는다.

12.2 The competent law courts of the place where the Manufacturer has his registered office shall have exclusive jurisdiction in any action arising out of or in connection with this contract.

▶ competent : 능숙한, 만족할 만한, 권한이 있는, 결정권이 있는

제조업체가 등록된 소재지의 관할 법원은 본 계약과 관련하여 발생하는 모든 소송에 대해 전속적 관할권을 갖는다.

However, as an exception to the principle here above, the Manufacturer is in any case entitled to bring his action before the competent court of the place where the Distributor has his registered office.

하지만, 위의 원칙에 예외적으로, 제조업체는 어떤 경우에도 디스트리뷰터가 등록된 사무실 소재지의 관할 법원에 소송을 제기할 수 있다.

▶ 소송법원 소재지에 대한 것으로, 기본적으로 소송법원은 공급업체 소재지의 법원으로 지정되나, 공급업체의 옵션으로 디스트리뷰터의 소재지로 할 수도 있다. 한마디로, 상황에 따라 제조업체에서 관할 법원을 선택하겠다는 것이다.

The Distributor declares that he approves specifically, with reference to article 1341 of the civil code, the following clauses of this contract:

Art. 3 Undertaking not to compete
Art. 4 Minimum purchase
Art. 10 Term and termination of the contract
Art. 11 Earlier contract termination
Art. 12 law – Jurisdiction

디스트리뷰터는 민법 1,341조를 참조하여 이 계약의 다음 조항을 구체적으로 승인함을 선언한다.

Art. 3 비경쟁 의무
Art. 4 최소 구매량
Art. 10 계약 기간 및 해지
Art. 11 계약 조기 해지
Art. 12 준거법 - 관할권, 사법권

In witness whereof, the parties hereto have executed this agreement in duplicate as the date and at the place above written.

이상의 증거로 본 계약의 당사자들은 위에 기재된 날짜와 장소에서 본 계약을 2부 작성한다.

In order to execute this Agreement, Wonderful Cosmetics Inc., and Jalpanda Corp., duly sign two copies of this Agreement on this date of June 27, 2021, and each keeps one copy.

본 계약의 내용을 이행하기 위해 주식회사 원더플과 주식회사 잘판다는 2021년 6월 27일 본 계약서 2부에 서명하고 각각 1부를 보관한다.

-------------------------	---------------------
Manufacturer	Distributor
Ms. Cathy Kennedy	Ms. Hana Kim
President & CEO	President & CEO
Wonderful Cosmetics Inc.	Jalpanda Corp.

계약서 서명란에 호칭(Mr. Ms. 등)은 쓰지 않는 것이 보편적이다.

공급업체의 대리점/판매점 보호 방법

상품 공급업체가 특정 지역에 대해 상품 독점권을 주더라도, 누구나 공급업체의 홈피에서 상품을 구매할 수 있다. 즉, 미국 공급업체가 한국 시장 독점권을 한국업체에 공여하여도 미국 업체의 홈피에서 그 상품을 아무나 사들일 수 있는 상황이 일반적이다.

이 경우, 한국 판매업체의 영업을 어떻게 보호할 수 있을까? 주로 가격 차별화로 각 국가의 판매업체로부터 직접 구매하도록 유도한다. 예를 들어,

- 한국 소비자가 미국 업체의 홈피에서 구매 가능 가격 : ex-factory $100
- 미국 업체의 대한국 판매점 가격 : ex-factory $70
- 한국 판매점의 계산상 이익 : $30(= $100 - $70)

수입 물품의 경우, 수입 부대 비용이 있다. 수입 부대 비용은 수입 수량이 클 경우는 상품에 전가되는 비용이 크지 않으나, 수입 수량이 적은 경우, 전가되는 수입 부대 비용이 상당하다. 특히, 운송비 비중이 중요하다. 예를 들어, 서울에서 SRT를 타고 부산에 가서 부산역 앞에 있는 업체에 천 원짜리 물품 10개를 배송할 경우와 100개를 배송할 경우의 운송비를 고려하면 거래 수량이 단가에 미치는 영향을 계산할 수 있다.

- 서울 → 부산 SRT 운임 : ₩50,000
- 10개 공급 시 개당 전가되는 운송비 : ₩50,000/10개 = ₩5,000/개
  - ▶ 상품의 ex-factory 가격이 ₩10,000이라면 도착도 가격은 ₩15,000
- 100개 공급 시 개당 전가되는 운송비 : ₩50,000/100개 = ₩500/개
  - ▶ 상품의 ex-factory 가격이 ₩10,000이라면 도착도 가격은 ₩10,500 인바, 10개 공급 시 도착도 가격 ₩15,000보다 ₩4,500이나 차이가 있다.

이러한 사유로 소비자는 한국의 대리점/판매점으로부터 물품을 구매하는 것이 미국 공급업체로부터 직접 구매하는 것보다 가격이 낮으며, 직수입에 따른 red tape도 피할 수 있어, 한국의 대리점/판매점으로부터의 구매를 선호한다. 즉, 가격 차별화로 자연스럽게 한국 대리점의 영업은 보호되는 것이다. 또한 미국에서 직구매 시 A/S 상황이 발생한다면, 일반적으로 한국 대리점에서 A/S 해주지 않는 상품들이 상당히 있다. 물론, 상품 제조업체에 따라, world-wide A/S를 제공하는 예도 있다.

산업재

Agent Agreement

between

Mandajjang GmbH

And

Jalpanda Corp.

May 10, 2021

Agent Agreement

May 10, 2021

THIS AGENT AGREEMENT(hereinafter referred to as the "Agreement") is made and entered into as of May 10, 2021 between Mandajjang GmbH, a company organized and existing under the laws of Germany, having its principal office at Zalmanstrasse 815203 Minigsbach, Germany("Mandajjang"), and Jalpanda Corp., a corporation organized and existing under the laws of Republic of Korea with its principal office at Suite 1377, Jalpanda Building, 51-77 Bangi-dong, Songpa-ku, Seoul, Korea("Jalpanda").

본 대리점 계약(이하 "계약"이라고 함)은 독일 법률에 따라 설립되어 존재하며 본점 소재지는 독일 프랑크푸르, 잘만거리 815203인 만다짱 주식회사("Mandajjang")와 대한민국 법률에 따라 설립되어 존재하며 본점 소재지가 111-888 서울특별시 송파구 방이동 51-77 잘판다빌딩 1377호인 잘판다 주식회사("Jalpanda") 사이에 2021년 5월 10일 자로 작성 및 체결한다.

RECITALS :
사실의 열거

▶ recite : 法 문서로 자세히 진술하다 recital : 法 사실의 열거 부분

Mandajjang and Jalpanda desire to enter into an agreement pursuant to which Jalpanda will promote and sell Mandajjang products within a specific, geographically defined area(the "Territory").

「만다짱」과 「잘판다」는 「잘판다」가 지리적으로 정의된 특정 지역(이하 "지역"으로 칭함) 내에서 「만다짱」 제품을 홍보 및 판매하는 계약을 체결하기를 원한다.

NOW, THEREFORE, based on the foregoing premises and in consideration of the mutual covenants hereinafter set forth, the parties hereto mutually agree as follows:

▶ premises : 法 전술한 사항, 증서의 두서(두서 : 첫머리에 내용이나 목적 따위를 간략히 적은 글
in consideration of ~ : ~ 고려하여, 法 ~을 약인(約因)으로, ~의 대가로

이제, 앞서 말한 사항에 의거, 이하에 기술된 상호 약정을 약인으로 당사자들은 다음과 같이 상호 합의한다.

AGREEMENT

1. Definitions(정의)

For purposes of this Agreement, the following terms shall have the meanings hereinafter set forth:

본 계약서상, 다음 용어는 아래에 명시된 의미로 해석한다.

1.1 Effective Date(발효일)

"Effective Date" means the date when Mandajjang and Jalpanda sign this Agreement.

"발효일"은 「만다짱」과 「잘판다」가 본 계약에 서명한 일자를 의미한다.

1.2 Products(제품)

"Products" mean all products of Mandajjang.

"제품"이란 만다짱의 모든 제품을 의미한다.

1.3 Territory(영역)

"Territory" means the companies in Korea. But, if actual order is placed by their related companies overseas after Jalpanda makes them adopt Mandajjang products, this case shall also be regarded as the territory. Regarding international affiliated groups, territory means only the company in Korea.

"영역"은 한국에 있는 회사들을 의미한다. 잘판다에서 그 회사들이 만다짱 제품을 채택하게 하였으나, 실제 발주는 해외에 소재하는 그 회사 관련사에서 할 경우, 그 해외 소재 관련사들도 영역으로 간주한다. 국제화된 계열 그룹의 경우, 영역은 한국에 소재하고 있는 기업만을 의미한다.

▶ 이게 무슨 의미일까? BIZ에서 자주 발생하는 이해 충돌의 건이다. 본 조항에 대한 상세 내용은 아래에 설명되어 있는바, 산업재 에이전트 계약에서 너무나도 중요한 내용이니 숙지하여야 한다.

2. Appointment as Agent(Agent 지정)

By execution hereof, Mandajjang hereby appoints Jalpanda as Mandajjang's agent in Korea, and Jalpanda accepts Mandajjang's appointment of Jalpanda as its agent for the marketing and sale of the Products to the Customers.

본 계약의 발효에 따라, 만다짱은 잘판다를 한국 시장의 에이전트로 지정하며, 잘판다는 만다짱이 고객에 대한 제품의 마케팅 및 판매를 위한 에이전트로 잘판다를 지정하는 것을 수락한다.

글로벌 기업의 에이전트 관리 방법

글로벌 기업들의 경우, 여러 나라에 진출해 있어, 각 나라의 에이전트들의 이해관계가 상충하는 경우가 허다하다. 이 경우, 본사에서 각 에이전트의 영업 권한과 실적 배분에 대해 확실한 지침을 주어야 한다.

업체마다 상이할 것이나, 일반적으로 다음과 같은 큰 원칙으로 각 나라 에이전트를 운영한다.

① 각 나라의 에이전트가 그 나라 소재 글로벌 기업 본점/지점을 영업해서 확보한 오더는 어느 나라에서 발주하든 그 나라 에이전트의 실적으로 인정한다.

② 여러 나라에 지점을 운영하는 글로벌 기업의 주문을 받았다고 해서 다른 국가 소재의 글로벌 기업 지점으로부터 오더를 수주할 수는 없다. 단, 다른 국가에 에이전트가 없다면 그건 가능하다.

①, ②를 예를 들어 설명하면, 한국에 있는 에이전트 잘판다가 네덜란드가 본사인 기업의 한국지점과 거래 성사해도 그 기업 일본 지점과의 거래 추진은 허락하지 않는다. 왜냐하면, 일본에는 일본 에이전트가 있어, 일본이라는 시장은 일본 에이전트의 몫이다. 하지만, 잘판다가 그 기업의 한국지점과 거래를 성사했는데, 실제 발주는 그 기업의 미국 지사가 하는 경우도 있다. 이 경우는 한국 에이전트의 실적으로 인정해준다는 것이다.

※ 국내 에이전트를 예로 들면, 국내의 한 업체가 지역별 총판을 모집하였다. 경기도, 강원도, 충청도, 등등. 그런데 경기도 총판이 충청도 일부 지역에 연줄이 있어 쉽게 오더를 확보할 수 있어 영업한다면 충청도 총판 입장에서는 시장을 상실하는 것이 된다.

이런 상황이 발생하지 않도록 정리해주어야 한다. 어떤 업체는 다른 지역 영업의 경우, 이윤의 50%는 무조건 그 지역 총판으로 가게 만든다. 즉, 경기도 총판이 충청도에 영업하여 오더를 수주한다면, 그 이익의 절반은 충청도 총판에 가게 한다. 반대의 경우도 마찬가지로 영업할 수 있다. 이렇게 함으로써 각 총판의 이해 상충을 해결하고 본사의 매출도 늘리는 것이다. 영업은 살아 있는 생물(生物)인바, 팔 수 있을 때 파는 것이 정석이다.

3. Mandajjang's Main Duties and Responsibilities (만다짱의 주 의무 및 책임)

3.1 Response(회신, 대답)

Mandajjang shall respond to Jalpanda immediately after reccipt of Jal panda's inquiries so that Japanda can provide timely service for Customers. Mandajjang shall provide all necessary technical information.

만다짱은 잘판다가 고객에게 적시에 서비스를 제공할 수 있도록 잘판다의 문의를 받은 후 즉시 응답한다. 만다짱은 필요한 모든 기술 정보를 제공한다.

3.2 Sales and Marketing Information(판매 마케팅 정보)

Mandajjang shall provide Jalpanda with sales, technical information such as specification and data sheets, product briefs, brochures and catalogs pertaining to the Products, sample and other promotional materials.

만다짱은 사양서, 데이터 시트와 같은 판매 기술 정보, 제품 개요, 제품 브로셔와 카탈로그, 견본과 기타 판촉 자료를 잘판다에게 제공한다.

▶ 에이전트에게 제공되는 기본적인 마케팅/영업 자료이다.

3.3 Changes in Products, Etc(제품 사양 변경 등)

Mandajjang shall promptly notify Jalpanda of any changes affecting the products, sales policies, projected delivery dates, schedule changes and any other matters which may affect the customers.

만다짱은 제품, 판매 정책, 예상 배송 일자, 일정에 영향을 주는 변경 사항 및 고객에게 영향을 미칠 수 있는 기타 상황이 발생할 경우, 잘판다에게 즉시 통지한다.

4. Jalpanda's Main Duties and Responsibilities (잘판다의 주 의무 및 책임)

Jalpanda shall exert its very best efforts to make Customers adopt Mandajjang's products as soon/many as possible. In particular, Jalpanda shall make sales calls to the Customers and potential Customers as frequently as possible, shall control PO and invoice flows, shall control RFQ, shall support Korean customs issues, and shall receive claims from customers.

잘판다는 고객이 가능한 한 많이, 가능한 한 빨리 만다짱의 제품을 채택할 수 있도록 최선의 노력을 기울인다. 특히, 잘판다는 가능한 한 자주 고객 및 잠재 고객을 방문하며, PO 및 송장을 관리하며 견적요청서에 대응하며, 한국의 통관 사안을 지원하며, 고객의 클레임에 대응한다.

- RFQ는 Request for Quotation의 약자로 견적요청서이다.
- RFP는 Request for Proposal의 약자로 제안요청서를 의미한다. 고객이 공급업체의 전문적인 기술, know-how, 서비스 상세 내용 등이 필요할 때 요청한다. 한마디로, "당사가 왜 귀사에게 일을 맡겨야 하는지, 귀사의 서비스를 활용할 경우, 당사의 이점은 무엇인지를 설명하라는 요청서"이다.
- make sales calls : 전화하다, 방문하다
- 비즈니스는 "Why our company? Why our product? Why our service? Why us as your business partner? Why us as your agent?" 등등에 대한 설명을 설득력 있게 하면 성사될 가능성이 크다.

5. Compensation(보상)

5.1 Commission Basis Shipments(커미션 기준 선적)

Mandajjang shall pay commission to Jalpanda based on sales of the Products to the Customers,

만다짱은 고객에 대한 제품 판매를 기준으로 잘판다에 수수료를 지불한다.

5.2 Time of Payment of Commissions(커미션 지급 시점)

Mandajjang shall pay the commission to Jalpanda once a month after Mandajjang's receipt of payment from customers.

만다짱은 고객으로부터 판매대금 수취 후, 한 달에 한 번 잘판다에 수수료를 지불한다.

5.3 Compensation Payable Subsequent to Termination of Agreement(계약 해지 후 커미션 지급)

Even if this Agreement is terminated, Jalpanda shall be entitled to be paid commissions with respect to any purchase orders for Mandajjang products, which Jalpanda made Customers adopt, up to six(6) months after the date of termination.

본 계약이 종료되더라도, 잘판다가 확보한 고객이 만다짱 제품을 구매한다면, 잘판다는 본 계약 종료 후 6개월까지 만다짱으로부터 수수료를 받을 권리가 있다.

▶ 본 내용은 에이전트 계약에서 아주 중요하다. 상세한 내용은 다음 쪽에 설명되어 있다.

5.4 Commission Rate(커미션율)

It is agreed that on PO's for tools, no commission is payable. The commission rate shall be flat 7% of the PO for products.

금형에 대한 오더는 수수료 지불 대상이 아니라는 사실에 동의한다. 커미션율은 제품 PO의 고정 7%이다.

Commission 구조

일반적인 commission rate 구조는 매출에 상관없이 flat 하거나, 매출이 일정 금액을 상회하면 매출이 커질수록 commission rate가 작아진다.

다음은 아주 특이한 구조의 커미션율이다. 일정 금액을 돌파하면 커미션율이 내려가나, 다시 일정 금액을 상향 돌파하면 커미션율에 대한 보너스가 적용된다. 2021년의 경우,

- USD7,000,000 미만은 커미션율 8%,
- USD7,000,000 ~ US$10,000,000은 커미션율 7%
- US$10,000,000이 넘어가면 1%를 보너스로 지급하여 다시 7%로 된다.

Commission Rate

Year	Turnover(USD)	Commission Rate(%)
2020	≤7,000,000	8
	> 7,000,000	8 + 1 bonus
2021	< 7,000,000	8
	7,000,000 ~ 10,000,000	7
	> 10,000,0000	7 + 1 bonus
2022	not bigger than 7,000,000	8
	7,000,000 ~ 10,000,000	7
	10,000,000 ~ 15,000,000	6
	> 15,000,000	6 + 1 bonus

어쨌거나 계약 내용은 계약 당사자들의 결정 사항이지 고정된 것이 아닌바, 항상 상황에 맞게 상호 합의로 탄력적으로 조정할 수 있다,

Unnegotiable is nothing! Impossible is nothing!

계약 해지·만기 vs. 커미션 권리 기간

골프공과 같은 소비재는 비즈니스 창출에 긴 시간이 소요되지 않으나, 완제품에 들어가는 부품 같은 경우, 사용하지 않는 부품을 잠재 고객 제품에 적용하려면 엄청난 시간이 소요된다. 산업재 중에서도 고객별로 금형을 제작하는 제품이라면 더욱더 그러하다.

에이전트를 한다는 것, 즉 타사의 제품을 영업한다는 것은 사실 대단한 위험이 따른다. 비즈니스를 창출하기 위해서는 상당한 시간이 투입되어야, 즉 상당한 투자가 선행되어야 가능하다. 특히, 금형이 필요한 산업재의 경우, 처음으로 적용하는 것은 최소 1년은 투자되어야 오더 수주가 아니라 BIZ 성사 가능성이 파악될 수 있다. 하지만, 대리점 계약 연장에 대한 보장은 없다.

공급업체의 처지에서 생각하면 무조건 자동 연장되게 계약서를 작성할 수는 있다. 대리점이 영업을 잘하면 연장이될 것이나, 영업을 못하거나 게을리한다면 현재의 대리점과 계약을 종료시키고 새로운 대리점을 찾는 것이 당연지사이다.

만약 열심히 영업하여 거래 성사시키고 금형 제작하여 제품 공급 단계가 되었으나, 계약만기가되어 공급업체가 대리점 재계약을 원하지 않을 수도 있다. 이럴 경우, 계약 만기 후 6~12개월은 커미션을 받거나, 그 금형 관련 제품 오더는 몇 년간 커미션을 받도록 계약서에 명기해두는 것이 영업에 대한 대가를 어느 정도는 받을 수 있다.

예를 들면, 2021년 1월부터 영업하여 2021년 12월에 tooling off 하여 2022년 1월부터 제품 공급 오더를 수주하게 되었으나, 2021년 12월 말로 계약 만기, 재계약이 되지 않는다면? 그간 노력이 헛되이 되는 것이다.

일반적으로 고객 전용 금형을 별도 제작하여야 제품 판매가 가능한 비즈니스는 대리점 기간이 최소 2년은 확보되어야 추진할 수 있다. 왜냐하면 고객 전용 금형은 오더를 수주하여야만 금형 제작 착수 가능한 바, 「영업 기간 + 금형 제작 기간」의 개념으로 신행되어야 하기 때문이다. 즉, 금형 기간이 있어 에이전트 계약 기간을 처음부터 2~3년으로 하는 것이다.

6. Term of Agreement(계약 기간)

6.1 Initial Term(초기 기간)

The initial term of this Agreement shall begin on the Effective Date and shall end on the day immediately preceding the 3rd anniversary of the Effective Date. But, if no business is generated(that means no PO, whether it is for product or mold, from company according 'Territory' is issued) within one year after the agreement, Mandajjang shall have the right to terminate the agreement any time.

본 계약의 최초 기간은 계약 발효일에 시작하여 발효일 3주년 직전의 날에 종료된다. 그러나 계약 후 1년 이내에 비즈니스가 창출되지 않는 경우, 즉, 영업 지역 내의 고객의 PO(제품에 대한 것이든 금형에 대한 것이든)가 발행되지 않는 경우, 만다짱은 언제든지 계약을 해지할 권리가 있다.

- 기본 계약 기간은 3년이나, 1년 안에 신규 BIZ가 창출되지 않으면 언제든지 공급 업체에서 대리점 계약을 해지할 수 있다. 1년 안에 신규 BIZ가 창출되면 계약기간 3년이 유지된다. 상호 합리적인 계약 기간 조건으로 보인다.

6.2 Automatic Extension(자동 연장)

After the initial term of three(3) years, this Agreement shall automatically be deemed to have been extended for an additional one(1) year term unless either Mandajjang or Jalpanda notifies either party of termination by 90 days in advance before the termination of agreement

최초 계약 기간 3년이 지난 후 만다짱 또는 잘판다가 계약 종료 90일 전까지 일방 당사자에게 해지를 통지하지 않는 한, 본 계약은 자동으로 1년 추가 연장되는 것으로 간주한다.

6.3 Termination upon Notice(통보 시 즉시 해지)

After the initial 3 years, Mandajjang and Jalpanda may terminate this Agreement by providing either party with advance written notice at least ninety(90) days.

계약 기간 최초 3년 후, 만다짱과 잘판다는 일방 당사자에게 적어도 90일 전에 사전 서면 통지함으로써 본 계약을 해지할 수 있다.

금형·사출 관련 용어(금형 계약서 작성에 대비, 기본 용어를 알아보자.)

- 금형 : tool, mold
  - 일반 사출 금형, press 금형, blow 금형 등등 여러 가지 금형이 있다. 세계 제일의 금형 기술 보유국은 독일과 스위스이고, 그다음이 일본, 한국으로 추정된다.
- 금형 제작하다 : make a mold, make a tool, tool
- cavity : 금형의 속이 빈 틀, 충치
  - 붕어빵 굽는 판을 보면 붕어 모양으로 빈 틀이 여러 개 있어 거기에 원료를 넣고 붕어빵을 구워낸다. 각 빈 틀을 cavity이라고 한다.
  - cavity가 많으면 한 번에 붕어빵을 많이 만들어 낼 수 있을 것이나 금형 가격은 올라감으로, cavity 개수는 상품성을 고려 결정한다.
- cycle time : 싸이클 타임
  - 사출기에서 제품이 만들어져 나오는 시간인바, cycle time이 짧을수록 제품의 생산성이 좋은 것이다.
- plastic injection : 사출
  - 사출기를 plastic injection machine이라고 하는데 수직(vertical) 방식, 수평(horizontal) 방식 등이 있다.
- shot : 사출기와 금형이 한 번 부딪혀 제품을 생산하는 것을 의미하는바, 금형 수명은 how many shots로 문의한다. 즉, 금형을 만들어 제품을 몇 개 생산하는지를 보증한다, 여기에 의해 금형 비가 설정된다. 만약 보증 shot이 1백만 개고 cavity가 5개라면 1백만 개 x 5개 = 5백만 개의 제품 생산을 보증한다는 것이다.

7. Arbitration(중재)

When there is any argument regarding this agreement, Mandajjang and Jalpanda shall try to reach an amicable solution through German Arbitration Association, based upon the laws of Germany.

본 계약과 관련하여 이견이 있는 경우, 만다짱과 잘판다는 독일 법률에 따라 독일 중재위원회를 통해 우호적인 해결을 위해 노력한다.

기밀 유지 조항, 각 조항의 가분성 조항, 계약 완전 합의 조항이 추가되어야 하나, 내용이 타 계약서와 비슷하여 생략하였다.

In order to execute this Agreement, Mandajjang and Jalpanda duly sign two copies of this Agreement on the date herein and each keeps one copy,

본 계약을 실행하기 위해 만다짱과 잘판다는 본 계약 일자에 본 계약서 2부에 정식으로 서명하고 각각 한 부씩 보관한다.

-------------------------	-------------------------
Marin Kaiser	Haha Kim
President	President & CEO
Mandajjang GmbH	Jalpanda Corp.
Business Registration No :	Business Registration No :
Address :	Address :
Phone :	Phone :
Facsimile :	Facsimile :
E-mail :	E-mail :

산업재

Exclusive Agent Agreement

between

Wonder Co., Ltd.

and

Jalpanda Corp.

July 24, 2021

THIS EXCLUSIVE AGENT AGREEMENT(hereinafter referred to as the "Agreement") is made and entered into as of July 24, 2021 between Wonder Co., Ltd., a company organized and existing under the laws of Taiwan, having its principal offices at No., 81, TL245, Sec 3, Sha-Tien Road, Tatu Hsiang, Taichung Hsien 567, Taiwan, ROC("Wonder"), and :

Jalpanda Corp., a corporation organized and existing under the laws of Republic of Korea with its principal offices at Suite 1508, Jalpanda Bulilding, 51-11 Bangi-dong, Songpa-ku, Seoul, Korea, zip code : 223-111("Jalpanda").

대만기업 원더 주식회사와 한국기업 잘판다 주식회사가 독점 대리점 계약 체결

RECITALS :

사실의 열거

- recite : 法 문서로 자세히 진술하다 recital : 法 사실의 열거 부분

Wonder and Jalpanda desire to enter into an agreement pursuant to which Jalpanda will exclusively promote and sell all of Wonder's products within a specific geographically defined area(the "Territory") on a specifically defined basis.

원더 주식회사와 잘판다 주식회사는 잘판다 주식회사가 특별히 정의된 기준에 따라 특정 지역("영역") 내에서 독점적으로 원더 주식회사의 모든 제품을 홍보하고 판매하는 계약을 체결하기를 희망한다.

NOW, THEREFORE, based on the foregoing premises and in consideration of the mutual covenants hereinafter set forth, the parties hereto mutually agree as follows:

- premises : 法 전술한 사항, 증서의 두서(두서 : 첫머리에 내용이나 목적 따위를 간략히 적은 글)
  in consideration of ~ : ~ 고려하여, 法 약인(約因)으로, 대가로

따라서, 이제, 앞서 말한 전제에 기초하고 이하에 기술된 상호 약정을 약인으로 당사자들은 다음과 같이 상호 합의한다.

AGREEMENT

1. Definitions(정의)

For purposes of this Agreement, the following terms shall have the meanings hereinafter set forth:

본 계약상, 다음 용어의 의미는 아래에 명시되어 있다.

1.1 Agreement(계약)

"Agreement" means this document, together with all exhibits, schedules and other attachments or addenda to be attached hereto if any in the future and made a part hereof, as amended from time to time.

- addendum : 부록, 부칙(supplementary provision), 복수는 addenda

"계약"은 이 문서를 의미하며, 모든 첨부물, 일정 및 기타 첨부 파일 또는 부록과 향후 첨가되거나 가끔 수정되는 내용을 포함한다.

1.2 Custome(고객, * 글로벌 비즈니스에서 고객의 정의는 치명적으로 중요하다.)

"Customer" means any party maintaining a principal place of business within Korea(ROK) and their subsidiaries out of Korea. And also "Customer" include all the subsidiary companies of non-Korean companies in Korea who are maintaining an R&D in Korea.

"고객"은 한국에 본점을 두고 있는 회사와 그 회사들의 외국 소재 자회사들을 의미한다. 또한 한국에서 R&D를 운영하는 외국계 기업의 모든 자회사가 포함된다.

글로벌 비즈니스 - 『고객의 정의』는 치명적으로 중요

1. 상황

- 부품 공급업자 : 대만 원더(주) - 세계 20여 개국에 대리점 운영
- 한국지역의 대만 원더(주) 부품 대리점 : 잘판다(주)
- 한국지역의 잠재 고객 : 빛난다(주) - 세계 10여 개국에 완제품 공장 운영

2. 잘판다(주)의 영업 과실(果實)

잘판다(주)가 한국의 빛난다(주)에 영업하여 대만 원더(주)의 부품이 빛난다(주)의 신제품에 적용되도록 하였으나, 빛난다(주)에서 본 제품의 양산을 베트남 공장에서 하기로 하여 부품 발주를 베트남 공장에서 하게 되었다.

대만 원더는 베트남에도 대리점을 운영하고 있어, 빛난다 베트남 공장은 당연히 원더의 베트남 대리점에 부품 발주하는 것을 선호한다.

▶ 어느 업체나 로컬 거래를 선호하는바, 부품 공급업자의 대리점이 자국에 있으면 그 대리점으로 발주하는 것은 당연하다.

이럴 경우, 만약 대만 원더(주)에서 빛난다 베트남에 한국에 있는 원더 대리점으로부터 부품 공급을 받으라고 한다면, 고객인 빛난다의 입장에서는 탐탁하지 않을 것이다.

이런 때를 대비하여 대리점 계약 시 고객을 정의할 때, 고객을 구체적으로 명기해두어야 대만 원더, 베트남 원더 대리점과 논쟁의 소지가 없다.

3. 글로벌 기업의 해외 대리점 운영

상술한 상황은 비즈니스에서 실제 발생하는바, 대리점 관리 시 각 비즈니스 경우별 각국의 대리점 이익에 대해 구분하여 놓기도 한다. 즉, 개발 영업을 한 적이 없으나 외국에서 개발한 제품이 자국으로 이전되어 부품 공급할 기회가 생길 경우, 한마디로 windfall gain이 발생될 경우, 부품 공급은 베트남 대리점이 하되, 그 과실은 베트남 대리점과 한국 대리점 잘판다가 일정 비율로 공유한다.

한국업체도 windfall gain을 얻을 수 있는 상황이 발생할 수도 있는바, 대리점 계약 시 미리 협의가 이뤄지는 상황이라면 반대할 이유가 없을 것이며, 공급업자 대만 원더의 회사 지침이라면 따라갈 수밖에 없다.

1.3 Effective Date(발효일)

"Effective Date" means the date when Wonder and Jalpanda sign this Agreement.

"발효일"은 원더와 잘판다가 본 계약에 서명하는 일자를 의미한다.

1.4 Products(제품)

"Products" mean the die-casting magnesium produced by Wonder.

"제품"은 원더에서 생산하는 다이캐스팅 마그네슘을 의미한다.

1.5 Territory(영역)

"Territory" means Republic of Korea, and includes the subsidiaries of Korean companies which are located out of Korea.

"영역"은 대한민국을 의미하며, 한국 밖에 소재한 한국기업의 자회사를 포함한다.

2. Appointment as Exclusive Agent(독점대리점 지정)

By execution hereof, Wonder hereby appoints Jalpanda as Wonder's exclusive agent in Korea, and Jalpanda accepts Wonder's appointment of Jalpanda as its exclusive agent for the marketing and sale of the Products to the Customers.

본 계약의 시행에 따라, 원더는 잘판다를 고객에 대한 제품 마케팅 및 판매를 위한 독점대리점으로 지정하며, 잘판다는 원더가 잘판다를 독점대리점으로 임명하는 것을 수락한다.

3. Status as Independent Contractor(독립적인 계약자)

Wonder and Jalpanda expressly intend the Agent's status under this Agreement to be that of an independent contractor. Accordingly, Wonder hereby acknowledges and agrees that Jalpanda is retaining the sole and exclusive right to determine the methods, techniques and specific procedures used to fulfill its duties and responsibilities under this Agreement.

- intend : 의도하다, 작정하다, 의미하다(mean)
  expressly : 명시적으로 ⇔ impliedly : 묵시적으로
- 명시적 계약(express contract)은 계약 내용에 대하여 당사자들이 명시적으로 문서 또는 구두에 의하여 합의한 계약이며, 묵시적 계약(implicit contract)은 당사자들의 행동을 합리적 관점으로 판단 시 합의한 것으로 추론되는 계약을 의미한다.

원더와 잘판다는 본 계약에 따른 대리점의 지위는 독립 계약자의 지위임을 명시적으로 의미한다. 따라서 원더는 잘판다가 본 계약에 따른 의무와 책임을 이행하기 위해 사용하는 방법, 기술 및 특정 절차를 결정할 수 있는 유일하고 독점적인 권리를 보유하고 있음을 인지하고 이에 동의한다.

- 대리점의 영업 자율권을 최대한 존중한다는 것이다. 즉, 영업은 필드에서 영업하는 사람이 알아서 한다는 것이며, 공급업체의 영업 방식을 강요하지 않는다는 것을 의미한다. 한마디로 영업은 숫자로 평가한다는 것을 의미한다.

4. Wonder's Duties and Responsibilities(원더의 의무와 책임)

4.1 Daily, Prompt Response(신속한 일상 회신)

Wonder shall promptly respond to Jalpanda's inquiries right after receipt of them so that Jalpanda can provide timely service for Customers.

원더는 잘판다가 고객 서비스를 적기에 제공할 수 있도록 잘판다의 문의를 접수하면 즉시 잘판다에 회신한다.

4.2 Sales and Marketing Information(마케팅 및 판매 정보)

Wonder shall provide Jalpanda with specification, data sheets, product briefs, brochures and catalogs pertaining to the Products, sample and other promotional materials from time to time. Wonder shall have the right to determine the specific information and materials.

원더는 사양, 데이터 시트, 제품 개요, 제품 브로셔 및 카탈로그, 샘플 및 기타 판촉 자료를 잘판다에 가끔 제공한다. 특정 정보 및 자료를 결정할 권리는 원더에 있다.

▶ 전세계를 상대로 영업 활동을 하므로 특정 고객용이 아닌 범용 자료를 만든다는 것을 내포하고 있음.

4.3 Changes in Products, Etc(제품 변경)

Wonder shall promptly notify Jalpanda of any changes in or affecting the Products, sales policies, projected delivery dates, schedule changes and any other matters which may affect the Customers.

원더는 제품, 판매 정책, 예상 배송 날짜, 일정 변경 및 고객에게 영향을 줄 수 있는 기타 사안의 변경 사항을 잘판다에 즉시 통지한다.

4.4 Sales Training, Technical and Service Support (판매 교육, 기술 및 서비스 지원)

Wonder shall provide Jalpanda with sales training, technical information and service support.

원더는 잘판다에 판매 교육, 기술 정보 및 서비스 지원을 제공한다.

5. Agent's Duties and Responsibilities(대리점의 의무와 책임)

5.1 Sales Activities(판매 활동)

In general Jalpanda shall exert its very best efforts to make Customers adopt Wonder's products as soon/many as possible. In particular, Jalpanda shall:

일반적으로 잘판다는 고객이 원더 제품을 가능한 한 빨리, 가능한 한 많이 채택할 수 있도록 최선의 노력을 경주한다. 특히 잘판다는 다음을 수행한다.

ⓐ make sales calls to the Customers and potential Customers as frequently as possible

▶ make sales calls : 판매 목적상 전화하다, 방문하다

가능한 한 자주 고객 및 잠재 고객 방문.

ⓑ provide Wonder with a quarterly statement of account activity and action items

▶ account는 『고객, 단골』이라는 의미가 있으며, 비즈니스에서 『key accounts(주요 고객, 큰 단골)』라는 표현은 자주 사용한다.

원더에 고객별 활동 명세서 및 구체적으로 진행 중인 품목 명세서를 분기별로 제공

▶ 독점권을 주었으니 대리점이 영업을 열심히 하고 있는지, 잘하고 있는지 알기 위해서 제출을 원하는 경우가 많으며 이는 당연한 요구 사항이다.

5.2 Receiving/Accepting Orders(오더 수주 및 확인)

All orders for Products received by Jalpanda shall reflect Wonder as the seller thereof and shall be subject to acceptance by Wonder.

잘판다가 수주한 제품에 대한 모든 주문은 원더를 판매자로 하며, 원더가 수락해야 주문을 수락한 것이 된다.

N.B. receive orders의 상황은 오더를 받은 상황을 의미하며, 즉 get order를 의미하며, 매도자의 그 오더 수락(accept) 여부는 확실하지 않다. 만약, take orders라는 표현을 사용하면, receive and accept orders의 의미이다.

- 한국 시장에서 대고객 영업은 잘판다가 하지만, 실제 오더는 원더에 발주되며 원더가 고객에게 직접 선적하며 대금 결제도 고객이 원더에 바로 한다. 즉, 잘판다가 원더로부터 직접 매입하여 고객에게 판매하여 매출을 발생시키는 것이 아니며, 원더가 고객에게 직접 물품 공급하도록 하고 원더로부터 커미션을 받는 구조의 비즈니스이다.

5.3 Forwarding Orders(주문 전송)

Jalpanda shall forward all orders for products received thereby to Wonder promptly upon receipt and in any event by the close of the next business day.

잘판다는 수주한 모든 주문을 수주 즉시 원더에 전송하며, 어떤 경우에도 익일 영업일의 영업시간 종료까지 주문 내역을 통보한다.

6. Compensation(보상)

6.1 Commissions Based on Shipments(선적 기준 커미션)

Wonder shall pay commissions to Jalpanda, based on the shipment of Products.

원더는 제품 선적에 의거 잘판다에 커미션을 지불한다.

- 즉, 매출이 실제 발생되면 커미션을 지불한다는 것이며, 일반적으로 대금결제가 되면 커미션 지불한다.

6.2 Commission Rate(커미션율)

The commission rate shall be 5% of FOB Taiwan price.

수수료율은 FOB 대만 가격의 5%이다.

N.B. commission 지불 시 원천징수하는 세금이 있다면 after tax인지 before tax인지를 명확히 할 필요가 있다. 세금이 있는지 없는지 알아볼 필요도 없이, 계약서에 after tax if any라는 문구를 첨가해두면 가격의 5%를 송금받는 데 지장이 없을 것이다. 즉, 「The commission rate shall be 5% of FOB Taiwan price after tax if any.」라고 하면, 만약 세금이 있다면 그 세금은 대만의 원더주식회사에서 부담하여야 함으로 세금 공제 후 5%를 받는 것을 의미한다. 즉, net commission rate가 5%라는 것이다. Net라는 단어를 사용하면 세금 공제 후 자기 손에 쥐는 금액을 의미한다. 차감할 것이 있으면 다 차감하고 받는 금액이다.

6.3 Time of Payment of Commissions(커미션 지급 시점)

Jalpanda shall be paid by Wonder with respect to Products shipped during the preceding calendar month within thirty(30) days of the close of such calendar month, but the commission payment shall be executed only after Wonder‘s receipt of payment from customers.

- but the commission payment shall be executed only after Wonder‘s receipt of payment from customers를 subject to Wonder's receipt of payment from customers로 표시하면 간단하다.

잘판다는 전월에 배송된 제품에 대해 해당 월의 마감일로부터 30일 이내에 원더로부터 커미션을 받는 것으로 하되, 커미션은 원더가 고객으로부터 대금 결제를 받은 후에 지불된다.

- 무역 거래에 있어, 커미션은 대금결제가 되어야 지불되는 것이 상관례이다.

6.4 Compensation Payable Subsequent to Termination of Agreement(계약 해지 후 커미션 지불)

Even if this Agreement is terminated, Jalpanda shall be entitled to be paid commissions with respect to any of Customers' purchase orders for the models on which Jalpanda made Customers adopt Wonder's products. Wonder shall pay commission to Jalpanda for the shipment of such Products until 365 days after the termination date of this Agreement.

- subsequent to, following : 후에, 뒤에

본 계약이 종료되더라도, 잘판다가 영업해서 고객이 원더의 제품을 채택한 모델의 경우, 고객이 동모델을 주문 시 잘판다는 수수료를 지급받을 권리가 있다. 원더는 본 계약 종료일 후 365일까지 해당 제품 판매에 대한 수수료를 잘판다에 지불한다.

N.B. 영업에는 시간이 상당히 소요되는바, 고객 확보 시점에서 대리점 계약이 종료되어 수익 창출이 불가하다면 낭패이므로 계약이 종료되어도 일정 기간 동안 판매 수익을 확보할 수 있도록 계약서 작성하는 것이 바람직하다.

산업재라도 여러 고객에게 같은 사양으로 공급되는 부품, 제품의 경우는 이런 계약 구조를 수락받기 어려우나, 고객별 사양을 별도 개발하여 공급하는 부품, 제품은 비즈니스 창출, 회임기간이 상당히 긴바, 계약서 종료 후에도 커미션을 받을 수 있는 조항을 명기하도록 공급업체를 설득하는 것이 바람직하다. 본 사안은 합리적인 요청 사항으로 받아들여질 가능성이 크다.

7. Force Majeure(불가항력)

7.1 Notice of Occurrence of Force Majeure(불가항력 발생 통지)

In the case of the occurrence of any event during any term of this Agreement that a Party believes constitutes a force majeure which will prevent such Party from discharging its obligations hereunder, whether in whole or in part, such Party(the "Notifying Party") shall provide each of the other Party with written notice thereof.

- in whole or in part : wholly or partly : 전체적으로 부분적으로, 전적으로 부분으로
- 문장이 복잡한 것 같으나, 밑줄을 친 부분만 연결하면, the occurrence of any even that constitutes a force majeure which ~ 인바, which 이하는 force majeure에 대한 설명이니, 단순한 문장이다.

본 계약 기간 동안, 해당 당사자가 본 계약에 따른 의무를 전부 또는 일부 이행하지 못하게 하는 불가항력적인 사건이 발생하는 경우, 해당 당사자("통지 당사자")는 다른 당사자에게 이에 대해 서면으로 통지하여야 한다.

7.2 Effect of Force Majeure(불가항력의 영향)

If the event as to which notice has been provided pursuant to the provisions of Section 7.1 constitutes a force majeure which prevents the Notifying Party from discharging its obligations under this Agreement, in whole or in part, the Notifying Party shall be temporarily relieved from such obligations to the extent and for such period of time as it is prevented from discharging such obligations by the force majeure.

- constitute : ~이 되는 것으로 여겨지다, ~을 구성하다, 설립하다
  discharge one's obligation : 책무를 다하다, 의무를 다하다

섹션 7.1의 규정에 따라 통지된 사건이 불가항력에 해당하여 통지 당사자가 본 계약에 따른 의무를 전부 또는 부분적으로 이행하지 못하게 되는 경우, 통지 당사자는 불가항력으로 인해 그러한 의무를 이행하지 못하는 범위내에서 그동안 그러한 의무에서 일시적으로 면제된다.

7.3 Effect on Other Party or Parties(다른 당사자 또는 당사자들에 대한 영향)

If a Party is temporarily relieved of its obligations under this Agreement as a result of force majeure, the other Party or Parties shall also be temporarily relieved from its or their obligations hereunder for the same period of time.

한 당사자가 불가항력의 결과로 이 계약에 따른 의무에서 일시적으로 면제되는 경우, 다른 당사자 또는 당사자들도 동일한 기간 동안 본 계약에 따른 의무에서 일시적으로 면제된다.

7.4 Exceptions to Provisions of Section 7.3(섹션 7.3에 대한 예외)

Notwithstanding the provisions of Section 7.3, a Party shall not be relieved of the obligation to pay any money owed to any of the other Parties by the reason of force majeure.

섹션 7.3의 규정에도 불구하고, 다른 당사자에게 갚을 금액의 지불 의무가 불가항력을 이유로 면제되는 것은 아니다.

- 「불가항력 발생 이전에 이미 지불 의무가 있는 금액은 불가항력 발생과 상관없이 지불하여야 한다.」라는 것을 의미한다.

8. Term of Agreement(계약 기간)

8.1 Initial Term(초기 기간)

The initial term of this Agreement shall begin on the Effective Date and shall end on the day immediately preceding the 2nd anniversary of the Effective Date.

- 계약 기간이 2년이라는 것인데, 참으로 어렵게 명기한 것 같다.

본 계약의 최초 계약 기간은 발효일에 시작하여 발효일 2주년 되는 날 전일에 종료된다.

8.2 Automatic Extension(자동 연장)

After the initial term of 2 years, this Agreement shall automatically be deemed to have been extended for an additional one(1) year term unless either Wonder or Jalpanda notifies either party of termination by 90 days in advance before the termination of agreement.

최초 2년의 기간 후 원더 또는 잘판다가 계약 종료 90일 전까지 계약 당사자에게 계약 해지를 통지하지 않는 한, 본 계약은 자동으로 계약 기간이 추가 1년 연장된 것으로 간주한다.

8.3 Termination Upon Notice(통보 즉시 해지)

After the initial 2 years, Wonder and Jalpanda may terminate this Agreement by providing either party with advance written notice at least ninety(90) days.

최초 2년 후 원더와 잘판다는 일방 당사자에게 최소 90일 전에 사전 서면 통지함으로써 계약을 해지할 수 있다.

9. Non-compete(경쟁 금지)

Wonder hereby acknowledges and agrees that Jalpanda shall have the right to market and sell the products of other manufacturers which are not competing with Wonder's products. And Jalpanda hereby acknowledges and agrees that Wonder shall have the right to immediately terminate this Agreement any time if Jalpanda markets and/or sells other companies' magnesium products which are competing with the products of Wonder.

원더는 잘판다가 원더의 제품과 경쟁 관계에 있지 않은 다른 제조업체의 제품을 마케팅 및 판매할 권리가 있음을 인정하고 동의한다. 그리고 잘판다는 잘판다가 원더의 제품과 경쟁하는 다른 회사의 마그네슘 제품을 마케팅 및/또는 판매하는 경우, 원더가 언제든지 본 계약을 즉시 해지할 권리가 있음을 인정하고 동의한다.

- 본 조항은 비즈니스 관점에서 지극히 당연한 상호 공정 거래이다
  공정한 거래를 fair deal, square deal이라고 한다.
- square는 동사로도 사용되는데, 「square the circle」은 원과 면적이 같은 정사각형을 만든다는 것인바, 「불가능한 일을 시도하다.」라는 의미로 사용된다.

10. Arbitration(조정)

10.1 Governing Law(준거법)

This Agreement shall be construed in accordance with and enforced under the laws of Taiwan.

본 계약은 대만 법률에 따라 해석되고 법적 구속력을 가진다.

10.2 Arbitration(중재)

When there is any argument regarding this agreement, Wonder and Jalpanda shall try to reach an amicable solution thru Taiwanese Arbitration Association.

본 계약과 관련하여 논쟁이 있는 경우, 원더와 잘판다는 대만 중재 협회를 통해 우호적인 해결에 도달하도록 노력한다.

In order to execute this Agreement, Wonder and Jalpanda duly sign two copies of this Agreement on this date of June 10, 2021, and each keeps one copy.

본 계약을 실행하기 위해 원더와 잘판다는 2021년 6월 10일 본 계약서 2부에 정식으로 서명하고 각각 1부를 보관한다.

Hsih-Hao	Huang Haha Kim
President	President
Wonder Co., Ltd.,	Jalpanda Corp.
Business Registration No :	Business Registration No :
Address :	Address :
Web :	Web :
Phone :	Phone :
Facsimile :	Facsimile :
E-mail :	E-mail :

포워딩

포워딩(Forwarding, 운송 주선)

운송(transportation, transport)은 어떤 장소에서 다른 장소로 이동하는 것으로 운송의 주요 요소는『신속성, 안정성, 경제성』이다.

운송 방법에 따라, 해상운송, 항공운송, 육상운송(도로운송, 철도운송) 등으로 분류되며, 두 가지 이상의 운송 방법이 사용되면「복합운송(multimodal transport)」이라 칭한다. 2개 이상의 운송 수단을 사용하는 운송업자를 복합운송인(multimodal transport operator, MTO)으로 칭한다.

운송업체, 운송인이란 이러한 운송을 직접 제공하는 업체를 의미한다. 즉, 항공회사, 선박회사, 트럭회사 등등이 운송업체이다.

포워더(forwarder, forwarding company)는 화주와 운송업체 사이에서 화물의 운송을 중개하는 운송주선인이다. 일반적으로 화물을 인수하여 수하인에게 인도할 때까지 일체의 업무를 주선/주관하는 주체이다. 화주나 송하인으로부터 화물을 인수하여 수하인에게 인도할 때까지의 제반 업무(화물 픽업, 집하, 입출고, 선적, 운송, 보관, 배달 등)을 주선하며, 운송을 직접 책임지는 운송주체자가 되기도 한다.

포워딩 업무를 하게 되면 한국에서 외국으로 선적하는 물품도 있고 외국에서 한국으로 들어오는 물품도 있다. 따라, 포워딩은 각국의 forwarding company끼리 상호 대리점 계약을 하는 것이 일반적이다.

예를 들면, 한국-미국 간의 거래 시, 한국의 포워딩 업체와 미국의 포워딩 업체가 상호 대리점 계약을 체결하고 업무 분담을 하고 profit-sharing을 하는 것이 일반적인 방법이다. 물론 대형 포워딩 업체는 해외 지사를 설립하여 운영하기도 한다.

여행업은 포워딩업과 비슷하다. Inbound, outbound, 해외여행사와 상호 대리점 계약, 대형 여행사는 해외 지사 설립 등, 포워딩은 화물이 서비스 대상이고, 여행업은 관광객이 서비스 대상이다. 따라서, 포워딩과 여행업은 대리점 계약서도 유사하다.

Forwarding Agency Agreement

Between

Nanda Inc.

and

Jaldalinda Corp.

Forwarding Agency Agreement

This agreement is made and entered into as of the 10th day of January, 2021.

Nanda Inc.
Address : 940 N Central Ave. Wood Dale, IL 60191
Tel : 630-227-xxxx Fax : 630-227-xxxx e-mail :
(Hereinafter called "**Nanda**") incorporated under the laws of the U.S.A.,

Jaldalinda Corp.
Address :
Tel : Fax : e-mail :
(Hereinafter called "**Jaldalinda**") incorporated under the laws of Korea.

Both parties agree to act as agents for each other in their respective country in undertaking the sales and operations of multimodal transportation by sea and/or by air under the following terms and conditions.

양 당사자는 다음 조건에 따라 해상 및 항공을 통한 복합 운송의 판매 및 운영에 있어 각자의 국가에서 상호 대리점 역할을 하는 데 동의한다.

Multimodal Transport(복합 운송)

복합 운송이란 해상, 항공, 육상 중 두 가지 이상의 운송 수단(예: 선박과 철도, 선박과 비행기)을 사용하여 목적지까지 화물을 운반하는 운송 형태를 말한다. 복합 운송은 combined transport이라고도 한다. 여러 운송 수단이 사용되지만, 책임은 한 운송인이 진다. 복합운송업자를 활용하면, 화주는 운송에 따른 시간과 비용을 절감하며, 운송업자는 서비스 매출이 증가한다. 한 가지 운송 수단만 사용하는 것을 단일운송이라 한다.

1. Purpose(목적)

The purpose of this agreement shall be to perform the sales promotion and operations of multimodal transportation by sea and/or by air under a joint collaboration of Nanda and Jaldalinda to develop and expand the said business.

본 계약의 목적은 난다 주식회사와 달린다 주식회사의 공동 협력하에 해상 및/또는 항공을 통한 복합 운송의 판매 촉진 및 운영을 수행하여 해당 사업을 개발 및 확장하는 것이다.

2. Appointment(지정)

Each party shall be authorized to act as the agent of the other party for the purpose expressly stated or in any other supplementary agreements or contracts that may be entered into by both parties or as specifically instructed by the other party.

- expressly : 명시적으로 ⇔ impliedly : 묵시적으로
- 명시적 계약(express contract)은 계약 내용에 대하여 당사자들이 명시적으로 문서 또는 구두에 의하여 합의한 계약이며, 묵시적 계약(implied contract, implied-in-fact contract)은 당사자들의 행동을 합리적으로 판단 시 합의한 것으로 추론되는 계약을 의미한다.

각 당사자는, 「명시적으로 명기된 목적을 위하거나, 또는 양 당사자가 체결할 수 있는 기타 추가 계약에 의하거나 상대방이 구체적으로 지시한 대로」 상대방의 대리인으로 행동할 권한이 있다.

- 기업체의 비즈니스 담당자라면 다음과 같이 정리할 것 같다.

각 당사자는, 다음의 경우, 상대방의 대리인으로 행동할 권한이 있다.

- 명시적으로 명기된 목적을 위할 경우

- 양 당사자가 체결할 수 있는 기타 추가 계약의 경우
- 상대방의 구체적인 지시가 있는 경우

Each party shall maintain its own business and organization as a separate and independent entity, and make no representations or commitments on behalf of the other party beyond the scope of this Agreement.

각 당사자는 자체 비즈니스 및 조직을 독립된 별개의 실체로 유지하며, 본 계약의 범주를 넘어 상대방을 대표하여 어떠한 대리 행위나 대외 약속을 하지 않는다.

▶ 한마디로 별개 회사이며 각사의 운영에 대해 상호 월권행위를 하지 않는다.

3. Responsibilities(책임)

Each party shall do its best in a mutual partnership that handles business in good faith and efficiency in order to create business profits for the other party for the satisfaction of multimodal transportation customers and to maintain reliable services.

각 당사자는 복합 운송 고객의 만족을 위하여 상대방의 사업상 이익을 창출하고 안정적인 서비스를 유지하기 위하여 성실하고 효율적으로 사업을 처리하는 상호 파트너십에 최선을 다한다.

Each party shall handle all type of written inquiries efficiently with quick response upon receiving messages from the sending party.

각 당사자는 발신자로부터 메시지를 받으면 신속하게 응답하여 모든 유형의 서면 문의를 효율적으로 처리한다.

Each party shall send the other party all necessary shipping documents, a shipping note, and information related to transportation as soon as possible after shipment is effected.

▶ shipping note(S/N, 선적 명세서) : a document that lists the goods that are being sent from one place to another 한 장소에서 다른 장소로 발송되는 물품을 나열한 문서

각 당사자는 선적 후 가능한 한 빨리 필요한 모든 선적 서류, 선적 메모 및 운송과 관련된 정보를 상대방에게 보낸다.

Each party shall receive cargo from the air or ocean carrier and sign for receipt. If shortage and/or damages are noted at the time of acceptance, the receiving agent shall make the proper notation on the air or ocean carrier's manifest/ ocean bill of lading and/or receipt, and immediately notify the air/ocean carrier in writing. A copy of said notice shall be sent to the office of the respective party herein.

- manifest(적하목록) : 선화증권(B/L) 또는 항공화물운송장(AWB)의 내용을 기재한 화물 적재 목록, 화물을 선박이나 비행기에 적재하면서 목록을 만든다. 여객기에 비교하면 승객 명단이다. 비행기 탑승구에서 Boarding pass 받고, 승객을 비행기 탑승시키고 탑승 승객 명단을 확정하는 것과 같다.

각 당사자는 항공 또는 해상 운송업체로부터 화물을 수령하고 수령 서명을 한다. 화물 인수 시 수량 부족 및/또는 훼손이 발견되는 경우, 수령 당사자는 항공 또는 해상 운송인의 적하목록/해상 선화증권 및/또는 수령증에 적절한 표기를 하며, 즉시 서면으로 항공/해상 운송인에게 그 내용을 통지하여야 한다. 그 통지서의 사본은 본 계약서에 명기된 각 당사자의 사무실로 보내진다.

Each party shall collect a properly endorsed original air waybill/ocean bill of lading, and/or suitable bank guarantee prior to release of cargo. The party at fault shall be fully responsible, for any monetary damages, as well as for any legal expenses for any loss incurred as a result of any unauthorized release of cargo.

- B/L(bill of lading)은 유가 증권이다. 이 B/L 소유자가 화물의 소유자이다. 따라서, 화물 인도의 기본 원칙은 B/L 원본과 화물을 교환하는 것이다.
- at fault : 잘못해서, ~에 대해 책임이 있어, (기계가) 고장 나서, 어찌할 바를 모르고,
- B as well as A; not only A but also B : A뿐만 아니라 B도

각 당사자는 화물을 인도하기 전에, 적절하게 배서한 항공 운송장/해상 선화증권 원본 및/또는 적절한 은행 보증서를 받아야 한다. 과실 당사자는 화물의 무단 반출로 인해 발생한 손실에 관한 법적 비용에 대해 전적으로 책임지며, 또한 모든 금전적 손해에 대해서도 책임을 부담한다.

Each party shall collect any and all freight charges and related other charges in their territory according to the terms and conditions set forth in the transportation bills of the other party prior to release of cargo, and shall be wholly responsible for any and all charges due.

각 당사자는 화물을 인도하기 전에 상대방의 운송 청구서에 명시된 조건에 따라 자국 영역에서 모든 운임 및 관련 기타 요금을 징수하여야 하며, 모든 요금에 대해 전적인 책임을 부담한다.

Each party shall act for the best interests of the other party in getting quotation, preparing and forwarding necessary documents and in activities related to the multimodal transportation by sea and/or by air.

각 당사자는 견적을 받고, 필요한 문서를 준비 및 전달하고, 해상 및/또는 항공을 통한 복합 운송과 관련된 활동에서 상대방에게 최상의 이익이 가도록 노력한다.

Each party shall treat and keep strictly all matters obtained while acting as an agent as confidential, and shall not disclose it to any parties hereto, unless consented to in writing or requested to do so by the party to be effected by such disclosure.

각 당사자는 대리인으로 활동하면서 얻은 모든 사항을 기밀로 취급하고 엄격하게 유지하여야 하며, 서면으로 동의하거나 공개로 인해 영향을 받는 당사자가 요청하지 않는 한 이를 어느 누구에게도 공개하지 않는다.

선화증권

선화증권(bill of lading: B/L)은 운송인이 물품의 수취 또는 선적을 증명함과 동시에 목적지에서 이 증권과 상환으로 물품을 인도할 것을 확약하고 그 물품의 운송조건을 기재한 물권적 유가증권이다. 즉, 선화증권은 운송인이 송화인으로부터 위탁받은 물품을 선적 또는 선적을 위하여 그 증권에 기재된 대로 수취하였음을 증명하는 것이고, 권리증권으로서 배서·교부에 의하여 양도가 가능함은 물론 그 화물을 지정된 목적지까지 운송하여 그곳에서 화물을 선화증권의 정당한 소지인에게 인도할 것을 약정한 유가증권이다. 정당한 소지인이 증권상의 권리를 행사하고 그 물품의 인도를 청구하기 위해서는 증권을 제시해야 한다.

이러한 선화증권은 ① 해상운송계약의 추정적 증거, ② 운송인의 화물수령 또는 선적을 증명하는 증거, ③ 운송인이 그 증권과 상환으로 소지인에게 운송화물을 인도해줄 것을 약정하고 있는, 즉 인도청구권을 표창하고 있는 권리증권으로서의 기능을 수행하고 있다.

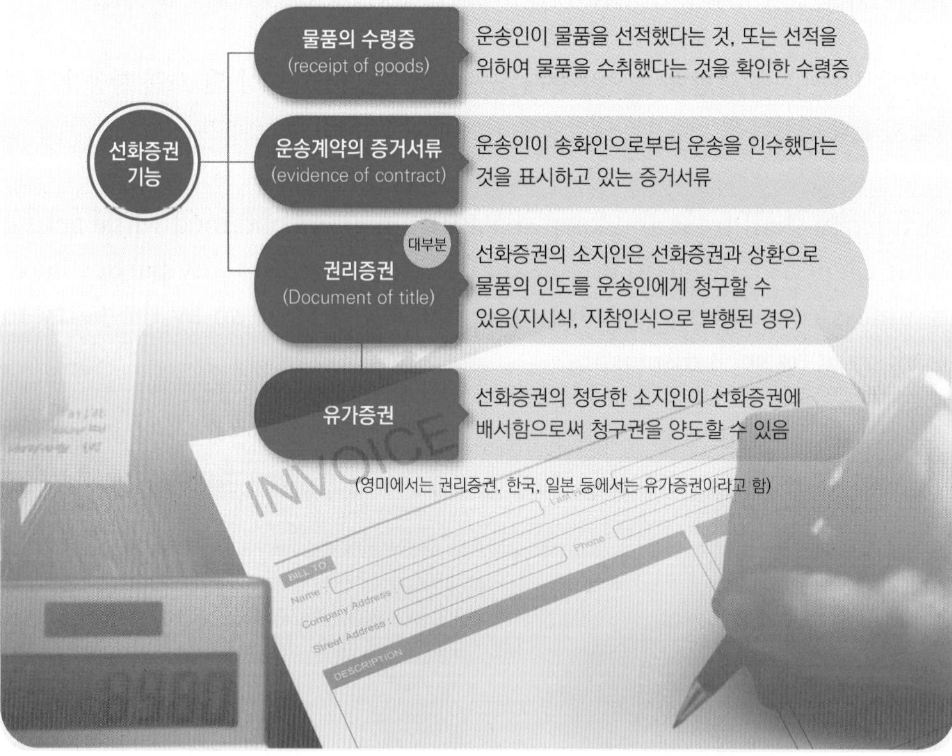

주) 전순환(2019), 무역실무. 한올출판사. 507.

Stale B/L(Bill of Lading)

글자 그대로 해석하면 '서류제시기간이 경과한 선하증권' 정도로 해석한다. 선하증권은 유가증권으로 쉽게 말하면 돈의 가치가 있는 것인데 이 선하증권이 21일을 경과하면 비록 선하증권이 유가증권이라 하더라도 은행이 이러한 선적서류를 가지고 매입을 의뢰한 seller에게 지급을 거절할 수 있다는 것이다.

수출업체는 수출대금을 조속 현금화하기 위해서 은행에 선적서류 등을 가지고 은행에 매입을 의뢰하게 되는데 이를 nego라고 한다. nego는 negotiation의 줄임말로 은행이 환어음과 함께 선적서류를 '매입'한다는 뜻이다. 서류 제시기간인 21일이 지난 B/L은 한물간 B/L이기 때문에 신용장통일규칙에 의거 은행이 매입을 거절할 수 있다.

그러면 수출업체는 nego 은행을 통해서는 수출대금을 받을 수 없게되어 나중에 buyer가 대금을 송금하여야만 대금을 받을 수 있는, 즉 은행이 담보를 하지 못하는 위험한 거래가 될 수밖에 없다. 이를 통상적으로 추심(collection)이라 하는데 계약서 방식의 거래인 D/A, D/P 거래로 은행의 지급보증이 없는 당사자 간의 거래에서 사용된다. buyer는 이러한 선적서류 인수 및 대금지급을 거절할 수 있다. 이것을 통상 buyer가 unpaid 쳤다는 표현을 쓴다. 이것은 시장상황이 좋지 않아 buyer가 가격 인하를 하기 위해 이용되기도 하는데 이를 market claim이라고 한다. 악질적인 buyer를 만났을 경우 심각한 상황을 초래할 수도 있다.

그래서 수출업체는 L/C상에 "Stale B/L is acceptable"이란 문구를 넣어 은행이 한물간 선적서류를 매입할 수 있도록 안정장치를 마련한다. 그러면 왜 수출업체는 한물간 B/L을 가지고 있는 것일까요? 빨리 nego해서 수출대금을 받으면 좋을 것인데. 가장 큰 이유는 간단히 말해 수입업체가 수출업체의 제품을 확인한 연후에 L/C를 open하겠다는 것이다.

그러면 어떤 경우에 이러한 상황이 발생할 수 있을까?

본지사간의 거래, 밀어내기 수출 내지는 시장상황에 발 빠르게 대처하기 위해서 미리 선적을 하는 경우도 있을 것이다. BWT(보세창고 인도 수출, Bonded Warehouse Transaction)라는 것도 있다. 수입업체가 한번에 L/C를 open 할 여력은 안 되고 시장상황도 있곤 하니 우선 수입지 창고에 넣어놓고 필요한 양만큼 L/C를 열든지 payment를 하든지 하여 제품을 가져가는 방식이다. 물론 수출업체는 risk를 감수해야 하지만 시장을 잘 예측하면 발 빠르게 대응해서 돈을 벌 기회도 있을 것이다.

4. Settlement of Accounts(정산)

All invoices and credit notes shall be settled regularly on a monthly basis. Each party shall make a monthly statement of accounts, and send it to the other party by the 5th of the following month by e-mail.

모든 송장 및 대변 전표는 매월 정기적으로 정산한다. 각 당사자는 월별 결산서를 작성하여 다음 달 5일까지 이메일로 상대방에게 보낸다.

Each party agrees to settle the submitted statement of accounts by the end of the month of receipt in the stipulated currency.

각 당사자는 제출된 계정 명세서를 받은 달의 말일까지 규정된 통화로 결제하기로 동의한다.

No credit shall be extended by either party on behalf of the other party without prior written authorization of the other party's head office. Each party will be responsible to the other for credit failures, if such credits were extended in violation of the terms hereof.

상대방 본사의 사전 서면 승인 없이는 상대방을 대신하여 어느 일방 당사자가 외상을 연장할 수 없다. 그러한 외상이 본 계약 조건을 위반하면서 연장된 경우, 각 당사자는 신용관리 실패에 대해 상대방에 대한 책임을 진다.

- 화주와 포워더 사이에 외상 거래는 원칙적으로 발생하지 않는다. 왜냐하면 화주가 포워더에게 운임을 지불하지 않으면 포워더는 B/L을 화주에게 주지 않으며, B/L이 없으면 화주가 화물을 찾을 수 없기 때문이다.

Credit Note(대변표) vs. Debit Note(차변표)

Credit Note(C/N, 대변표, 신용전표)는 전표의 발행자가 그 상대방에 대하여 지급계정이 있으면 그 내용과 금액을 상대방에게 통지하는 표이다. 이 전표에 기재된 금액을 상대방 계정의 대변(Credit side)에 기장하는 것을 말한다. 즉, 그 전표의 금액이 상대방의 채권으로서 자사(自社)에 예치되어 있음을 표시하는 것이다.

수출자가 수입자에게 발행하는 문서로 수출자가 받을 금액에서 차감한다는 의미이다. 실제 상품 거래의 경우, 다음의 상황에서 Cr Note를 발행한다. 원래는 실제적인 송금을 통해 정산하여야 하나, 송금 시 red tape도 있고 비용 발생도되어 offset 방식으로 처리하는 것이다.

- 수리 반품 등의 보상 사유가 발생한 경우
- 인보이싱이 잘못되어 과다하게 청구된 경우, 예를 들면 실제 선적된 수량은 10,000개인데, 11,000개로 인보이싱되어 1,000개를 차감할 경우
- 인보이스 단가 오류로 차이 발생
- 배송 중에 상품이 손상된 경우

Debit Note(D/N, 차변표)는 상대방에 대해서 자기 쪽에 수취 계정이 발생하였을 경우 그 채권의 내용과 금액을 상대방에게 통지하는 통지서 또는 전표로서 차변표라고도 한다.

일반적으로 은행, 무역회사 등의 본·지점 간에 발생한 채권·채무를 결제할 때 사용되며, 이 전표의 발행자는 전표의 금액을 자기 쪽의 채권으로서 상대방 계좌의 차변(debit side)에 기입했음을 상대방에게 통지하는 것이다.

5. Profit Sharing(이익 공유)

5.1 When Nanda's outbound transaction(from USA to Korea) is generated by Jaldalinda or Nanda's inbound transaction(from Korea to USA) is generated by Nanda, Nanda and Jaldalinda shall equally share(50 : 50 basis) profit from the each traffic.

- traffic : 교통, 운송, 수송, 수송량, 거래, 교섭

잘달린다 주식회사에 의해 창출된 난다 주식회사의 아웃바운드 거래(미국 → 한국 선적분) 또는 난다 주식회사에 의해 창출된 인바운드 거래(한국 → 미국 선적분)의 경우, 난다와 잘달린다는 각 운송 이익을 균등하게 50 대 50으로 배분한다.

- 미국 포워더 난다는 잘달린다 덕분에 미국에서 한국으로 가는 운송 건을 담당하게되어 수익이 창출되니, 난다가 한국에서 미국으로 운송하는 건을 잘달린다에 맡겨 잘달린다의 수익이 창출되도록 해주는 것이다.

When 50 : 50 profit shares is not applicable as described 5.1, the party who generated the transaction shall pay the agreed charge and cost as handling fee to the other party.

5.1항과 같이 50 : 50 수익 배분이 적용되지 않는 경우, 거래를 창출한 당사자는 상대방에게 약정된 요금과 비용을 취급 수수료로 지불한다.

- 파트너의 역할이 단순 심부름꾼일 경우가 있다. 포워딩업에서 파트너 덕분으로 가만 앉아서 수익 창출을 할 경우도 있는데, 이럴 경우는 그냥 서로 수수료만 주고받자는 것이다.
- 그럼 왜 단순 심부름꾼 역할을 하여도 대우를 해줄까? 포워딩업의 특성상 각 나라에 파트너가 없이는 비즈니스 창출이 어렵다. 예를 들어, 국내 포워더에게 미국 가는 화물을 운송 의뢰할 때, 반드시 미국의 파트너가 있는지를 확인한다. 왜냐하면, 미국에서 화물을 핸들링하는 파트너 업체가 없다면, 어떤 문제 발생 시 해결하기 어려운바, 화주는 반드시 확인하게 마련이다.
- 그래서 국가별 파트너 확보는 포워딩 사업의 기본 조건이다. 운송을 의뢰하는 화주를 확보하려면 국가별 파트너망이 확보되어야 한다. 포워딩 사업은 화물의 건수가 많아야 수익 창출이 쉽다. 여행업도 마찬가지이다. 한국에서 미국으로 관광객을 보내면 미국에서 누군가가 그 관광객들을 안내하고 챙기어야 관광객을 유치할 수 있다. 포워딩 업과 여행업은 사업의 본질이 대동소이하다.

Inbound vs. Outbound

운송비 지불 여부는 상관없이,

- 외국에서 국내로 들어오면 inbound
- 국내에서 외국으로 나가면 outbound

관광객도 같은 의미로 사용된다. 해외여행을 가기 위해 한국을 출국하면 outbound, 한국 관광을 위해 입국하면 inbound.

한국에서 화물을 미국으로 운송할 때, 한국 포워더가 운송 수주할 수도 있고, 미국 포워더가 운송 수주할 수도 있다. 아니면 같이 협업해서 거래 성사시킬 수도 있다. 각각의 경우에 대해 이익 공유 원칙을 합의 설정하여야 추후 논쟁의 소지가 없다.

그런데 포워더도 규모에 따라 영업력이 다르고 overhead도 큰 차이가 있는바, 가급적 유사 크기의 회사가 partner가 되어야 업무 협조가 원활하다.

6. Indemnity(배상금)

6.1. Each party shall be liable for all claims, fines, penalties, losses, damages and expenses, including attorney's fees in case of damaging the other party by act or omissions taken outside the scope of this Agreement, or failure to comply with the laws, rules, and regulations of government authorities, and shall indemnify the other party, its management and employees from and against them.

- act or omission, commission or omission : 法 작위 또는 부작위
  act, commission(작위) : 계약상의 의무를 다하지 않는 것
  omission(부작위) : 법률상 또는 계약상 해서는 안 되는 일을 하는 것
- indemnify A from/against B : (법률적으로) 보장하다, B로부터 A를 보호하다, 法 B에 대한 A의 법적 책임을 면제하다, 면책을 보증하다

면책 조항의 주요 관용어구

- indemnify and hold A harmless against ~
  『손해배상을 해주며 ~에 대해 A를 면책, 즉 ~와 같이 일이 미래에 발생하면 책임을 면제시켜 준다.』라는 것이다.
- hold-harmless clause : 면책 조항(계약 당사자 한쪽이 상대방의 계약상 손실 따위를 대신 떠맡는 내용)
- hold A harmless against B, save A harmless against B
  B에 대한 A의 책임을 면제하다, B로부터 A를 보호하다.
- indemnify는 이미 생긴 손실, 손해와 장래의 손실, 손해에 대한 보상, 보전을 현시점에서 배상 약속하고 배상하는 것이며, hold A harmless는 앞으로의 손실 손해에 대해 A의 책임에 대해 면책한다는 의미이다.
- indemnify and hold harmless against and from all expenses, claims, and loss
  모든 비용, 클레임, 손실을 배상하고 그에 대한 책임을 면제시킨다.

- Distributor shall have no liability or obligation regarding any loss and claim, and Supplier shall indemnify, defend, and hold Distributor harmless from any loss and expense which might be caused by Supplier's products infringing the intellectual property rights of a third party.

  디스트리뷰터는 손실 및 클레임에 대한 책임이나 의무가 없으며, 공급자는 공급자의 제품이 제삼자의 지적 재산권을 침해함으로써 발생할 수 있는 손실 및 비용에 대해 디스트리뷰터에게 손해를 배상하며, 디스트리뷰터를 그 책임으로부터 보호하고 면책한다.

각 당사자는 본 계약의 범위를 벗어나는 작위 또는 부작위, 또는 법률을 준수하지 않음으로써 상대방에게 손해를 입히거나, 정부 기관의 규칙 및 규정, 법률을 위반한 경우, 변호사 수임료를 포함한 모든 클레임, 벌금, 위약금, 손실, 손해 및 비용에 대한 책임을 지며, 상대방, 상대방의 경영진과 직원은 그 책임으로부터 면책한다.

All shipments are subject to terms and conditions listed on our website http://www.nanda.com/Support/Term.aspx, a copy of which shall be provided upon request.

모든 배송은 당사 웹사이트 http://www.nanda.com/Support/Term.aspx에 명기된 이용 약관이 적용되며, 약관 필요할 시 요청하면 즉시 사본을 받을 것이다.

7. Terms of Validity and Cancellation(유효 기간 및 취소 조건)

This agreement shall become effective from the signed date between Nanda and Jaldalinda, shall remain valid for one year therefrom, and shall be renewed automatically for another year unless one party notifies otherwise in writing at least 60 days prior to the expiration date.

본 계약은 난다와 잘달린다 사이에 서명된 날로부터 효력이 발생하며, 그로부터 1년간 유효하며, 만료일 60일 이전에 일방이 서면으로 달리 통지하지 않는 한 자동으로 1년 연장된다.

In case one party shall be in default as to performing any of its obligations per this Agreement, the other party may terminate this Agreement after having given written notice to the opposite party regarding such default, provided that the opposite party neglects to remedy such default within thirty days upon receipt of such notice.

일방 당사자가 본 계약에 따른 의무를 이행하지 않는 경우, 상대방은 그러한 불이행 당사자에게 서면 통지한 후, 상대방이 그러한 통지를 받은 후 30일 이내에 해당 사항을 이행하지 않을 경우, 본 계약을 해지할 수 있다.

In the event of cancellation of this Agreement between Nanda and Jaldalinda, each party shall assume responsibility to serve continuously its own clients and shall not violate the other party's rights on its respective clients.

난다와 잘달린다 간의 본 계약이 해약되는 경우, 각 당사자는 자신의 고객에게 지속해서 서비스를 제공할 책임이 있으며 각자의 고객에 대한 상대방의 권리를 침해하지 않는다.

8. Arbitration(중재)

Both parties shall settle any disputes arising from the implementation or interpretation of this agreement in an amicable manner by cooperation.

양 당사자는 본 계약의 이행 또는 해석으로 인해 발생하는 모든 분쟁을 협력해서 우호적인 방식으로 해결한다.

Contractual claims or disputes on which both parties cannot reach agreement shall be arbitrated by and in accordance with the arbitration laws in the country concerned.

양 당사자가 합의에 도달할 수 없는 계약상 클레임 또는 분쟁은 해당 국가의 중재법에 따라 중재하기로 한다.

9. Severability(계약서 조항의 가분성, 독립성)

If any provision of this Agreement is held to be void, invalid, inoperative or unenforceable, such provision shall not affect any other provision hereof and this Agreement shall be effective as though such provision had been omitted.

본 계약의 어떤 조항이 무효, 근거가 없거나, 적용 불가 또는 시행 불가능한 것으로 판단되는 경우, 해당 조항은 본 계약의 다른 조항에 영향을 미치지 않으며 본 계약은 해당 조항이 생략된 것처럼 유효하다. 즉, 계약서의 각 조항은 독립성을 가진다.

10. Entire Agreement, Amendment(완전 합의/계약, 개정)

This agreement shall contain the entire agreements between both parties and may be amended by mutual agreement in writing. And this agreement supersedes all proposals or other prior agreements, oral or written, and all other communications between the parties relating to this Agreement.

본 계약은 양 당사자 간에 완전히 합의된 전체 계약이며, 서면으로 상호 합의하여 변경할 수 있다. 그리고 본 계약은 그간의 구두 또는 서면에 의한 모든 제안 또는 기타 이전 계약 그리고 본 계약에 관련된 당사자 간의 기타 모든 교신 내용을 대체하며 우선한다.

In witness whereof, the parties hereto have executed this agreement in duplicate as the date and at the place above written, and each party duly signs two copies of this Agreement and keeps one copy.

이상의 증거로 본 계약의 당사자들은 위에 기재된 날짜와 장소에서 본 계약서를 2부 작성, 서명하여 발효시키며, 각 당사자는 계약서 1부씩 보관한다.

---------------	-----------------
Tom Moore	K.R. Joo
President & CEO	President & CEO
Nanda Inc.	Jaldalinda Inc.
Company Seal	Company Seal

술 이야기 - Brandy, Cognac, Wine

브랜디는 포도의 발효액을 증류하여 만든 알코올 40% 이상의 술로써 식후에 마시는 양주 가운데 최고의 하나로 인정받는다. 브랜디는 맛과 향을 즐기는 술이며 잔을 가볍게 흔들면서 조금씩 음미하면서 마시는 술인 바, 물이나 얼음은 타지 않은 것이 좋다.

브랜디를 일반 증류주로써 본격 상업화하여 생산하게 된 것은 17세기 프랑스 서남부 코냑 지방이 시초였다. 때문에 코냑 지방 6개 지구에서 생산되는 브랜디 만을 코냑이라고 제도화 했으며, 오늘날 코냑이 브랜디의 제왕으로 불리면 최고급 브랜디를 상징하는 대명사가 되었다.

세계적으로 인정받은 대표적인 브랜디는 프라핀 엑스트라, 폴리냑 70년, 카뮤 드 래디션, 헤네시 리차드, 레미마틴 루이 13세, 고띠에를 르네상스, 피에르페랑등이 있다.

코냑은 프랑스 코냑 지방에서 생산되는 브랜디의 고유 명사이다. 브랜디는 숙성 기간에 따라 구분하여 표시하며, 법적으로 규정된 것은 아니고 각 제조회사의 관습이다.

알파벳으로 구분하면 C 코냑, E(especially 특히), F(fine 좋음), O(old 오랜), P(pale 맑음), S(superior 뛰어남), V(very 매우), X(extra 최고급)이다.

숙성 기간별로 구분하면 쓰리스타(5년), VO(10년), VSO(15~20년), VSOP(20~30년), XO(40~50년), EXTRA(70년이상)이다.

포도주는 포도를 으깨어 발효시켜 제조하는데 적 포도주와 백 포도주로 대별된다. 적 포도주는 포도 껍질 그대로 으깨서 발효 제조하며, 백 포도주는 껍질을 제거한 후 으깨서 발효시켜 제조한다. 적포도주는 육류에 제격이며 백포도주는 생선에 제격이다.

포도주의 본 고장은 프랑스이며 세계 최고 품질의 포도주를 자랑한다. 이태리, 스페인, 포르투갈, 독일, 칠레, 미국 등도 주요 생산국이다.

★ 술 이야기 : 75쪽, 107쪽, 187쪽, 361쪽

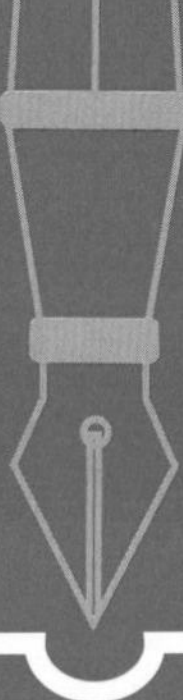

Chapter Ⅵ

기술 이전·도입 계약서

Business English Agreement

01
핵심 사안

기술이전 도입 계약을 추진하는 목적은 『필요한 기술을 단기간에 취득할 수 있으며, 또한 그 기술과 자사의 기술이 합쳐져 창출될 수 있는 여타 기술 개발』에 있다. 기술 이전 계약은 합작투자가 아닌바, 경영권 간섭이 없으며 기술 이전 대가만 지불하면 필요한 기술 취득이 가능하다는 장점이 있다.

- 기술 도입(technology inducement) 업체의 목적은 수입대체, 수출증대 도모, 생산성 제고와 품질의 고급화, 자체 기술 개발 기회 비용 최소화, 특허 실시권 도입이며,
- 기술이전(technology transfer) 업체의 목적은 이전 대상국의 완제품 수입제한 규제 돌파, 본국에서 포화 상태인 기술 수출로 이윤 추구, 도입 대상 국가 인근 지역 공략 등이다.

기술이전 도입 계약에서 주요 사안은 다음과 같다.

- 실시권 허여(grant of license)
  - 실시권의 대상, 종류, 지역
- 기술 소유권
- 대가(upfront fee, royalty)
- 대상 기술로부터의 파생 기술
- 방위 산업 관련 기술이라면 정부 유관 기관의 인허가 필요
- 로열티 지급 관련 정부 유관 기관의 제한 사항

정부 유관 기관의 승인이나 인허가를 받아야 하는 경우도 있는바, 외국 기업과 계약서 작성 시 안전 문구를 추가한다. 즉, 『subject to government's approval』, 이런 식으로 계약 내용에 추가하면, 정부 승인이 나지 않으면 계약 내용에 책임이 없는 것을 의미한다. 즉, 정부 승인이 나야 계약이 유효하고 효력이 발생하는 것이다.

02
라이센싱 관련 주요 용어

License, Licensor, Licensee

- License(라이센스)는 지적 재산권의 이용/실시 허락.
- Licensor(Licenser)는 license를 빌려주는 주체로, 「라이센서, 사용허락자, 실시허락자」라고 한다.
- Licensee는 license를 빌려 사용하는 주체를 의미하며, 「라이센시, 허가 소유자, 인가받은 자, 실시권자」 등으로 해석된다.

로열티(Royalty)

로열티는 『선불 수수료(upfront fee) + 경상기술료((running royalty)』 구조로 지불하는 것이 일반적이나, 기술 대가를 일정 금액으로 확정하여 일시불(lump sum payment)로 지불하는 고정기술료 방식도 있다.

경상기술료(running royalty)는 순매출액(net selling price)의 몇 %로 지급할 수도 있고, 정액제(unit base)로 개당 일정 금액을 지불할 수도 있다. 즉, 판매가의 몇 %로 하든지 개당 얼마로 하든지 한다.

최소 로열티(minimum royalty)는 판매량, 판매 금액이 얼마이든 연간 최소 얼마는 지불한다는 것으로서, 기술제공자 입장에서는 본 조항을 항상 집어넣기를 원한다. 왜냐하면, 기술제공자가 기술을 제공했으나 기술도입자의 판매가 저조할 경우, 로열티 수익이 감소하는바, 기술제공자는 최소한의 로열티는 확보하기를 원하기 때문이다.

최대 로열티(maximum royalty)는 판매량, 판매 금액이 얼마이든 연간 최대 얼마까지만 지불한다는 것이며, 기술도입자 입장에서는 본 조항 명기를 원한다.

결국, 로열티 산정은 계약자 쌍방의 입장과 시장 상황에 대한 판단으로 상호 합리적으로 결정되는 것이 일반적이다. 돈 주고 사기 힘든 세계적인 명품 브랜드와 협상이 되겠는가? 쉽지 않을 것이다.

그랜트백(grant-back)

기술제공자(licensor)는 기술도입자(licensee)에게 유상으로 기술 이전을 하나, 기술도입자(licensee)가 그 기술을 기반으로 신기술을 개발할 경우, 기술도입자는 그 신기술의 실시권을 기술제공자에게 무상으로 제공하는 것을 그랜트백(grant-back)이라고 한다.

AS-IS Base

영어 그대로 as is 이다. 즉, 제공하는 기술 또는 제품이 제공된 시기를 기준으로 하여 그 당시의 품질만을 보증하는 제도를 의미하며, 그 이후에는 그 기술 또는 제품에서 하자가 발생하더라도 기술제공자는 책임이 없다.

패키지 라이선싱 vs. 크로스 라이선싱

패키지 라이선싱(package licensing)은 계약 한 건으로 여러 개의 특허권이나 여러 개의 기술을 포괄적으로 실시 허여하는 것을 의미한다.

크로스 라이선싱(cross licensing)은 각자가 보유하고 있는 기술, 특허를 교환하여 실시 허여를 하는 경우이다. 상호 간의 필요로 자주 일어난다.

삼자 이상이 Pool을 형성하여 특허 교환 사용하는 것은 페이턴트 풀(patent pool)이라고 한다.

부메랑 효과(boomerang effect)

기술도입자가 제공받은 기술을 근간으로 제조한 상품을 수출함으로써 기술제공자의 시장점유율(Market Share, M/S)에 부정적인 영향을 준다고 하는 기술이전의 역효과를 의미한다. 기업들뿐만 아니라, 선진국 개발도상국 사이에서도 발생한다.

- 호주 원주민이 사용하던 사냥 도구인 부메랑에서 유래된 용어로, 부메랑은 던진 사람에게 다시 돌아오는 속성을 가지고 있는데, 이때 돌아오는 부메랑에 던진 사람이 다칠 수 있다는 경고를 내포하고 있다.

03
실전 계약서

TECHNICAL LICENSE AGREEMENT

THIS AGREEMENT, made and entered into on January 10, 2022 by and between Top Technology Inc., a corporation organized and existing under the laws of California, USA, having its main office and place of business in San Jose(hereinafter referred to as "Licensor") and Jalpanda Corp., a corporation organized and existing under the laws of the Republic of Korea, having its main office and place of business in Suwon City, Republic of Korea(hereinafter referred to as "Licensee").

▶ 사업장 소재지는 약식으로 기입하였으나, 실제 계약서에서는 주소를 상세히 기입하여야 한다.

본 계약은 2022년 1월 10일 미국 캘리포니아주 법에 따라 조직되고 존재하며 미국 캘리포니아주 산호세에 본사와 사업장을 두고 있는 Top Technology Inc.("라이센서")와 대한민국 법에 따라 조직되고 존재하는 법인으로 대한민국 수원시에 본점과 영업소를 두고 있는 Jalpanda Corp.(이하 "라이센시") 사이에 체결되었다.

WITHNESSETH

▶ witness(증언하다, 목격하다)의 고어이며, 계약서에서 여전히 사용하기도 한다.

WHEREAS, Licensor has long been engaged in the manufacture and sale of cutting-edge products(hereinafter referred to as "the Licensed Products") and

라이센서는 최첨단 제품(이하 "라이선스 제품"이라 함)의 제조 및 판매에 오랫동안 종사해 왔다.

WHEREAS, Licensor has acquired and possesses valuable technical information on the design, manufacture, erection and use of the Licensed Products; and

라이센서는 라이선스 제품의 설계, 제조, 설치 및 사용에 관한 귀중한 기술 정보를 획득하고 소유하고 있다. 그리고

WHEREAS, Licensor has the right to grant a license to use Technical Information(or Industrial Property Rights) in connection with the Licensed Products; and

라이센서는 라이선스 제품과 관련하여 기술 정보(또는 산업 재산권)를 사용할 수 있는 라이선스를 부여할 권리가 있다. 그리고

WHEREAS, Licensee desires to obtain the right and license to manufacture, use and sell the Licensed Products utilizing cutting-edge technical information furnished by Licensor. and Licensor is willing to grant the license,

라이센시는 라이센서의 최첨단 기술 정보를 사용하여 라이선스 제품을 제조, 사용 및 판매할 수 있는 권리와 라이선스를 획득하기를 원하며, 라이센서는 기꺼이 라이선스를 부여한다.

- 최첨단 : cutting-edge, leading edge, bleeding edge, up-to-date, up-to-the-minute, state-of-the-art, most advanced, with-it-ness
- whereas
  두 가지 사실을 비교·대조할 때 사용하는 접속사이며, 법률 용어로(공식적인 문서에서 문장 첫 부분에 쓰여) 『~한 사실이 있으므로, ~라는 사실에 비추어, ~한 사실이 있으며』의 의미이다.

NOW, THEREFORE, in consideration of premises and covenants hereinafter set forth, the parties hereto agree as follows.

따라서 이제 이하에 기술된 전제와 약정을 약인으로 당사자들은 다음과 같이 합의한다.

Article 1. Definitions(정의)

As used in this Agreement, the following terms have the respective meanings below.

본 계약에서 사용된 다음 용어는 각각 다음과 같은 의미를 갖는다.

1. "Licensed Products" mean the products as mentioned below; as to details of the Products, the stipulation of Appendix hereto shall apply.

"라이선스 제품"이란 아래에 언급된 제품을 의미하며, 제품의 세부 사항은 부록의 규정이 적용된다.

2. "Technical Information" means all the technical knowledge, know-how, standard calculations, data and information developed or otherwise generally used by Licensor pertaining to the manufacture, use and sale of the Licensed Products.

"기술 정보"는 라이선스 제품의 제조, 사용 및 판매와 관련하여 라이센서가 개발하거나 라인센서가 일반적으로 사용하는 모든 기술적 지식, 노하우, 표준 계산, 데이터 및 정보를 의미한다.

3. "Contract Territory" means the territory subject to the Government of the Republic of Korea.

"계약 영역"은 대한민국 정부 관할 영역을 의미한다.

4. "Industrial Property" means any or all rights under any patents, utility models and applications that Licensor currently owns or will acquire during the Term, or has the right to control or grant licenses to Licensee, during the Term of this Agreement, or may apply to the manufacture of Products.

"산업 재산권"(공업재산권)은 라이센서가 계약 기간 현재 소유하거나 취득할 예정이거나, 본 계약 기간 동안 라이선스를 통제하거나 라이선스 사용자에게 라이선스를 부여할 권리가 있거나, 제품의 제조에 적용될 수도 있는 특허, 실용신안 및 적용에 대한 모든 권리를 의미한다.

5. "Licensed Trademarks" shall mean the trademarks which are specified in Appendix II hereto.

"사용 허가된 상표"는 부록 II에 명시된 상표를 의미한다.

지적 소유권(Intellectual Property Right)

① 개념

인간의 정신적 산물인 외형적 실체가 없는 재산권으로서, 과학적 발명, 기술 비밀, 창작물 등 인간의 모든 지적 창작물에 대한 배타적인 독점권을 의미한다.

② 분류

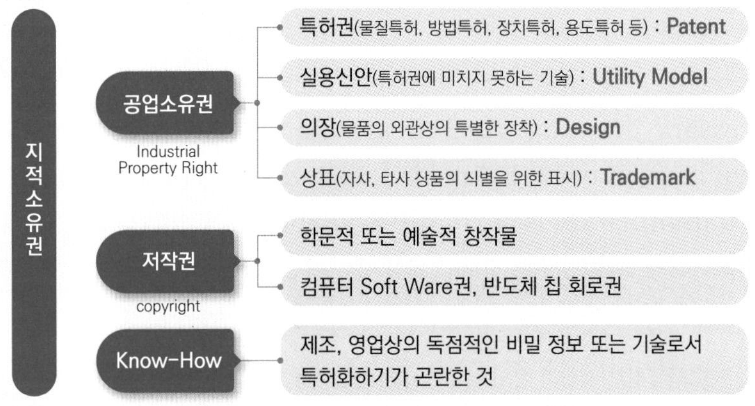

주) Intellectual Property Right는 지적 소유권, 지적 재산권으로 번역한다.

Article 2. Grant of License(라이센스 허여)

1. Licensor hereby grants to Licensee an exclusive right to manufacture, use and sell the Licensed Products using the Industrial Property Rights and Technical Information furnished by Licensor in the Contract Territory.

- 독점권이 아니면 non-exclusive right로 명기하면 된다.

라이센서는 라이센시에게 『라이센서가 제공한 산업 재산권 및 기술 정보를 사용하여 라이선스 제품을 계약 영역에서 제조, 사용 및 판매할 수 있는 독점적 권리를 부여한다.』

2. Licensor hereby grants to Licensee an exclusive right to sell the Licensed Products to any country in the world.

라이센서는 라이선스 제품을 전 세계 모든 국가에 판매할 수 있는 독점권을 라이센시에게 부여한다.

Article 3. Sales Information(판매 정보)

1. Upon written request of Licensee, Licensor shall furnish Licensee with necessary drawings, technical data and price information on a breakdown basis in order to enable Licensee to prepare quotations, insofar as such information is currently available from Licensor.

- information : 정보 ⇔ disinformation : 허위 정보, 역정보
  inform : 알리다, 통지하다 ⇔ disinform : 허위 정보를 흘리다
  informative : 정보의, 유익한 ⇔ uninformative : 정보 가치가 없는
  informer : 정보원, 정보 제공자 ⇔ disinformer : 정보를 교란하는 사람
- breakdown : 명세, 내역, 분석, 분류, 고장, 쇠약, 몰락, 붕괴
  on a breakdown basis : 세분화하여
  insofar as, insofar that : ~하는 한, ~하는 한에 있어서

라이센시가 서면으로 정보를 요청하는 즉시, 라이센서는 그러한 정보가 현재 제공 가능하다면, 라이센시가 견적을 준비할 수 있도록 필요한 도면, 기술 데이터 및 가격 정보를 세분화하여 라이선시에게 제공한다.

2. To assist Licensee in selling Licensed Products, Licensor will provide Licensee with one complete, up-to-date set of materials commonly used to promote sales, such as brochures, catalogs and technical data covering the full scope of Licensed Products.

- brochure : (홍보용) 책자, 브로슈어
  유사 말로는 pamphlet, booklet, leaflet 등이 있는데, phamplet, booklet은 주로 가로 세로가 작은 책자에 사용되며, leaflet은 낱장으로 된 인쇄물로 리플릿 또는 전단이라고 한다.

라이센서는 라이센시의 라이선스 제품 판매 지원을 위해, 라이선스 제품 전체를 포괄하는 브로셔, 카탈로그 및 기술 데이터와 같이 일반적으로 판매 촉진에 사용되는 완전한 최신 자료 세트 하나를 라이센시에게 제공한다.

Article 4. Technical Assistance and Services(기술 지원 및 서비스)

1. Licensor shall supply Licensee with the following data in order that Licensee may manufacture to the best advantage the Licensed Products without delay.

- to the advantage of ~, to one's advantage : ~에 유리하게, 유리하도록
- to the disadvantage of ~, to one's disadvantage : ~에 불리하게, 불리하도록

라이센서는 라이센시가 지체 없이 라이선스 제품을 최대한 유리하게 제조할 수 있도록 다음 데이터를 라이센시에게 제공한다.

① Drawings for designing, manufacturing and assembling
② Specifications

❸ Materials list
❹ General calculation sheet
❺ Data for inspections and trial operations
❻ Fabrication and assembly procedures
❼ Operating & instruction manuals
❽ Any other necessary technical data and know-how generally used by Licensor

❶ 설계, 제작 및 조립을 위한 도면
❷ 사양
❸ 재료 목록
❹ 일반계산표
❺ 검사 및 시운전 자료
❻ 제작 및 조립 절차
❼ 작동 및 사용 설명서
❽ 기타 필요한 기술자료 및 라이선세가 일반적으로 사용하는 노하우

2. Licensor shall, by request of Licensee, permit a reasonable number of technical personnel designated by Licensee to have opportunity to study the design and manufacture of the Licensed Products at Licensor's place of business.

라이센서는 라이센시 요청에 따라 라이센시가 지정한 합리적인 인원수의 기술 인력이 라이센서 사업장에서 라이센스 제품의 설계 및 제조를 연구할 기회를 얻도록 허용한다.

Licensee shall advise Licensor, in advance, of the purposes. numbers, names, qualifications and probable lengths of stay of Licensee's designated personnel desiring to visit Licensor.

라이센시는 사전에 라이센서에게 라이센서를 방문하고자 하는 라이센시 직원의 인원 수, 이름, 자격 및 예상 체류 기간을 통보하기로 한다.

- 신뢰가 없는 라이센시는 제3의 업체 직원을 라이센시 업체 직원으로 둔갑시켜 공장 견학 및 기술을 익히게 하여, 라이센서 업체의 기술과 비밀을 도둑질하는 예도 있는바, 라이센서는 라이센시 직원 명단을 받을 때 적절히 대응하여야 한다.

Licensor shall arrange to make available qualified personnel for consultation with and training of such Licensee's personnel.

라이센서는 해당 라이센시 직원의 상담 및 교육을 위해 자격을 갖춘 직원을 배정하여야 한다.

Cost for round trips, meals, lodging, and other expenses of Licensee's personnel dispatched for training shall be borne by Licensee.

훈련을 위해 파견된 라이센시 직원의 왕복 항공료, 식대, 숙박 및 기타 비용은 라이센시가 부담한다.

3. Upon written request of Licensee, Licensor shall send to Licensee, subject to availability of personnel and to mutual agreement, qualified engineers and/or technicians to render assistance and services to Licensee in connection with the manufacture, sale and operation of the Licensed Products for a reasonable period to be agreed upon by the parties hereto, provided, however, that Licensee agrees to bear the traveling expenses to and from the Republic of Korea incurred by any such engineer and/or technicians.

- provided, however, that ~ : 다만 ~ 한 경우에

라이센시의 서면 요청 시, 라이센서는 라이센시에게 라이선스 제품의 제조, 판매 및 운영과 관련된 지원 및 서비스를 제공하기 위해 당사자가 합의한 합당한 기간 동안 자격을 갖춘 엔지니어 및/또는 기술자를 라이선스 사용자에게 파견하나, 이는 직원의 차출 가능 여부와 상호 합의에 따른다. 단, 라이센서의 직원 파견은 라이센시가 해당 엔지니어 및/또는 기술자의 대한민국 왕복 여행 경비를 부담에 동의한다는 조건이다.

- technician은 기술적으로 현장 생산 경험이 많은 사람이며 기술자로 번역하고, engineer는 기술적인 이론을 갖춘 사람으로 엔지니어로 번역하면 된다. 항상 그런 것은 아니지만, 일반적으로, 기업체의 R&D는 engineer 들의 집합체이며, 공장의 생산 라인은 technician의 집합체인 것으로 간주하면 무난하다.

Licensor assures that such engineers and/or technicians are qualified with professional expertise and reasonable skill, and will perform the assistance and services with care and diligence.

라이센서는 그러한 엔지니어 및/또는 기술자가 전문 지식과 합리적인 기술을 보유한 적격자이며, 세심하게 성실히 지원하며 서비스를 제공할 것을 보장한다.

Article 5. Improvements(개량, 개선, 개선점, 향상, 발전)

If at any time during the term of this Agreement one party hereto discovers or comes into the possession of any improvements or further inventions relating to the Licensed Products or in connection with the design, manufacture, use and sale of the same, the party shall furnish the other party with information on such improvements or further inventions without any delay and free of charge.

본 계약 기간 동안 어느 한 당사자가 라이선스 제품과 관련하여 또는 해당 제품의 설계, 제조, 사용 및 판매와 관련하여 개선 또는 추가 발명을 발견하거나 소유하게 되는 경우, 당사자는 그러한 개선 또는 추가 발명에 대한 정보를 상대방에게 지체 없이 무상으로 제공한다.

- 라이센싱 계약에서 아주 중요한 문구이다. 기술은 끊임없이 발전하고 개발되므로 여기에 대한 일종의 보험으로 간주할 수 있다. 만약 라이센시가 라이센스 기술로 뭔가 신기술을 개발하여 라이센서에게 무상으로 공여한다면 그 상황을 그랜트백(grant-back)이라고 한다.
- 본 조항이 중요한 사유 중의 하나는, 산업마다 특정 기술 적용 수준이 다른 경우가 꽤 있다. 즉, 핸드폰 산업에서는 보편적인 기술이 자동차산업에서 대단한 기술로 간주되고 이러한 기술을 전혀 모르는 일도 있다. 또한, 각 기술이 합쳐질 때, 어떤 신기술이 탄생할 수도 있으며 시너지 효과(synergy effect)가 아주 크게 창출될 수도 있다.

Article 6. Payment(결제)

In consideration of the Technical Information and the Industrial Property Rights, furnished by Licensor to Licensee hereunder, Licensee shall pay to Licensor their royalties in the amount and in the manner specified below.

- in consideration of : 대가로, 약인(約因)으로 대가는 뭔가를 얻기 위하여 하는 노력이나 희생을 의미한다.

약인(約因)은 한자 그대로 한쪽의 약속에 대한 또 다른 한쪽의 반대급부를 의미하며, 영미법에서는 이를 계약의 유효 조건으로 한다. 라이센서가 라이센시에게 제공한 기술 정보 및 산업 재산권의 대가로 라이센시는 그 로열티를 다음에 명시된 금액과 방식으로 라이센서에게 지불한다.

1. Initial payment

Licensee shall pay Licensor the initial payment of USD500,000. Payment of the Initial payment shall be made by means of telegraphic transfer remittance within ten(10) days from the date of approval of this Agreement by the authorities concerned of the Government of the Republic of Korea.

- initial payment, down payment, advance payment : 선금, 착수금, 계약금

라이센시는 라이센서에게 선금 USD500,000를 지불한다. 선금은 대한민국 정부의 유관 부처가 본 계약을 승인할 날로부터 10일 이내에 전신환으로 송금된다.

2. Royalty

The royalty shall be 7% of the royalty-applicable amount, which is the net selling price of the Licensed Products less the deductible expenses specified in the next clause.

로열티는 로열티 적용 대상 금액의 7%이며, 로열티 적용 금액은 라이센스 제품의 순판매 가격에서 다음 조항에 명시된 공제 비용을 뺀 금액이다.

3. Net selling price(NSP, 순판가, 순판매가격)

The net selling price is the price on which the royalty payment is based. The net selling price is the price at which the product or service is sold after all taxes, charges, discounts and related expenses have been deducted.

순 판매 가격은 로열티 지불의 기준이 되는 가격이다. 순 판매 가격은 모든 세금, 요금, 할인 및 관련 비용을 공제한 후 제품 또는 서비스를 판매한 가격이다.

Net sales price is the sum of a company's gross sales price minus the below items.

순 판매 가격은 회사의 총판매가격에서 아래 항목을 뺀 금액이다.

❶ Sales discount	❶ 판매 할인
❷ Sales returned	❷ 판매 반품
❸ Indirect taxes on sales	❸ 판매 간접세
❹ Insurance premiums on sales	❹ 판매보험료
❺ Packing expenses on sales	❺ 판매 포장비
❻ Transport expenses on sales	❻ 판매 운송비
❼ Sales commissions	❼ 판매수수료
❽ Advertizement fee	❽ 광고비
❾ Installation expenses at places where the Licensed Products are to be used.	❾ 라이선스 제품 사용 장소 설치비
❿ CIF Korea price of the raw materials, intermediate goods, parts and other components purchased from Licensor and their duties	❿ 라이센서로부터 구매한 원자재, 중간재, 부품 및 기타 구성 요소의 수입 가격 및 관세

N.B. 로열티 지불 관련 사안(로열티 %, 계산 방법, 지불 등)은 정부 규정에 따르는바, 당사자 간 협의 시 사전 확인이 필요하다.

4. Time of Payment of Royalty(로열티 지불 시점)

4.1 Royalty shall be computed for six month period terminating the last date of June and December of each year. Licensee shall make Payment to Licensor within five(5) days after receipt of relevant invoice from Licensor within ten(10) days after the last date of June and December of each year in the amount specified in Licensee's royalty statement mentioned in Article 8.

로열티는 매년 6월 말일과 12월 말일을 기준으로 6개월 단위로 산정된다. 라이센시는 라이센서로부터 매년 6월과 12월의 마지막 일자 이후 10일 이내에 관련 송장을 받은 후 5일 이내에 제8조에 언급된 라이선시의 로열티 명세서에 명시된 금액을 라이센서에게 지불한다.

4.2 For the supervision and assistance by Licensor under paragraph 3 of Article 4, Licensee shall pay to Licensor service fees at the rates specified in Appendix D within ten days after receipt of an invoice from Licensor.

4조 3항에 따른 라이센서의 관리 및 지원을 위해 라이센시는 라이센서로부터 청구서를 받은 후 10일 이내에 부록 D에 명시된 요율로 라이센서에게 서비스 요금을 지불한다.

4.3 All payments of royalties shall be made in USD, strictly in accordance with this article. USD is converted from Won at the official telegraphic transfer average selling rate of exchange prevailing in Seoul, Korea during thirty(30) days before the expiry date of the calculation of the royalties hereunder.

- 금속 가격에 연동되는 제품 가격도 특정 일자의 금속 가격을 기준으로 하지 않고, LME(London Metal Exchange)의 1개월 종가 가격 기준으로 한다든지 하여 평균 가격을 적용한다.

모든 로열티는 본 조항을 확실히 준수하여 USD로 지불한다. USD와 원화는 본 계약에 따른 로열티 계산 만료일 전 30일 동안 대한민국 서울에서 통용되는 공식 전신환 평균 매도 환율을 적용하여 변환한다.

Exchange Rate(환율)

매도율 매입률은 환전해주는 주최 측의 입장에서 얘기하는 것이다. 즉, 은행에서 환전한다면, 매도율이란 은행에서 외화를 팔 때 환율이며, 매입률이란 은행에서 외화를 매입할 때 환율이다.

매도율은 selling rate, 매입률은 buying rate라고 하며, 매도율 매입률 차이를 스프레드(spread)라고 한다.

4.4 All payments of royalties to Licensor hereunder shall be remitted to the below bank account of Licensor, which shall not be changed without written, mutual consent of Licensor and Licensee signed by duly authorized representative of each party.

- Name of Bank :
- Swift Code :
- Bank Account Name :
- Bank Account No :

라이센서에 대한 모든 로열티 지급은 아래의 라이센서 은행 계좌로 송금되며, 본 구좌는 라이센서와 라이센시의 정당하게 위임받은 대리인이 서면으로 상호 동의하지 않는 한 변경될 수 없다.

- 은행명 :
- 스위프트 코드 :
- 은행 구좌명 :
- 구좌 번호 :

▶ 본 조항이 필요한 이유는, 글로벌 거래에서 가끔 큰 횡령 사고가 발생될 수도 있어(라이센서와 라이센시 직원이 공모를 하거나, 라이센서 직원이 라이센시를 속일 수도 있다), 당초 계약 체결 시 명기된 송금 구좌는 변경 불가한 것으로 못을 박아 두는 것이 안전하다. 그리고, 로열티 지불 외화 송금 구좌가 변경되면 정부 당국으로부터 요주의 회사로 간주될 수도 있다.

Article 7. Supply of Raw Materials, Parts and Components (원자재 및 부품 공급)

1. Upon Licensee's written request, Licensor shall supply raw materials, parts and components for Licensee in due time and at reasonable and competitive prices.

라이센시의 서면 요청이 있는 즉시 라이센서는 라이센시를 위한 원자재, 부품 및 구성품을 적시(適時, 알맞은 때)에 합리적이고 경쟁력 있는 가격으로 공급하여야 한다.

- 일반적으로 part는 낱개의 개별 부품이며, component는 part 몇 개가 합쳐져야 하나의 부품 기능을 하는 부품을 의미하기도 한다. Parts and components로 사용하는 경우가 빈번하며, 그냥 부품으로 번역하면 무난할 것 같다.
- 부품이 완제품을 만들기 위해 투입되는 과정을 보면 「part → components → sub ass'y → assembly → 완제품」의 과정을 거친다.

2. Licensee shall open an irrevocable Letter of Credit to buy raw materials, parts and components from Licensor.

라이센시는 라이센서로부터 원자재와 부품을 구매하기 위해 취소 불능 신용장을 개설한다.

- 일반적으로 L/C 거래는 취소 불능 신용장(irrevocable Letter of Credit)으로 한다. 왜냐하면 취소 가능한 신용장을 받는 것은 L/C 거래의 의미, 즉 지급보증이 상당히 퇴색되기 때문이다. 취소 가능 신용장은 revocable letter of credit이라고 한다.

Article 8. Records, Auditing, and Reports(기록, 감사 및 보고서)

1. Licensee shall send to Licensor its statement of royalties due for the immediately preceding six month period together with full evidences which Licensor may require so that it can reach Licensor not later than ten days after the expiration of the immediately preceding six month period.

▶ 밑줄친 it은 statement of royalties를 의미한다.

라이센시는 라이센서가 요구할 권리가 있는 직전 6개월의 로열티 명세서를 관련 전체 증빙과 함께 직전 6개월 기간 만료 후 늦어도 10일까지 라이센서에게 도착하도록 송부하여야 한다.

▶ not later than ~ = by ~ = 늦어도 ~ 까지; ~ 일자 포함
no later than ~ = sooner than ~ = ~ 보다 빨리; ~ 일자 불포함

At the time of remitting the royalties, Licensee shall submit to Licensor a written report stating the net selling price, overall order price with customers, the quantity, and the type of the Licensed Products sold or used by Licensee under this Agreement during the six month period ending on June 30th and December 31st each year.

▶ 문장구조는 다음과 같이 단순하나, report에 대한 설명이 장황하여 복잡한 문장으로 보인다.
Licensee shall submit a written report to Licensor, and the report states that ~
Licensee shall submit a written report to Licensor, which states that ~

라이센시는 로열티 송금 시, 순판매 가격, 고객의 전체 주문 가격, 판매 수량과 매년 6월 30일과 12월 31일에 종료되는 각 6개월 기간 동안 본 계약에 따라 라이센시가 판매하거나 사용하는 라이센스 제품의 유형을 명시한 서면 보고서를 라이센서에게 제출한다.

Article 9. Guarantee(보증)

1. During the term of this Agreement, Licensor shall be liable for any damages to Licensee owing to defects in parts and technical information provided by Licensor to Licensee.

본 계약 기간 동안, 라이센서가 라이센시에게 제공한 기술 정보 및 부품의 결함으로 인해 라이센시에게 피해 발생 시 라이센서는 그 책임을 진다.

2. Licensor shall not be responsible for consequential damages resulting from the faulty application of Technical Information by Licensee.

- 본 문장은 consequential damages(resultant damages)에 대한 책임 면책조항으로 아주 중요한 조항이다.

라이선시가 기술 정보를 잘못 적용하여 발생하는 손해에 대해서는 라이센서가 책임을 지지 않는다.

N.B. 예를 들어, 라이센서가 공급한 부품은 110V에 사용하여야 하는데 그 부품으로 완제품 조립 후 220V에 사용하여 완제품 전체가 사용 불가하게 되었다. 이는 부품을 부품 사용법대로 사용하지 않아 그 결과로서(resultant, consequential) 완제품이 피해를 본 것인바, 부품을 공급한 라이센서는 책임이 없다는 것이다.

- A results from B = B results in A = B causes A.
  B로 인해 A가 발생하다. B가 A를 야기하다.

「예기치 않은 지난주 태풍으로 납기가 지연되었다.」라고 표현하는 문장은 다양하다. 작성자 마음이다.

- Late delivery resulted from the unexpected typhoon of last week.
- The unexpected typhoon of last week resulted in late delivery.
- The unexpected typhoon of last week caused late delivery.
- Late delivery is the consequential damage of the unexpected typhoon of last week.
- Late delivery is the resultant damage of the unexpected typhoon of last week.
- Delivery was delayed because of an unexpected typhoon of last week.

Article 10. Duration and Termination(계약 지속 기간 및 해지)

1. This Agreement shall be effective for an initial period of five years from the effective date of this Agreement. After the end of this period, the Agreement shall expire without notice. The parties may agree to extend the term of this Agreement, provided, however, that any extension shall be subject to the necessary approval by the Government of the Republic of Korea.

- **provided, however, that** : 다만 ~ 한 경우에(법률 관용어구로, 계약서에 빈번하게 사용된다)
- **subject to** ~ : 일반 영어나 법률 영어나, 빈번하게 사용되는데, 문장이 내용이 subject to ~에 의해 좌우된다고 기억하면 된다. 즉, subject to의 문장은 subject to ~의 내용이 최우선이다.

본 계약은 발효일로부터 첫 5년 동안 유효하다. 이 기간이 끝나면 계약은 통지 없이 만료된다. 당사자들은 본 계약의 기간을 연장하기로 합의할 수 있지만, 계약 연장은 대한민국 정부의 필요한 승인을 득할 때만 가능하다.

2. If either party hereto continues in default of any obligation imposed on it herein for more than ninety days after written notice has been dispatched by registered airmail by the other party requesting the party in default to remedy such default, the other party may terminate this effect by registered airmail to the first party and this Agreement shall terminate on the date of dispatch of such notice.

계약 당사자가 계약 의무 불이행 당사자에게 그러한 불이행을 시정하도록 요청하는 서면 통지를 등기항공편으로 발송한 후에도, 만약 계약 의무 불이행 당사자가 90일 이상 동안 계약서의 의무를 계속 불이행하는 경우, 당사자는 계약 의무 불이행 당사자에게 항공 등기 우편으로 본 계약을 해지하겠다고 통보하며, 본 계약은 해지 통지 발송일에 해지된다.

In the event of bankruptcy, receivership, insolvency or assignment for the benefit of creditors, either party may terminate this Agreement effective immediately by giving the other party written notice to that effect.

- receivership : 법정 관리,　　file for receivership : 법정 관리 신청하다
  under chapter 11 : 법정 관리 중(미국 Chapter 11 - Bankruptcy Basics)

파산, 법정 관리, 지급불능 또는 채권자의 이익을 위한 양도의 경우, 일방 당사자는 상대방 당사자에게 그 취지를 서면으로 통지함으로써 즉시 본 계약을 해지할 수 있다.

주) 미국 연방 대법원(Supreme Court of the United States) 전경

Article 11. Use of Trademark and Brand Name(상표와 브랜드 사용)

1. Licensor hereby grants to Licensee, as per the terms and conditions hereinafter specified, an exclusive, non-assignable license to use the Licensed Trademarks during the term of this agreement.

라이센서는 아래에 명시된 조건에 따라 라이센시에게 본 계약 기간 동안 라이센스가 부여된 상표를 사용할 수 있는 권한을 준다. 그 권한은 독점 사용권이나 양도는 불가하다.

Licensor will not grant a License to use the Licensed Trademarks to any other third party in Korea during the term of this Agreement.

라이센서는 본 계약 기간 동안 한국의 다른 제삼자에게 라이센스 상표를 사용할 권리를 부여하지 않는다.

2. Licensee shall be entitled to use Licensed Trademarks on Licensee's letter headings, invoices and all advertising and promotional material.

라이센시는 라이센시의 레터헤드, 송장, 모든 광고 및 판촉 자료에 사용 허가된 상표를 사용할 수 있다.

3. Each Licensed Trademark shall be used only after it has been duly registered with the Patent Office, and after this Agreement has also been duly registered with the Patent Office.

각 라이센스 상표는 특허청에 정식으로 등록된 후에, 그리고 본 계약도 특허청에 정식으로 등록된 후에만 사용한다.

4. This License to use the Licensed Trademark is provided on a royalty free basis. If this Agreement is terminated, Licensee shall immediately cease using the Licensed Trademark.

라이센스 상표 사용권은 로열티 없이 제공된다. 본 계약이 종료되면 라이센시는 라이센스 상표의 사용을 즉시 중단한다.

Article 12. Patent Infringement(특허 침해)

- 라이센시가 라이센서에게 대가를 치르고 기술이전을 받아 제품을 제조하여 판매하였는데, 제3의 업체가 특허 침해라고 라이센시에게 손해배상 청구를 한다면 참으로 난감하게 된다. 본 조항은 라이센스 기술에 특허 사안 발생 시 모든 책임은 라이센서가 부담하는 것을 명확히 하는 것이며, 기술이전 도입 계약에서는 필수 조항이다.

Should any Licensed Product manufactured by Licensee strictly in accordance with the Technical Information supplied by Licensor under this Agreement partially or totally infringe patent right belonging to the third party which shall make a claim against Licensee for alleged infringement of such patent right, Licensee shall immediately by email inform Licensor thereof and transfer the claim with all pertinent details to Licensor, who shall be responsible for handling of the claim and Licensee shall in no respect have any responsibility for the claim from such party.

- should A ~, B ~ = if A ~, B
  『A가 ~ 할 경우, B는 ~ 한다.』라는 의미로 자주 사용한다.
- pertinent : (특정한 상황에) 타당한, 적절한, 관련 있는
  pertinent news/speech/criticism : 적절한 소식/연설/비평
  동의어) apposite, apropos, germane, relevant
  ↔ impertinent : 적절하지 않은, 당치 않은, 무관한
  a fact impertinent to the matter : 그 문제와 관계없는 사실

본 계약에 따라 라이센서가 제공한 기술 정보를 엄격히 준수하여 라이센시가 제조한 라이센스 제품이 제삼자의 특허권을 부분적으로 또는 전체적으로 침해하였다는 이유로, 제삼자가 라이센시에게 해당 특허권 침해 혐의에 대해 클레임을 제기할 경우, 라이센시는 즉시 이메일로 라이센서에게 이러한 사실을 알리고 모든 관련 세부 내용이 포함된 클레임을 라이센서에게 이전하며, 라이센시는 해당 당사자의 클레임에 대해 어떠한 책임도 지지 않는다.

Article 13. Secrecy(기밀 유지)

Licensee agrees that it shall not without prior written consent of Licensor sell, assign or divulge the Technical Information disclosed and furnished by Licensor hereunder in any manner to anyone except its employees and subcontractors who will be using such information in the manufacture of the Licensed Products.

- divulge, disclose, let out, let on, leak, reveal, unwrap, expose, give away : 알려주다, 누설하다, 폭로하다

라이센시는 라이센서의 사전 서면 동의 없이는, 라이센서가 공개하고 제공한 기술 정보를 라이센시 제품의 제조에 사용할 자사 직원이나 협력업체를 제외한 누구에게도 판매, 양도 또는 누설하지 않을 것에 동의한다.

Article 14. Taxation(조세, 과세 제도)

Customs duties, taxes and any similar charges which may be imposed by the Korean Government with respect to this Agreement shall be borne by Licensee. All other customs duties, taxes and similar charges which may occur in United States of America as a result of entering into this Agreement shall be paid by Licensor.

▶ 당연한 내용이나 추후 논쟁의 소지가 있는바, 미리 명확히 해두는 것이 편하다.

본 계약과 관련하여 한국 정부가 부과할 수도 있는 관세, 세금 및 유사한 요금은 라이센시가 부담한다. 본 계약 체결의 결과로 미합중국에서 발생할 수 있는 기타 모든 관세, 세금 및 유사한 비용 청구는 라이센서가 부담한다.

Article 15. Arbitration(조정)

Any dispute arising under or by virtue of this Agreement or any difference of opinion between the parties hereto concerning their rights and obligations under this Agreement shall be finally resolved by arbitration. Such arbitration proceedings shall take place in Seoul, Korea in accordance with the applicable rules of arbitration of the Korean Commercial Arbitration Board but the proceedings should take place in English language. The decision of the arbitration proceedings shall be final and binding upon both parties.

- court(법정)로 가지 않고 중재위원회의 결정에 따르는 것으로 종결
  by/in virtue of ~ : ~에 의해서, ~의 힘으로, ~ 덕분으로
  proceedings : 소송 절차, 법적 절차
- 대한상사중재원(KCAB) : http://www.kcab.or.kr

본 계약에 따라 또는 이로 인해 발생하는 모든 분쟁 또는 본 계약에 따른 권리와 의무에 관한 당사자 간의 의견 차이는 중재로 최종적으로 해결된다. 이러한 중재 절차 진행은 대한상사중재원의 해당 중재 규칙에 따라 대한민국 서울에서 진행되지만 중재 절차 진행은 영어로 진행된다. 중재 진행 과정에서 내려진 결정은 최종적이며 양 당사자를 구속한다.

- 계약서의 경우, 영어 원문이 있고 한글 번역본이 있으면, 간혹 번역상의 차이가 있을 수 있으며, 그 차이가 큰 문제를 일으킬 수도 있는바, 어느 나라 말이 우선인지를 미리 명기해두는 것이 일반적이다.

Article 16. Effective Date(발효일)

It is clearly understood and agreed by both parties that this Agreement shall be deemed effective when all conditions imposed by the Korean Government and the Government of United States of America shall have been met to the satisfaction of Licensor and Licensee. The date of the later of such government approval shall become the effective date of this Agreement. Licensee and Licensor shall notify the other party of the date of their respective Government's approval in writing.

- notify A of B : A에게 B를 통보하다
  inform A of B, advise A of B

양 당사자는 한국 정부와 미합중국 정부가 부과한 모든 조건이 라이센서와 라이선시가 만족할 정도로 충족되었을 때 본 계약이 유효한 것으로 간주된다는 점을 분명히 이해하고 동의한다. 양 정부 승인 중 더 늦게 승인된 일자가 본 계약의 발효일이 된다. 라이센시와 라이센서는 서로 정부 승인 날짜를 서면으로 상대방에게 통지한다.

- 논리적으로 당연한 일이다. 계약은 양측 정부의 승인이 있어야 계약이 성립되고 발효되는 것이니, 양측 정부 중 늦게 승인한 정부의 승인 일자가 계약 일자가 되는 것이다.

Article 17. Applicable Law(준거법, governing law)

This Agreement shall be construed and interpreted in accordance with the laws of the Republic of Korea.

본 계약은 대한민국 법률에 의거 해석하고 이해하는 것으로 한다.

Article 18. Force Majeure(불가항력, act of God)

Neither party shall be liable to the other party for nonperformance or delay in performance of any of its obligation under this Agreement due to causes reasonably beyond its control including fire, flood, strikes, labor troubles or other industrial disturbances, unavoidable accidents, governmental regulations, riots, and insurrections.

- liable to A for B : B에 대해 A에게 책임지다.

어느 당사자도 화재, 홍수, 파업, 노동 문제 또는 기타 산업 소동, 불가피한 사고, 정부 규정, 폭동 및 반란을 포함하여 합리적으로 통제할 수 없는 원인으로 인해 본 계약에 따른 의무를 불이행하거나 지연을 할 경우 상대방에게 책임을 지지 않는다.

Upon the occurrence of such a force majeure condition, the affected party shall immediately notify the other party with as much detail as possible and shall promptly inform the other party of any further developments.

- upon 동명사, 명사 (upon 구) = as soon as 주어 동사 (as soon as 절)

  Upon the occurrence of such a force majeure condition
  = As soon as such a force majeure condition occurs

이러한 불가항력 상황이 발생하면 영향을 받는 당사자는 상대방에게 가능한 한 자세히 즉시 통지하고 추가 상황이 발생하면 즉시 상대방에게 알려야 한다.

Immediately after the cause is removed, the affected party shall perform such obligations with all due speed unless the Agreement is previously terminated in accordance with Article 10 hereof.

본 계약의 10조에 따라 계약이 사전에 해지되지 않는 한, 영향을 받은 당사자는 원인이 소멸하는 즉시 모든 적절한 속도로 그러한 의무를 수행한다.

Article 19. Notices(통지)

All communication notices or the like between the parties shall be valid when made by email communication, subsequently to be confirmed in writing and addressed to the following addresses:

- To Licensee : 라이센시에게 :
- To Licensor : 라이센서에게 :

당사자 간의 모든 통신 통지 또는 이와 유사한 것은 이메일 통신으로 하며, 이후 서면으로 다음 주소로 발송 확인될 때 추후 보완된다.

▶ subsequently to ~ : 후에 ~ 해야

추완(subsequent completion) 法

법률적으로 필요한 요건을 갖추지 못한 법률 행위가 추후에 필요한 요건 및 절차를 보충하여 유효하게 성립하는 일

- 추완 : subsequent accomplishment, subsequent completion
- 추완하다 : subsequently complete
- 절차의 추완 : subsequent completion of procedure

Article 20. Language(언어)

1. The language to be used in rendering the Technical information disclosed and furnished to Licensee by Licensor under this Agreement shall be in English.

본 계약에 따라 라이센서가 라이센시에게 공개하고 제공하는 기술 정보에 사용되는 언어는 영어로 한다.

2. The language for correspondence between the parties and any documentation shall be in English.

당사자 간의 통신 언어 및 모든 문서는 영어로 한다.

Article 21. Entirety(완전 합의, 완전 계약)

This instrument embodies the entire agreement and under-standing between the parties hereto relative to the subject matter hereof, and there are no understandings, agreement's conditions or representations, oral or written, expressed or implied, with reference to the subject matter hereof that are not merged herein or superseded hereby.

본 문서는 본 계약서의 수제 건과 관련, 당사자 간의 전체 합의와 이해를 구체화하며, 본 문서의 수제 건과 관련하여 구두이든 서면이든, 명시적이든 묵시적이든, 여기에 병합되지 않거나 여기를 대체하는 이해, 계약 조건 또는 진술은 없다.

No modification hereof shall be of any force or effect unless revised in writing and signed by the parties claimed to be bound thereby, and no modification shall be effected by the acknowledgment or acceptance of any order containing different conditions.

당사자들이 서면으로 개정되고 서명하지 않는 한, 어떠한 수정도 유효하지 않으며, 다른 조건을 포함하는 주문을 승인하거나 수락함으로써 수정이 이루어질 경우, 그 수정은 유효하지 않다.

Instrument(법률 문서 – 계약서, 증서, 증권 등)

- 일반 영어에서는 instrument는 「기계, 기구, 도구, 악기, 수단, 방편, 앞잡이」 등의 뜻으로 사용되나, 법률, 증권, 금융 분야에서는 『법률 문서』로 사용되는 빈도 높은 단어이다.

- in commercial law, a written document that records an act or agreement and that is regarded as the formal expression thereof
  상법에서 행위 또는 합의를 기록한 문서로서 그 형식적 표현으로 인정되는 문서

- a legal document, especially one that represents a right of payment or conveys an interest, such as a check, promissory note, deed, or will.
- deed, title deed : (주택·건물의 소유권을 증명하는 부동산 권리) 증서

법적 문서, 특히 수표, 약속 어음, 증서 또는 유언장과 같이 지급 권리를 나타내거나 이자를 전달하는 문서

IN WITNESS WHEREOF, the parties have caused this Agreement to be signed and executed by their duly authorized representatives as of the date first written above.

이상의 증거로, 당사자는 위에 처음 명기된 일자를 기준으로 정당하게 권한을 위임받은 대리인이 본 계약에 서명하고 계약의 효력을 발생시키도록 한다.

For and on behalf of	For and on behalf of
Name :	Name :
Position :	Position :

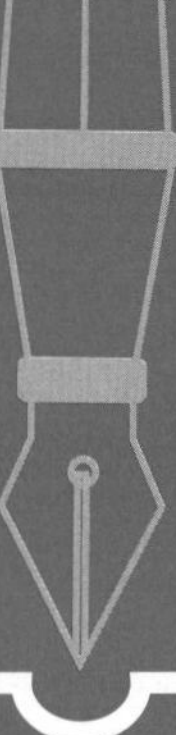

Chapter Ⅶ

합작 투자 계약서

Business English Agreement

01
핵심 사안

합작 법인은 사업을 공동으로 할 목적으로 공동의 소유자가 설립하는 사업 형태이다. 경영권에 간섭하지 않는 기술이전과는 완전히 다른 상황인 것이다.

글로벌 비즈니스에서 합작 법인을 설립하는 사유는 대부분 다음 경우의 하나이다.

- 자사의 부족한 부분을 커버할 수 있는 회사를 partner 사로 확보
- 기술은 있으나 자본이 부족한 경우는 자금력이 풍부한 회사를 합작투자 파트너로 확보(partnership)
- 자본은 충분하나 기술이 필요할 경우, 필요 기술 보유 회사를 파트너로 확보(partnership)
- 자사에 부족한 경영자원을 보유하고 있는 회사를 파트너로 확보(partnership)

- 외국자본의 단독 투자를 허용하지 않는 나라에 진출하는 경우
- 자국 산업을 보호 육성하기 위해 외국기업의 자국 진출 시 반드시 자국 기업과의 합작을 조건으로 진출 승인을 하는 국가들이 꽤 있다. 즉, 유치산업보호론을 지향하는 국가들은 합작투자가 빈번하다.

합작투자라는 것은 합작으로 별도의 회사를 설립 운영하는 것이다. 회사를 설립하는 것이니 일반 주식회사 설립과 같이 주시할 사안은 대체로 다음과 같다.

- 자본금을 얼마로 할 것인가?
- 경영권을 누가 가질 것인가?
- 대표이사와 이사회 구성은 어떻게 할 것인가?
- 이익은 어떻게 처리할 것인가?
- 시장 마케팅 및 판매 전략 수립
- 정관 작성 등등이 될 것이다.

유치산업보호론, 관세, SKD, CKD

유치산업보호론은 「공업화가 낙후된 국가는 유치산업(infant industry)을 보호하여 공업 발전을 이룬 후에 자유무역으로 전환하는 것이 바람직하다」는 무역주의 이론이다.

CKD(complete knock-down)는 부품이 완전 해체된 상태를 의미하며 SKD(semi knock-down)는 부품이 일부 조립된 상태를 의미한다. 예를 들어, TV의 PCB에 부품이 조립되어 있는 PCB assembly를 수입하면 SKD이고, 조립되지 않은 상태의 부품을 수입하면 CKD이다.

TV공장이 없는 A국이 자국 시장에 TV를 공급하는 방법은 「TV 완제품을 수입하거나, 또는 TV 부품을 수입하여 A국에서 조립하는 방법이 있으며」, 자국 산업 육성 차원에서 완제품과 부품에 대한 관세를 차등 적용하여, 즉, 완제품에 대해서는 고율의 관세를 부과함으로써 완제품 수입/유통을 지양하고, 부품에는 저율의 관세를 부과하여 외국업체의 A국내 공장 설립 및 기술이전을 유도한다. 완제품/SKD/CKD 수입의 경우를 비교하면 일반적으로 다음과 같다.

항 목	완제품 수입	SKD 수입	CKD 수입
관세	가장 높음	완제품보다는 낮고 CKD보다는 높음	가장 낮음
조립	조립 불요	일부 부품은 조립된 상태로 수입되는바, A국에서 부분적으로 조립하여 TV 완제품 제조	모든 부품을 조립하여 TV 완제품 제조
고용	고용효과 미미	반조립 공장 설립으로 고용 촉진 효과	완전 조립 공장 설립으로 고용 촉진 효과 극대화
기술이전	없음	단순 조립 기술 이전	상당한 기술 이전

02
주식회사와 주식

합작투자 기업(joint venture company)의 대부분은 주식회사 형태로 설립되며, 주식회사와 주식에 대한 기본적인 내용은 파악하고 있어야 합작투자 계약서 작성이 어렵지 않을 것이다. 이에 주식회사와 주식에 대해 설명해 드리는바, 영어 한글 내용을 모두 익히면 영문 계약서 작성, 기업체 분석, BIZ, 주식 분석 등에 도움이 될 것으로 확신한다.

주식회사 일반(Stock company)

1. 주식회사 일반(Stock company)

a company which is owned and controlled by shareholders.

주식의 발행으로 설립된 회사로서, 모든 주주는 그 주식의 인수가액을 한도로 하는 출자 의무를 부담할 뿐, 회사 채무에 아무런 책임도 지지 않으며, 회사 채무는 회사 자체가 책임진다. 그래서 주식회사는 문제 발생 시 회사를 파산처리하면 채무 의무의 주체가 소멸된다.

- 주식회사는 언제든지 설립/소멸할 수 있으므로, 주식회사와의 거래는 조심하여야 한다. 개인회사는 「회사 = 개인」 이므로 개인 재산이 회사 재산인바, 개인이 끝까지 책임을 지나, 주식회사는 소멸하면 책임을 지는 주체가 없다. 물론, 상장기업인 주식회사는 이미 객관적으로 검증이되어 신뢰도가 어느 정도 있으나 비상장기업은 그렇지 않다. 한국 사회에서는 개인회사보다는 주식회사에 훨씬 더 신뢰도를 부여하고 있으나, 회사 상황에 따라 판단할 사안이다.

국가에 헌법이 있듯이, 주식회사에는 company charter(정관)가 있다. Company charter(정관)는 주식회사 설립 시 작성하여 등기소에 등록하고, 주식회사는 그 company charter를 준수하여야 한다.

2. CEO (대표이사) vs. Majority Shareholder (대주주)

주식회사의 경영권은 대주주가 갖는 것이 아니고 대표이사가 가지며, 대주주는 대표이사를 선임할 수 있는 권한이 있다. 물론 대주주가 대표이사가 될 수도 있다.

- 대표이사 단독으로 결정할 수 있는 사안도 있고, 반드시 이사회(Board of Directors) 의결을 거쳐서 결정되는 사안도 있다.
- 대주주란 기업의 주식을 많이 소유한 주체를 말하며, 가장 지분이 많은 주체를 최대주주라 일컫는다. 영어 표현의 majority shareholder는 equity(지분)를 50% 이상 소유한 최대주주이며, principal shareholder는 지분을 10% 이상 소유한 주요 주주를 의미한다.

3. 주식회사의 주인 : who owns corporation?

주식회사의 주인은 주주(shareholder), 즉 그 회사 주식을 소유하고 있는 사람이 주인이다. 주식을 상당량 갖고 있어 회사의 경영권을 좌지우지하는 대주주(majority shareholder)가 그 회사의 실질적인 지배주주이자 주인인 것이다.

주식회사의 대표이사(CEO : chief executive officer)는 회사를 경영하는 전문인이지 회사의 주인이 아닐 수도 있다. 즉, CEO가 대주주라면 CEO가 회사 오너이지만 그게 아니라면 CEO는 회사 오너가 아닌 것이다. 즉, 소유(ownership)와 경영(management)이 분리되어 있는 것이다.

회사 직책 중 주요한 직책의 영어 표현을 몇 가지 예를 들면,

- CEO : chief executive officer, 대표이사
- CFO : chief finance officer, 재무 총책
- CTO : chief technology officer, 기술 총책
- COO : chief operation officer, 회사운영 총책

4. Agency Cost (대리인 비용)

경영자는 경영에 관한 정보를 주주보다 더 많이 집중적으로 접할 수 있으며, 이를 「knowledge supremacy(정보 우위)」라고 한다. 이때 경영자가 주주의 이익보다는 자기의 이익만을 위해 행동하지 않으리라는 보장이 없다. 이러한 문제를 해결하기 위해 타인(예 : outside director, 사외이사)을 내세워 경영자의 경영을 감독하는데 이를 위해 주주측이 부담하는 비용을 「agency cost(대리인 비용)」라고 한다.

5. AGM (annual general meeting, 주주총회)

An annual general meeting(AGM) is a mandatory, yearly gathering of a company's interested shareholders. At an AGM, the directors of the company present an annual report containing information for shareholders about the company's performance and strategy.

주주총회는 주주 전원에 의하여 구성되고 회사의 기본조직과 경영에 관한 중요한 사항을 의결하는 필요적 모임이다. 주주총회는 형식상으로는 주식회사의 최고기관이며, 그 결의는 이사회를 구속하는 것이나, 총회가 결의할 수 있는 사항은 법령 또는 정관에 정하는바에 한정된다.

6. Corporate Governance (기업지배구조)

Corporate governance includes the processes through which corporations objectives are set and pursued in the context of the social, regulatory and market environment. These include monitoring the actions, policies, practices, and decisions of corporations, their agents, and affected stockholders.

기업 경영의 통제에 관한 시스템으로 Shareholder(= stockholder, 주주)의 이익을 위해 회사를 적절히 경영하고 있는지 감독/제어하는 구조를 말한다. 기업 경영에 직접·간접적으로 참여하는 주주/경영진/근로자 등의 이해관계를 조정하고 규율하는 제도적 장치와 운영기구를 말한다.

7. Corporate Responsibility Management (CRM, 사회책임경영)

전통적 기업 경영에서는 경제적 이윤 추구가 최대 화두였다. 사회책임경영(Corporate Responsibility Management) 시대에는 이윤 추구와 동시에 사회적 가치도 함께 지향한다. 경제적 수익성 외에 환경적 건전성 그리고 사회적 책임까지 고려하는 과정에서 기업의 지속적인 성장을 추구한다. 이런 점에서 지속가능경영(Sustainable Management)과 같은 개념이다.

- Sustainable management is the intersection of business and sustainability. It is the practice of managing a firm's impact on the three bottom lines – people, planet, and profit – so that all three can prosper in the future.

8. Decision Tree (의사 결정 나무, 의사 결정 트리)

A decision tree is a decision support tool that uses a tree-like graph or model of decisions and their possible consequences, including chance event outcomes, resource costs, and utility. It is one way to display an algorithm that only contains conditional control statements.

의사 결정 트리는 의사 결정 규칙과 그 결과들을 트리 구조로 도식화한 의사 결정 지원 도구의 일종이다. 결정 트리는 운용 과학, 그중에서도 의사 결정 분석에서 목표에 가장 가까운 결과를 낼 수 있는 전략을 찾기 위해 주로 사용된다.

9. Diversified Investment (분산투자)

A diversified investment is a portfolio of various assets that earns the highest return for the least risk. A typical diversified portfolio has a mixture of stocks, fixed income, and commodities. Diversification works because these assets react differently to the same economic event.

- 분산투자의 반대되는 개념은 집중투자(concentrated investment)로 어느 한 종목을 집중적으로 매입하는 것을 의미한다. 상당한 risk를 수반한다.

영어 속담에 "Don't put all of your eggs in one basket."라는 말이 있듯이 기업은 분산투자를 함으로써 위험관리를 한다. 금융 상품에 투자를 한다면, bond, stock, foreign exchange 등에 분산 투자한다.

10. Management Responsibility (경영책임)

기업 경영의 목표는 profit maximization(이익 극대화)이다. 회사 자본의 운용과 수익에 대해 충분한 책임을 지는 것을 경영책임이라고 한다.

11. Sustainable growth : 지속적인 성장, Sustainable Growth Rate (SGR) : 지속가능성장률

- The sustainable growth rate(SGR) is the maximum rate of growth that a company or social enterprise can sustain without having to finance growth with additional equity or debt. The SGR involves maximizing sales and revenue growth without increasing financial leverage. Achieving the SGR can help a company prevent being overleveraged and avoid financial distress.

SGR은 기업의 재무레버리지를 증가시키지 않고, 즉 부채비율을 일정하게 유지하며, 유상증자를 통한 외부 자금조달 없이 기업이 유지할 수 있는 성장률을 말한다.

- 지속가능 성장률 = $\dfrac{\text{(자기자본에 의한 순이익의 비중} \times \text{내부유보율)}}{\text{(1 - 자기자본에 의한 순이익의 비중} \times \text{내부 유보율)}}$

기업이 유상증자를 하지 않는 이유는

- 자기자본이 부채에 비해 비싸거나
- 현재의 주주들은 새로운 주주들이 진입하는 것을 원치 않기 때문이다. 즉, 주식 가치가 희석(dilute)되는 것을 원치 않기 때문이다.

General / Ordinary Partnership(합명회사)

합명회사는 2인 이상의 무한책임사원만으로 구성되는 회사로서 전사원이 회사채무에 대하여 직접 연대 무한의 책임을 지며, 원칙적으로 각 사원이 업무집행권과 대표권을 가지는 회사이다. 합명회사는 2인 이상의 사원이 공동으로 정관을 작성하고 설립등기를 함으로써 성립된다.

주 식

Stocks are securities that represent an ownership share in a company. For companies, issuing stock is a way to raise money to grow and invest in their business. For investors, stocks are a way to grow their money and outpace inflation over time.

When you own stock in a company, you are called a shareholder because you share in the company's profits.

Public companies sell their stock through a stock market exchange, like the Nasdaq or the New York Stock Exchange. Investors can then buy and sell these shares among themselves through stockbrokers. The stock exchanges track the supply and demand of each company's stock, which directly affects the stock's price.

A stock is an investment. When you purchase a company's stock, you're purchasing a small piece of that company, called a share. Investors purchase stocks in companies which they think will go up in value. If that happens, the company's stock increases in value as well. The stock can then be sold for a profit.

주식(share, stock)이란 사원인 주주가 주식회사에 출자한 일정한 지분 또는 이를 나타내는 증권을 말한다.

1. 주식의 종류

1.1 보통주(common stock, ordinary shares)

Common stock is a form of corporate equity ownership, a type of security. In the event of bankruptcy, common stock investors receive any remaining funds after bondholders, creditors(including employees), and preferred stockholders are paid.

우선주 등과 같은 특별주식에 대립되는 일반적인 주식을 보통주라고 한다. 보통주 주주는 주주총회에서 임원의 선임 및 기타 사항에 대해서 주식의 소유비율만큼 voting right(의결권)를 행사할 수 있으며, 이익배당을 받을 권리가 있다. 일반적으로 주식이라 할 때는 보통주를 의미한다.

- voting right(의결권) : 주주가 자신의 의사표시를 통해 주주총회의 공동 의사결정에 지분만큼 참여할 수 있는 권리.

1.2 우선주(preferred stock, preference share)

Preferred shareholders have priority over common stockholders when it comes to dividends, which generally yield more than common stock and can be paid monthly or quarterly. But no voting right is given to the preferred shareholders.

보통주보다 이익/이자배당/잔여재산의 분배 등에 있어서 우선적 지위를 부여하나 보통주와는 달리 의결권이 없다. 즉, preferred stock(우선주)은 보통주보다 배당을 더 받으나 의결권이 없어 주주총회에서 의결권 행사가 불가하다. 일반적으로 우선주는 회사설립 또는 증자에 있어 사업의 장래 불투명 또는 부진 등으로 말미암아 보통 방법에 의해서는 자금을 조달하기가 곤란한 경우 발행된다.

1.3 Common Stock(보통주) vs. Preferred Stock(우선주)

구 분	보통주	우선주
voting right (의결권)	Yes	No
dividend (배당)	Yes	Yes(보통주 + α)
해산청산 시 권리	Yes	Yes(보통주에 우선)

2. 자본금(capital stock, equity capital)

Capital stock is the number of common and preferred shares that a company is authorized to issue, according to its corporate charter. The amount received by the corporation when it issued shares of its capital stock is reported in the shareholders' equity section of the balance sheet.

Firms can issue more capital stock over time or buy back shares that are currently owned by shareholders.

기업 설립 및 초기 운영을 위한 자금으로 회사의 자본은 발행주식의 액면총액이다. 이는 주식회사가 출자자의 유한책임의 원칙에 따르고 있으므로, 재산적인 기초를 확보하기 위하여 기준이 되는 금액을 정해 놓을 필요가 있기 때문이다.

- 주당 액면가(par value) : 5,000원
- 발행 주식 수(shares issued) : 10,000주
- 자본금 = 주당 액면가 × 발행 주식 수
  = 5,000원/주 × 10,000주
  = 5천만 원

▶ 회사 설립 시 입금된 금액으로 paid-in capital(납입 자본금)이다.

2.1 capital increase(증자)

회사가 일정액의 자본금을 늘리는 것이다. 증자의 유형에는

- 신주발행이 실질적인 자산의 증가로 연결되는 유상증자
- 실질자산 증가 없이 주식자본만 늘어나는 무상증자로 크게 대별되며,
- 이 외에 전환사채 전환이나 주식배당 등이 있다.

2.2 capital reduction(감자)

자본금을 감액하는 것을 감자라고 한다. 주식회사가 주식 금액이나 주식 수의 감면 등을 통해 자본금을 줄이는 것으로, 증자에 대비되는 개념이다. 일반적으로 기업의 누적결손으로 인해 자본금이 잠식되었을 경우 이 잠식분을 반영하기 위해 감자가 이뤄지며, 이 밖에 회사 분할이나 합병, 신규 투자자금 유치 등을 위해서도 실시될 수도 있다.

3. Ex-dividend, Ex-right(배당락, 권리락)

Ex-dividend describes a stock that is trading without the value of the next dividend payment. The 「ex-date」 or 「ex-dividend date」 is the day the stock starts trading without the value of its next dividend payment. Typically, the ex-dividend date for a stock is one business day before the record date, meaning that an investor who buys the stock on its ex-dividend date or later will not be eligible to receive the declared dividend. Rather, the dividend payment is made to whoever owned the stock the day before the ex-dividend date.

주식의 배당을 받기 위해서는 일정 일자에 그 주식을 보유하고 있어야 한다. 주식을 그 일자 전에 보유하거나 그 일자 이후에 보유하면 배당을 받을 수 없다. 주식 거래는 주식을 증권거래소에 예치하고 증권거래소의 전산망으로 거래하는바, 주식 보유 여부는 증권거래소에서 자동으로 파악된다.

예를 들어, 12/28일 기준으로 주식을 소유한 주주에게 배당한다고 하면, 28일 기준으로 그 주식을 소유하고 있어야 한다. 결제 소요 기일이 2영업일이라면 12/27일이 배당락 일자인바, 새로 주식을 취득해서 28일에 주식소유자가 되려면 26일까지 주식을 매수하여야 한다.

- 결제 소요 기간은 국가마다 상이하며. 주식 관할 당국에서 언제든지 조정 가능한바, 주식 투자 시점에서 결제 소요 기일을 확인할 필요가 있다. 결제 소요 기일이 3일일 경우, 1/5일 주식을 매수하면, 매수 증거금이 일정 % 결제되며(이 증거금만큼 주식 매수 주문 가능), 1/7일 주식 매수 대금을 전액 결제하고 주식의 소유권이 이전되는 것이다.

배당락이라는 것은 배당일을 지나면 배당받을 권리가 없는 상태를 말한다. 배당락 전에 100원 하는 주식은 배당락이 되면 100원 미만이 된다. 즉, 배당금으로 주가가 하락하여 다시 거래된다.

4. (Forward) Stock Split(주식분할) vs. Reverse Stock Split(주식병합)

A stock split is a corporate action in which a company divides its existing shares into multiple shares to boost the liquidity of the shares. Although the number of shares outstanding increases by a specific multiple, the total dollar value of the shares remains the same compared to pre-split amounts, because the split does not add any real value. The most common split ratios are 2-for-1 or 3-for-1, which means that the stockholder will have two or three shares, respectively, for every share held earlier.

A reverse stock split is a stock split strategy used by companies to eliminate shareholders that hold fewer than a certain number of shares of that company's stock. The reverse split reduces the overall number of shares a shareholder owns, causing some shareholders who hold less than the minimum required by the split to be cashed out. The forward stock split increases the overall number of shares a shareholder owns. A reverse/forward stock split is usually used by companies to cash out shareholders with a less-than-certain amount of shares. This is believed to cut administrative costs by reducing the number of shareholders who require mailed proxies and other documents.

주식분할(Stock Split)은 자본금의 증액 없이 주식액면을 낮추고 주식 수를 증가시키는 것을 말한다. 따라서 주식분할을 하여도 자본구성에는 전혀 변동이 없고, 다만 발행주식 수만 늘어날 뿐이다.

주식분할은 무상증자와 마찬가지로 주식의 시가가 너무 높게 형성되어 유통성이 떨어질 경우, 즉 주식시장에서 거래량이 적을 때 하는 것으로, 주식의 유통성을 높이고 자본조달을 손쉽게 할 수 있다는 장점이 있다.

주식투자를 하는 개미들, 즉 개인투자자들은 주가의 절대 가격이 높으면 그 주식을 사는 것을 꺼린다. 예를 들면, 한 주에 50만 원 하는 주식을 한 주 소유하는 것보다는 5만 원 하는 주식을 10주 소유하는 것을 선호한다. 즉, 1주에 50만 원 하는 주식을 10:1로 주식 액면분할을 한다면, 50만 원 주식 한주는 5만 원 주식 10주가 되는 것인바, 액면분할은 개인투자자의 참여를 유인할 수 있다. 실제 증시에서는 개인투자자의 거래가 활발해짐으로 주가는 5만 원 이상으로 형성될 수도 있다.

주식병합(Reverse stock split)은 주식분할(forward stock split)과 정반대의 경우로서, 두 개 이상의 주식을 합해서 주식 금액의 단위를 병합 전보다 크게 하는 방법으로, 즉 자본금의 증가나 감소 없이 주식액면을 높이고 유통주식 수를 감소시키는 것이다.

- market cap(market capitalization : 시가 총액)
  시가 총액은 「현재 주가 × 주식 수 = 시가 총액」인바, 이는 수시 변동되며, market cap은 M&A의 기본 지표로 산정된다.

- stock exchange M & A(주식 교환 M&A)
  주식 교환에 의한 M&A는 현금 유출 없이 자사 주식을 매수 자원으로 활용할 수 있는 것이다.

- capital gain
  금융자산을 보유하고 있을 때 가격상승으로 발생한 이익을 말하는 것으로 미실현일 경우에는 평가이익이 되며, 실현되었을 경우에는 매매(차)익이 된다.

5. Blue Chip(우량주)

오랜 시간 동안 안정적인 이익을 창출하고 배당을 지급해온 수익성과 재무구조가 건전한 기업의 주식으로 대형 우량주를 의미한다. 주가 수준에 따라 고가우량주, 중견우량주, 품귀우량주 등으로 표현한다.

- 이 말은 카지노에서 포커게임에 돈 대신 쓰이는 흰색, 빨간색, 파란색, 세 종류의 칩 가운데 가장 가치가 높은 것이 블루칩인 것에서 유래된 표현이다.

- 또 미국에서 황소품평회를 할 때 우량등급으로 판정된 소에게 파란 천을 둘러주는 관습에서 비롯됐다는 설도 있다.

- 월스트리트에서 강세장을 상징하는 symbol이 bull(황소)*이다. 약세장은 bear(곰)로 표시한다.

▶ bull과 관련된 주요 영어 표현 중에 hit/make the bull's eye라는 표현을 자주 사용한다. 「핵심을 꿰뚫다, 정곡을 찌르다.」의 의미이다. 「변죽을 울리다. 빙 둘러서 말하다」는 「beat around the bush」라고 한다.

예문 The president did not beat around the bush. His speech on the new investment hit the bull's eye.

우량주의 기준이 명확히 정해진 것은 아니지만 일반적으로 시가총액이 크고, 성장성/수익성/안정성이 뛰어날 뿐 아니라 각 업종을 대표하는 회사의 주식을 말한다. 미국에선 Apple, AT&T, Microsoft 등이 해당되며, 한국에선 삼성전자, POSCO 등 초우량기업의 주식을 블루칩이라 할 수 있다.

블루칩은 외국인투자자나 국내 기관투자자들이 특히 선호하는 종목으로 대부분 주가도 높다. 시장에 유통되는 주식 수가 많고, 경기가 회복될 때엔 시장지배력을 바탕으로 수익개선 폭이 크기 때문에 기관투자가들의 집중 매수 대상이 되고 있다. 우량주는 대체로 자본금이 크기 때문에 투자 수익률은 높지 않은 경우가 많다. 대형주만큼 크지는 않지만, 상대적으로 우량주이면서 성장성이 높아 투자에 매력적인 주식을 「글래머 주식(glamor stock)」이라고 한다.

6. Yellow Chip

재무구조 우량주를 블루칩(Blue Chip)이라고 일컫는 데 비해 그보다 한 단계 낮은 주식을 부를 마땅한 이름이 없자 한국 증시에서 만들어낸 신조어이다. 재무구조와 수익력이 뛰어난 블루칩에 비해 기업의 펀더멘털이 상대적으로 낮은 중저가 우량주를 지칭하는 용어다.

7. Delisting(상장폐지, 목록에서 제외하다)

상장증권(listed stock)이 매매대상 유가증권의 적격성을 상실하고 상장자격이 취소되는 것을 말한다.

상장 유가증권 발행회사의 파산 등 경영상 중대사태가 발생해 투자자에게 손실을 보게 하거나 증시의 신뢰를 훼손하게 할 우려가 있는 경우 증권거래소는 증권관리위원회의 승인을 얻어 강제로 해당 증권을 상장폐지 하며, 상장폐지 사유는 사업보고서 미제출, 감사인의 의견거절, 3년 이상 영업정지, 부도발생, 주식분산 미달, 자본잠식 3년 이상 등이 있다.

8. Dilution(희석, 희석화)

Stock dilution occurs when a company's action increases the number of outstanding shares and therefore reduces the ownership percentage of existing shareholders. Although it is relatively common for distressed companies to dilute shares, the process has negative implications for a simple reason. A company's shareholders are its owners, and anything that decreases an investor's level of ownership also decreases the value of the investor's holdings.

주식의 가치가 저하되는 것을 말한다. 한 회사의 현재 주식 수가 10,000주인데 15,000주로 늘어난다면 주당 가치는 저하되는 것이다. 단순 계산으로 회사의 자산이 100억 원이라고 하면, 주식 수 10,000주와 15,000주의 주당 자산 가치는 큰 차이가 있다.

- 100억 원/10,000주 = 1,000,000원/주
- 100억 원/15,000주 = 666,666원/주가 된다

이렇게 주당 가치가 떨어지는 것을 diluted 되었다고 한다.

9. 발행시장(primary market, issue market)

The primary market is where securities are created. It's in this market that firms sell new stocks and bonds to the public for the first time. An initial public offering, or IPO, is an example of a primary market.

기업이나 정부가 자금을 조달할 목적으로 증권을 발행하여 일반투자자들에게 매출하는 시장으로 새로운 증권이 처음으로 발행된다는 의미에서 「제1차 시장」이라고도 한다.

- 발행시장은 주식발행시장과 채권발행시장으로 나눌 수 있다. 주식발행시장은 일정 요건을 갖춘 기업이 기업을 공개하거나 이미 주식이 증권시장에서 거래되고 있는 기업(상장기업)이 유상증자의 방법을 통하여 자본금을 조달하는 시장을 말한다.
- 채권발행시장은 발행주체를 기준으로 국공채, 특수채 및 회사채시장으로 크게 나눌 수 있다.

10. 유통시장(secondary market, circulation market)

The secondary market is where investors buy and sell securities they already own. It is what most people typically think of as the 「stock market」 though stocks are also sold on the primary market when they are first issued.

이미 발행된 유가증권이 투자자들 사이에서 거래되는 시장. 유통시장은 발행시장에서 발행된 유가증권의 시장성과 유동성을 높여서 언제든지 적정한 가격으로 현금화할 수 있는 기회를 제공한다.

- 유통시장은 시장조직의 형태에 따라 장내시장(또는 거래소시장)과 장외시장(또는 점두시장)으로 나누어진다. 거래소시장은 유가증권이 거래되는 구체적인 시장으로서 증권거래소 및 선물거래소가 이에 해당되며 유가증권의 공정한 가격형성과 유가증권 유통의 원활화를 도모하는 데 기여하고 있다.
- 장외시장은 거래소가 아닌 장소에서 유가증권의 매매가 이루어지는 비정규적인 시장으로 거래소시장의 보완적 역할을 수행한다.

11. Dividend(배당금)

A dividend is the distribution of reward from a portion of the company's earnings and is paid to a class of its shareholders. Dividends are decided and managed by the company's board of directors, though they must be approved by the shareholders through their voting rights.

기업이 일정 기간 영업활동으로 벌어들인 이익 중 일부를 자본금을 투자한 주주들에게 분배하는 것이다. 배당금은 주주에 대한 회사의 이익분배금이다.

- 배당은 기업이 마음대로 할 수 있는 게 아니다. 한국의 상법은 회사가 가진 순자산액(자산에서 부채를 뺀 금액)에서 자본금과 자본준비금, 이익준비금 등을 뺀 액수 한도 내에서 배당을 할 수 있도록 규정하고 있다. 과도한 배당으로 회사 돈이 외부로 유출되는 것을 방지하기 위한 것이다. 배당은 현금으로도 할 수 있고 주식으로도 할 수 있고 현금과 주식을 혼합해서 할 수도 있다.
- 현금배당은 현금으로 배당을 주고, 주식배당은 현금에 상당하는 신주를 발행해 배당하는 것이다. 예를 들면, 보유 주식 한 주당 현금 500원을 배당하면 현금 배당이고, 보유 주식 한 주당 신주 0.1주를 배당하면 주식 배당이다. 주식배당은 주주가 가진 주식수(지분율)에 따라 신주가 배분되기 때문에 회사의 소유 지분 비율은 변동 없다.

- 배당은 연말이나 회계결산일에 맞춰 실시하는 게 보통이나 회기 중간에 실시하는 경우도 있다. 회기 말에 실시하는 배당을 기말배당, 회기 중간에 실시하는 배당을 중간배당이라고 한다. 배당을 할지, 한다면 얼마나 할지는 shareholder's meeting(주주총회)에서 결정한다.
- 주주가 아닌 채권자, 즉 채권소유자(bondholder)는 배당을 받는 것이 아니고 채권에 대한 이자를 받는다. 즉, 회사가 발행한 bond(채권)가 금리 연 5%라고 하고, 1억 원의 bond를 갖고 있으면 연 5백만 원 이자(interest)를 받는다. 채권 발행인, 즉 채권 발행 회사는 이자 지급 시 원천징수(withholding tax)한다. 즉, 지급하는 이자에 대해 이자소득세(interest income tax)를 차감하고 나머지 금액을 지불한다.

  ▶ 소득에는 분리과세 소득과 합산과세 소득이 있다. 원천징수하여도 매년 5월 말에 전년도에 발생된 다른 소득에 합산되어 다시 소득세 산정할 경우도 있다. 이를 합산과세소득이라 한다. 분리과세소득은 한번 세금을 납부하면 매년 5월 종합소득세 신고에 합산되지 않는 소득이다. 예를 들면, 서적 출간 시 저자가 받는 인세는 분리 과세 소득이고, 소송 승소 시 받는 일부 이익금은 합산과세 소득이다.

12. PAR Value (액면가)

Par value is the value of a share, bond, etc. when it is made available for sale for the first time.

주권 표면에 명기된 금액으로 주당 5천 원, 5백 원이 일반적이다. 하지만 최근 들어 1천 원, 1백 원 등으로 액면가가 분할되는 경우가 많다. 액면이 분할되면 유통주식 수가 그만큼 많아지나, 절대 주가가 낮아지기 때문에 개인 투자자의 접근이 쉽다.

▶ 개인 투자자의 대부분은 심리적으로 주가가 높은 주식보다는 낮은 주식을 많이 보유하는 것을 선호한다. 예를 들면, 5만 원짜리 주식 10주(총 50만 원)에 비해 1만 원짜리 50주(총 50만 원)를 보유하는 것은 선호한다. 심리적인 상황이다.

- 회사 자본금이 1억 원이고, 회사 주식의 액면가가 5천 원이면, 그 회사 주식 수는?
  자본금 1억 원/액면가 5천 원 = 20,000주이다.

- 주당 시세가 3만 원이라면 시가 총액은?
  시가 총액 = 주식 시세 × 주식 수 = 30,000원/주 × 20,000주 = 600,000,000원

13. 시가총액(aggregate value of listed stock)

시가총액은 상장주식을 시가로 평가한 것으로 여기에는

- 개별종목의 시가총액
- 주식시장 전체의 시가총액이 있다.

14. 개별종목의 시가총액

개별종목의 시가총액은 그 종목의 「발행주식 수 × 현재 주가」로, 그 회사의 규모를 평가할 때 사용된다. 시가총액은 주가 변동과 함께 시시각각 변동된다.

- 발행주식 수가 1천만 주인 종목이 현재의 주가가 1만 원이라면 시가 총액은 1,000억 원이다. 1천만 주 × 10,000원/주 = 1,000억 원
- 만약, 이 종목의 시가가 2만 원이라면, 시가 총액은 2,000억 원이 된다.
  1천만 주 × 20,000원/주 = 2,000억 원

수치상으로는 시가 총액만큼의 자금이 있다면 그 회사 주식을 모두 매수할 수 있다는 것을 의미한다. 그렇지만 실제적으로 주주들의 매수 움직임이 있고, 매수를 하게 되면 주가가 상승하여 회사 주식 매입에 소요되는 자금 소요액은 변동하게 된다. 일반적으로 대주주 지분만 인수하면 M&A(merge and acquisition : 기업 인수 및 합병)가 가능한 경우가 많다. 왜냐하면, 일반 소액 주주들의 대부분은 경영주가 누가 되든 경영권에는 관심과 이해관계가 없으며, 주가 상승으로 시세 차익과 높은 배당을 받는 것이 목적이기 때문이다.

14.1 주식시장 전체의 시가총액

주식시장 전체의 시가총액은 증시에 상장돼 있는 모든 종목의 주식을 시가로 평가한 금액으로, 특정일 종가에 모든 상장종목별로 상장 주식 수를 곱하여 합산한다. 이는 일정 시점에서의 주식시장 규모를 보여주기 때문에 국제 간의 주식시장 규모 비교에 이용된다.

아울러 시가총액은 우리나라의 경제지표로 사용되는 중요 지표 중 하나이다. 예를 들면 개인의 금융자산과 은행예금총액, 보험의 계약고 등과 비교해 시가총액의 신장률이 크다는 것은 주식시장으로 자금 유입이 그만큼 활발하다는 것을 의미한다.

- 주식시장 시가 총액 1위는 미국이며 타의 추종을 불허한다.

15. Market-to-book Ratio (M/B ratio : 시가 장부가 비율)

보통주의 주당 장부가에 대한 시장가격의 비율로서, 투자자들이 생각하는 회사의 가치를 공인된 회계기준에 따라 회사 가치와 연관시킨 것이다. 이 비율이 낮다면 이는 재무제표상에 나타난 회사의 자산가치가 과대평가되었다는 것이다.

- 시가 : 시장에서 현재 거래되는 가격, 예를 들어 1,100원
- 장부가(book value) : 회계장부에 기장된 가격, 예를 들어 1,000원
- M/B ratio : 시가/장부가 = 1,100/1,000 = 110%

▶ 장부가보다 시장에서 거래되는 가격이 높다. 이는 재무제표에 있는 자산가치가 실제보다 낮게 계상되어 있는 것을 의미한다.

16. EPS (earning per share, 주당순이익)

Earnings per share(EPS) is calculated as a company's profit divided by the outstanding shares of its common stock. The resulting number serves as an indicator of a company's profitability. The higher a company's EPS is, the more profitable it is considered.

주당순이익(EPS)은 기업이 벌어들인 당기순이익을 기업이 발행한 총 주식 수로 나눈 값이다.

- EPS = 당기순이익/주식 수

▶ 당기 순이익이 10억 원, 주식 수 5만 주라면 10억 원/5만 주 = 20,000원이 EPS(주당순이익)이 된다.

▶ 주식의 액면가가 5,000원이라면 액면가 대비 4배(= 20,000원/5,000원)의 순이익을 올리고 있는 것이다.

1주당 이익이 얼마인지를 보여주는 지표로서 EPS가 높을수록 주식의 투자 가치는 높다고 볼 수 있다. EPS가 높다는 것은 그만큼 경영실적이 양호하다는 뜻이며, 배당 여력도 많으므로 주가에 긍정적인 영향을 미친다.

17. PER (price earning ratio, 주가수익비율)

The price-to-earnings ratio(P/E ratio) is the ratio for valuing a company that measures its current share price relative to its per-share earnings(EPS). The price-to-earnings ratio is also sometimes known as the price multiple or the earnings multiple.

P/E ratios are used by investors and analysts to determine the relative value of a company's shares in an apples-to-apples comparison· It can also be used to compare a company against its own historical record or to compare aggregate markets against one another or over time.

- 「Comparing apples to apples」 means comparing things that can reasonably be compared, while the phrase 「comparing apples to oranges」 often is used to represent a comparison that is unreasonable or perhaps impossible.
- apples to apples는 비교 대상이 적절한 것이고, apples to oranges는 그 반대이다.

주가수익비율(Price earning ratio, PER)은 현재 시장에서 매매되는 주식가격을 주당순이익으로 나눈 값을 말한다. PER은 어떤 회사의 주식가치가 얼마나 적정하게 평가되고 있는지 판단할 수 있는 잣대이다.

• PER = 주가/주당 순이익

주가수익비율 PER은 특정 주식의 주당 시장가를 주당이익으로 나눈 수치로, 주가가 1주당 수익의 몇 배가 되는가를 나타낸다. 어떤 기업의 주식가격이 5만 원이라 하고 1주당 수익이 1만 원이라면, 5만 원/1만 원 = 5, 즉 PER는 5가 된다.

- 여기에서 PER이 높다는 것은 주당이익에 비해 주식가격이 높다는 것을 의미하고 PER이 낮다는 것은 주당이익에 비해 주식가격이 낮다는 것을 의미한다. 그러므로 PER이 낮은 주식은 앞으로 주식가격이 상승할 가능성이 크고, PER이 높은 주식은 주식 가격이 하락할 가능성이 크다.
- 각 산업별로 평균 PER이 있다, 일반적으로 high-tech 업종(성장성 높음)은 PER을 높게 주고, 굴뚝 산업(성장성 낮음)은 PER을 낮게 준다.

18. BPS (Book-value per Share, 주당 장부/순자산 가치)

Book value of equity per share indicates a firm's net asset value(total assets - total liabilities) on a per-share basis. When a stock is undervalued, it will have a higher book value per share in relation to its current stock price in the market.

기업의 총자산에서 부채를 빼면 기업의 순자산이 남는데, 이 순자산을 발행주식 수로 나눈 수치를 말한다.

▶ BPS =(총 자산 - 부채)/발행주식 수 = 순자산/발행주식 수

기업이 활동을 중단한 뒤 그 자산을 모든 주주들에게 나눠줄 경우 1주당 얼마씩 배분되는가를 나타내는 것으로, BPS가 높을수록 수익성 및 재무건전성이 높아 투자가치가 높은 기업이라 할 수 있다.

19. PBR (Price Book-value Ratio, 주가 순자산 비율)

The PBR is the market price per share divided by the book value per share. The market price per share is simply the stock price. The book value per share is a firm's assets minus its liabilities, divided by the total number of shares.

주가를 BPS로 나눈 비율을 주가순자산비율(PBR, Price Book-value Ratio)이라 한다. 즉, 주가가 순자산(자본금과 자본잉여금, 이익잉여금의 합계)에 비해 1주당 몇 배로 거래되고 있는지를 측정하는 지표이다.

- PBR= 주가/주당순자산

장부상의 가치로 회사 청산시 주주가 배당받을 수 있는 자산의 가치를 의미한다. 따라서 PBR은 재무내용면에서 주가를 판단하는 척도이다.

- PBR이 1이라면 특정 시점의 주가와 기업의 1주당 순자산이 같은 경우이며
- PBR 수치가 낮으면 낮을수록 해당기업의 자산가치가 증시에서 저평가되고 있다고 볼 수 있다. 즉, PBR이 1 미만이면 주가가 장부상 순자산 가치(청산가치)에도 못 미친다는 뜻이다.

20. Block Trading(대량 거래)

A block trade is the sale or purchase of a large number of securities. A block trade involves a significantly large number of equities or bonds being traded at an arranged price between two parties. Block trades are sometimes done outside of the open markets to lessen the impact on the security price.

주식시장에서 일정한 수량 이상의 대량주문을 거래에 혼란 없이 처리하기 위한 매매방법이다. 통상적인 매매거래 방식으로는 적당한 시간 내에 적정한 가격으로 주문을 집행하기가 어렵다고 판단될 때 사용된다. 즉, 시장가격에 영향을 주지 않고 대규모 주식을 사거나 팔 수 있도록 하는 제도이다. 주로 대주주, 기관 투자가 간에 장이 closing 된 후에, 즉, 시간 외 거래 방식으로 발생되며, 개미 투자자와는 상관이 없다.

- 예를 들어 하루 평균 거래량이 10만 주인 주식을 100만 주를 주식시장 개장 시간에 매매를 하려면 거래 가격을 왜곡할 수도 있다. 이럴 경우, 장 마감 후 100만 주를 단일가 거래하는 것이다.

21. Bull market, Bullish Market(활황 장세, 상승 시장)

A bull market is the condition of a financial market of a group of securities in which prices are rising or are expected to rise. The term 「bull market」 is most often used to refer to the stock market but can be applied to anything that is traded, such as bonds, real estate, currencies and commodities.

▶ bear market, bearish market은 침체 장세, 하락 시장을 의미한다.

황소가 달리는 시장으로 주식시장이 달아오르는 것을 의미한다. 뉴욕 증권거래소 앞에 황소 동상이 있다.

- 미국은 주식 시세 상승을 blue color, 하락을 red color로 표시하나
- 한국은 시세 상승을 red color, 하락을 blue color로 표시한다.

▶ 미국이 상승장을 blue로 표시하는 것은 우량주를 blue chip으로 표현하기 때문인 것 같다.

22. Initial Public Offering(IPO) : 기업(주식) 상장

An initial public offering(IPO) refers to the process of offering shares of a private corporation to the public in a new stock issuance. Public share issuance allows a company to raise capital from investors. The transition from a private to a public company can be an important time for private investors to fully realize gains from their investment as it typically includes share premiums for current private investors. Meanwhile, it also allows public investors to participate in the offering.

기업이 최초로 외부투자자에게 주식을 공개 매도하는 것으로 보통 코스닥이나 나스닥 등 주식시장에 처음 상장(listing)하는 것을 말한다.

IPO(initial public offering : 기업공개) 시 신주 발행가 결정은 기업이 귀속되는 산업군에 속한 상장회사의 평균 PER(price earning ratio)과 해당 기업의 성장성을 기반으로 하여 institutional investor(기관투자가)의 의견을 기반으로 잠정 가격을 산정한다. 그 잠정 가격을 투자가들에게 제시, 수요 상황을 파악하여 발행가(issuing price)를 결정한다.

23. Interim Dividend(중간 배당)

An interim dividend is a dividend payment made before a company's annual general meeting(AGM) and the release of final financial statements. This declared dividend usually accompanies the company's interim financial statements.

- AGM(annual general meeting, 주주총회)
  An AGM is a mandatory yearly gathering of a company's interested shareholders. At an AGM, the directors of the company present an annual report containing information for shareholders about the company's performance and strategy.

기업은 일반적으로 회계 연도가 종결된 후 사업 실적에 따라 배당을 한다. 하지만, 주주이익 제고 차원에서 회계 연도 기간 중 배당을 할 수도 있으며, 이를 중간 배당이라고 한다.

24. Liquidating Dividend (청산 배당)

A liquidating dividend is a distribution of cash or other assets to shareholders, with the intent of shutting down the business. This dividend is paid out after all creditor and lender obligations have been settled, so the dividend payout should be one of the last actions taken before the business is closed.

이익잉여금 내에서 이루어지는 현금 및 주식배당과 대비되는 개념이다.

회사가 청산절차에 들어가면 보유한 자산을 모두 현금화하여 채무를 정리하는 절차를 밟는다. 이때 청산 배분되는 자산에 대한 우선순위는

- 채권자
- 우선주 보유 주주
- 보통주 보유 주주 순이다.

채권자들에게 갚아야 할 채무를 모두 정리한 후에 자산이 남아있으면 주주들에게 이를 배분한다. 이 경우 재무실적 악화, 사업 부진 등으로 이익이 거의 발생하지 않는 상황에서 주주들에게 청산배당이 이루어지기 때문에 일반적으로 청산 배당은 미미하다.

25. Treasury Stock (자사주, 금고주)

Treasury stock is stock repurchased by the issuer and intended for retirement or resale to the public. It represents the difference between the number of shares issued and the number of shares outstanding.

자본시장법은 상장사가 주가 안정 등을 목적으로 자사의 주식을 매입하는 것을 허락한다. 회사가 그 회사가 발행한 주식을 매입하여 보관하는 것을 자사주라고 한다. 회사가 자사 주식을 매입하는 것은 주로 주가 부양을 위한 것이다. 시장에 유통(outstanding)되는 주식수를 줄여 주가를 부양하는 것이다. 회사가 재무상태가 아주 좋다면 주주이익 차원에서 자사주를 소각(stock retirement)할 수도 있다.

▶ 「자본시장법」은 각 금융시장 사이의 칸막이를 허물어 모든 금융투자회사가 다양한 금융상품을 취급하도록 한 법률이다. 은행 중심의 자금시장과 금융투자 중심의 자본시장 간 균형발전을 도모하기 위해 마련되었다.

회사가 자사 주식을 취득하여 회사 명의로 보유하면, 그 주식은 자사주가 되는 것이며, 자사주는 보통주라도 의결권이 없지만 제3자에 매각하면 의결권이 되살아난다. 자사주가 늘어나면 기존 주주의 의결권 지분율이 높아진다.

- 회사의 총 의결권 주식 수 : 10,000주
- 본인 보유 주식 수 및 지분율 : 1,000주, 1,000/10,000주 = 10%
- 회사에서 자사주 취득 : 1,000주
- 회사의 총 의결권 주식 수 변동 =
- 회사의 총 의결권 주식 수 - 회사에서 취득한 자사주 =
  10,000 주 - 1,000 주 = 9,000주
  ▶ 취득한 자사주는 의결권이 없어진다.
- 본인 지분율 : 1,000주/9,000주 = 11.1%
  ▶ 자사주 취득으로 본인 지분율 상승

26. Underwriting(증권인수업)

Underwriting means the process through which an individual or institution takes on financial risk for a underwriting fee. The risk most typically involves loans, insurance, or investments. The term underwriter originated from the practice of having each risk-taker write their name under the total amount of risk they were willing to accept for a specified premium. Although the mechanics have changed over time, underwriting continues today as a key function in the financial world.

증권시장에서 유가증권의 인수업무를 underwrite라고 하며, 인수업무를 주로 하는 기업을 underwriter라고 한다. 주로 증권회사, 투자은행들이 underwriting 업무를 한다.

예를 들어, 회사가 주식이나 사채를 발행할 때 underwriting 업무 방식이 underwriter의 책임이 어디까지인가에 따라, 몇 가지가 있으나, 일반적인 방식은 회사에서 채권을 발행하고, 인수업자가 투자자에게 판매하고 발행회사로부터 일정 수수료를 받는다. 이때 판매되지 않는 채권은 underwriter의 책임으로 처리하는 것이 일반적이나, 계약에 따라 상이할 수도 있다.

- underwriter는 여러 회사로 구성되는데, 그중 대표 underwriter를 주간사(lead manager)라고 한다. 발행회사는 주간사와 업무 협의하며, 주간사가 간사 회사들과 업무 협의한다.
- Impossible is nothing. Unnegotiable is nothing
  계약은 계약 당사자끼리 협의하기 나름이다.

CB vs. BW

기업이 자금조달을 할 때, 기업의 경영권에 영향을 줄 수도 있는 특수한 회사채, 즉 주식과 연계된 corporate bond(회사채)를 발행할 수도 있다. 기업이 이러한 회사채를 발행하는 것은 회사채 판매가 용이하기 때문이다.

이러한 회사채를 활용하여 corporate bondholder(회사채 보유자)가 equity(지분)를 늘릴 수 있어 대주주의 위치를 공격할 수도 있다. CB, BW에 대한 내용을 잘 모르는 engineer owner CEO들이 곤혹을 치르는 경우가 있는바, CB, BW에 대한 기본적인 내용을 숙지하고 있어야 하며, corporate bond 관리를 잘하여야 자신도 모르게 회사의 경영권을 상실하는 황당한 경우가 없을 것이다.

대표적인 특수 채권은 CB와 BW이다.

- CB(convertible bond, 전환 사채)
- BW(bond with warrant, 신주인수권부 사채)

CB 전환, BW 행사시 지분 변동

(주) Inevitable의 대주주는 45%의 지분을 소유하고 있으며, 2대 주주 A 씨는 현재 33%의 지분을 보유하고 있으나, CB와 BW를 보유 중이다. 2대 주주 A 씨는 「CB 전환 및 BW 행사를 통해 보유 주식 수를 늘림으로써 지분율이 33%에서 41%로 상승」하게 되며, 「2대 주주 A 씨의 CB 전환 및 BW 행사로 회사의 전체 주식 수가 증가하게 되어, 대주주의 지분율은 45%에서 39%로 감소」하게 되어, 대주주는 1대 주주의 위치를 상실하게 되며, 2대 주주 A 씨는 새로운 1대 주주로 등극하게 되는 것이다.

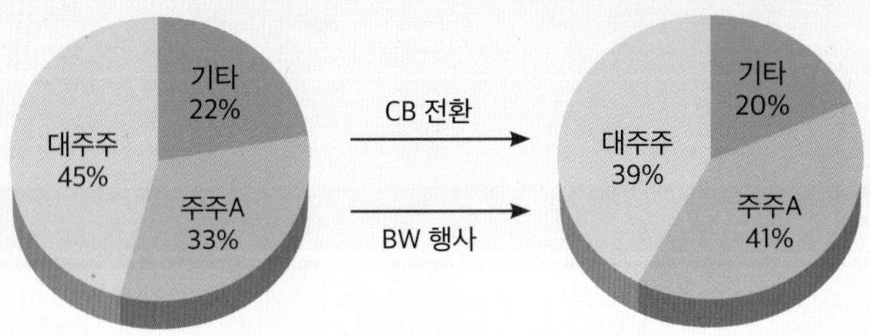

1. CB (convertible bond, 전환사채)

A convertible bond is a type of bond that the holder can convert into a specified number of shares of common stock in the issuing company or cash of equal value. It is a hybrid security with debt- and equity-like features.

CB(convertible bond, 전환사채)는 corporate bond(회사채)의 일종으로, 주식으로 전환할 수 권리가 있는 회사채를 CB라고 하며, 주식으로 전환하는 가격을 전환가격(conversion price) 이라고 한다.

CB는 증자와 같은 효과가 있어, 대주주가 모르는 사이에 대주주도 변경될 수도 있는바, CB 발행 및 관리에 상당한 주의를 요한다. 다음의 경우를 살펴보자.

1.1 CB 발행사 개요

- 자본금 5억 원, 주식 액면가 5천 원, 주식 수 10만 주(= 자본금/액면가 = 5억 원/5천 원)
- 대주주 지분율 20%(= 대주주 보유 주식 수 2만 주)

1.2 CB 발행 개요

- 발행금액 : 3억
- CB 발 행 당일 주가 : 2만 원
- CB 표면 금리 : 연 5%
- maturity : 5년 만기, 만기 전 전환 가능
- 전환가(conversion price) : 전환 시점에서 3개월치 주가 평균

3개월치 주가 평균 1만 원 시점에서 CB 3억 원 모두 주식으로 전환하면 대주주의 위치가 어떻게 될까?

- CB 보유사의 주식 수 = 3억 원 CB/전환가 1만 원 = 30,000주

| CB 주식 전환 전후 지분 변동 |

항 목	CB 주식 전환 전	CB 주식 전환 후	비 고
총 주식 수	100,000 주	130,000주	CB전환 30,000주
대주주 보유 주식 수	20,000 주	20,000 주	
대주주 지분율	20%	15.38%	20,000주/130,000주
CB 보유사의 주식 수	0주	30,000 주	
CB 보유사의 지분율	0%	23.07%	30,000주/130,000주

CB는 기업 M&A에 자주 사용되는 수단이다. CB 보유사는 주식을 전혀 보유하지 않았으나,

- CB 전환 후 23.07%의 지분을 소유하게 되고,
- 대주주는 CB가 주식으로 전환됨에 따라 자본금이 증액되어 대주주 자신의 주식 수는 변동 없으나 지분율이 20%에서 15.38%로 대폭 감소하게되어 대주주의 지위를 상실한다.

CB가 주식으로 전환이 되면,

- CB 발행사는 갚아야 할 채무가 없어진다.
- 즉, 부채가 없어지고, 증자를 한 것이 되는 것이다.

그럼 CB를 매입한 회사는 언제 주식으로 전환할까? 그건 CB 발행사의 상황에 따라 결정된다.

- 회사의 전망이 좋다면, 즉, 주가 상승이 기대된다면, 주식으로 전환하는 것이 나을 수 있다.
- 그 반대라면, 사채 이자만 받는 것이 나을 것이다.

2. BW (bone with warrant, 신주인수권부 사채)

When you buy a bond with a warrant, the warrant gives you the right to buy a certain number of fixed-price shares of the stock of the company that issues the bond. You are not obligated to purchase the stock, and the price specified on the warrant may be different from the price at which the stock is trading on the day when you buy a bond.

회사채를 발행하는데, 그 회사채에 「일정 기간이 지나면 미리 정해진 가격으로 주식을 매입할 수 있는 권리」, 즉 「warrant」가 있는 회사채(corporate bond)를 의미한다.

warrant 보유자가 warrant를 행사하려면,

- warrant 행사자는 신주 주금을 발행회사에 납입하고
- warrant가 행사되면, 회사는 신주를 발행하여 warrant 행사자에게 인도하여야 한다.

warrant는 채권과 분리될 수도 있고, 채권에 붙어 있을 수도 있다.

- 분리형은 채권과 warrant가 독립적으로 움직일 수 있다. 쉽게 말해 bond 한 장, warrant 한 장으로 별도로되어 있는 것이다.
- 비분리형(일체형)은 bond와 warrant가 분리되어 있지 않고 붙어 있다. 즉, BW 증서가 한 장으로되어 있다고 생각하면 된다.

BW 발행기업이 상장기업이라면, 분리형 warrant는 별도로 주식 시장에 상장되어 거래될 수 있다. 물론 bond도 거래된다.

상식적으로 warrant 소지자가 warrant를 행사하는 것은 현재의 주가가 warrant 행사가보다 높을 경우에 한다. 즉, 주식시장에서 만 원에 살 수 있는 주식을 만 원보다 높은 가격으로 warrant 행사하면서 살 이유가 없는 것이다.

투자자들은 발행기업의 주가가 약정된 매입가를 웃돌면 워런트를 행사해 차익을 얻을 수 있다. 그렇지 않으면 워런트를 포기하면 된다. 채권 부분의 고정금리를 확보하며 주식의 시세 차익도 가능한 것이다. 워런트는 만기일이 있어, 그때까지 행사되지 않으면 소멸된다.

CB(convertible bond)는 채권이, 즉 회사채가 주식으로 전환되니, 주식으로 전환되는 순간 회사채는 소멸된다. 하지만, BW(bond with warrant)는 bond 따로, warrant 따로이므로, warrant가 행사되어 주식이 발행되어도 회사채는 소멸되지 않는바, BW 발행 회사는 채권에 대한 이자 지급과 원금 상환에 대한 의무가 지속된다. warrant가 주식으로 행사되어도 BW 발행사는 갚아야 할 채무가 그대로 존속한다. 즉, 부채가 그대로 있고 유상증자를 한 것이 되는 것이다. 다음 경우를 살펴보자.

2.1 BW 발행사 개요

- 자본금 5억 원, 주식 액면가 5천 원, 주식 수 10만 주(= 자본금/액면가 = 5억 원/5천 원)
- 대주주 지분율 20%(= 대주주 보유 주식 수 2만 주)

2.2 BW 발행 개요

- 발행금액 : 3억
- BW 발행 당일 주가 : 2만 원
- BW 표면 금리 : 연 5%
- maturity : 5년 만기, 만기 전 warrant 행사 가능
- warrant : bond와 분리형, bond 1만 원당 warrant 한 개
  BW 발행금액 3억/1만 원 = 30,000개(총 warrant 개수)
- warrant 행사가(striking price) : 30,000원
  - ▶ 옵션거래 시 미리 정해진 권리를 행사할 수 있는 가격을 말한다.

3개월치 주가 평균 1만 원 시점에서 warrant 30,000개 모두 주식으로 행사하면 대주주의 위치는?

- BW 보유사의 주식 취득 수 = warrant 30,000개 = 30,000주
- 당초 대주주 보유 주식 수 = 20,000주
- 대주주 당초 지분율 = 20%
- 당초 전체 주식 수 = 10만 주

- BW 행사 후 전체 주식 수 = 당초 전체 주식 수 + BW 보유/행사한 회사의 주식 수
  = 100,000주 + 30,000주 = 130,000주

  ◘ 행사가를 fixed price로 할 수도 있고, 몇 개월 주가 평균치로 조정할 수도 있다.
- BW를 주식으로 행사한 회사의 지분율 = 30,000주/130,000주 = 약 23.07%
- 대주주 지분율 = 20,000주/130,000주 = 약 15.38%

| BW Warrant 행사 후 지분 변동 |

항 목	BW 행사 전	BW 행사 후	비 고
총 주식 수	100,000주	130,000주	BW 행사 30,000주 신주 발행
대주주 보유 주식 수	20,000주	20,000주	대주주 보유 주식 수 변동 없음
대주주 지분율	20%	15.38%	BW 행사 후 20,000/130,000주
BW 보유사의 주식 수	0주	30,000주	
BW 보유사의 지분율	0%	23.07%	30,000주/130,000주

BW 보유사는 주식을 전혀 보유하지 않았으나, warrant 행사 후 23.07%의 지분을 소유하게 되고, 대주주는 warrant가 주식으로 행사됨에 따라 대주주 자신의 주식 수는 변동 없으나 자본금이 증액되어 지분율이 20%에서 15.38%로 대폭 감소하게되어 대주주의 지위를 상실한다. BW는 기업 M&A에 자주 사용되는 수단이다.

03
실전 계약서

JOINT VENTURE AGREEMENT

This Agreement is made this day of January 10, 2022 by and between Jalpanda Corp., a corporation organized and existing under the Jaws of Korea with its principal place of business at Korea(hereinafter called "Jalpanda") and Yoyo Corporation, a corporation organized and existing under the laws of the State of California, U.S.A., with its principal place of business in the State of California, U.S.A.(hereinafter called "Yoyo")

본 계약은 한국 법에 의거 설립되고 한국을 주 사업장으로 존재하는 법인인 잘판다 주식회사(이하 "잘판다"라 칭함)와 미국 캘리포니아주 법에 따라 존재하며 주된 영업소는 미국 캘리포니아주에 소재하는 요요 주식회사(이하 "요요" 라 함) 사이에 2022년 1월 10일 체결한다.

WITNESSETH;

WHEREAS, Jalpanda. and Yoyo are desirous of establishing a jointly owned corporation in the State of California, U.S.A. for the manufacture, sales and R&D relating to the Products defined below. NOW, THEREFORE, in consideration of the mutual covenants herein contained, the parties hereto agree as follows;

잘판다와 요요는 아래에 정의된 제품과 관련된 제조, 판매 및 R&D를 위해 미국 캘리포니아주에 공동 소유 기업을 설립하기를 원한다. 따라서, 이제 여기에 명기된 상호 약정을 약인으로 당사자는 다음과 같이 합의한다.

Article 1. Organization of Joint Venture Company
(합작 투자 기업의 조직)

As soon as practically possible after the authorization being obtained from the governments concerned, Jalpanda and Yoyo shall cause a joint stock company to be incorporated under the laws of California, U.S.A. in accordance with the following conditions. Such joint stock company shall be called "JV" in this Agreement.

관련 정부로부터 승인을 얻은 후 실질적으로 가능한 한 빨리 잘판다와 요요는 미국 캘리포니아 법률에 따라 다음 조건으로 주식회사를 설립한다. 이러한 합작 회사를 본 계약에서 "JV"라고 한다.

1. The legal form of JV shall be a stock corporation having share capital.

합작투자의 법적 형태는 주식 자본금이 있는 주식회사이다.

2. The corporate name of JV shall be Yopal Inc.

합작 투자 기업명은 Yopal Inc.로 한다.

3. The main purposes of business of JV shall be the manufacture, sale and technological development of 3-D Printer(hereinafter called "the Products").

합작투자의 주요 사업은 3-D 프린터(이하 "제품"이라 함)의 제조, 판매 및 기술 개발이다.

4. The principal office of JV is to be located in Los Angeles, California, USA.

합작 투자 기업의 본사는 미국 캘리포니아주 로스앤젤레스에 소재 예정이다.

5. Capital Stock(자본금)

ⓐ The amount of total authorized capital stock of JV shall.be U.S. ten million dollars(US$10,000,000), which shall be divided into one hundred thousand(100,000) share of the par value of ten Dollars($100.00) each.

- authorized capital stock : 수권자본금

합작 투자 기업의 수권자본금은 미화 일천만 달러(US$10,000,000.00)로, 주당 액면가는 100 달러($100.00)이며, 주식 수는 100,000주이다.

ⓑ The amount of capital stock with which it will commence business is two million dollars(US$2,000,000.00), common voting stock being twenty thousand(20,000) shares at one hundred dollars($100.00) each.

사업을 개시할 자본금은 2백만 달러(US$2,000,000.00)의 의결권 있는 보통주이며, 액면가 100달러($100.00)에 20,000주이다.

- 초기 납입 자본금(paid-in capital)을 의미한다.
- 우선주는 의결권이 없으며, 보통주는 의결권을 가진 것이 일반적이나, 의결권을 가진 보통주라는 것을 확실히 해둔 것이다.

Article 2. Articles of Incorporation (정관, company charter : 회사의 헌법)

Initial Articles of Incorporation of JV shall be in the form annexed hereto and marked "Schedule A". Such Articles of Incorporation shall be registered through the application by the promoters appointed by both parties.

- incorporation은 법인설립을 의미하며, 유한회사, 주식회사는 회사 이름 뒤에 Inc.(incorporated) 또는 Corp.(corporation)를 사용한다.

합작 투자 기업의 초기 정관은 여기에 첨부된 형식으로 "별표 A"로 표시된다. 이러한 정관은 쌍방이 지명한 발기인이 등록 신청한다.

- 정관(company charter)은 회사의 헌법이며. 회사 운영은 정관을 따라야 한다.
- promoter : 발기인(initiator)

Article 3. Capital Contributions(자본금 출자)

The total, initially issued capital of US$2,000,000 of JV specified in Article 1(5)(b) shall consist of 20,000 shares. Of such initial capital, Jalpanda shall contribute in cash the sum of US$ One Hundred And Fifty Thousand Dollars(US$1,500,000.00) for fifteen thousand(15,000) shares. Yoyo shall contribute in cash the sum of U.S. Fifty Thousand Dollars(US$500,000.00) for five thousand(5,000) shares. Soon after the incorporation of JV, Jalpanda and Yoyo shall acquire from the promoters nominated by both parties all the shares subscribed by these promoters so that such total capital shall be owned in the ratio of Jalpanda seventy five percent(75%) and Yoyo twenty five percent(25%).

- contribute, capitalize, invest : 출자하다 in cash : 현금으로

제1조 제5항(b)호에 명시된 합작투자의 최초 발행 자본금 총 미화 2,000,000달러에 대한 주식 수는 20,000주이다. 이러한 초기 자본 중 잘판다는 15,000주에 대해 총 미화 일백오십만 달러(US$1,500,000.00)를 현금으로 출자한다. 요요는 5,000주에 대해 미화 오만 달러(US$50,000.00)를 현금으로 출자한다. JV의 설립 직후 잘판다와 요요는 양 당사자가 지명한 발기인으로부터 이러한 발기인이 인수한 모든 주식을 취득하여 총 자본금의 지분율이 잘판다 75%, 요요 25%의 비율이 되도록 한다.

자본금 출자

자본금 출자는 현금, 물적 자산, 지적 재산권 등 다양한 방법으로도 할 수 있고, 몇 가지 방법을 연계해서 할 수도 있다. 「현금으로 출자한다.」는 contribute in cash라고 하며 출자 금액은 the sum of ~로 하여 「합계 얼마를 cash로 출자하다.」라고 명확히 한다.

원래 문장은 contribute the sum of USD1,500,000 in cash인데, 목적어에 the sum of USD1,500,000에 대한 부연 설명이 길어, 목적어를 뒤로 돌려, contribute in cash the sum of USD1,500,000 for five thousand(5,000) shares라고 「주식 5천 주 취득에 대한 대가로 현금 USD1,500,000을 출자한다.」라는 것을 명기한 것이다.

Article 4. Appointment of Directors and Officers(이사와 임원 선임)

1. The Board of Directors of JV shall consist of five(5) directors, three(3) of whom shall be nominated by Jalpanda and two(2) of whom shall be nominated by Yoyo.

합작투자의 이사회는 5명의 이사로 구성되며, 그중 3명은 잘판다가 선임하며 2명은 요요가 선임한다.

2. One Chief of Board of Directors shall be nominated by Jalpanda from among three(3) Directors nominated by Jalpanda pursuant to the foregoing paragraph(1) of this Article 4.

본 제4조 제1항에 따라 잘판다가 선임한 이사 세 명 중 한 명을 이사회 의장으로 잘판다가 지명한다.

3. JV shall have following "Officers"

A. one(1) president who shall be nominated by Yoyo; and
B. one(1) vice president who shall be nominated by Jalpanda; and
C. one(1) secretary who shall be nominated by Yoyo; and
D. one(1) treasurer who shall be nominated by Jalpanda.

합작 투자회사는 다음과 같은 "임원"을 둔다.

A. 요요가 지명하는 사장 한 명
B. 잘판다가 지명하는 부사장 한 명
C. 요요가 지명하는 간사 한 명
D. 잘판다가 지명하는 재무 임원 한 명

4. Corporation Election of Directors, Chief thereof and Officers Both parties agree that they shall cast their votes as shareholders or they shall cause their directors of JV nominated by them to cast their votes, so as to elect or to appoint individuals who qualify under Paragraph(1), (2) and(3) of this Articles 4 in the election or appointment of Directors, Chief thereof and Officers, and also in the election or appointments in case that such position become vacant.

▶ cast one's vote, cast one's ballot : 투표하다, 한 표를 행사하다

이사, 최고경영자와 임원의 선출 또는 임명, 그리고 그러한 직위가 공석인 경우의 선출 또는 임명의 경우, 양 당사자는 자격을 갖춘 개인을 1, 2 및 3항에 따라 선출하거나 임명 시, 주주 자격으로 직접 투표하거나 자신들이 선임한 합작회사의 이사가 투표하도록 하게 하는 데 동의한다.

▶ 「주주가 투표하거나, 또는 주주 대신 이사가 투표하게 만들다」의 의미이다. 즉, 이사는 주주가 허락하지 않으면 투표권이 없다. 주주는 본인이 투표하거나, 또는 본인이 투표하지 못할 시 이사에게 투표권을 위임하여 투표하게 할 수 있다는 의미이다.

cause ~ to, cause ~, cause

- cause A to ~ : A가 ~를 하게 하다
  cause는 「to compel by force or authority, 힘이나 권위로 ~하게 한다.」는 의미가 내포되어 있어 한글 번역에 신중하여야 한다.

  The landslide caused him to lose his house.
  산사태로 집을 잃게 되었다.

- 원인이 되다, 끼치다, 야기하다

  The typhoon caused late shipment.
  태풍으로 선적이 지연되었다.

  The heavy snow caused a lot of damage to Seoul.
  폭설로 서울이 큰 피해를 줬다.

  We are trying to find out what causes the defectiveness.
  우리는 불량의 원인을 찾으려고 노력하고 있다.

- 명사로 사용되면, 일반적인 의미는 원인, 이유, 동기 등으로 사용되며, 법률 용어로 사용되면, 「法 정당한 사유, 정당한 이유, 소송, 소송 근거, 주장, 소명」의 뜻이 있다.

Article 5. Business of JV(합작 투자 기업의 사업)

1. Marketing

Both parties shall cooperate in developing the marketing activity of JV. Jalpanda shall grant JV an exclusive right to export and/or sell the goods manufactured by Jalpanda in the United States of America in accordance with the provisions of the form of Distributorship Agreement specified in "Schedule B" attached hereto.

양 당사자는 합작 투자 기업의 마케팅 활동을 개발하는 데 협력하며, 잘판다는 미국에서 잘판다가 제조한 제품의 독점 수출권 및 또는 판매권을 "별표 B"에 명시된 총판 계약에 따라 합작 투자 기업에 부여한다.

2. Manufacturing

In order to succeed the production in JV's plant, Yoyo shall render technical assistance to JV in accordance with Technical Assistance Agreement attached hereto in "Schedule C". Yoyo further agrees to supply the parts of the Products to JV pursuant to Supply Agreement attached hereto in "Schedule D".

합작투자 공장의 성공적인 생산을 위해 요요는 "별표 C"에 첨부된 기술 지원 계약에 따라 합작 투자 기업에 기술을 지원한다. 요요는 또한 "별표 D"에 첨부된 공급 계약에 따라 제품 생산에 필요한 부품을 합작 투자 기업에 공급하기로 동의한다.

Article 6. Bylaws of JV(합작 투자 기업의 사규)

Immediately after the incorporation of JV, the organizational meeting of JV shall adopt the bylaws of JV in order to detail the regulations for operation of JV. Such bylaws of JV shall be as specified in the form attached hereto in "Schedule E"

- bylaw : 사규, 부속 정관, 규칙, 규약, 내규, 부칙, 준칙
- organizational meeting, inaugural meeting : 창립 총회

합작 투자 기업 설립 직후, 합작 투자 기업의 창립총회에서 회사의 운영 규정을 자세히 설명하기 위해 합작 투자 기업의 내규를 채택한다. 그러한 내규는 첨부된 "별표 E"에 명시된 대로 한다.

Article 7. Accounting of JV(합작 투자 기업의 회계)

1. Books of Account

JV shall keep all books of accounts and make financial reports in accordance with Generally Accepted Accounting Principles.

합작 투자 기업은 일반적으로 인정되는 회계 원칙(GAAP)에 따라 모든 장부를 기장하며 재무 보고서를 작성해야 한다.

2. Audit

At the end of each accounting period, the books of accounts of JV shall be audited by an independent firm of certified public accountants appointed by the parties hereto.

각 회계 기간이 끝날 때 합작 투자 기업의 회계 장부는 당사자들이 지정한 독립된 공인 회계 법인의 감사를 받는다.

GAAP(generally accepted accounting principles)

GAAP(generally accepted accounting principles) is a collection of commonly-followed accounting rules and standards for financial reporting. GAAP specifications include definitions of concepts and principles, as well as industry-specific rules. The purpose of GAAP is to ensure that financial reporting is transparent and consistent from one organization to another.

GAAP는 일반적으로 인정된 회계원칙(Generally Accepted Accounting Principles)이다. 회계규정으로 구체적인 회계 실무 지침, 또는 실무로부터 발전되어 광범위하게 인정되는 회계기준을 의미한다.

미국 증권위원회는 모든 상장된 회사는 GAAP(Generally Accepted Accounting Principles)를 따르도록 요구하고 있어 모든 상장회사는 발생주의를 사용하여 재무제표를 작성해야 한다.

회계거래를 표현하는 방법은 크게 현금주의(Cash Basis)와 발생주의(Accrual Basis)가 있다.

현금주의(Cash Basis)

Cash Basis는 현금수령과 현금지급이 발생할 때 그 내용을 장부에 기입하는 방법이다. 현금주의 회계 방법에서는 현금을 받았을 때 수익을 인식하고 현금을 지불하였을 때 비용을 인식한다.

- 현금주의 회계는 약속어음이나 미래에 현금이나 서비스를 받을 것을 기대할 경우, 예를 들어 미수금이나 미지급금에 대하여 인식하지 않는다.
- 현금주의 회계에서는 재고자산이 없다. 수익을 위하여 물건이나 재료를 구입했을 때 현금이 지불되었으면 직접비용으로 계산된다.
- 현금주의는 간단하고 비용이 적게 드는 장점이 있으나, 미수금이나 미지급금을 인식하지 않기 때문에 손익을 정확히 계산하기가 쉽지 않다.

발생주의(Accrual Basis)

회계기준은 수익은 수익이 발생하였을 때(earned) 인식하고, 비용은 비용이 발생하였을 때(incurred) 인식한다. 수익, 비용의 발생 시점과 실제 현금의 흐름 사이의 차이를 기록하는데 이를 기록하기 위해서는 추가적인 계정이 만들어져야 한다.

- 물품을 판매하고 현금을 받기 전에 수익이 인식되면 외상 매출금(Accounts Receivable)과 같이 미수수익계정(Accrued Revenue Account)에 기록된다. 물품대금을 받은 후에 수익이 인식이 되면 외상매출금이 없어지고 현금이 입금 처리된다.
- 물품을 매입하고 물품대금을 추후 지불하기로 하면 외상매입금(Accounts Payable)과 같이 발생비용계정에 기록된다. 현금이 지불되고 난 후 비용이 인식되면 외상매입금은 사라지며, 현금이 출금된다.

Article 8. Financing of JV(합작 투자 기업의 자금 조달)

In the event that additional funds are needed by JV, Jalpanda and Yoyo shall take a reasonable financing measure including the following ways;

합작 투자 기업에서 추가 자금이 필요한 경우, 잘판다와 요요는 다음과 같은 방법을 포함하여 합리적인 자금 조달 조치를 취한다.

1. Additional issuance of shares which are subscribed by both parties in the ratio of initial shareholdings in JV; or

합작 투자 기업 설립 당시의 지분 비율로 양 당사자 인수의 주식 추가 발행; 또는 → 지분 비율대로 증자하는 것을 의미

2. Loans to JV from Jalpanda and/or Yoyo at reasonable interest rates; or

잘판다 와/또는 요요에서 합리적인 이자율로 합작 투자 기업에 대출 또는

3. Arrangement of loans from any third party to JV under the guarantees by Jalpanda and/or Yoyo.

잘판다 및/또는 요요의 보증하에 제삼자로부터 합작 투자 기업 대출 주선.

보증신용장(Standby Credit)

해외 지사의 현지 은행으로부터 자금 조달 시 해외에서 인지도가 떨어져 차입이 원활하지 않을 경우, 본사에서 보증신용장을 개설하여 지급보증하기도 한다. 즉, 보증신용장은 상품 거래에 사용되는 것이 아니라 자금 조달 보증용으로 발행되는 신용장이다.

예를 들면, 한국에 있는 잘판다가 한국의 주거래 은행에 보증신용장 발행을 의뢰하고, 그 은행은 잘판다의 해외 지사가 차입하려는 현지 은행에 보증신용장을 발행한다. 현지 은행은 이 신용장하에 잘판다의 현지 지사에 차입해주고, 자금 상환이 되지 않으면 보증신용장 개설은행에 상환 청구하여 차입금을 회수한다.

Article 9. Preemptive Rights(신주인수권, 선매권)

Both parties hereto as shareholders of JV shall have preemptive right to subscribe for all shares to be newly issued by JV in proportion to their shareholding in JV.

합작 투자 기업의 주주인 양 당사자는 합작 투자 기업의 지분에 비례하여 합작 투자 기업의 신주를 인수할 우선권을 갖는다.

▶ 주식회사의 실질적인 주인은 주식을 가장 많이 가진 주주이므로 신주 발행 시 그 신주를 인수할 권리를 현재 주주에게 가장 먼저 부여한다. 만약 신주가 인수되지 않으면 실권주가 되는 것이며, 일반적으로 이 실권주는 타인이 매수 가능하나, 정관에서 실권주 처리 방법을 확정해두기도 한다.

Article 10. Restriction of Share Transfer(주식 양도 제한)

Any share of JV shall not be transferred by either party without prior written consent of the other party.

합작 투자 기업의 어떤 지분도 상대방의 사전 서면 동의 없이 어느 한쪽에 의해 양도될 수 없다.

▶ 합작 투자 당사자가 원치 않는 제삼자의 지분 취득을 금지하는 것이다. 합작 투자 사업, 즉 동업의 일반적인 『삼자 지분 양도 금지 조항』이다.

Article 11. Agreement of Shareholders(주주의 동의)

The following matters shall not be submitted to the shareholders meeting of the Board of Directors for resolution without prior written consent of Jalpanda and Yoyo:

▶ resolution : 결의안, 해결

다음 사항은 잘판다와 요요의 사전 서면 동의 없이 주주총회에 상정하여 의결할 수 없다.

❶ Issuance of new shares and debentures
신주 및 사채의 발행

❷ Amendment of Articles of Incorporation and Bylaws
정관 및 사규의 개정

❸ Borrowings, loans or guarantees in the amount more than USD1 mil
미국 달러 1백만 불 이상의 차입, 대출 또는 보증

❹ All transactions on building and land in the amount more than USD1 mil
미국 달러 1백만 불을 초과하는 건물 및 토지에 관한 모든 거래

❺ All other matters which the Board of Directors decides to be important for JV or its shareholders
이사회가 합작 투자 기업 또는 그 주주들에게 중요하다고 결정한 기타 모든 사항

Article 12. Agreement of JV(합작 투자 기업의 계약서)

Jalpanda and Yoyo as shareholders of JV shall cause JV to execute this Agreement as soon as possible after the incorporation of JV.

합작 투자 기업의 주주인 잘판다와 요요는 합작 투자 기업을 설립한 후 가능한 한 빨리 본 계약을 실행하도록 한다.

IN WITNESS WHEREOF, the Parties hereto have caused this Joint Venture Agreement to be signed by duly authorized officers or representatives effective as of the date stated above.

이상의 증거로, 양 당사자는 위에 명시된 일자에 정당하게 권한을 부여받은 임원 또는 대리인이 본 합작 투자 계약에 서명하도록 하였다.

Jalpanda Corp.	Yoyo Corp.
By	By
Name :	Name :
Title : President & CEO	Title : President & CEO
Date :	Date :

Chapter Ⅷ

제품 개발 계약서

Business English Agreement

01
핵심 사안

제품은 셀 수 없을 정도로 다양하며, 제품 개발 계약마다 제품 특성에 따른 critical issue가 있다. 반도체 Chip(IC, integrated circuit, monolithic integrated circuit, microchip) 개발 계약을 소개한다.

개발 계약 구조

반도체 chip을 개발하기 위해서는 반도체 전문 설계 디자인회사에 개발 의뢰하는 것이 일반적이다. Chip의 성격에 따라 개발비가 상이하지만, 2022년 현재 USD400,000~USD 700,000 사이에 형성되어 있으나 이는 절대적인 것이 아니다. 또한, 이 개발비에는 설계 디자인회사에서 fabricator에 지불하는 prototype 비용, masking charge 등이 포함되어 있다.

그런데, fabless 설계 개발회사들은 반도체를 설계 개발한 후, 일정 기간 반도체를 양산 공급하면서 일정 수익을 창출하기를 원한다. 즉, 제품 개발은 설계 디자인회사에서 하지만, masking(= 반도체 금형), 양산 등은 TSMC와 같은 fabricator가 하는바, 설계 개발회사들이 이 fabricator에 chip 양산 오더를 주고 chip을 고객의 사양대로 후가공하여 고객에게 공급함으로써 일정 수익을 창출하는 것이다.

- 2021년 현재 세계 1위 반도체 기업인 삼성전자는 세계 제2위의 fabricator이다.
- fabless 업체는 공장 없이 반도체 설계 개발만 하는 회사를 의미한다.

물론 계약은 쌍방의 합의로 결정되는바, 개발 완료 후 개발의뢰 회사에서 직접 fabricator로부터 chip 구매할 수 있게 할 수도 있다. 만약, 개발의뢰 회사에서 개발회사에 양산 공급도 일임할 경우, 본 거래에 개입되는 주체는 『개발의뢰 회사, 개발회사, fabricator, die 후가공 회사』 4개 업체가 되며, die 개발 후 양산 거래 flow는 다음과 같다.

- 개발의뢰 회사에서 개발회사에 양산 오더 발주
- 개발회사에서 fabricator에 오더 발주
- Fabricator에서 양산 오더 생산 및 개발회사에 선적
- 개발회사에서 die 후가공 회사에 후가공 의뢰

  ▶ 후가공하는 개발회사도 있는바, 후가공 주체는 개발회사에서 결정

- 개발회사에서 die 후가공 inspection 후 개발의뢰회사에 선적

  ▶ 개발의뢰회사가 자체적으로 후가공할 수 있는 역량이 있다면 자체적으로 후가공 가능하며, 개발의뢰회사에서 직접 후가공 업체에 의뢰, 후가공 진행도 가능하다. 즉, 개발의뢰회사에서 개발회사로부터 wafer 상태로 공급받아도 된다는 것이다. 어떤 식으로 양산품을 구매하고 공급받을 것인가는 계약당사자의 chip 관련 know-how 및 가공 시설과 이해관계에 의해 협의 결정된다.

반도체 설계 개발회사 선정 및 개발 조건 협의

반도체 설계 개발회사 선정

Fab을 가동하며 반도체를 생산하는 업체에 IC 개발 설계 의뢰할 수도 있으나 이 업체들은 대부분 거대 기업인바, 개발비, 개발 기간, 양산 등을 종합적으로 고려하여 fab 업체에 개발 의뢰할 것인지, fabless 업체에 개발 의뢰할 것인지 결정하여야 한다.

구체적인 개발 조건 협의

- 개발비 및 기간 협의
- 테스트 사양 및 테스트 방법 협의 확정
- 매스킹(Masking)
- 테스트용 웨이퍼(Wafer) 수량 확정
- Die의 소유권 확정
- Order 수량 확정, 1회 발주 수량 MOQ 확정

  ▶ MOQ : minimum order quantity(최소 발주 수량)

계약서 작성 시 주의 사항

- 개발 IC의 당연한 사양이라도 계약서에 정확한 사양을 명기하는 것이 만약의 경우에 대비할 수 있다.
  - 개발품의 당연한 사양/특성이라도 그 내용을 계약서에 상세히 명기하여야 한다. 왜냐하면 법정 소송으로 갈 경우,

- 『계약서에 확실히 명기된 사안』과
- 『당연한 사양/특성이나 계약서에 명기되지 않은 사안』

에 대한 법원의 판단은 상이할 수 있기 때문이다. 『법원으로서 확실히 받아들일 수 있는 사안은 계약서에 있는 내용』이지, 『해당 산업에서 당연한 사양/특성인가 아닌가』는 이차적인 사안이다.

그리고 특정 산업의 기술적인 사안을 법정에서 입증하는 것은 쉬운 일이 아니며, 상당한 시간과 돈이 투입되어야 입증 시도가 가능하다. 시도가 가능하다고 입증된다는 것은 아니다. 또한 입증된다고 하여도 재판부의 생각이 어떨지는 속단하기 이르다.

- 협의 확정한 사양이 충족되지 않으면 개발비 환급은?
  - 기 지불한 개발비를 반환받기는 쉽지 않으며, 또한, 최악의 경우 사양이 충족되지 않는 개발품임에도 불구하고 개발비를 전액 지불하여야 하는 경우도 발생할 수 있는바, 본 조항은 아주 주의하여 법정 다툼 가능성의 관점하에 되도록 상술해두는 것이 도움이 될 것이다.
  - 법정 소송까지 전개될 경우에 대비, 관련 상세 사양을 비전문가인 법조인들이 봐도 이해할 수 있게 상세히 명기해두는 것이 확실한 안전장치가 될 수 있을 것으로 기대한다.

반도체(半導體, semiconductor) 일반

1. 반도체의 종류 및 시장 규모

반도체란 전기가 잘 통하는 도체와 통하지 않는 절연체의 중간적인 성질을 나타내는 물질이다. 초기의 반도체는 게르마늄으로 만들었으나, 2022년 현재 대부분 실리콘을 주원료로 사용하고 있으며, 다양한 새로운 원료가 개발 중이거나 개발 검토되고 있다고 한다.

반도체는 크게 메모리 반도체와 비메모리 반도체로 분류하며, 비메모리 반도체를 시스템 반도체라고 한다.

메모리 반도체는 정보를 저장하는 용도로 사용되는 반도체이며, 반면에 비메모리 반도체는 연산, 논리 작업 등과 같은 정보처리 목적으로 이용된다. D램, S램, V램, 롬 등이 메모리 반도체에 속하며, 중앙처리장치(CPU), 멀티미디어 반도체, 주문형반도체(ASIC), 복합형 반도체(MDL), 전력 반도체(power semiconductor), 개별소자, 마이크로프로세서 등 메모리 이외의 반도체를 비메모리 반도체라고 부른다.

비메모리 반도체는 컴퓨터 중앙처리장치(CPU)와 같이 데이터를 해석하고 처리하는 기능을 하며, 전력 반도체, 멀티미디어 반도체 등이며, 비메모리 반도체 업체는 미국의 Intel이 선도업체이다. 주문형 반도체(ASIC, application specific integrated circuit)는 특정한 전자·정보통신 제품에 사용할 목적으로 그 용도로 설계된 비메모리 반도체 칩을 의미한다.

2022년 현재 반도체 전체 시장에서 메모리 반도체는 약 25%, 비메모리 시장은 75% 정도이다. 삼성전자는 메모리 반도체 시장 부동의 1위이며, 2위는 SK하이닉스, 3위는 미국의 Micron이다.

2. 반도체 기업

반도체 회사는 팹리스(fabress), 파운드리(foundry), 종합 반도체 회사(IDM, Integrated Device Manufacturer)로 분류한다.

구 분	팹리스	파운드리	종합반도체회사
사업	설계	생산	설계, 생산
대표 기업	(영)ARM, (미)애플 등	(대만)TSMC	삼성전자, (미)인텔

ARM은 팹리스 업체 중 원천기술을 가장 많이 보유한 업체이다. ARM은 반도체 설계도의 바탕 그림에 대한 특허를 다수 보유하고 있어, 팹리스 업체들은 특허료를 지불하면서 ARM의 밑그림을 바탕으로 필요한 설계도를 세부 조정하여 반도체를 설계한다.

파운드리(fab 또는 foundry, semiconductor fabrication plant)란 반도체산업에서 외부 업체가 설계한 반도체 제품을 위탁받아 생산·공급하는 공장을 가진 전문 생산업체를 지칭한다. 집적 회로 등의 장치가 제조되는 공장이다. 반대 개념으로, 공장 없이 파운드리에 위탁생산만을 하는 방식을 팹리스(fabless) 생산이라고 한다. 팹리스 업체라고 하면 반도체 개발·설계만 하는 업체를 의미한다.

2022년 현재, 파운드리 업체 부동의 1위는 대만의 TSMC로 시장의 50% 이상을 점유하고 있으며, 2위는 한국의 삼성전자, 3/4/5위는 비슷한 M/S를 보유하고 있는 대만의 UMC, 미국의 글로벌 파운드리지, 중국의 SMIC이다.

3. 반도체 제조 공정

반도체 제조 공정은 『회로 설계(circuit design)- 마스크 제작(masking) - 노광(lithography) - 식각(etch) - 확산(diffusion) - 박막(thin film) - 세정과 연마(cleaning&CMP) - 조립(package) - 시험(test)』과 같다.

- 회로 설계(circuit design)는 고객의 요구에 맞는 특성을 반도체소자로 구현하는 제품의 바탕 그림을 그리는 단계로 전자회로와 실제 웨이퍼에 그려질 패턴을 설계하는 과정이다.
- 마스킹(masking)은 설계된 회로 패턴을 실제 크기보다 확대하여 쿼츠(quartz)라 불리는 석영유리 기판 위에 크롬으로 형성하고 미세한 형상을 만드는 작업이다. 마스크는 반도체를 생산하기 위한 원판이며 사진의 필름과 같은 역할을 하며, 사출물로 비교하면 금형이다.
  - masking이 있어야 양산할 수 있다. 즉, 사출물/금형과 마찬가지로 해당 반도체 IC의 masking 소유주가 그 반도체를 양산 가능한 것이다.
- 노광(lithography)은 반도체 회로를 실리콘 웨이퍼에 형성하는 첫 번째 단계로, 설계한 회로 원판의 패턴이 스캐너라는 노광장치에서 웨이퍼로 옮겨진다.
- 식각(etch)은 포토레지스트(photoresist, PR)로 가려지지 않은 부분의 박막을 선택적으로 제거함으로써 패턴을 완성하는 공정이다. 원하지 않는 부위를 깎아 내어 원하는 부위가 양각되게 하는 것이다.
- 확산(diffusion)은 고온 열 공정에 의한 불순물의 확산과 박막을 구성하는 원소를 함유한 가스를 일정한 온도와 압력으로 기판 표면에 공급하여 박막을 증착한다.
- 박막(thin film)은 도체와 절연체를 적절히 쌓아 올려서 전기가 통하는 곳과 통하지 않는 길을 만들어 준다.
- 세정과 연마(cleaning&CMP) 공정을 통해 후속 공정을 원만히 할 수 있다. 이 과정에서는 반도체 제조 공정 중에 발생하는 각종 불순물이 웨이퍼 표면에 오염되는 것을 방지 또는 제거한다.
  - CMP : Chemical Mechanical Polishing
- 조립(package)은 웨이퍼를 다이아몬드 톱으로 절단하고 외부 연결을 위해 기판에 올린 다음, 기판과 칩을 금선으로 연결, 화학수지로 봉합하여 솔더볼(solder ball)을 붙인 후 절단하여 하나의 제품으로 완성하는 과정이다.
- 시험(test)은 프로브 테스트, 패키지 테스트, 모듈테스트가 있다. 프로브 테스트를 통해 제조 공정에서 발생한 불량을 찾아 개선한다. 패키지 테스트는 고객에게 출하되기 전에 악조건에서 잠재된 불량을 찾아 표시하며, 고객에게 비용 청구하지 않는다.

4. 반도체 용어

반도체 chip은 보통 wafer 상태로 공급되며, 공급자가 wafer 공급 시 wafer map을 제공한다, wafer map은 wafer에 있는 chip 들의 양품(good die), 불량품(bad die) 상태를 표시해주며, 이 과정을 die-sorting이라 한다. 구매자는 양품에 대해서만 물품 대금 지불한다.

Wafer는 size에 따라 상이하지만, 보편적인 중간 size의 wafer는 한 장에 3만여 개의 die가 들어가므로, die 고객사들은 제품 개발 단계에서는 die를 소량 구매하여 제품 개발에 활용한다, Die 공급업체에서 초기에는 100개나 1,000개 단위로 공급해 주나, 작은 물량을 계속 공급하지는 않는다.

왜냐하면, 천 개이든 만 개이든 십만 개든 공급자 측면에서 시간 투입은 같은바, 소량으로 한두 번 판매 후, 잠재 고객사의 오더 수량이 대폭 증가하지 않으면 handling charge 기회비용 차원에서 그 잠재 고객사의 소량 오더는 더 이상 수주하지 않는 것이 일반적이다.

wafer 상태로 반도체 chip을 받으면, 고객이 직접 그 chip을 사용할 수도 있고, wafer chip 전문 업체에 필요한 작업을 의뢰할 수도 있다. 이는 chip을 사용하는 end-user의 상황에 따라 결정된다. 즉, end-user의 chip 가공 능력에 따라 요구하는 chip의 종류가 결정된다는 것이다.
가공 방법에 따라, 몇 가지가 있으며 다음과 같은 형태가 대표적이다.

- bumped die in gel pak
- bumped die on tape
- QFN(Quad Flat No-lead) loose
- QFN on roll

▶ HBM(high bandwidth memory, 고대역폭 메모리)
여러 개의 D램을 수직으로 연결해 기존 D램보다 데이터 처리 속도를 혁신적으로 끌어올린 제품으로, 고성능 그래픽처리 장치(GPU)를 위해 제작되었으나, 챗 GPT 등 AI 시대의 필수 제품이 되었다.

5. 기타

비메모리 반도체는 특정 고객용 custom product인바, 주문 생산된다. 따라서, 비메모리 반도체를 생산하는 파운드리업체는 재고 부담 위험이 없다.

메모리 반도체는 범용 반도체인바, 메모리 반도체 업체에서 재고 자산의 위험을 감수하며 생산한다. 반도체 시황에 따라 가격 변동도 심하며 수익 및 재고 자산도 up/down이 심하다. 이러한 사유로 시장에 불황이 닥치면 chicken game이 벌어지기도 하고, 시장이 호황이 되면 수익이 폭발적으로 증가한다.

※ 반도체 70년 역사는 김정호 박사님의 유튜브 참조하세요.
https://www.youtube.com/watch?v=IvaAM8wLRZc

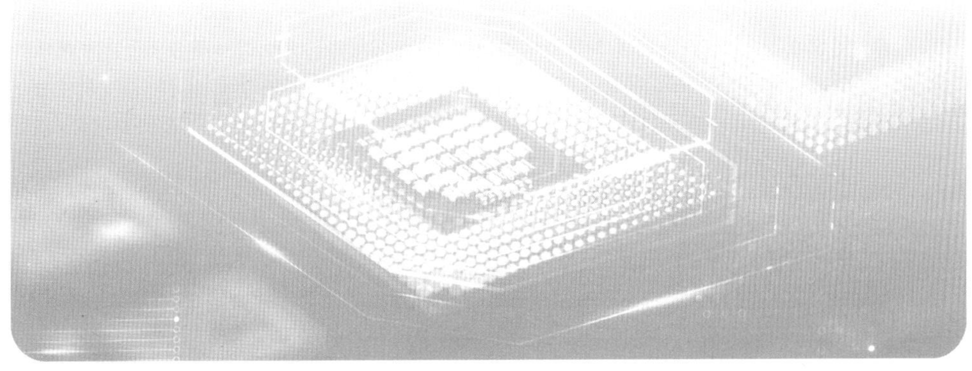

02
실전 계약서

본 반도체 IC 개발 계약은 일종의 지적 재산권 계약이며, 개발의뢰 회사와 개발회사가 IC 개발을 위해서 상당히 중요한 정보들을 교환하고 공유하여야 하는바, 단순하지 않다. 계약의 기본 구조는

- 국내기업이 미국 반도체 설계 디자인회사에 IC 개발을 의뢰하고, 계약 사양대로 개발이 되지 않으면 설계 디자인회사에서 국내기업에 개발비 반환하며,
  - 이 과정에서 여러 종류의 정보 교류가 상호 이루어지고, 개발의뢰회사에서 개발회사에 개발에 활용할 수 있도록 필요한 정보를 제공하고, 개발회사에서 개발의뢰회사에 제공하는 각종 정보, 데이터, 견본을 테스트하여 개발회사에 적기 feedback 한다. 그래야 다음 단계가 추진될 수 있다.
- 그 설계 디자인회사는 fabless 업체인바, foundry(비메모리 반도체 공장 회사) 업체에 prototype, masking 및 양산을 위탁하며,
  - foundry : 반도체 설계 업체에서 설계한 대로 제조 생산만 하는 업체
- 개발 의뢰한 국내 중소기업의 IC 양산 승인 후, 몇 년간은 미국의 설계 디자인회사에서 양산 IC를 공급할 권한을 가지며, 국내의 중소기업은 몇 년간 최소 의무 구매 수량이 있으며,
  - 미국 개발회사로서는 개발비를 충분히 받지 못한 것으로 간주하여, 실제적인 IC가 공급될 때, IC 판매에서 이익을 확보하고자 하는 것이다. 즉, 개발회사는 파운드리 업체로부터 구매를 하고, 그 구매가에 일정 금액을 up 하여 한국의 개발의뢰회사에 공급하는 것이다. 파운드리업체는 대부분 대기업인바, 선불 조건으로 구매 오더를 수취하는 것이 일반적이다. 따라서, 미국의 개발회사는 한국의 개발의뢰회사로부터 선불을 받아 파운드리업체에 주문하는 구조로 진행한다.
- 의무 구매 기간 종료 후는 국내의 중소기업이 양산품 구매를 어떻게 할지 선택권을 갖는다. 즉, 미국의 반도체 설계 디자인회사에 계속 구매 위탁할 수도 있고, foundry 업체로부터 직구매할 수도 있다. 직구매한다면, wafer 수입 후, 반도체 후가공 업체에 필요한 공정 처리를 위탁하든지 자체적으로 후가공하면 되는 것이다.

DESIGN AND LICENSE AGREEMENT

This Design and License Agreement("Agreement") is made and entered into as of May 20, 2020("Effective Date") by and between OMNI Co., Ltd.("OMNI") having its principal place of business at #777, 17 Pongpong-ro, Dong-gu, Daegu City, Korea, 17777("OMNI"), and RFCHIP Inc., a California, USA corporation having its principal place of business at 970 N. Capital of Drive Hwy., Suite 970, Los Angeles, CA, 78777, USA("RFCHIP "). OMNI and RFCHIP also are hereinafter referred to individually as a "Party" and collectively as the "Parties."

본 디자인 및 라이선스 계약(이하 "계약")은 2020년 5월 20일(이하 "발효일")을 대한민국 대구광역시 동구 퐁퐁로 17,777번지(우편번호 17777)에 소재한 옴니 주식회사(이하 "옴니")와 970 N. Capital of Drive Hwy에 본점을 두고 있는 캘리포니아 법인 알에프칩 주식회사(이하 "알에프칩") 간에 체결되었으며, "옴니" 및 "알에프칩"은 이하 개별적으로 "당사자", 집합적으로 "당사자들"이라 칭한다.

WHEREAS, OMNI is interested in working with RFCHIP to design and develop an Ultrasuper IC, as defined below, and OMNI is willing to ❶ cooperate with RFCHIP to define design objectives and requirements and ❷ pay for RFCHIP's development of Ultrasuper IC for OMNI; and

옴니는 알에프칩과 협력하여 아래에 정의된 Ultrasuper IC의 설계 개발에 관심이 있으며, 옴니는 ❶ 알에프칩과 협력하여 설계 목표 및 요구하는 사양을 정의하고 ❷ 알에프칩의 옴니용 Ultrasuper IC 개발 비용을 지불하고자 한다. 그리고

WHEREAS, RFCHIP is interested in working with OMNI to design and develop an Ultrasuper IC, as defined below, and RFCHIP is willing to cooperate with OMNI to define design objectives and requirements for this purpose.

알에프칩은 옴니와 협력하여 아래와 같이 정의된 Ultrasuper IC의 설계 개발에 관심이 있으며, 알에프칩은 옴니와 협력하여 이러한 목적을 위한 설계 목표 및 요구하는 사양을 정의하고자 한다.

WHEREAS, this contract shall become good and effective, subject to RFCHIP's consent that OMNI Deliverables in Exhibit AF shall be all and enough which are available for RFCHIP's development of Ultrasuper IC for OMNI.

- 아주 중요한 문구이다. 『개발을 의뢰하기 위해 제공할 수 있는 자료로 개발할 수 있다는 전제 조건하에 본 계약이 유효하고 발효된다.』라는 것이다. 즉, 만약 개발자가 개발의뢰자가 제공할 수 없는 정보가 있어야 개발 가능하다고 하면 개발의뢰자는 그 개발자에게 개발의뢰를 할 수 없는 것이다.

반면, 알에프칩이 옴니용 Ultrasuper IC 개발에 사용할 수 있도록 옴니가 제공할 수 있는 자료와 내용물은 첨부 AF에 있는 내용이 전부이며, 그 내용이 옴니용 Ultrasuper IC 개발에 충분하다고 알에프칩이 동의할 경우, 본 계약은 유효하게 되며 발효된다.

Deliverables의 중요성

개발자에게 어떤 개발을 의뢰할 때 개발의뢰자가 개발자에게 제공할 수 있는 내용을 사전에 상호 확인하는 것이 아주 중요하다.
개발의뢰자나 개발자나 이 내용을 사전에 확인하지 않으면 추후 논쟁의 소지가 있다.

Deliverable은(회사가 고객에게 약속한) 상품/제품, 제공품을 의미하며, 개발 계약에서는

- 개발의뢰자가 개발자에게 제공하는 개발에 필요한 내용(정보, 견본, 제품 등)
- 개발자가 개발하여 개발의뢰자에게 제공하는 내용(정보, 견본 제품 등)을 의미한다.

계약 체결 전에 반드시 deliverable에 대해 개발자와 개발의뢰자 사이에 합의가 선행되어야 한다.
개발자가 더 필요한 사안이 있다면 개발 계약 체결 전에 개발의뢰자와 상세히 협의하여야 한다.

NOW THEREFORE, in consideration of the above promises and the representations, warranties, covenants and agreements contained herein, the Parties hereto agree as follows:

따라서 이제 위의 약속과 본 계약서에 서술된 진술, 보증, 약정 및 계약 내용을 약인으로 당사자들은 다음과 같이 합의한다.

1. DEFINITIONS(용어의 정의)

계약서에 나오는 중요한 단어의 의미가 뭔지를 설명한다. 반도체 개발 계약서라서 정의되는 기술적인 사항들이 다양하다.

1. "Affiliates" mean, with respect to any person or entity, any other person or entity which, directly or indirectly, controls, is controlled by or is under common control with such person or entity, including, without limitation, any general or limited partner, director, member or employee of such person or entity.

- including without limitation ~ :
  ~ 포함하되 ~에 제한되지 않는다, ~를 반드시 포함하고 무제한으로
- general partner, unlimited partner : 무한 책임 사원
  limited partner : 유한 책임 사원

"계열사"는 다른 무한 책임 사원 또는 유한 책임 사원, 이사, 구성원 또는 직원을 포함하며, 이에 국한되지 않고, 직접이든 간접이든 그러한 개인 또는 법인을 통제하거나, 통제를 받거나, 공동 통제하에 있는 기타 개인 또는 법인을 의미한다.

For purpose of this definition, "control" shall mean the possession, direct or indirect, of the power to direct or cause the direction of the management and policies of a person, whether through the ownership of voting shares, by contract, or otherwise.

본 의미 정의상, "통제"는 「의결권 있는 주식의 소유권을 통해서든, 계약에 의하든, 아니면 다른 방법으로든」 개인의 관리 및 정책을 지시하거나 지시할 수 있는 권한을 직간접적으로 소유하는 것을 의미한다.

In no event shall RFCHIP's Affiliates be considered to include any portfolio investment company.

◘ portfolio investment : 금융 증권 투자, 간접 투자

어떤 경우에도 포트폴리오 목적의 투자 회사는 알에프칩의 계열사에 포함되지 않는다.

◘ 단순 투자 목적의 회사는 계열사에 포함되지 않는다. 즉, 「통제할 수 없으면 계열사가 아니다」라는 의미임.

2. "Changes" means new information concerning the development plan of a project, modifications to the design due to manufacturing constraints or other items that may affect the design and schedule.

◘ 문장구조는 Changes means new information, modification, or other items이며 목적어 3개로 단순하나, 각 목적어 information, modification, items 뒤에 부연 설명이 있어 복잡해 보인다.

◘ **manufacturing constraints**는 「제조 제약, 제조상 제약」으로 번역되며, 『제품 개발은 가능하더라도 정부 관계 기관의 허가나 양산상의 사안으로 제조에 어떤 원천적으로 해결, 제어하기 어려운 제한이 있는 것』을 의미한다. 본 사안은 매우 중요한바, 반드시 사전 확인하여야 한다. 제품 개발 시 양산성이 없다면 그 개발은 의미가 없으며 실패한 것이다. 왜냐하면 개발 목적은 양산을 하기 위함이기 때문이다.

◘ 유사 표현으로는 **manufacturing bottlenecks**라는 말이 있는데, 이는 주로 『해결, 제어 가능한 제조상 장애물』을 의미한다. 예를 들어, 생산 라인에 있는 연장이 자주 없어지거나, 직공들이 점심 식사 후 낮잠을 자느라 정시에 라인으로 복귀하지 않는다든가 하는 일이다. 이러한 상황은 해결 제어 가능한 사안이다.

"변경"은 프로젝트의 개발 계획 관련 새로운 정보, 제조상 제약으로 인한 설계 수정 또는 설계 및 일정에 영향을 미칠 수 있는 기타 항목을 의미한다.

3. "Development Plan" means the Product Requirements(Exhibit A.1) and Milestone Schedule(Exhibit A.2) or as modified from time to time by the Project Managers.

"개발 계획"은 제품 요구 사항(별첨 A.1) 및 마일스톤 일정(별첨 A.2) 또는 프로젝트 관리자가 수시로 수정하는 내용 그대로를 의미한다.

4. "Exhibit" means an attachment to this Agreement that is signed by the authorized representatives of both Parties. Each Exhibit is incorporated by reference into this Agreement.

- incorporate into : ~포함되다, ~결합하다, 추가하다, 통합되다
- Incorporation By Reference Clause 『法』 준거 편입 조항, IBR 조항, 전달조항 준거 편입 조항은 현재의 계약서에 있는 내용이 새 계약서에 들어가게 되는 것을 의미한다. 즉, 한 계약의 계약 조건이 다른 계약의 조건에 그대로 반영되어 적용되는 계약.
  = pass-through clause(패스쓰루 조항), flow-down clause(플로우 다운 조항), conduit clause(콘두이트 조항, 전달조항)

"별첨"은 양 당사자의 권한 있는 대리인이 서명한 본 계약의 첨부 파일을 의미한다. 각 별첨은 본 계약의 일부로 그대로 편입 통합된다.

- 계약 일부라는 의미임.

5. "OMNI Background IP" means all Intellectual Property which

"옴니 백그라운드 IP"는 다음 경우의 모든 지적 재산을 의미한다.

❶ at the Effective Date is owned or controlled by OMNI or any of its Affiliates;

계약 발효일에 옴니 또는 그 계열사가 소유하거나 통제하는 모든 지적 재산

❷ is obtained after the Effective Date by OMNI or its Affiliates through acquisition of such Intellectual Property; or

발효일 이후에 옴니 또는 그 계열사가 그런 지적 재산을 취득한 경우 또는

❸ results from independent activities by OMNI or its Affiliates,

옴니 또는 그 계열사의 독립적인 활동의 결과로 취득되는 지적 재산

6. "OMNI Deliverables" means all deliverables to be delivered by OMNI or any third party designated by OMNI to RFCHIP under the Development Plan. All of OMNI Deliverables are fully detailed in Exhibit A.7 OMNI Deliverables for RFCHIP's development of Ultrasuper IC.

"옴니 인도물"은 개발 계획에 따라 옴니 또는 옴니가 지정한 제삼자가 알에프칩에 인도할 모든 산출물을 의미한다. 「첨부 A.7 알에프칩의 Ultrasuper IC 개발을 위한 옴니 산출물」에 옴니 산출물은 전부 상술되어 있다.

7. "OMNI Independently Developed IP" means the Intellectual Property developed solely by OMNI and pursuant to and during the term of this Agreement.

- pursuant to ~ : ~에 따른, ~에 따라서, ~ 준하여

"옴니 자체 개발 IP"는 본 계약에 따라, 본 계약 기간 동안 옴니가 단독으로 개발한 지적 재산을 의미한다.

8. "OMNI Product" means the Ultrasuper IC Transponder, provided by OMNI based on the Ultrasuper IC pursuant to this Agreement.

- transponder : 트랜스폰더, 송신기(transmitter)와 응답기(responder)의 합성어로 위성 통신의 심장부인 전파 중계기, 외부 신호에 자동으로 신호를 되보내는 레이더 송수신기

"옴니 제품"은 본 계약에 따라 Ultrasuper IC를 기반으로 옴니가 제공하는 Ultrasuper IC Transponder를 의미한다.

9. "Intellectual Property or IP" means any and all tangible and intangible

"지적 재산 또는 IP"는 다음과 같은 모든 유형 및 무형의 권리를 의미한다.

❶ rights, including but not limited to copyrights, moral rights, and mask works, databases, and all derivative works,

▶ including but not limited : ~ 포함하되 ~에 국한되지 않는다. 즉, ~를 반드시 포함해서 무제한으로
▶ mask work(마스크 워크) : 반도체 칩 표면에 인쇄되는 회로 패턴

저작권, 저작인격권, 마스크 워크, 데이터베이스 및 모든 파생물의 권리를 포함, 이에 국한되지 않으며,

❷ trademark and trade name rights,

상표권 및 상표명에 대한 권리

❸ trade secrets, data, know-how, technical, manufacturing, and marketing information, designs, drawings, specifications, bills of materials, and documentation of processes, software

영업 비밀, 데이터, 노하우, 기술, 제조 및 마케팅 정보, 디자인, 도면, 사양(BOM, 자재명세서), 프로세스 문서, 소프트웨어

BOM(Bill of Materials, 자재명세서) vs. Part List

일반적으로 Part List는 부품에 대한 사양, 필요 수량이 명기된 것이며, BOM에는 해당 부품 공급업체와 공급가격도 명기되어 있다. 하지만, 업체에 따라 BOM과 Part List를 구별 없이 사용하기도 한다.

만약 Part List에 공급업체와 가격을 명기하지 않는 업체라면, 단순 Part List로는 공급업체 파악이 되지 않아 BOM보다 활용도가 떨어진다. BOM을 입수하면 모든 부품 공급업체와 공급가 정보를 파악할 수 있다.

완제품 OEM의 경우, Buyer가 BOM을 요청하는 것이 일반적이다. Buyer가 BOM 검토 후 경쟁력이 없는 부품은 다른 부품을 사용하도록 권유한다. 즉, 부품 구매 가격을 인하함으로써 OEM 제품 가격을 인하하는 것이 목적이다.

❹ patents, registered design rights, algorithms, schematics, inventions and all other intellectual and industrial property rights.

특허, 등록된 디자인 권리, 알고리즘, 설계도, 발명 및 모든 기타 지적 및 산업 재산

10. "Jointly Developed IP" means Intellectual Property rights that may be jointly developed or created by direct collaborative efforts by the Parties during the term of this Agreement by employees, consultants or contractors of both Parties but that are not improvements to OMNI Background IP, or improvements to OMNI Independently Developed IP, or improvements to RFCHIP Background IP, or RFCHIP Independently Developed IP.

"공동 개발된 IP"는 양 당사자의 직원, 컨설턴트 또는 도급업자가 본 계약 기간 동안 양 당사자의 직접적인 협력 노력으로 공동으로 개발하거나 생성할 수 있는 지식재산권을 의미하며, 다음 IP들은 공동 개발 IP로 간주하지 않는다.

- 옴니 백그라운드 IP를 개선한 것
- 옴니 자체 개발 IP를 개선한 것
- 알에프칩 백그라운드 IP를 개선한 것
- 알에프칩 자체 개발 IP

11. "Mask Works" means one or more series of related images and data however fixed or encoded

"마스크 워크"는 고정되거나 인코딩된 하나 이상의 관련 이미지 및 데이터 시리즈를 의미한다.

❶ used during the semiconductor fabrication process,

반도체 제조 공정 동안 사용되는,

❷ having or representing the predetermined three dimensional pattern

미리 결정된 3차원 패턴을 갖거나 나타내며

❸ in which series the relation of the images to one another is that each image has the pattern of the surface of one form of the semiconductor chip product as defined by the U.S. Semiconductor Chip Protection Act of 1984.

각 이미지의 관계는 1984년의 미국 반도체 칩 보호법(U.S. Semiconductor Chip Protection Act of 1984)에 의해 정의된 한 형태의 반도체 칩 제품 표면 형태를 보인다는 것이다.

▶ mask works : 반도체 칩 표면에 인쇄되는 회로 패턴으로 반도체 chip의 핵심

12. "Project" means the design and development work conducted by RFCHIP and OMNI pursuant to this Agreement, which Project shall entail the design and development of the Ultrasuper IC.

"프로젝트"는 본 계약에 따라 알에프칩 및 옴니가 수행하는 설계 및 개발 작업을 의미하며, 프로젝트에는 Ultrasuper IC의 설계 및 개발이 수반된다.

13. "Prototype(s)" means a pre-production version of an OMNI Product or the RFCHIP Product designed according to Requirements provided by the Parties.

"프로토타입"은 당사자가 제공한 요구 사항에 따라 설계된 옴니 제품 또는 알에프칩 제품의 양산 개시 이전 단계의 버전을 의미한다.

14. "Requirements" means the product requirements as defined in Exhibit A.1.

"요구 사항"은 별첨 A.1에 정의된 제품 사양을 의미한다.

15. "RF" means radio frequency.

"RF"는 무선 주파수를 의미한다.

16. "RFCHIP Background IP" means all Intellectual Property which

❶ at the Effective Date is owned or controlled by RFCHIP;

❷ is obtained after the Effective Date by RFCHIP through acquisition of such Intellectual Property; or

❸ results from independent activities by RFCHIP.

"알에프칩 백그라운드 IP"는 다음에 해당하는 모든 지적 재산을 의미한다.
❶ 계약 발효일에 알에프칩이 소유하거나 관리하는 것
❷ 계약 발효일 이후에 해당 지적 재산권 취득을 통해 알에프칩이 취득한 경우
❸ 알에프칩의 자체적인 활동의 결과물

17. "RFCHIP Deliverables" means all deliverables to be delivered by RFCHIP or any third party designated by RFCHIP to OMNI under the Development Plan.

"알에프칩 산출물"은 알에프칩 또는 알에프칩이 지정한 제삼자가 개발 계획에 따라 옴니에 제공하는 모든 산출물을 의미한다.

18. "RFCHIP Independently Developed IP" means the Intellectual Property developed solely by RFCHIP and pursuant to and during the term of this Agreement.

"알에프칩 자체 개발 IP"는 본 계약 기간 동안, 계약 내용에 의거 알에프칩에서 단독으로 개발한 지적 재산권을 의미한다.

19. "RFCHIP Product" means the Ultrasuper IC provided by RFCHIP pursuant to this Agreement.

"알에프칩 제품"은 본 계약에 따라 알에프칩에서 제공하는 Ultrasuper IC를 의미한다.

20. "Software" means the computer program(s), including programming tools, scripts and routines, that either Party is required to, or otherwise does develop or otherwise provide under this Agreement including all updates, upgrades, new versions, new releases, enhancements, improvements and other modifications made or provided.

▶ upgrade : 업그레이드(제품의 품질·성능 등이 좋아짐)

"소프트웨어"는 프로그래밍 도구, 스크립트 및 루틴을 포함하여 일방 당사자가 본 계약에 따라 개발을 하여야 하거나, 아니면 제공해야 하는 컴퓨터 프로그램을 의미하며, 모든 업데이트, 업그레이드, 새 버전, 새 출시물, 개선 사항 및 기타 만들어지거나 제공된 수정 사항을 포함한다.

As context dictates, Software may refer to one or more Software Deliverables or aggregate Software.

▶ as ~ dictates : ~대로
as customs dictates : 관례대로, 관행대로, 관습대로

문맥대로 소프트웨어는 하나 이상의 소프트웨어 산출물 또는 집합 소프트웨어를 지칭한다.

21. "Third Party IP" shall mean

❶ Intellectual Property Rights licensed from third parties by RFCHIP and included in the RFCHIP Product or
❷ Intellectual Property Rights licensed from third parties by OMNI and included in an OMNI Product.

"제삼자 IP"는
❶ 알에프칩이 제삼자로부터 라이센싱 받아 알에프칩 제품에 포함한 지적 재산권 또는
❷ 옴니가 제삼자로부터 라이센싱 받아 옴니 제품에 포함한 지적 재산권을 의미한다.

22. "Third Party Materials" means any materials and information, including documents, data, know-how, ideas, methodologies, specifications, software, content and technology, in any form or media, in which any party other than OMNI or RFCHIP owns any Intellectual Property Right.

"제삼자 자료"는 옴니 또는 알에프칩 이외의 주체가 어떤 형식 또는 미디어로 지식재산권을 소유하는 모든 자료 및 정보를 의미하며, 문서, 데이터, 노하우, 아이디어, 방법론, 사양, 소프트웨어, 콘텐츠 및 기술을 포함한다.

23. "Ultrasuper Transponder IC" means an integrated circuit device consisting of an RF transceiver developed to support the Ultrasuper Transponder, which integrated circuit device is designed by RFCHIP pursuant to this Agreement.

"Ultrasuper Transponder IC"는 Ultrasuper Transponder를 지원하기 위해 개발된 RF 트랜시버로 구성된 집적 회로 장치를 의미하며, 이 집적 회로 장치는 본 계약에 따라 알에프칩에서 설계한다.

24. "Ultrasuper Transponder" means a product encompassing the Ultrasuper IC designed by RFCHIP which inquires, receives, and transmits information via either a radio signal or an optical signal.

▶ encompass : 포함하다, 망라하다, 아우르다, 둘러싸다, 에워싸다

"Ultrasuper Transponder"는 무선 신호 또는 광신호를 통해 정보를 조회, 수신 및 전송하는 알에프칩에서 설계한 Ultrasuper IC를 포함하는 제품을 의미한다.

2. DEVELOPMENT PROCESS(개발 절차)

RFCHIP shall use commercially reasonable efforts to diligently develop the RFCHIP Product during the Term of this Agreement according to the description set forth in the corresponding Exhibits. RFCHIP shall use commercially reasonable efforts to provide OMNI with the RFCHIP Deliverables, RFCHIP Product and/or RFCHIP Prototype(s).

▶ commercially reasonable efforts : 상업적으로 합리적인 노력
상거래 계약당사자로서 「신의 성실 원칙(principle of good faith)」에 의거한 합리적인 노력을 의미하는 상용어구이다.

알에프칩은 해당 서류에 명시된 설명대로 본 계약 기간 동안 알에프칩 제품을 성실히 개발하기 위해 상업적으로 합리적인 노력을 기울인다. 알에프칩은 알에프칩 산출물, 알에프칩 제품 및/또는 알에프칩 프로토 타입을 옴니에 제공하기 위해 상업적으로 합리적인 노력을 기울인다.

1. Project Schedule(프로젝트 일정)

- 상식적으로 생각하면 본 조항은 아주 단순한 내용이다. 어떤 제품을 개발하려면 각 단계가 있고, 진행 중간중간에 개발회사와 개발의뢰회사가 협의하여야 하는 사안도 있고 수정, 변경하여야 되는 사안이 발생할 수도 있다.

• 즉, 원하는 사양이 여러 가지 있는데 모든 사양을 충족하는 것이 불가할 수도 있고, 특정 사양을 충족시키기 위해서 다른 사양을 낮추어야 할 수도 있다. 이러한 관점에서 개발회사와 개발의뢰회사는 개발 단계마다 최대한 빨리 "Yes or No"를 확정하여야 다음 단계의 개발 진행이 가능하니, 상호 협의하면서 제품 개발을 진행하여야 한다.

• 개발의뢰회사가 개발 비용을 지불하고 개발회사에 제품 개발을 맡겼다고 신경 쓸 일이 없는 것이 아니며, 긴밀히 협력하여야 원하는 제품을 얻을 수 있다. 이런 기본 상황을 인지하고 계약서 조항을 읽으면 이해가 쉬울 것이다.

1.1 Milestones(주요 일정, 이정표)

The Development Plan specifies milestones("Milestone" or "Milestones"), each of which requires the delivery by RFCHIP of one or more RFCHIP Deliverables, or delivery by OMNI of one or more OMNI Deliverables, on specific due dates("Milestone Due Dates").

▶ one or more : 1개 이상　　two or less : 2개 이하

▶ milestone : 주요 일정, 이정표(milepost, signpost)

개발 계획은 마일스톤(주요 일정)을 명시하며, 각 특정 기일("마일스톤")에 알에프칩이 하나 이상의 알에프칩 산출물을 제시하거나 옴니가 하나 이상의 옴니 산출물을 제시하여야 한다.

For each Milestone with RFCHIP Deliverables, OMNI will have a commercially reasonable period of time after receipt of all RFCHIP Deliverables for that Milestone, in which to review, perform acceptance tests(if appropriate), and accept or reject the RFCHIP Deliverables.

▶ **if appropriate**의 의미는 테스트할 상태라면 테스트하고, 테스트할 필요도 없는 상태라면 하지 않는다는 것임.

알에프칩이 산출물을 제시하는 각 마일스톤에, 옴니는 해당 마일스톤에 알에프칩이 제출하는 모든 산출물을 받은 후 상업적으로 합당한 기간 내에 검토, 승인 테스트(적절할 경우) 하여, 합격 또는 불합격 여부를 결정하여야 한다.

Milestone, Milepost(이정표, 주요 일정, 획기적 사건, 중대 시점)

an important event in the development or history of something or in someone's life; a significant event or point in development; a stone functioning as a milepost

마일스톤(milestone), 마일포스트(Milepost)란 프로젝트 진행 과정에서 특정할 만한 상황을 말한다. 예를 들어, 계약, 착수, 인력투입, 선금 수령, 중간 진행 상황 보고, 감리, 종료, 잔금 수령 등등 프로젝트 성공을 위해 반드시 거쳐야 하는 중요한 지점을 의미한다.

- milestone in one's life : 인생에서 가장 중요한 사건(landmark)이나 시점
- milestone in the history : 역사상 중대한 사건
- Developing an autonomous electric vehicle was a milestone in human history.
  자율주행 전기차 개발은 인류 역사의 중대 사건이었다.

If RFCHIP's Deliverables do not meet the Requirements as stated in the Development Plan, OMNI shall report the non- compliance to RFCHIP within a commercially reasonable period of time after receipt of the RF-CHIP Deliverables, as defined for each Milestone in Exhibit A.2.

▶ non-compliance : 불승낙, 불순종, 불복종, 불이행

알에프칩의 산출물이 개발 계획에 명시된 요구 사양을 충족하지 않는 경우, 옴니는 별첨 A.2의 각 마일스톤에 정의된 대로 알에프칩 산출물을 받은 후 상업적으로 합당한 기간 내에 알에프칩에 승낙하지 않음을 통보하여야 한다.

RFCHIP shall modify such RFCHIP Deliverables and re-submit such RFCHIP Deliverables to OMNI within a commercially reasonable period of time after receiving notification of non-compliance, as defined for each Milestone in Exhibit A.2.

알에프칩은 불승낙 통지를 받은 후 상업적으로 합당한 기간 내에 알에프칩 산출물을 수정하여 별첨 A.2에 명기된 각 마일스톤대로 옴니에 다시 제출하여야 한다.

OMNI's failure to report the non-compliance within a commercially reasonable period of time after receiving RFCHIP Deliverables as defined in Exhibit A.2 will be deemed OMNI's acceptance of RFCHIP Deliverables, and the parties will move on to the next stage of the development. This procedure will be repeated until OMNI accepts RFCHIP Deliverables in accordance with the Requirements.

- in accordance with : ~에 따라서, ~에 부합되게, (규칙·지시 등에) 따라

별첨 A.2에 명시된 대로, 옴니가 알에프칩 산출물을 받은 후 상업적으로 합당한 기간 내에 승낙 여부를 통보하지 않으면 옴니가 알에프칩 산출물을 수락한 것으로 간주하며, 옴니와 알에프칩은 개발 다음 단계를 진행한다. 옴니가 알에프칩 결과물을 요구 사양에 따라 승낙할 때까지 이러한 절차는 반복된다.

If OMNI does not accept the RFCHIP Deliverables set forth in Milestone 3 of Exhibit A.2 because such RFCHIP Deliverables do not meet the Requirements stated in the Development Plan within 12 months after OMNI's first payment of Development Fees to RFCHIP, OMNI may terminate this Agreement pursuant to Section 10.3 below, upon which termination RFCHIP shall repay to OMNI all Development Fees paid to that date.

- 아주 중요한 조항이다.『개발비 착수금 지불 후 1년 이내 개발이 성공적으로 완결되지 않으면 개발의뢰자가 언제든지 계약 해지할 수 있으며, 개발회사는 개발비 반환한다.』라는 것이다. 본 조항이 있어야 개발의뢰회사가 안심하고 개발회사에 개발의뢰 할 수 있다. 개발비를 반환하겠다는 것은 개발회사 자신감의 표시인바, 개발비의 실제 반환 여부는 차치하고, 개발의뢰회사는 일단은 안심하고 개발회사에 개발 의뢰할 수 있을 것이다.

옴니가 알에프칩에 개발 비용을 첫 지불한 후 12개월 이내에 알에프칩 산출물이 개발 계획에 명시된 요구 사항을 충족하지 못하여 옴니가 별첨 A.2의 마일스톤 3에 명시된 알에프칩 산출물을 승낙하지 않으면 아래 섹션 10.3에 따라 본 계약을 해지할 수 있다. 계약 해지 시 알에프칩은 해당 날짜까지 옴니에 받은 모든 개발 비용을 옴니에 상환한다.

For each Milestone with OMNI Deliverables, RFCHIP will have a commercially reasonable period of time after receipt of all OMNI Deliverables for that Milestone, in which to review, perform acceptance tests(if appropriate), and accept or reject the OMNI Deliverables. If OMNI's Deliverables do not meet the Requirements in the Development Plan, RFCHIP shall report the non-compliance to OMNI within a commercially reasonable period of time after receipt of the OMNI Deliverables, as defined for each Milestone in Exhibit A.2.

- **if appropriate**의 의미는 테스트할 상태라면 테스트하고, 테스트할 필요도 없는 상태라면 하지 않는다는 것임.
- exhibit : 별첨, 첨부, 붙임

옴니 산출물 제시 마일스톤에 대해, 알에프칩은 각 마일스톤에 대한 모든 옴니 산출물을 받은 후 상업적으로 합당한 기간 내 승인 테스트(테스트할 만하면)를 검토하고 옴니 산출물에 대해 승인 여부를 결정한다. 옴니의 산출물이 개발 계획에 명시된 사양을 충족하지 않을 경우, 알에프칩은 별첨 A.2의 각 마일스톤에 대해 정의된 대로 옴니 산출물을 받은 후 상업적으로 합당한 기간 내에 옴니에 승낙하지 않음을 통보하여야 한다.

OMNI shall modify such OMNI Deliverables and re-submit such OMNI Deliverables to RFCHIP within a commercially reasonable period of time after receiving notification of non-compliance, as defined for each Milestone in Exhibit A.2. RFCHIP's failure to report the non-compliance within a commercially reasonable period of time after receiving OMNI Deliverables as defined in Exhibit A.2 will be deemed RFCHIP's acceptance of OMNI Deliverables and the parties will move on to the next stage of the development. This procedure will be repeated until RFCHIP accepts OMNI Deliverables in accordance with the Milestone Schedule of Exhibit A.2.

옴니는 별첨 A.2의 각 마일스톤에 대해 정의된 바와 같이, 불승낙 통지를 받은 후 상업적으로 합당한 기간 내에 그러한 옴니 산출물을 수정하고 알에프칩에 해당 옴니 산출물을 다시 제출하여야 한다. 알에프칩이 별첨 A.2에 정의된 대로 옴니 산출물을 받은 후 상업적으로 합당한 기간 내에 불승낙 통보하지 않으면 알에프칩이 옴니 산출물을 승낙한 것으로 간주하며, 옴니와 알에프칩은 개발 다음 단계를 진행한다.

이 절차는 알에프칩이 별첨 A.2의 마일스톤 일정에 따라 옴니 산출물을 승낙할 때까지 반복한다.

A description of each Milestone, with applicable Milestone Due Dates, periods of time for deliverable acceptance and correction(if needed), RF-CHIP Deliverables and/or OMNI Deliverables, acceptance tests, acceptance period, and correction period is set forth in Exhibit A.2.

해당 마일스톤 기한, 산출물 수락 및 수정 기간(필요한 경우), 알에프칩 산출물 및/또는 옴니 산출물, 수락 여부 테스트, 수락 기간 및 수정 기간과 함께 각 마일스톤에 대한 설명은 별첨 A.2에 명시되어 있다.

법률 영어 vs. 비즈니스 영어

법률 영어는 비즈니스 영어와 큰 차이가 있다. 비즈니스 영어의 기본은 되도록 상대가 알기 쉽게, 즉 상대의 관점에서 작성하나, 법률 영어는 그렇지 않은 것 같다.

A description of each Milestone, with applicable Milestone Due Dates, periods of time for deliverable acceptance and correction(if needed), RFCHIP Deliverables and/or OMNI Deliverables, acceptance tests, acceptance period, and correction period, is set forth in Exhibit A.2.

상기 문장구조를 분석하면,

A description of each Milestone is set forth in Exhibit A.2.이며 Exhibit A.2에 【applicable Milestone Due Dates, periods of time for deliverable acceptance and correction(if needed), RFCHIP Deliverable and/or OMNI Deliverable, acceptance tests, acceptance period, and correction period】가 같이 들어 있다는 것이다.

【 ~ 】의 장황한 내용을 전치사 with 뒤에 모두 배치하여, 한참 읽다 보면 주어 동사가 헷갈린다.

비즈니스 영어로 상기 문장 내용을 작성한다면,

A description of each Milestone is set forth in Exhibit A.2, which encompasses applicable Milestone Due Dates, periods of time for deliverable acceptance and correction(if needed), RF-CHIP Deliverables and/or OMANI Deliverables, acceptance tests, acceptance period, and correction period.

- encompass : contains, includes, shows 등의 동사 사용 가능

으로 작성하여, 읽는 사람의 편의를 우선시할 것이다.

1.2 Deliverables(산출물, 제출물)

RFCHIP will develop the RFCHIP Deliverables as required to satisfy each Milestone for which RFCHIP has Deliverables, and deliver the Deliverables on or before the due date. TIME IS OF THE ESSENCE regarding the delivery of the RFCHIP Deliverables on or before the due date.

- of the essence : 불가결의, 가장 중요한
  of the greatest importance; all important; all-important; crucial; essential
- THE ESSENCE : 대문자로 작성한 것은 내용을 강조하는 것임. 계약서에서 강조할 때는 대문자를 사용하는 것이 일반적이며, 일반 비즈니스 통신에서는 컬러, 밑줄, 이탤릭체 등을 많이 사용한다.

알에프칩은 산출물 제시 마일스톤 일정대로 산출물을 개발하며, 정해진 기한 또는 그 이전에 산출물을 제출한다. 알에프칩 산출물을 마감일 이내에 제시하는 데 가장 중요한 것은 시간 사안이다.

If RFCHIP Deliverables cannot be delivered as required to satisfy a Milestone, or within the resubmission time specified in 2.1.1 above, and delay being fully attributable to RFCHIP, or any of its agents or contractors, RFCHIP will inform OMNI and submit a plan for a revised Deliverable Schedule to OMNI within thirty(30) days of the due date of the Deliverable.

- contractor : 계약자, 도급업자, 하청업자(2000년대부터는 협력업체라는 말을 사용)

알에프칩 산출물이 마일스톤대로 제시될 수 없거나 위의 2.1.1에 명시된 재제출 시일 내에 인도될 수 없으며, 지연 사유가 전적으로 알에프칩 또는 그 대리인 또는 협력 업체에 기인하는 경우, 알에프칩은 이러한 상황을 옴니에 알리고 산출물 제출 당초 일정 30일 이내에 조정 일정을 옴니에 제시한다.

OMNI may accept or reject this plan. If the plan is accepted, the Parties will proceed with the revised Deliverable Schedule.

옴니는 이 계획을 수락하거나 거부할 수 있다. 계획이 수락되면 당사자(옴니와 알에프칩)들은 조정된 산출물 일정대로 개발 진행한다.

If the plan is rejected, RFCHIP and OMNI agree to negotiate in good faith a revised Deliverable Schedule that is acceptable to both parties

- 동사 negotiate의 목적어는 a revised Deliverable Schedule이나, 뒤에 수익 어구가 길어, 동사 바로 다음에 부사구 in good faith(bona fide : 선의로, 선의의 신뢰하에, 성실히)를 배치한 것이다. 「긴 내용은 뒤로」라는 영어의 기본 원칙을 따른 것이다.

옴니가 알에프칩이 제출한 조정 일정을 거부하는 경우, 알에프칩과 옴니는 양사가 수용할 수 있는 산출물 제시 일정을 성실하게 협상하기로 동의한다.

OMNI will develop the OMNI Deliverables as required to satisfy each Milestone for which OMNI has Deliverables, and deliver the OMNI Deliverables on or before the due date. If OMNI Deliverables cannot be delivered as required to satisfy a Milestone, or within the resubmission time specified in 2.1.1 above, and delay being fully attributable to OMNI, or any of its agents or contractors, OMNI will inform RFCHIP and submit a plan for a revised Deliverable Schedule to RFCHIP within thirty(30) days of the due date of the Deliverable.

옴니는 옴니의 산출물 마일스톤을 충족하도록 옴니 산출물을 개발하여 기한일 이내에 옴니 산출물을 제출한다. 옴니 산출물이 마일스톤 일정대로 제시될 수 없으며, 지연 사유가 전적으로 옴니 또는 그 대리인 또는 협력업체에 기인하는 경우, 옴니는 알에프칩에 그러한 사실을 알리고, 산출물 제출 당초 일정 30일 이내에 조정 일정을 알에프칩에 제시한다.

RFCHIP may accept or reject this plan. If the plan is accepted, the parties will proceed with the revised Deliverable Schedule.

알에프칩은 이 계획을 수락하거나 거부할 수 있다. 계획이 수락되면 당사자들은 수정된 일정을 진행한다.

If the plan is rejected, RFCHIP and OMNI agree to negotiate in good faith a revised Deliverable Schedule that is acceptable to both parties.

알에프칩이 옴니가 제출한 조정 일정을 거부하는 경우, 알에프칩과 옴니는 양사가 수용할 수 있는 산출물 제시 일정을 성실하게 협의하기로 동의한다.

1.3 Review, Testing and Acceptance of Deliverables
(산출물 검토, 테스트, 승인)

OMNI will review, test, and accept the RFCHIP Deliverables as provided in Exhibit A.2.

옴니는 별첨 A.2에 명시된 대로 알에프칩의 산출물을 검토, 테스트, 수락한다.

RFCHIP will review, test and accept the OMNI Deliverables as provided in Exhibit A.2.

알에프칩은 별첨 A.2에 명시된 대로 옴니 산출물을 검토, 테스트, 수락한다.

N.B. 사출물 제품을 양산하려면 금형을 제작하여야 한다, 금형 제작이 끝나면 처음 시사출해서 제품을 검토 후, 설계대로 되지 않았으면 잘못된 부위를 찾아, 다시 금형 수정하고, 다시 시사출한다. 다시 시사출한 제품을 검토 후, 그 제품이 당초 도면에 일치하는지, 양산성이 어떤지를 검토 협의한 후, 최적이 아니면 다시 금형 수정한다. 사출물이 잘 나올 때 까지 이 절차를 반복한다. 그런데 이러한 협의가 늦으면 금형 수정도 늦어 질 수밖에 없는 것이다.

이러한 사유로, 각 당사자는 합리적인 기간 내에 검토를 완료하여야 한다. 검토, 수정 완료되어야 다음 단계의 개발 진행이 가능하다.

2. Delivery(공급, 제출, 제시)

Each Party shall deliver to the other Party, in accordance with the Deliverable Schedules, the documents, materials and/or samples as specified in the OMNI Deliverables and RFCHIP Deliverables, respectively.

각 당사자는 산출물 제출 일정에 따라 옴니 산출물 및 알에프칩 산출물에 각각 명시된 문서, 자료 및/또는 견본을 상대방에게 제시한다.

RFCHIP shall notify OMNI in writing of the change to Deliverables, and Omni shall have a commercially reasonable time to review the change, and accept or reject the request.

알에프칩은 산출물의 변경을 옴니에 서면으로 통지하며, 옴니는 요청 통지를 받은 후 상거래상 합당한 기간을 두고 변경 요청을 검토하고, 검토 결과에 따라 수락 또는 거부한다.

Any such change order shall be implemented only upon OMNI's written consent, and OMNI shall have no obligation to agree to any change order that OMNI believes would adversely affect the operation of the RFCHIP Product.

- have no obligation to ~ : ~ 의무가 없다, ~ 책임이 없다
- adversely : badly, unfavorably, harmfully

그러한 사양 변경은 옴니의 서면 동의가 있는 경우에만 가능하며, 만약 옴니가 그러한 변경이 알에프칩 제품의 기능에 부정적인 영향을 미칠 것으로 판단하는 경우는 동의할 의무가 없다.

OMNI shall notify RFCHIP in writing of the change to Deliverables, and RFCHIP shall have a commercially reasonable time to review the change, and accept or reject the request.

옴니는 산출물의 변경을 알에프칩에 서면으로 통지하며, 알에프칩은 요청 통지를 받은 후 상거래상 합당한 기간 내에 변경 요청을 검토하고, 검토 결과에 따라 수락 또는 거부한다.

Any such change order shall be implemented only upon RFCHIP's written consent, and RFCHIP shall have no obligation to agree to any change order that RFCHIP believes would adversely affect the operation of an OMNI Product.

▶ 밑줄 친 문장은 응용 활용도가 높은 문장인바, 암기해두자.

그러한 변경 지시는 옴니의 서면 동의가 있는 경우에만 가능하며, 만약 알에프칩이 그러한 변경이 옴니 제품의 기능에 부정적인 영향을 미칠 것으로 판단하는 경우는 동의할 의무가 없다.

3. Change Requests(변경 요청)

Any Change to the Development Plan which will impact the Ultrasuper IC performance, development cost, or the Deliverable Schedules shall be agreed by both parties in writing.

Ultrasuper IC 성능, 개발 비용 또는 산출물 제시 일정에 영향을 미치는 개발 계획의 변경은 양 당사자가 서면으로 합의하기로 한다.

4. Project Managers(프로젝트 매니저)

The project managers and key personnel as designated by OMNI and RFCHIP respectively are noted below.

옴니와 알에프칩이 각각 지정한 프로젝트 관리자 및 핵심 인력은 다음과 같다.

❶ RFCHIP

- Project Managers : Tom Delon
- Key Personnel : Susan Eastwood

❷ OMNI

- Head of R&D : Haha Kim

Each Party may only change its project managers and/or key personnel with the other Party's written consent, which shall not be unreasonably withheld, and the changing Party shall provide the other Party with a transition plan demonstrating that the change in project manager(s) will not impact any Milestone or Milestone Due Date.

- provide A with B : A에게 B를 제공하다 : provide B for A
- 이런 식으로 개발 담당자를 확정하여 되도록 변경하지 않게 할 수도 있으며, 담당자 변경 여부에 크게 개의치 않을 수도 있다. 왜냐하면 개발 담당자 변경 여부는 개발회사의 내부 사안이라 개발의뢰회사에서 굳이 관여할 필요성에 관한 판단은 각 사에 따라 상이하다.

각 당사자는 상대방의 서면 동의(동의 여부는 합리적인 기간 내에 판단되어야 함)가 있으면, 프로젝트 관리자 및/또는 핵심 인력을 변경할 수 있으며, 변경 당사자는 프로젝트 관리자의 변경이 마일스톤 또는 마일스톤 기한에 영향을 미치지 않음을 입증하는 전환 계획을 상대방에게 제공한다.

- **which shall not be unreasonably withheld**는 계약서에 빈번하게 사용되는 관용어구로, 『비합리적으로 보류되지 않는다』 즉, 『합리적인 기간 내에 결정· 판단한다.』라는 의미이다.

3. DEVELOPMENT FEES(개발비)

1. Total Development and Design Cost(총 개발 설계 비용)

OMNI shall pay RFCHIP Development Fees in the amount of Seven Hundred Thousand Dollars(USD700,000.00). The Payment Schedule for such Development Fees, which is based on the Milestone deliverable schedule, is specified in Exhibit A.3.

옴니는 알에프칩에 개발 비용으로 칠십만 달러(USD700,000)를 지불한다. 개발 비용에 대한 지불 일정은 마일스톤에 의거 별첨 A.3에 명시되어 있다.

RFCHIP will be responsible for all its commercially reasonable costs incurred in providing RFCHIP Deliverables. OMNI will be responsible for all its commercially reasonable costs incurred in providing OMNI Deliverables.

알에프칩은 알에프칩 산출물을 제공하는 데 발생하는 상업적으로 합당한 모든 비용을 부담한다. 옴니는 옴니 산출물을 제공하는 데 발생하는 상업적으로 합당한 모든 비용을 부담한다.

2. Payment Terms and RFCHIP's Bank Account
(개발비 지불 조건과 알에프칩의 은행 계좌)

This Payment Schedule is intended to accomplish OMNI's payment of the Development Fees to RFCHIP's bank account as follows:

옴니의 알에프칩 개발비 지불 일정과 개발비 입금 알에프칩 은행 계좌는 다음과 같다.

❶ $200,000 within five(5) working days after signing contract.

▶ working days는 business days라고 하는데, 근무일, 영업일을 의미한다. 즉, 공휴일은 일자 계산에 포함되지 않는다. 만약 five days라고 한다면, 영업일, 공휴일 여부를 따지지 않고 무조건 5일이 되는 것이다.

계약 체결 후 5영업일 이내에 $200,000.

❷ $200,000 within five(5) working days after OMNI's approval of the Tape Out milestone

옴니가 Tape Out 마일스톤을 승인한 후 5영업일 이내에 $200,000.

▶ Tape-out은 반도체 설계 과정에서 masking 직전의 단계이다. Tapeout은 금형 설계에 필요한 최종 제품 도면이며, Masking은 반도체 chip의 회로 패턴 금형이라고 간주하면 된다.

③ $200,000 within five(5) working days after OMNI's approval of the Initial Samples.

옴니가 초기 샘플을 승인한 후 영업일 기준 5일 이내에 $200,000.

④ $100,000 within five(5) working days after OMNI's approval of the Final Samples.

옴니가 최종 샘플을 승인한 후 영업일 기준 5일 이내에 $100,000.

RFCHIP's Bank Account

- Bank : Cosco Valley Bank
  3003 Tasman Drive Santa Clara
  CA 95054 USA
  PHONE # : 408-654-7400
- Account Name : RFCHIP Inc.
- Account # : 300792491
- SWIFT CODE : SVBKUS6S
- ROUTING/TRANSIT # : 121140399

▶ 송금 신청 시, Routing은 기재하지 않아도 무방하나, SWIFT Code는 반드시 기재하여야 신속한 입금이 가능하다. SWIFT Code는 각 은행의 우편번호라고 간주하면 된다.

If RFCHIP Deliverable(s) are never accepted by OMNI after OMNI follows in good faith the process set forth in Section 2.1.2 and the Parties cannot agree, despite good faith negotiations, on a revised Deliverable Schedule, then, in addition to the other rights and remedies available to OMNI under the Agreement, there shall be no further obligation for OMNI to pay any remaining payments, and RFCHIP shall, within sixty(60) days after receipt of written request for repayment from OMNI, repay to OMNI all Development Fees previously paid to RFCHIP.

- 주어, 동사, 목적어에 밑줄 친바, 밑줄만 먼저 읽은 후 전체 문장을 읽는 것이 문장 파악에 도움이 될 것이다.

옴니가 섹션 2.1.2에 명시된 프로세스를 성실하게 따른 후 알에프칩 산출물이 옴니에 의해 수락되지 않고, 당사자들이 성실한 협상에도 불구하고 수정된 산출물 일정에 동의할 수 없는 경우라면, 본 계약에 따라 옴니가 사용할 수 있는 다른 권리 및 구제 방법에 추가하여, 옴니는 개발비 잔금 지불 의무가 이제는 없으며, 알에프칩은 옴니로부터 개발비의 상환 요청을 서면으로 받은 후 60일 이내에 그간 받은 개발비 전액을 옴니에 상환한다.

4. OMNI PURCHASE OF RFCHIP PRODUCT(옴니의 알에프칩 제품 구매)

- 개발회사인 알에프칩은 IC 개발 후 일정 기간 옴니에 IC를 공급하기를 희망하며, 즉 개발 이익에 IC 판매 수익을 추가 확보하고자 한다. 본 조항은 알에프칩이 옴니에 IC 공급 시 얼마 동안에 어떠한 조건으로 IC를 공급하는지에 대한 상세한 내용이다.

- 일반적으로 IC 개발 직후, 개발의뢰회사의 최소 의무 구매 수량이 있으며, 이러한 수량은 개발회사에서 중개인 역할을 하여 개발의뢰회사에 공급하여 수익을 확보한다.

- 개발회사는 이후에도 IC 중개를 원할 수 있으나 가격에 따라 IC 가능 여부가 결정될 것이며, 개발회사가 IC를 중개 공급하지 못하면 IC 개당 royalty를 청구할 수도 있다.

- 만약 개발의뢰회사가 충분한 개발 비용을 개발회사에 지불한다면, 개발사는 IC 공급에 관여하지 않을 수도 있다. 만약 개발의뢰회사가 반도체에 대한 전문 know-how가 없다면 개발의뢰회사의 입장에서는 개발비의 많고 적음을 떠나, 양산 초기 단계에는 일단 개발회사에서 「개발한 IC를 책임지고 공급하게 하는 것」이, 즉 양산의 품질이 확실히 검증될 때까지는 개발회사에 IC 공급을 의존하는 것이 편할 수가 있다. 이러한 사유로, 개발비는 가능한 한 낮추고, 개발한 IC를 공급함으로써 수익을 확보하도록 하는 것이 개발의뢰회사에 유리할 수도 있다. 이는 개발의뢰회사의 IC 전문성에 달린 사안이다.

- 반도체 공급 flow는 『fabricator(예 : 대만의 TSMC, 한국의 삼성전자 등) ⇒ 개발회사 ⇒ 개발의뢰회사』가 되는 것이다. 즉, 개발의뢰회사가 개발회사에 IC 발주하고, 개발회사는 fabricator에 IC 발주하여, IC(wafer 상태)를 받아, 필요하면 후가공하여 개발의뢰회사에 공급하는 것이다.

- 개발회사가 제외된다면, 개발의뢰회사가 fabricator에 직접 발주한다.
  - 개발회사가 fabricator에 IC masking 의뢰 시, mask의 소유주와 향후 양산 발주 주체를 명확히 해두는 것이 일반적이다.
  - masking charge는 개발회사가 fabricator에게 지불한다.

1. OMNI's Commitment to Purchase Minimum Order
(옴니의 최소 구매 수량 확약)

Subject to the terms and conditions of this Agreement, within ten(10) days after OMNI's receipt of the Final Samples of RFCHIP Product in accordance with the Requirements, OMNI shall place a written noncancelable order with RFCHIP to purchase from RFCHIP a minimum of two million(2,000,000) units(the "Minimum Order") of the RFCHIP Product, at the price of $0.16(USD) per unit, which Minimum Order shall also include the other terms set forth in this Section 4.

본 계약의 조건에 따라, 옴니는 계약 사양을 충족하는 알에프칩 제품의 최종 견본 수취 10일 이내에 알에프칩에 개당 US$0.16의 가격으로 최소 2백만 개를 서면 발주하며, 본 주문은 취소 불가능하다. 본 최소 발주 수량에는 섹션 4에 명시된 다른 조건도 포함된다.

The earlier of ❶ the date on which OMNI places the Minimum Order or ❷ the date that is ten(10) days after OMNI's acceptance of the Final Samples of RFCHIP Product in accordance with the Requirements may be referred to in this Agreement as the "Order Date." If OMNI does not deliver a written purchase order to RFCHIP as required by this Section 4.1, then the terms of this Section 4 shall constitute OMNI's order.

❶ 옴니의 최소 수량 주문 일자 또는

❷ 옴니가 요구되는 사양과 일치하는 알에프칩 제품의 최종 샘플을 받은 후 10일이 지난 일자 중 빠른 일자를 본 계약의 “발주일”로 간주한다. 옴니가 이 섹션 4.1에서 요구하는 대로 서면 구매 주문서를 알에프칩에 발급하지 않으면 본 섹션 4의 조건이 옴니의 주문 조건이 된다.

1.1 OMNI's purchases of RFCHIP Product shall be subject to RFCHIP's Terms and Conditions of Sale set forth in Exhibit A.6 of this Agreement.

옴니의 알에프칩 제품 구매는 본 계약의 별첨 A.6에 명시된 알에프칩의 판매 약관을 적용한다.

1.2 OMNI shall accept delivery of at least one million(1,000,000) units of RFCHIP Product within the first twelve(12) months following the Order Date.

옴니는 발주일로부터 첫 12개월 이내에 알에프칩 제품의 최소 100만 개의 배송을 수락한다.

1.3 On or before the Order Date, OMNI shall deliver a deposit in the amount of $80,000(USD) to RFCHIP, which deposit shall be credited towards the purchase price for the units of RFCHIP Product to be delivered within the first twelve(12) months following the Order Date.

발주일까지 옴니는 알에프칩에 발주 착수금으로 $80,000을 송금하여야 하며, 본 착수금은 다음 첫 12개월 이내에 배송될 알에프칩 제품 단위의 구매 금액에 충당된다.

▶ 위에서 보면, IC 개당 $0.14이고 최소 의무 구매 수량이 2백만 개인바, 총 $320,000(= $0.16 x 2 mil units)이며, $320,000의 25%인 $80,000을 요청한 것임.

개발회사에서 fabricator에 IC 발주 시 이 금액을 선지급하는 것으로 추정된다.

1.4 OMNI shall accept delivery of at least one million(1,000,000) additional units of RFCHIP Product within the second twelve(12) months following the Order Date.

옴니는 발주일로부터 두 번째 12개월 이내에 알에프칩 제품의 최소 100만(1,000,000) 단위의 추가 배송을 수락한다.

- 완제품을 수취 후 의무 구매 수량이 2년에 2백만 개인데, 첫 1년에 최소 1백만 개, 두 번째 1년에 최소 1백만 개라는 의미이다.

1.5 On or before the first anniversary of the Order Date, OMNI shall deliver an additional deposit in the amount of USD70,000 to RFCHIP, which additional deposit shall be credited towards the purchase price for the units of RFCHIP Product to be delivered during the second twelve(12) months following the Order Date.

발주일 1주년 되는 일자까지 옴니는 알에프칩에 USD80,000의 추가 착수금을 지불하며, 이는 발주일로부터 두 번째 12개월 이내에 배송될 오더 대금에 충당된다.

2. Terms of Agreement Prevail Over OMNI's Purchase Order
(계약 조건은 옴니의 구매 주문에 우선한다.)

The Parties <u>intend for</u> 【*the express terms and conditions contained in this Agreement*(including any Exhibits hereto, including RFCHIP's Terms and Conditions of Sale set forth in Exhibit A.6)】 <u>to</u> exclusively govern and control each of the Parties' respective rights and obligations regarding OMNI's purchase of units of RFCHIP Product.

- intend for A to ~ : A가 ~ 하기를 의도하다, 작정하다
  intend to ~ ; intend ~ ing ~ ; intend that ~ : ~할 작정이다, 생각하다
  The parties intend that the express terms and conditions contained in this Agreement can exclusively govern and control each ~

양 당사자는, 옴니의 알에프칩 제품 단위 구매와 관련, 본 계약에 포함된 명시적 조건(별첨 A.6에 명시된 알에프칩의 판매 약관을 포함하여 모든 문서 포함)이 옴니에 대한 각 당사자의 권리와 의무에 우선하는 것으로 한다.

Without limitation of the foregoing, any additional, contrary or different terms contained in any purchase order or other request or communication by OMNI pertaining to the sale of RFCHIP Product by RFCHIP, and any attempt to modify, supersede, supplement or otherwise alter this Agreement, will not modify this Agreement or be binding on the Parties unless such terms have been fully approved in a signed writing by authorized representatives of both Parties.

전술한 내용의 제한 없이, 『알에프칩에 의한 알에프칩 제품 판매와 관련하여, 옴니의 구매 주문서 또는 기타 요청 또는 통신에 포함된 추가, 반대 또는 다른 조건』과 『본 계약을 수정, 대체, 보완 또는 변경하려는 모든 시도』는 양 당사자의 권한 있는 대리인이 해당 조건을 완전히 서면 승인하지 않는 한, 본 계약은 수정되지 않으며 당사자를 구속하지 않는다.

For the avoidance of doubt, any variations made to the terms and conditions of this Agreement by OMANI in any OMANI purchase order are void and have no effect.

for the avoidance of doubt : 무언가를 명확히 다시 설명할 때 계약서에 빈번하게 사용되는 관용어구로 『명확히 말해서, 다시 말해』라는 의미이다. 다른 영어 표현은 **for the clarification, to make things clear** 정도이다.

다시 말해, 옴니의 구매 주문서에서 옴니가 본 계약 조건을 변경한 것은 무효이며 효력이 없는 것으로 한다.

3. Production Terms(생산 조건)

- 발주일 2년째 되는 일자에 알에프칩이 보유하고 있는 『IC 생산에 필요한 실제 마스크, 소프트웨어, 금형 소유권』이 옴니에 이전된다. 즉, 첫 발주일 2주년간은 옴니가 알에프

칩에 IC를 의무 발주하여야 하나, 2주년이 지나면서 그때부터 의무 구매 조항이 없어지며, 옴니의 선택으로 공급처가 결정되며, 옴니가 알에프칩에 발주하지 않을 경우, 알에프칩에 일정 로열티를 지급하여야 한다.

- 즉, 의무 구매 기간 종료 후, 옴니는 알에프칩에 【「로열티 + α」의 수익을 주면서 알에프칩에 IC 발주】 하든지, 아니면 【알에프칩에는 로열티만 지불하면서 TSMC와 같은 fabricator에게 직접 IC 발주】 하든지를 결정하면 된다.

3.1 4.3.1 As provided in Section 6.5 below, on the second anniversary of the Order Date, RFCHIP shall convey to OMNI ownership of the physical masks, software, and other tooling required to produce the Ultrasuper IC; OMNI may elect, however, for RFCHIP to retain possession and/or control of the physical masks, software, and other tooling(probe cards, load boards, bump mask) required to produce the Ultrasuper IC, in which event RFCHIP shall continue to supply parts to OMNI as provided in this Section 4.3.1 and Section 4.3.2 as applicable.

아래 섹션 5에 명시된 바와 같이, 주문일 2주년에 알에프칩은 Ultrasuper IC를 생산하는 데 필요한 마스크, 소프트웨어 및 기타 도구의 소유권을 옴니에 이전하여야 한다. 하지만, 옴니는 알에프칩이 Ultrasuper IC를 생산하는 데 필요한 마스크, 소프트웨어 및 기타 도구(프로브 카드, 로드 보드, 범프 마스크)의 소유 및/또는 관리를 유지하도록 선택할 수도 있다. 이 경우 알에프칩은 섹션 4.3.1과 4.3.2에 명기된 조건대로 옴니에 부품 공급을 계속하여야 한다.

◐ 옴니의 옵션이며 옴니가 원해, 옴니가 알에프칩에 IC 발주하면 알에프칩은 IC를 계속 공급한다는 의미이다.

On the second anniversary of the Order Date, OMNI shall have the option of taking possession and/or control of the physical masks, software, and other tooling(probe cards, load boards, bump mask) required to produce the Ultrasuper IC and, from that point forward, use OMNI's own subcontractors to produce the Ultrasuper IC(the First Option).

주문일 2주년 되는 일자에 옴니는 Ultrasuper IC 생산에 필요한 마스크, 소프트웨어 및 기타 도구(프로브 카드, 로드 보드, 범프 마스크)를 소유 및/또는 관리하며 그 시점부터 옴니의 자체 협력업체를 활용하여 Ultrasuper IC를 생산할 수도 있다. 이 생산 방식이 첫 번째 옵션이다.

If OMNI exercises the Option, during the subsequent two(2) years, OMNI shall pay to RFCHIP a royalty of $0.03 per each unit of Known Good Die of the Ultrasuper IC manufactured for OMNI by third party contract manufacturers, calculated in accordance with Section 4.3.5.

옴니가 옵션을 행사하는 경우, 옵션 행사 시점부터 2년 동안 옴니는 제3의 업체에 IC 발주하며, 옴니는 섹션 4.3.5에 따라 계산된 Ultrasuper IC의 양품 다이에 대해 개당 $0.03의 로열티를 알에프칩에 지불한다.

- 즉, 알에프칩에 IC 발주를 하지 않는 대신 일정 로열티를 지불하여 알에프칩의 일정 수익을 보전하여야 한다는 것이다.
- 옴니의 입장에서 알에프칩에 IC 발주하는 것이 나을지, 제3의 업체에 IC 발주하고 알에프칩에 개당 로열티를 지급하는 것이 나을지를 따져보고 결정할 것이다. 수치적으로 『옴니 구입가 〉 제3의 업체 옴니 공급가 + 옴니 지불 알에프칩 로열티 $0.03/개』가 되어야 제3의 업체에 발주하는 것을 검토할 수 있을 것이다. 비즈니스적으로 가격 차이가 크지 않다면 현재 문제없는 공급업체를 변경하는 경우는 드물다. 왜냐하면 제조업체의 입장에서는 품질에 문제가 없다면 작은 가격 차이에 큰 비중을 두지 않고 기존 거래처와 거래하는 것이 일반적이다. 품질은 가격에 우선한다.

"Known Good Die" means each single die contained in an unbifurcated or whole wafer that has passed RFCHIP's outgoing test requirements which were in effect at the time of OMNI's exercise of its Option to control production of the Ultrasuper IC.

- bifurcate(= split into two, divide into two) : 이분화하다, 두 갈래로 나뉘다, 두 갈래 진(= bifurcated) ⇔ unbifurcated : 이분화되지 않은
- If the provincial government could bifurcate cities, the federal government could also bifurcate provinces.
  지방 정부가 도시를 분할할 수 있다면 연방 정부도 지방을 분할할 수 있다.

옴니의 옵션 행사 시점 현재 유효한「알에프칩의 Ultrasuper IC 생산 관리 출고 테스트」를 통과한 이분화되지 않은 웨이퍼 또는 전체 웨이퍼에 실장된 개별 다이를 "**Known Good Die**"라고 한다.

◆ 웨이퍼 크기마다 상이하나, 보편적인 크기의 웨이퍼의 경우, 다이(die)가 30,000~35,000개 안착되며, 이 중에는 양품 다이도 있고 불량인 다이도 있다. 공급업자는 웨이퍼 지도(wafer map)를 만들어 어느 위치의 다이가 양품인지를 보여주며, 그 양품에 대해서만 비용 청구한다.

If OMNI exercises the Option, the license provisions contained in Section 2 of Exhibit A.5 shall apply from that time forward. If OMNI does not exercise the Option, RFCHIP shall continue to supply parts to OMNI at a price equal to the lesser of $0.15 or 1.5 times RFCHIP's cost of production of the Ultrasuper IC payable to third parties for wafer fabrication, testing and all back end processing(including back grinding, bumping, dicing, and mounting) inclusive of shipping costs.

옴니가 옵션을 행사하는 경우, 섹션 2 별지 A.5에 포함된 라이선스 조항이 그 이후부터 계속 적용된다. 옴니가 옵션을 실행하지 않는 경우, 알에프칩은 알에프칩이 제삼자에게 지불해야 하는 Ultrasuper IC 생산 비용(배송비와 웨이퍼 제조, 테스트 및 백 그라인딩, 범핑, 다이싱, 마운팅 포함한 모든 후가공) 합계의 1.5배 또는 $0.15 중 더 적은 금액으로 옴니에 부품을 계속 공급한다.

In order for RFCHIP to validate the cost to OMNI, RFCHIP shall provide OMNI with a detailed bill of costs showing each cost backed up by relevant evidences like the invoice. This validation procedure shall last as long as RFCHIP provides Ultrasuper IC for OMNI.

◆ validate : 입증/인증/승인하다 ⇔ invalidate : 틀렸음을 입증하다, 무효로 하다

알에프칩이 옴니에 알에프칩의 비용 검증을 위해 알에프칩은 송장과 같은 관련 증거로 뒷받침되는 각 비용 내역을 보여주는 상세한 비용 청구서를 옴니에 제공한다. 이 검증 절차는 알에프칩이 옴니용 Ultrasuper IC를 공급하는 한 지속된다.

3.2 On the fourth anniversary of the Order Date, if OMNI has not already exercised the Option, OMNI may take possession and/or control of the physical masks, software, and other tooling(probe cards, load boards, bump mask) required to produce the Ultrasuper IC and, from that point forward, use OMNI's own subcontractors to produce the Ultrasuper IC. From the fourth anniversary of the Order Date and forward, OMNI shall not be required to pay any royalty to RFCHIP whether or not OMNI buys Ultrasuper IC from RFCHIP.

첫 발주일로부터 4주년이 되는 일자에 옴니가 옵션을 아직 실행하지 않은 경우, 옴니는 옴니의 자체 협력업체를 활용하여 Ultrasuper IC를 생산하기 위해 마스크, 소프트웨어 및 기타 도구(프로브 카드, 로드 보드)를 소유 관리할 수 있다. 주문일 4주년 이후부터는 OMNI의 대 RFCHIP Ultrasuper IC 구매 여부와 상관없이, OMNI가 RFCHIP에 로열티를 지불할 필요가 없다. 별첨 A.5의 섹션 2에 포함된 라이선스 조항이 그때부터 적용된다.

RFCHIP may continue to supply Ultrasuper IC to OMNI, subject to OMNI's acceptance of RFCHIP's price.

옴니가 알에프칩의 가격을 수락하는 경우, 알에프칩은 계속해서 옴니에 Ultrasuper IC를 공급할 수 있다.

3.3 Any royalties owed by OMNI to RFCHIP pursuant to Section 4.3.1, and Section 4.3.2 shall be calculated on a quarterly calendar basis(the "Royalty Period") and shall be payable no later than thirty(30) days after the termination of the preceding full Royalty Period, except that the first and last calendar periods may be "short" depending on the effective date of this Agreement.

- on a quarterly calendar basis : 분기별 달력 기준
- 밑줄 친 마지막 3줄의 의미는, 2023년 8월 7일에 시작되어 2025년 8월 6일에 종료되면, 2023/8/7~9/30일이 first one quarter이고, 10/1~12/31일이 second one quarter, 2025/7/1~8/6일이 last one quarter가 된다는 것이다.

옴니가 알에프칩에 지불하여야 하는 로열티는 섹션 3.1과 3.2에 따라 분기별 달력 기준("로열티 기간")으로 계산되며 해당 로열티 기간이 종료된 후 늦어도 30일 이전에 지불한다. 단, 첫 번째 및 마지막 달은 본 계약의 발효일에 따라 다른 달에 비해 기간이 짧을 수도 있다.

For each Royalty Period, OMNI shall provide RFCHIP with a written royalty statement in a form acceptable to RFCHIP. Such royalty statement will include, on a manufacturer-by- manufacturer basis, the part number, number of units of Known Good Die of the Ultrasuper IC manufactured for OMNI by third party contract manufacturers during the relevant Royalty Period, and a calculation of the amount of Royalties payable.

- royalty statement : 로열티 명세서

각 로열티 기간에 대해 옴니는 알에프칩에서 받아들일 수 있는 형식으로 작성된 로열티 명세서를 알에프칩에 제공하여야 한다. 이러한 로열티 명세서에는 제조업체별 기준으로 부품 번호, 관련 로열티 기간 동안 제삼자 계약 제조업체가 옴니용으로 제조한 Ultrasuper IC의 양품 다이 수량 및 로열티 금액 계산이 포함된다.

IC 로열티 청구·산정 방식

IC 로열티 지급 방식은 그 IC의 가치에 따라 크게 두 가지로 나뉜다.

① IC가 제품의 머리나 심장에 해당하면, 즉 그 IC가 없으면 제품을 만들 수 없는 경우. 예를 들어, IC 가격은 US$1이나 그 IC로 $1,000짜리 제품을 만들어 수익을 창출할 수 있다면? 이런 경우, IC 공급업체는 IC는 IC대로 적정가로 판매하고, 그 IC로 제품을 만들어 파는 업체에 제품 가격의 일정 %를 로열티로 요구한다. 이 방식으로 로열티 청구하는 대표적인 반도체가 핸드폰에 들어가는 미국 퀄컴 IC이다.

② 단순 기능만 하는 IC는 IC 가격을 상당히 올려 받을 수도 있고, ①과 같이 판매 제품의 일정 %를 로열티로 청구할 수도 있으나, 이런 IC들은 매도자와 매수자의 협의로 적당한 선에서 결정된다. IC의 가치에 달린 사안이다.

※ 만약 로열티 지불 업체에서 로열티 명세서를 조작하여 로열티를 작게 지불하면 어떻게 될까? 이는 로열티를 받는 업체의 IC 위상에 따라 로열티 받는 업체의 대처 권한에 큰 차이가 있다. 일부 IC 업체는 로열티 지급 업체의 제품 출고 장부 열람권을 갖기도 한다.

Such statements will be furnished to RFCHIP only if OMNI Products were manufactured for OMNI by third party contract manufacturers during the relevant royalty period and if an actual royalty payment is owed.

이러한 명세서는 관련 로열티 기간 동안 옴니 제품이 제삼자에 의해 제조된 경우에 한하며, 실제 로열티 지불을 하여야 할 경우에만 알에프칩에 제공된다.

5. LICENSES and TRADEMARKS(라이센스와 상표)

- 개발의뢰회사는 옴니이고 개발회사는 알에프칩이지만, 각 사가 가진 특허가 있어, 제품 개발을 진행하다 보면 특허 침해가 발생할 수도 있는바, 개발을 위해 상대방의 특허 사용을 승인하는 것이 기본 내용이며, 그와 관련된 상세 내용을 명기한 조항이다.

- 기본적으로 제품 개발을 위해 상대방의 특허를 사용할 수는 있으나 다른 목적으로는 사용 불가한 것으로 언급한다.

- 또한 개발하기 위해 개발회사의 특허나 기술이 개발의뢰회사가 원하는 제품에 활용될 수도 있는바, 그러한 경우, 개발의뢰회사는 아무런 책임이 없고, 사용 권한이 있다는 것을 상술한다.

- 한마디로, 개발의뢰회사가 개발회사에 의뢰한 IC 개발과 관련, 상호 관련 기술을 활용할 수 있다는 것이다.

1. Non-Exclusive Limited License Grant to RFCHIP
(옴니가 알에프칩에 비독점 제한적 라이선스 부여)

Subject to the terms of this Agreement, during the term of this Agreement and for the purpose of performing this Agreement only, OMNI grants RFCHIP a royalty free, non-exclusive, non-sublicensable, non-transferable, world-wide, limited license under OMNI Background

IP, OMNI Independently Developed IP, Third Party IP used by and licensable by OMNI.

본 계약의 조건에 따라 본 계약 기간 동안 본 계약을 이행하기 위한 목적으로만, 옴니는 알에프칩에 옴니 백그라운드 IP, 옴니가 자체 개발한 IP, 옴니가 사용하고 라이선스를 부여할 수 있는 제삼자 IP하에 로열티 무료, 비독점, 재라이선스 불가, 양도 불가, 전 세계에서 사용 가능한 제한적인 라이선스를 부여한다.

Except for this very limited license for the benefit of❶ work being conducted pursuant to this Agreement and❷ the manufacture and sale of the RFCHIP Product explicitly addressed in this Agreement, RFCHIP does not receive any other rights in this Agreement to OMNI Background IP or OMNI Independently Developed IP.

❶ 본 계약에 따라 수행되는 작업 및
❷ 본 계약에 명시적으로 언급된 알에프칩의 제품의 제조 및 판매를 위한 매우 제한적인 라이선스를 제외하고,

본 계약상 알에프칩에는 옴니 백그라운드 IP 또는 옴니 자체 개발 IP에 대한 어떠한 다른 권리도 부여되지 않는다.

2. Non-Exclusive Limited License Grant to OMNI
(알에프칩이 옴니에 비독점 제한적 라이선스 부여)

Subject to the terms of this Agreement, during the term of this Agreement and for the purpose of performing this Agreement only, RFCHIP grants to OMNI a royalty-free, world-wide, non-exclusive, non-sublicensable, non-transferable, limited license under RFCHIP Background IP, RFCHIP Independently Developed IP and Third Party IP used by and licensable by RFCHIP.

본 계약의 조건에 따라 본 계약 기간 동안 본 계약을 이행하기 위한 목적으로만, 알에프칩은 옴니에 알에프칩 백그라운드 IP, 알에프칩이 독립적으로 개발한 IP, 알에프칩이 사용하고 라이선스를 부여할 수 있는 제삼자 IP하에 로열티 무료, 비독점, 재라이선스 불가, 양도 불가, 전 세계에서 사용 가능한 제한적인 라이선스를 부여한다.

Except for this very limited license for the benefit of work being conducted pursuant to this Agreement, OMNI does not receive any other rights in this Agreement to RFCHIP Background IP or RFCHIP Independently Developed IP.

본 계약에 따른 개발을 위해 제공되는 매우 제한된 라이선스를 제외하고, 본 계약상 옴니에는 알에프칩 백그라운드 IP 또는 알에프칩에서 독립적으로 개발한 IP에 대해 어떠한 다른 권리도 부여되지 않는다.

3. Third Party Licenses(제삼자 라이센스)

RFCHIP shall seek the written approval of OMNI prior to introducing any Third Party IP into the RFCHIP Product; notwithstanding the preceding clause in this sentence, RFCHIP may introduce the following types of Third Party IP into the Ultrasuper IC without further written approval of OMNI : standard cell libraries or other integrated circuit modules/blocks made available to RFCHIP by the contract fabrication facilities that will manufacture Ultrasuper IC or by third parties approved by such contract fabrication facilities.

알에프칩이 제삼자 IP를 알에프칩 제품에 도입하려면 기본적으로 옴니의 서면 승인을 받아야 하나, 알에프칩은 옴니의 추가 서면 승인 없이 다음 유형의 제삼자 IP를 Ultrasuper IC에 도입할 수 있다.

- Ultrasuper IC를 제조하기로 계약된 제조 시설 또는 그러한 계약 제조 시설에서 승인한 제삼자가 알에프칩에 제공한 표준 셀 라이브러리 또는 기타 집적 회로 모듈/블록.

OMNI shall seek the written approval of RFCHIP prior to introducing any Third Party IP into an OMNI Product. Prior to any such Third Party IP being introduced, the party introducing the Third Party IP shall notify the other party of any necessary license payments by the other party to said third parties that would be required to be paid to allow the other party to make, use, import, sell, distribute, or otherwise dispose of the RFCHIP Product or OMNI Product which will contain or make use of the relevant Third Party IP.

옴니는 제삼자 IP를 옴니 제품에 도입하기 전에 알에프칩의 서면 승인을 받아야 한다. 제삼자 IP를 도입하는 당사자는 이러한 제삼자 IP를 도입하기 전에 상대방이 제삼자에게 지불하여야 되는 라이선스 사용료를 상대방에게 통지하여야 한다. 라이센스 사용료는 관련 제삼자 IP를 포함하거나 사용할 알에프칩 제품 또는 옴니 제품을 상대방이 제조, 사용, 수입, 판매, 배포 또는 처분할 수 있기 위한 것이다.

4. Obligations upon Other Party's Failure to Perform
(상대방의 이행 실패에 대한 책임)

▶ obligation : 의무, 책임 法 채무, 채무 관계, 채권 관계

If RFCHIP is late in completing any Deliverable Milestone in the development of the RFCHIP Product which is identified as critical(per Exhibit A.2) for a period of more than sixty(60) days(the Parties acknowledge that the scheduled date for completion of any Deliverable Milestone may be changed pursuant to an accepted plan for a revised Deliverable Schedule under the procedures set forth in Section 2.1.2), then RFCHIP hereby grants to OMNI access and a license defined in Section 2 of Exhibit A.5.

알에프칩이 알에프칩 제품 개발에서 중요한 것으로 확인되는 산출물 마일스톤 일정을 60일을 초과하여 지연하는 경우, 알에프칩은 이에 따라 옴니에 액세스 권한과 별지 A.5의 섹션 2에 정의된 라이선스를 부여한다. 그리고, 양 당사자는 2.1.2절에 명시된 절차에 따라

조정된 인도 일정에 대해, 승인된 계획에 따라 산출물 마일스톤 완료 예정일이 변경될 수 있음을 인정한다.

Such access obligation shall include RFCHIP's providing any technical information or other assistance as may be necessary to manufacture the RFCHIP Product using RFCHIP suppliers.

그러한 액세스 부여 의무에는 알에프칩의 공급업체를 활용하여 알에프칩 제품을 제조하는 데 필요할 수 있는 기술 정보 또는 기타 지원이 포함된다.

IF OMNI is late in completing any Deliverable Milestone in the development of the OMNI Product which is identified as critical(per Exhibit A.2), for a period of more than sixty(60) days(the Parties acknowledge that the scheduled date for completion of any Deliverable Milestone may be changed pursuant to an accepted plan for a revised Deliverable Schedule under the procedures set forth in Section 2.1.2), the Payment Schedule of the Development Fees set forth in Exhibit A.3 shall be automatically accelerated, RFCHIP shall have the right to deliver an invoice to OMNI for the remaining unpaid Development Fees, and OMNI shall pay any such invoice within ten(10) days after RFCHIP's invoice date.

- accelerate payment : 지불을 앞당기다
  acceleration clause : 변제기일을 앞당기는 약관
- 옴니가 고의로 산출물 제출 일정을 60일 넘게 지연할 경우, 알에프칩은 개발비를 일정대로 청구할 수 있다. 단, 상호 합의로 60일을 초과할 경우는 개발비 청구는 그에 따라 순연된다. 즉, 개발 일정이 지연되면 개발비도 지연되는바, 60일 지연까지는 받아들이나, 60일 초과 시는 합당한 이유가 있어야 하며 상호 합의되어야 한다는 것이다.

옴니가 마일스톤 일정상 중요한 것으로 확인되는 옴니 제품 개발을 60일 넘게 지연할 경우(양 당사자는 2.1.2절에 명시된 절차에 따라 수정된 인도 일정에 대해, 승인된 계획에 따라 산출물 마일스톤 완료 예정일이 변경될 수 있음을 인정한다), 별첨 A.3에 명시된 개발 수수료 지불 일정은 자동으로 앞당겨진다. 알에프칩은 나머지 미지급 개발 비용을 옴니에 청구할 권리가 있으며 옴니는 알에프칩의 송장일로부터 10일 이내에 송장 금액을 지불하여야 한다.

구두점(Punctuation)과 어순

계약서 조항을 들여다보면, 구두점(punctuation)을 잘 사용하지 않는다. 위의 문장에서 괄호 안의 내용을 빼면 다음과 같은 문장이 된다.

If RFCHIP is late in completing any Deliverable Milestone in the development of the RFCHIP Product which is identified as critical for a period of more than sixty(60) days, then RFCHIP hereby grants to OMNI access and a license defined in Section 2 of Exhibit A.5.

한 번 읽으면, 언뜻 내용이 들어오지 않는다. 만약, which 앞에 콤마(,)를 넣어주었다면 다음과 같은 문장이 되어, 한눈에 들어올 것이다.

If RFCHIP is late in completing any Deliverable Milestone in the development of the RFCHIP Product, which is identified as critical, for a period of more than sixty(60) days, then RFCHIP hereby grants to OMNI access and a license defined in Section 2 of Exhibit A.5.

아니면, 차라리 for a period of more than 60 days를 late 다음에 배치한다면, 이 또한 쉽게 이해될 것이다. for a period of more than 60 days라는 부사구는 late를 수식하니 late 바로 다음에 넣어주면 문장이 더욱더 쉽게 이해될 것이다. 일부러 쉽게 작성하지 않는 것인지 모르겠으나, 하여튼 법률 영어와 비즈니스 영어의 문체는 상당히 다른 것 같다.

If RFCHIP is late for a period of more than sixty(60) days in completing any Deliverable Milestone in the development of the RFCHIP Product which is identified as critical, then RFCHIP hereby grants to OMNI access and a license defined in Section 2 of Exhibit A.5.

일반적으로 영문계약서는 늘어지게 작성되나, 비즈니스 영어 방식으로 작성되어 이해하기 쉽게 작성된 계약서도 가끔 눈에 띈다. 본 서적에 소개된 미국업체의 소비재 대리점 계약서는 아주 쉬운 영어로 작성되어 한 번만 읽어도 전체 내용 파악이 가능하다.

5. Trademark and Brand Usage and Product Marking (상표, 브랜드 사용 및 제품 마킹)

RFCHIP grants OMNI a license to use the RFCHIP trademarks and brands for the sale of the RFCHIP Product. OMNI may use RFCHIP trademarks and brands on all its documentation, marking, advertising or promotional materials, announcements, statements, press releases or other publicity or marketing materials relating to the RFCHIP Product. RFCHIP may use OMNI trademarks and brands on all its documentation, marking, advertising or promotional materials, announcements, statements, press releases or other publicity or marketing materials relating to the OMNI Product.

알에프칩은 알에프칩 제품 판매를 위해 알에프칩 상표 및 브랜드를 사용할 수 있는 라이센스를 옴니에 부여한다. 옴니는 알에프칩 제품과 관련된 모든 문서, 표시, 광고 또는 판촉 자료, 발표, 성명, 보도 자료 또는 기타 홍보 또는 마케팅 자료에 알에프칩 상표 및 브랜드를 사용할 수 있다. 알에프칩은 옴니 제품과 관련된 모든 문서, 표시, 광고 또는 판촉 자료, 발표, 성명, 보도 자료 또는 기타 홍보 또는 마케팅 자료에 옴니 상표 및 브랜드를 사용할 수 있다.

Trademark vs. Brand

Trademark

미국 상표법에는 trademark(상표)를 자신의 상품과 타인의 것과 구별하기 위해 사용하는 word, name, symbol, device 또는 이들의 조합이라고 정의한다.

A trademark(also written trade mark or trade-mark) is a type of intellectual property consisting of a recognizable sign, design, or expression that identifies products or services from a particular source and distinguishes them from others. The trademark owner can be an individual, business organization, or any legal entity. A trademark may be located on a package, a label, a voucher, or on the product itself. Trademarks used to identify services are sometimes called service marks.

미국 특허청에서는
A trademark is a brand name. A trademark includes any word, name, symbol, device or any combination, used or intended to be used to identify and distinguish the goods/services of one seller or provider from those of others, and to indicate the source of the goods/services.

세계 무역기구(WTO)에서 명시한 지식재산권의 무역 관련 측면에서는, 상표의 의미는 『어떤 기호 및 기호의 조합으로 하나의 사업에 제품과 서비스를 구별할 수 있어야 한다.』라고 정의한다.

Brand

American Marketing Association(AMA, 미국 마케팅 협회)은 브랜드는 상품이나 서비스를 경쟁자의 그것과 구별하기 위해 붙인 name(이름), symbol(심벌), 디자인(design) 혹은 이들의 조합이라고 정의한다.

A brand is a name, term, design, symbol or any other feature that distinguishes one seller's goods or service from those of other sellers. Brands are used in business, marketing, and advertising for recognition and, importantly, to create and store value as brand equity for the object identified, to the benefit of the brand's customers, its owners and shareholders. Brand Names are sometimes distinguished from generic or store brands.

저명한 경제학자 랜디스는 상표와 브랜드는 개략적인 동의어라고 표현한 바 있다.

한국의 상표법 – 국가법령정보센터(https://www.law.go.kr)

① "상표"란 자기의 상품(지리적 표시가 사용되는 상품의 경우를 제외하고는 서비스 또는 서비스의 제공에 관련된 물건을 포함한다.)과 타인의 상품을 식별하기 위하여 사용하는 표장(標章)을 말한다.
② "표장"이란 기호, 문자, 도형, 소리, 냄새, 입체적 형상, 홀로그램, 동작 또는 색채 등으로서 그 구성이나 표현방식에 상관없이 상품의 출처(出處)를 나타내기 위하여 사용하는 모든 표시를 말한다.
③ "단체표장"이란 상품을 생산, 제조, 가공, 판매하거나 서비스를 제공하는 자가 공동으로 설립한 법인이 직접 사용하거나 그 소속 단체원에게 사용하게 하기 위한 표장을 말한다.
④ "지리적 표시"란 상품의 특정 품질, 명성 또는 그 밖의 특성이 본질적으로 특정 지역에서 비롯된 경우에 그 지역에서 생산, 제조 또는 가공된 상품임을 나타내는 표시를 말한다.

6. IP OWNERSHIP(IP 소유권)

1. RFCHIP IP(알에프칩 IP)

Subject to the limited license granted herein, RFCHIP shall hereby retain all right, title and interest in the RFCHIP Background IP, any improvements to such RFCHIP Background IP, and RFCHIP Independently Developed IP.

여기에 부여된 제한된 라이선스에 따라, 알에프칩은 알에프칩 백그라운드 IP, 이러한 알에프칩 백그라운드 IP에 대한 개선 사항 및 알에프칩 자체적으로 개발한 IP에 대한 모든 권리, 소유권 및 이익을 보유한다.

2. OMNI IP(옴니 IP)

Subject to the limited license granted herein, OMNI shall hereby retain all right, title and interest in the OMNI Background IP, any improvements to such OMNI Background IP, and OMNI Independently Developed IP.

여기에 부여된 제한된 라이선스에 따라, 옴니는 옴니 백그라운드 IP, 이러한 옴니 백그라운드 IP에 대한 개선 사항 및 옴니 자체적으로 개발된 IP에 대한 모든 권리, 소유권 및 이익을 보유한다.

3. Jointly Developed IP(공동 개발 IP)

Jointly Developed IP related to the RFCHIP Product shall be owned by RFCHIP, while jointly Developed IP that is related to OMNI Product shall be owned by OMNI. No royalty is applicable to any jointly developed IP.

알에프칩 제품과 관련된 공동 개발 IP는 알에프칩이 소유하고, 옴니 제품과 관련된 공동 개발 IP는 옴니가 소유하는 것으로 한다. 공동 개발된 IP에는 상호 간에 로열티를 청구하지 않는다.

Each Party shall promptly provide to the other Party a written description of any Jointly Developed IP and notice of an intent to publish or file a patent application of any Jointly Developed IP at least thirty(30) days prior to the publication or filing of a patent application.

각 당사자는 공동 개발된 지적 재산권에 대해 상대방에게 즉시 서면으로 설명하며, 공동 개발된 지적 재산권의 공개 또는 특허 출원 최소 30일 전에 공동 개발된 지적 재산권의 공개 또는 특허 출원을 제출하려는 의도에 대해 상대방에게 통지한다.

Neither Party shall make public any Jointly Developed IP, by publication or otherwise, until the earlier of ❶ the first filing of a patent application or ❷ twelve(12) months after the date the Jointly Developed IP is disclosed to the other Party.

어느 당사자도

❶ 특허 출원 최초 신청일 또는

❷ 공동 개발된 IP가 상대방에게 공개된 날로부터 12개월 중 빠른 일자까지 공동 개발된 IP를 공표하거나 기타 방법으로 공개하지 않는다.

3.1 Licenses to Jointly Developed IP(공동 개발 IP 라이센스)

Each Party grants to the other Party a royalty free, world-wide, irrevocable non-exclusive, perpetual, sublicensable without any need to account to the other Party license under the Party's Jointly Developed IP in order for the other Party to design, have designed, make, have made, use, import, sell, distribute or otherwise exploit the other Party's business.

- account to ~ : ~ 에게 설명하다, 보고하다

공동 개발 IP의 경우, 각 당사자는 다른 당사자에게 설명할 필요 없이, 다른 당사자가 상대방의 비즈니스를 디자인하거나 디자인하였거나, 제작하거나 제작하였거나, 사용, 수입, 판매, 배포 또는 기타 방식으로 활용할 수 있도록 로열티 무료, 전 세계에서 사용 가능, 취소 불가능하며, 비독점적이며, 영구적이며, 서브라이센스 가능한 라이센스를 상대방에게 부여한다.

Nothing herein, however, shall be deemed to expressly or by inference grant any license whatsoever to the other Party for any underlying intellectual property that may be required to avoid infringement, except to the extent expressly granted herein.

- by inference : 추론으로, 추정론으로
- except to the extent expressly granted herein : 여기에 명시적으로 허용된 범위를 제외하고

본 계약에 명시적으로 허용된 범위를 제외하고, 지적 재산 침해를 피하려고 필요할 수 있는 근원적인 지적 재산에 대해 명시적으로 또는 추론에 의해서는 상대방에게 라이선스를 부여하는 것으로 간주하지 않는다.

4. Mask Works(마스크 워크 : 반도체 칩 표면에 인쇄되는 회로 패턴)

RFCHIP shall own the Mask Works embodied in the Ultrasuper IC.

Ultrasuper IC에 구현된 Mask Works는 RFCHIP 소유로 한다.

5. Physical Masks and Tooling(마스크 실물과 공구)

RFCHIP will own the physical masks, software, and other tooling(probe cards, load boards, bump mask) required to produce the Ultrasuper IC until the second anniversary of the Order Date. On the second anniversary of the Order Date, RFCHIP shall convey to OMNI ownership of the physical masks, software, and other tooling required to produce the Ultrasuper IC.

- RFCHIP shall convey ownership of ~~~ to OMNI이나 of ~~~의 내용이 길어 to OMNI를 convey 다음에 배치한 것이다.

첫 발주일 2주년이 될 때까지 Ultrasuper IC 생산에 필요한 마스크 실물, 소프트웨어 및 기타 공구(프로브 카드, 로드 보드, 범프 마스크)는 알에프칩 소유로 한다. 발주일 2주년 차에 알에프칩은 Ultrasuper IC 생산에 필요한 마스크 실물, 소프트웨어 및 기타 도구의 소유권을 옴니에 양도한다.

7. REPRESENTATIONS AND WARRANTIES (대표자/대리인을 내세움, 대의권)

1. Representations(대표, 대리)

Each Party represents to the other that it has the power and authority to enter into this Agreement and to carry on its obligations.

각 당사자는 본 계약을 체결하고 의무를 수행할 권한과 권위가 있음을 상호 상대방에게 대표한다.

2. Warranty Disclaimer(보증면책)

- disclaimer : (책임/연루) 부인, 면책, 권리 포기 각서

Except for the express warranties set forth on this agreement, each party disclaims all warranties of any kind, whether express, implied, statutoty or otherwise.

- 투자 설명서에 보면 투자 설명에 대해 disclaimer이라고 단서를 달아 놓는데, 그 의미는 투자의 책임은 투자자에게 있으며, 투자 설명서는 책임이 없다는 것이다.

본 계약에 명기된 명시적 보증을 제외하고, 각 당사자는 명시적, 묵시적, 법적 또는 기타 모든 종류의 보증에서 면책된다.

8. INDEMNIFICATION[(상대방에게) 보증, 보장, 배상, 보상 (상대방을) 면책]

1. IP Indemnification(IP 배상)

Each Party agrees to defend, at its expense, any claims against the other Party, its Subsidiaries and Affiliates, or their direct or indirect customers and distributors, based upon a claim that the indemnifying Party's Product, Prototype, or Deliverables, or any component thereof, furnished by the indemnifying Party to the other Party, infringes a United States, Japan, Germany, Taiwan, China, Korea, France, or Great Britain based patent, mask work rights, or copyright, and to pay costs and damages awarded in any such claim, provided that the indemnifying Party is notified promptly in writing of the claim, and at the indemnifying Party's request, and at its expense, is given control of said suit and all reasonably necessary assistance for defense of same; however the indemnifying Party shall keep the indemnified Party informed of the defense and allow the indemnified Party to provide input.

- 문장구조는 blue color로 된 부분이 핵심이다. 즉, 「Each Party agrees to defend any claims, and agrees to pay costs and damages. 각 당사자는 클레임을 방어하며, 그러한 클레임에서 지급 판정을 받은 비용과 피해를 부담한다.」라는 것이다. 나머지는 부사구, 부사절이다.
- award : 지급 판정을 내리다, 수여 판정을 내리다
- indemnifying Party : 배상 당사자 ⇔ indemnified Party : 면책자(면책되는 사람)

각 당사자는 배상 당사자가 다른 당사자(면책자)에게 제공한 배상 당사자의 제품, 프로토타입 또는 산출물 또는 그 구성 요소가 미국, 일본, 독일, 대만, 중국, 한국, 프랑스 또는 영국에서의 특허를 침해한다는 주장에 근거하여 다른 당사자, 그 자회사 및 계열사, 직간접적인 고객이나 유통업체에 대한 클레임이 제기될 시, 자기 비용으로 방어하기로 동의하며, 면책자는 배상 당사자에게 그 클레임에 대해 서면으로 즉시 통지하며, 배상 당사자의 요청과 비용으로, 면책자가 배상 당사자로부터 소송에 대한 통제권을 받아 해당 소송을 방어하기 위해 합리적으로 필요한 모든 지원을 받으며 그러한 클레임에서 지급 판정을 받은 비용과 피해를 부담하기로 동의한다. 하지만 배상 당사자는 면책자에게 클레임 방어 진행 상황을 계속 알리며 면책자가 조언을 제공하도록 허락한다.

This indemnity does not extend to any claim based solely on the indemnifying Party's

❶ compliance with the other Party's design, specifications or instructions,

❷ use of the other Party's intellectual property, or

❸ the combination, operation or use of the indemnifying Party's Products in connection with any third-party product where such combination, operation or use causes the alleged infringement.

▶ allege : (증거 없이) 혐의를 제기/주장하다

다음과 같은 배상 당사자의 행위에 의한 클레임은 배상 대상이 되지 않는다.

❶ 상대방의 설계, 사양 또는 지침 준수

❷ 상대방의 지적 재산 사용

❸ 제삼자 제품과 관련된 배상 당사자 제품의 조합, 운영 또는 사용으로 특허 침해 혐의 주장을 유발하는 경우

Upon 「the Party seeking indemnification」 notifying the indemnifying Party of any such Infringement Claim, the indemnifying Party will take commercially reasonable efforts to review the Infringement Claim and resolve the matter with the third party asserting such Infringement Claim in a timely manner.

▶ 밑줄을 친 문장에 ing가 들어간 단어가 많아 헷갈릴 수 있으나, 【upon ~ing = as soon as】의 단순한 문장이다. 즉, 주어 【「the party seeking indemnification(배상을 원하는 당사자)」가 배상 당사자에게 그러한 특허 침해 클레임을 통보하면】의 의미이다. 절로 풀어 쓰면, 【as soon as 「the Party seeking indemnification」 notifies the indemnifying Party of any such Infringement Claim】의 문장이다. 다르게 작성하면, 【as soon as the Party, who seeks indemnification, notifies the indemnifying Party of any such Infringement Claim】이 된다.

배상을 원하는 당사자가 그러한 침해 클레임을 배상 당사자에게 통지하면 배상 당사자는 침해 주장을 검토하고 해당 침해 주장을 주장하는 제삼자와의 문제를 적시에 해결하기 위해 상업적으로 합당한 노력을 기울인다.

Notwithstanding the above, the Party seeking indemnification shall have the right to participate in the defense of any Infringement Claim by employing, at its own expense, separate counsel in such action, suit or proceeding and such election shall not waive or preclude such Party's right to indemnifica- tion under this Section 8.1 provided that the Party seeking indemnification shall permit the indemnifying Party at its expense to defend such claim.

- preclude : 못 하게 하다, 불가능이다
  preclude all doubts : 의심의 여지가 없다

위의 내용에도 불구하고, 배상을 원하는 당사자는 그러한 소송 또는 소송절차에서 자체 비용으로 별도의 변호인을 고용하여 재산 침해 클레임의 변호에 참여할 권리가 있으며, 배상을 원하는 당사자가 배상 당사자가 자기 비용으로 그러한 청구를 방어하도록 허용한다면, 배상을 원하는 당사자가 추구하는 별도의 변호는 본 섹션 8.1에 따른 해당 당사자의 배상에 대한 권리를 포기하거나 배제하지 않는다.

- 배상을 원하는 당사자가 적극적일 경우, 개별적인 방어를 할 수도 있으며, 그 개별적인 방어는 배상 당사자의 책임 의무에 어떤 영향도 주지 않는다.

RFCHIP and OMNI agree that neither Party shall offer to settle, and/or settle any such Infringement Claim without the other Party's consent, which shall not be unreasonably withheld.

알에프칩과 옴니는 어느 당사자도 상대방의 동의 없이 그러한 특허 침해 클레임을 해결 및/또는 해결하겠다는 제안을 하지 않기로 합리적인 기일 내에 동의하기로 한다.

9. LIMITATION OF LIABILITY(책임의 한계, 손해배상 상한선)

1. Except as provided in the next sentence, the Parties expressly agree that either Party's aggregate liability for any kind of loss, damage or liability arising under or in connection with this Agreement, under any theory of liability, shall in no event exceed two hundred thousand USD($200,000).

- aggregate liability / income / investment : 총 책임 / 총 소득액 / 총투자액
  theory of liability : 책임 이론
  in no event : 어떠한 경우도 ~ 아니다 　in either event : 하여튼, 여하튼

다음 문장에 규정된 경우를 제외하고, 양 당사자는 본 계약에 따라 또는 본 계약과 관련하여 발생하는 모든 종류의 손실, 손해 또는 책임에 대한 일방 당사자의 책임의 상한선은 책임 이론에 따라 어떠한 경우에도 미화 20만 달러를 초과할 수 없다는 것에 명시적으로 동의한다.

Notwithstanding the preceding sentence, the preceding sentence shall not limit either Party's aggregate liability to the other Party for loss, damage or liability arising under or in connection with this Agreement based on the first Party's negligent, grossly negligent, or willful infringement or misappropriation of the other Party's Intellectual Property.

- 고의성이 있다면, 책임 한도가 적용되지 않으며 책임이 무한대라는 것임.
  과실 : negligence, fault 　중과실 : gross negligence

전술한 「책임 총량제」 문장에도 불구하고, 상대방의 지적 재산권에 대한 과실, 중과실 또는 고의적인 침해 또는 고의적 유용에 근거한 책임이 있다면, 앞 문장은 상대방에 대한 일방 당사자의 책임 총량을 제한하지 않으며, 당사자는 본 계약에 따라 또는 본 계약과 관련하여 발생하는 손실, 손해 또는 책임을 부담한다.

A loss, damage or liability will be considered as "arising under or in connection with this Agreement" only when it arises from the RFCHIP

Product or an OMNI Product or a Party's making, using, or selling(or engaging in any of the other related actions listed in subpart(a) of the second sentence of Section 9.2) the RFCHIP Product or an OMNI Product

알에프칩 제품 또는 옴니 제품 또는 당사자가 알에프칩 제품 또는 옴니 제품의 제조, 사용 또는 판매(또는 섹션 9.2의 두 번째 문장 하위 파트(a)에 열거된 기타 관련 액션을 수행하는 경우)에서 손실, 파손 또는 책임이 발생한 경우에만 "본 계약에 따라 또는 이와 관련하여 발생하는" 것으로 간주한다.

2. The Parties agree that the limitation in the first sentence of Section 9.1 shall not apply to ❶ any monetary payment obligation of either Party under this Agreement, including without limit Sections 3.2, and 11.15 or ❷ liability of either Party to the other Party based on the first Party's negligent, grossly negligent, or willful infringement or negligent, grossly negligent, or willful misappropriation of the other Party's Intellectual Property.

양 당사자는 제9.1조의 첫 번째 문장의 「책임 한도 내용」은 다음 경우에는 적용되지 않는다는 것에 동의한다.

❶ 제3.2조, 제11.15조를 포함한 본 계약에 따른 양 당사자의 금전적 지급 의무
❷ 상대방 지적재산의 과실, 중대한 과실 또는 고의적 침해, 과실, 중대한 과실 또는 고의적 유용에 근거한 당사자의 상대방에 대한 책임

For clarification, the Parties acknowledge that the limitation in the first sentence of Section 9.1 does not apply to either Party's liability arising from infringement or misappropriation of the other Party's Intellectual Property except where

- for clarification : for the avoidance of doubt, to make things clear
  명확히 말해서, 다시 말해, 즉, 무언가를 명확히 다시 설명할 때 사용하는 관용구

명확히 하기 위해, 양 당사자는 섹션 9.1조의 첫 문장에 명기된 제한 내용은 다음의 경우를 제외하고는 상대방의 지적재산 침해 또는 유용으로 발생하는 당사자의 책임에는 적용되지 않는다는 것을 인정한다.

❶ the infringement or misappropriation arises from the offending Party's designing, having designed, making, having made, modifying, making derivatives of, packaging, assembling, using, importing, selling, distributing or otherwise disposing of the RFCHIP Product or an OMNI Product, and such infringement or misappropriation is negligent, grossly negligent, or willful.

침해 또는 유용은 알에프칩 제품 또는 옴니 제품을 설계하거나, 설계하였거나, 제작하거나, 수정하거나, 파생 상품을 만들거나, 포장하거나, 조립하거나, 사용하거나, 수입하거나, 판매하거나, 유통하거나 처분함으로써 발생하며, 그러한 침해 또는 유용은 과실, 중대한 과실 또는 고의적이어야 한다.

❷ Nothing in this Agreement grants to the other Party any right or license to make, use, or sell any product or device(including the RFCHIP Product and/or an OMNI Product) that infringes or misappropriates the other Party's Background IP except

본 계약의 어떤 내용도 상대방의 백그라운드 IP를 침해하거나 유용하는 제품 또는 장치(알에프칩 제품 및/또는 옴니 제품 포함)를 제조, 사용 또는 판매할 권리 또는 라이선스를 상대방에게 부여하지 않으나, 다음 경우는 예외로 한다.

❶ (as provided in Section 5.1) where, and to the extent, certain OMNI BACKGROUND IP is contained in the RFCHIP Product, Prototype(s), and/or RFCHIP Deliverable and reflected in the Requirements, or

(섹션 5.1에 명시된 바와 같이) 특정 옴니 백그라운드 IP가 알에프칩 제품, 프로토타입 및/또는 알에프칩 산출물에 포함되어 요건에 반영되는 경우 또는

❷ (as provided in Section 5.2) where, and to the extent, certain RFCHIP BACKGROUND IP is contained in an OMNI Product, Prototype, and/or OMNI Deliverable and reflected in the Requirements.

(섹션 5.2에 명시된 바와 같이) 특정 알에프칩 백그라운드 IP가 옴니 제품, 프로토타입 및/또는 옴니 산출물에 포함되어 요건에 반영된 경우.

The limitations of liability in Section 9.1 do NOT limit either Party's aggregate liability for any loss, damage or liability arising from infringement or misappropriation of the other Party's Background IP by or through any product or device made, used, or sold by the infringing or misappropriating Party not arising under or in connection with this Agreement.

섹션 9.1조의 책임 제한은 침해 또는 유용 당사자가 제조, 사용 또는 판매한 제품 또는 장치를 통해 상대방의 IP를 침해 또는 유용함으로써 발생하는 손실, 손상 또는 책임에 대한 당사자 총책임 한도를 제한하지는 않는다.

3. 9.3 In no event shall either party, or its employees, officers or directors, successors or assigns, be liable for any special, consequential, incidental or indirect damages(including without limitation loss of use, loss of opportunity, loss of anticipated or actual profits, loss of market potential, loss of goodwill, loss of reputation and other economic loss) arising out of this agreement whether based on contract, tort, third party claims or otherwise, even if the other party has been advised of the possibility of such damages.

- tort : (민사소송으로 이어질 수 있는) 불법 행위
- including without limitation ~ : ~ 포함하되 ~에 제한되지 않는다. 즉, ~를 반드시 포함해서 무제한으로
- 「간접적인 손해, 결과로 야기되는 손해 등에 대해서는 책임을 지지 않는다」라는 의미인데, 예를 들어, $10짜리 IC를 판매하였는데, 그 IC를 구매하여 $100짜리 제품을 만드는 회사에서 제품 불량이 나서 큰 손실을 보았다. 이런 경우, 그러한 제품 손해에 대해서 책임을 부담하지 않는다는 의미이다.

다른 당사자가 그러한 손해 가능성에 대해 통보를 받았더라도, 계약, 불법 행위, 제삼자 클레임으로 인한 것인지 아닌지 상관없이, 어떤 상황에서도 당사자 또는 그 직원, 임원 또는 이사, 후임자 또는 양수인은 본 계약에서 발생하는 특별, 결과적, 부수적 또는 간접적 손해(사용 손실, 기회 손실, 예상 또는 실제 이익 손실, 시장 잠재력 손실, 영업권 손실, 평판 손실 및 기타 경제적 손실을 포함하되 이에 국한되지 않는다)에 대해 책임을 지지 않는다.

- 상거래의 간접적 손해를 피해 가는 것은 그리 쉬운 일은 아니다. 하지만, 본 IC는 여러 가지 부품이 사용되는 완제품에 들어가는 것이 아니고 독자적인 기능의 IC인바, 일단은 간접적 손해에 대해 면책됨을 명기해두는 것은 좋은 전략으로 생각된다.

10. TERM AND TERMINATION(계약 기간과 계약 해지/종료)

1. Term(계약 기간)

This Agreement shall commence on the Effective Date and shall continue in full force for a period of two(2) years unless earlier terminated(the "Term"). The expiration of the Term of this Agreement shall not relieve OMNI of its obligations to purchase RFCHIP Products as set forth in Section

- relieve A of B : A에서 B를 덜어주다, A에서 B를 없애주다

본 계약은 발효일에 효력이 발생하며 조기 해지되지 않는 한 2년 동안 완전한 효력을 유지한다("기간"). 본 계약 기간이 해지되더라도 섹션 4에 명시된 옴니의 알에프칩 제품 구매 의무는 존속한다.

2. Termination without Cause(정당한 사유 없는 계약 해지)

Either Party may terminate this Agreement and/or the Project without cause by providing thirty(30) days written notice to the other Party.

일방 당사자는 다른 당사자에게 사전 30일 서면 통지함으로써 정당한 사유 없이도 본 계약 및/또는 프로젝트를 해지할 수 있다.

- 계약을 정당한 사유 없이 해지할 수 있다니? 일반적으로 계약은 정당한 사유 없이 해지 불가한데, 해지할 수 있다고 하니 뭔가 반대급부가 있을 것으로 예측한다.

Upon termination by OMNI under this Section 10.2, OMNI will be obligated to pay RFCHIP(in addition to the portion of the Development Fees already paid by OMNI) the amount listed in Exhibit A.3 for the next milestone which has not yet been completed by RFCHIP at the time when OMNI sends written notice of termination(e.g., if OMNI sends written notice of termination under this Section 10.2 prior to RFCHIP's completion of the Tape Out Milestone, OMNI shall be obligated to pay to RFCHIP the amount listed under item number 2 of the Payment Schedule, but shall not be obligated to pay to RFCHIP the amount listed under item number 3 of the Payment Schedule).

- e.g., i.e., for example, for instance, namely, that is to say : 예를 들면, 즉
  be obligated to ~ : ~ 해야 한다

이 섹션 10.2에 따라 옴니가 계약을 해지하자마자, 옴니가 서면으로 계약 해지 통보하는 시점에서 옴니는 이미 지불한 개발비에 추가하여 알에프칩에 의해 아직 완료되지 않은 다음 마일스톤에 대해 별첨 A.3에 나열된 다음 마일스톤 관련 금액을 지불할 의무가 있다. 예를 들어, 알에프칩이 테이프 아웃 마일스톤을 완료하기 전에 옴니가 이 섹션 10.2에 따라 서면 해지 통지를 보내는 경우 옴니는 항목 번호 2에 나열된 금액을 알에프칩에 지불할 의무가 있으나, 지불 일정 항목 번호 3에 나열된 금액을 알에프칩에 지불할 의무는 없다.

The Payment Schedule of the portion of the Development Fees set forth in Exhibit A.3 for the next milestone which has not yet been completed by RFCHIP at the time OMNI sends written notice of termination shall be automatically accelerated so that the relevant portion of the Development Fees becomes payable at the time OMNI provides the written notice to RFCHIP referenced above.

- accelerate payment : 지불을 앞당기다(cf. advance payment는 선불, 선지급)
  acceleration clause : 변제기일을 앞당기는 약관
- 비즈니스맨이 영어를 작성한다면, Fees 다음에 콤마(,), shall 앞에 콤마(,)를 찍었을 것이다. 그래야 읽는 사람이 쉽게 문장 파악을 할 수 있다.

옴니가 서면으로 계약 해지 통지 시, 알에프칩에 의해 아직 완료되지 않은 다음 마일스톤에 대해 별첨 A.3에 명시된 개발비 일부 지불 일정은 자동으로 앞당겨지며 해당 개발비는 옴니가 알에프칩에 서면 통지할 때 지불하여야 한다.

- 예를 들어, 현재 마일스톤 2에 있는 개발을 진행 중인데, 상대방이 계약을 해지한다면, 마일스톤 2에 대한 개발 완료 시 지불하기로 한 금액을 지불하여야 한다는 것임.
- 「개발비 지급을 앞당긴다(accelerate)」는 것은 개발비는 해당 단계의 개발이 완료되어야 그 단계에 대해 지불하나, 개발 의뢰한 옴니가 개발을 중단하는 것이니 중단 시점에 이미 진행 중인 단계의 개발비는 지불하여야 한다는 것이다. 개발 완료 시점에 지불하는 것을 완료 전에 지불하니 지불을 앞당기는 것이다.

RFCHIP shall have the right to deliver an invoice to OMNI for the remaining portion of the unpaid Development Fees which OMNI is obligated to pay pursuant to this Section 10.2, and OMNI shall pay any such invoice within ten(10) days after RFCHIP's invoice date.

알에프칩은 본 섹션 10.2에 따라 옴니의 미지불 개발비에 대해 옴니에 송장 청구할 권리가 있으며, 옴니는 알에프칩의 송장일로부터 10일 이내에 송장 금액을 지불한다.

The non-terminating Party will cease all work and not start work on any new milestones once the termination notice under this Section 10.2 is provided to the non-terminating Party. Upon termination by RFCHIP under this Section 10.2, RFCHIP shall repay all Development Fees previously paid under the Agreement in which case RFCHIP shall retain all rights and ownership of all work completed to that point.

계약 해지 당사자가 이 10.2항에 따라 계약을 해지당하는 당사자에게 해지 통보하면, 해지당하는 당사자는 모든 개발을 중단하고 새로운 이정표에 대한 개발을 시작하지 않는다. 본 10.2항에 따라 알에프칩이 계약을 해지하면 알에프칩은 계약에 따라 이전에 지불받은 모든 개발 비용을 상환하여야 한다. 이 경우 알에프칩은 해당 시점까지 완료된 모든 작업에 대한 모든 권리와 소유권을 보유한다.

However, at RFCHIP's selection, RFCHIP may offer to OMNI the alternative of accepting all work product completed to that point, including schematics, layout, masks, software, and other tooling required for producing the Ultrasuper IC, in lieu of said repayment. If OMNI chooses to accept the work product instead of repayment, the provisions of Section 6 will remain in force.

▶ 그간 개발한 것들을 넘겨주고 받은 금액은 반환하지 않겠다는 것이다. 개발한 것이 개발회사에 금전적인 가치가 없다면, 이런 식으로 처리하는 것이 유리할 것이다.

그러나 알에프칩이 원할 경우, 알에프칩은 옴니에 해당 개발비 상환 대신, Ultrasuper IC 생산에 필요한 회로도, 레이아웃, 마스크, 소프트웨어 및 기타 도구를 포함하여 해당 시점까지 완료된 모든 개발품의 소유권을 옴니에 이전하는 대안을 옴니에 제안할 수 있다. 옴니가 개발비 상환 대신 개발품을 수락하기로 선택한 경우, 섹션 6의 조항은 계속 유효하다.

3. Termination for Cause(정당한 사유 있는 계약 해지)

If this Agreement is materially breached by the breaching party, and such breach is not cured within thirty(30) days after non-breaching party's notice, then the non-breaching party is entitled to terminate this Agreement.

▶ materially breach : 중대한 위반을 하다　　material breach : 중대한 위반

위반 당사자가 본 계약을 중대하게 위반하고, 피 위반 당사자가 위반 당사자에게 그러한 위반 통지 후 30일 이내에 시정되지 않으면 피 위반 당사자는 본 계약을 해지할 수 있다.

① If RFCHIP is the breaching party and the breach occurs prior to the successful completion of the final RFCHIP milestone in Exhibit A.2, RFCHIP will repay to OMNI for all Development Fees paid to that date.

알에프칩이 계약 위반자이고, 별첨 A.2의 최종 알에프칩 마일스톤이 성공적으로 완료되기 전에 위반한 경우, 알에프칩은 해당 날짜까지 수취한 모든 개발 비용을 옴니에 상환한다.

A material breach on the part of the RFCHIP includes, but is not limited to, RFCHIP's failure to provide OMNI with a revised Deliverable Schedule that is acceptable to both parties pursuant to Section 2.1.2.

알에프칩 측의 중대한 위반에는 알에프칩이 섹션 2.1.2에 따라 양 당사자가 수락할 수 있는 수정된 산출물 일정을 옴니에 제공하지 못하는 상황도 포함된다.

❷ If OMNI is the breaching party, the Payment Schedule of the Development Fees set forth in Exhibit A.3 shall be automatically accelerated. RFCHIP shall have the right to deliver an invoice to OMNI for the remaining unpaid Development Fees, and OMNI shall pay any such invoice within ten(10) days after RFCHIP's invoice date.

옴니가 위반 당사자이면 별지 A.3에 명시된 개발비 지불 일정이 자동으로 앞당겨진다. 알에프칩은 나머지 미지급 개발비에 대해 옴니에 개발비 청구할 권리가 있으며, 옴니는 알에프칩의 인보이싱 10일 이내에 그러한 개발비를 지불하여야 한다.

A material breach on the part of OMNI includes, without limitation:

옴니 측의 중대한 위반에는 다음 상황도 포함되며 이에 국한되지 않는다.

❶ OMNI's failing to pay RFCHIP as per Section 3.2 and/or Exhibit A.3;

옴니가 섹션 3.2 및/또는 별첨 A.3 알에프칩 지불 일정을 준수하지 못한 경우

❷ OMNI's failing to provide RFCHIP with a revised Deliverable Schedule that is acceptable to both parties pursuant to Section 2.1.2; or

옴니가 섹션 2.1.2에 따라 양 당사자가 수락할 수 있는 수정된 산출물 일정을 알에프칩에 제공하여야 하나 준수하지 못한 경우; 또는

❸ a final judgment from a governmental authority of competent jurisdiction, or a grant of a preliminary injunction(or state court equivalent) by a court of competent jurisdiction based on an RFCHIP claim, that OMNI has willfully infringed or willfully misappropriated any RFCHIP Background IP, improve- ments to RFCHIP Background IP, RFCHIP Independently Developed IP, and/or improvements to RFCHIP Independently Developed IP.

옴니가 「알에프칩 백그라운드 IP, 개선 사항, 알에프칩 자체적으로 개발한 IP 및/또는 동 IP에 대한 개선 사항」을 고의로 침해했거나 의도적으로 유용하였다는 알에프칩의 클레임에 의거, 관할 법원의 예비 금지 명령(또는 이에 상응하는 주 법원)이나 권한 있는 관할권 정부 당국의 최종 판결이 있는 경우

If OMNI is in material breach as described in this Section 10.3(B), then OMNI will remain obligated to pay RFCHIP the amounts listed in Exhibit A.3, 『the Payment Schedule set forth in Exhibit A.3 shall be automatically accelerated』, 『RFCHIP shall have the right to deliver an invoice to OMNI for the remaining unpaid Development Fees』, and 『OMNI shall pay any such invoice within ten(10) days after RFCHIP's invoice date』.

▶ 『 』표시된 문장은 and를 사용하지 않고, 문장을 나열한 것이다. 단어를 나열한 것과 같은 것으로 간주하고 문장마다 해석하면 된다.

옴니가 이 섹션 10.3(B)에 설명된 대로 계약을 중대하게 위반한 경우, 옴니는 별지 A.3에 나열된 금액을 알에프칩에 지불 의무가 유지되며, 별지 A.3에 명시된 지불 일정은 자동으로 앞당겨지며, 알에프칩은 나머지 미지급 개발비에 대해 옴니에 대금 청구할 권리가 있으며, 옴니는 알에프칩의 인보이싱 일자 10일 이내에 해당 송장 금액을 지불하여야 한다.

4. Termination for Insolvency(파산으로 인한 계약 해지)

This Agreement will terminate automatically if either Party makes a general assignment for the benefit of creditors, is adjudicated bankrupt, files a voluntary petition for bankruptcy or reorganization, or applies for or permits the appointment of a receiver, trustee or custodian for any of its property or assets. If RFCHIP is the party taking any of the actions described in the preceding sentence, the terms of Exhibit A.5 will apply.

일방 당사자가 채권자를 위해 일반 양도를 하거나, 파산 선고를 받았거나, 파산 또는 재구성을 위한 자발적 청원을 제출하거나, 어떤 재산이나 자산을 위해 파산 관재인, 수탁자 또는 재산 관리인의 임명을 신청하거나 허용하는 경우, 본 계약은 자동으로 해지된다. 만약 알에프칩이 앞 문장에 서술한 상황에 해당하면 별첨 A.5의 조건이 적용된다.

5. Effect on Termination or Expiration of Agreement (계약 해지 또는 만료 효력)

Within thirty(30) business days after termination or expiration of this Agreement, each Party shall return the other Party's Confidential Information upon request or provide a written certification to the other Party about the destruction of the Confidential Information upon request. Notwithstanding the foregoing, the receiving party may keep one copy of the disclosing party's Confidential Information for archival, legal purposes only.

본 계약의 종료 또는 만료 후 영업일 기준 30일 이내에 각 당사자는 상대방의 요청 시 상대방의 기밀 정보를 반환하거나 기밀 정보의 파기에 관한 서면 증명서를 상대방에게 제공하여야 한다. 전술한 내용에도 불구하고 기밀 정보 수령 당사자는 법적 보관 목적이라면 기밀 정보 제공 당사자의 기밀 정보 사본 1부를 보관할 수 있다.

◆ 세상만사 미래는 모르니 한 부는 보관하는 것이 나을 것으로 판단된다.

6. Survival of Terms(계약의 존속 조항)

Sections 1(Definitions), 5(Licenses and Trademarks), 6(IP Own-ership), 7(Representations and Warranties), 8(Indemnification), 9(Limitation of Liability), 10(Terms and Termination), and 11(General), and the portions of any Exhibit which modify or add substantive rights or obligations to any of the foregoing Sections, shall survive the termination or expiration of this Agreement.

섹션 1(정의), 5(라이센스 및 상표), 6(IP 소유권), 7(대표 및 보증), 8(배상), 9(책임의 한계), 10(약관 및 종료), 11(일반) , 그리고 앞의 섹션에 실질적인 권리나 의무를 수정하거나 추가하는 모든 별첨 부분은 본 계약의 해지 또는 만료 후에도 유효하다.

- Survival of Terms Clauses(or "Survival Clause" for short) expressly set out the legal obligations which the parties intend to apply after termination.

Survival of Terms Clauses는 「Survival Clause, 존속 조항」이라고 하며, 존속 조항은 계약 해지/만료 후 계약 당사자가 적용하고자 하는 법적 의무를 명시적으로 설명한다. 즉, 계약이 끝났다고 계약 당사자의 모든 의무가 해지되는 것은 아니다.

11. GENERAL(일반적인 사항)

11.1 Assignment(양도)

The rights and/or obligations under this Agreement shall not be assigned, transferred, or delegated to any third party, by operation of law or otherwise, without the other Party's written consent(not to be unreasonably withheld), and any purported assignment without such consent shall have no force or effect; except that

본 계약에 따른 권리 및/또는 의무는 상대방 당사자의 서면 동의(불합리하게 보류되지 않는다) 없이 법률의 운용 또는 기타 방법에 따라 제삼자에게 양도, 이전 또는 위임될 수 없으며, 그러한 동의 없이 주장되는 양도는 강제성이나 효력이 없다. 단, 아래의 경우는 예외로 한다.

❶ OMNI may assign this Agreement without the consent of RFCHIP to an Affiliate of OMNI or to a third party that acquires most of the assets associated with OMNI's business, and

옴니는 알에프칩의 동의 없이 본 계약을 옴니의 계열사 또는 옴니의 사업과 관련된 자산 대부분을 취득하는 제삼자에게 양도할 수 있다.

❷ RFCHIP may assign this Agreement without the consent of OMNI to an Affiliate of RFCHIP or to a third party that acquires most of the assets associated with RFCHIP's business.

▶ purport : 요지, 취지, ~의 취지로 하다, ~이라 칭하다, 주장하다, 의도하다
purport of claim : 청구 취지
the main purport of president's speech : 대통령 연설 요지

알에프칩은 옴니의 동의 없이 본 계약을 알에프칩의 계열사 또는 알에프칩의 사업과 관련된 자산 대부분을 취득하는 제삼자에게 양도할 수 있다.

Any purported assignment of this Agreement in contravention of this Section 11.1 shall be null and void and of no force or effect. Subject to the preceding sentences of this Section 11.1, this Agreement will be binding upon, inure to the benefit of, and be enforceable by, the Parties and their respective successors and assigns.

▶ purported : (사실이 아닐지도 모르지만) ~라고 알려진, ~라고 하는, ~로 소문난
contravene : 위반하다, 위배하다(infringe)
contravention : 위반, 위배 in contraventioon of ~ : ~을 위반하여, 위배하여

본 11.1항을 위반하는 본 계약의 양도는 무효이며 강제력이나 효력이 없다. 이 섹션 11.1의 앞 문장에 따라 본 계약은 양 당사자와 각각의 승계인 및 양수인에 대해 구속력을 가지며, 그 이익을 위해 효력을 가지며 집행될 수 있다.

11.2 Entire Agreement(완전한 계약, 완전한 합의)

This Agreement, together with all exhibits and documents referenced, shall constitute the entire agreement between the parties, and supersede all prior agreements and understandings between the parties.

- supersede : supercede, supervene upon, supplant, replace

인용된 모든 증거 자료 및 문서와 함께, 본 계약은 당사자 간의 완전한 합의를 구성하며 당사자 간의 모든 이전 계약 및 이해에 우선한다.

- 「과거에 어떤 상담을 하고 합의를 하였든 본 계약이 전부이고 우선한다.」라는 의미이다. 계약서 상용어구이니 암기해두면 편하다. 문장은 쓰는 사람에 따라 다르게 표현하지만, 맥락은 같다.

11.3 Dispute Resolution, Choice of Law, and Jurisdiction (논쟁 해결, 준거법 및 관할 법원)

If RFCHIP is the party initiating a proceeding to enforce or interpret this Agreement, this Agreement shall be governed by, interpreted, construed and enforced in accordance with the laws of the Republic of Korea, without reference to its conflict of law principles.

- proceeding : 소송 절차, 법적 절차, 행사, 일련의 행위들, 회의록
  construe : 이해하다, 해석하다
  enforce : (법률 등을) 집행/시행/실시하다
  interprete : 설명/해석/이해/통역하다
  without reference to ~ : ~에 관계없이, ~와 상관없이

본 계약의 내용을 집행하고 설명하는 소송 절차를 개시하는 당사자가 알에프칩일 경우, 본 계약은 법 원칙의 충돌과 관계없이 대한민국 법률에 따라 해석되고 이해되며 집행된다.

If OMNI is the party initiating a proceeding to enforce or interpret this Agreement, this Agreement shall be governed by, interpreted, construed and enforced in accordance with the laws of the United States of America and the State of California without reference to its conflict of law principles.

본 계약의 내용을 집행하고 설명하는 소송 절차를 개시하는 당사자가 옴니인 경우, 본 계약은 법 원칙의 충돌과 관계없이 미국 캘리포니아 주법에 따라 해석되고 이해되며 집행된다.

The Parties will attempt to resolve any dispute that may arise out of or relating to this Agreement promptly through good faith negotiations including

- 비즈니스맨이라면, 구두점에 신경을 써서 본 문장을 상대방이 알아보기 좋게 하였을 것이다. 비즈니스맨이라면 관계대명사 that을 which로 변경하여, 관계대명사 앞뒤로 comma(,)를 적용하여 부사구 promptly through good faith negotiations가 어디를 수식하는지 확실히 보여줌으로써 가독성을 높였을 것이다.
- The Parties will attempt to resolve any dispute, which may arise out of or relating to this Agreement, promptly through good faith negotiations including

양 당사자는 다음을 포함한 성실한 협상을 통해 본 계약과 관련하여 발생할 수 있는 모든 분쟁을 즉시 해결하려고 노력할 것이다.

ⓐ timely escalation of the dispute to executives who have authority to settle the dispute and show they are at a higher level of management than the persons with direct responsibility for the matter, and

분쟁을 해결할 권한이 있는 임원들에게 적시에 분쟁 건을 확대 인지시키며 그들이 해당 사안에 대해 직접적인 책임이 있는 사람보다 높은 경영진에 있음을 보여주고,

ⓑ direct communication between the executives

- 경영진 간의 직접적인 의사소통

If the dispute is not settled within sixty(60) days from the notice of dispute, the Parties will proceed to non-binding mediation in Seoul, Korea. The Parties will choose an independent mediator within thirty(30) days of a notice to mediate from either Party. Neither Party may unreasonably withhold consent to the selection of the mediator.

분쟁 통지 후 60일 이내에 분쟁이 해결되지 않으면 당사자는 대한민국 서울에서 구속력이 없는 중재를 진행한다. 양 당사자는 어느 한 당사자로부터 중재 통지를 받은 후 30일 이내에 독립적인 중재인을 선택한다. 어느 당사자도 중재인 선정에 대한 동의를 비합리적으로 보류할 수 없다.

Each Party will bear its own costs of mediation, but the Parties will share the costs of the mediator equally. Each Party will participate in the mediation in good faith and will be represented at the mediation by a business executive with authority to settle the dispute.

각 당사자는 자체 중재 비용을 부담하지만, 당사자들은 중재인 비용을 동등하게 분담한다. 각 당사자는 선의로 조정에 참여하고 분쟁을 해결할 권한이 있는 임원이 중재에 참석한다.

If a dispute remains unresolved sixty(60) days after receipt of the notice of mediation, either Party may then submit the dispute to a court of competent jurisdiction.

- 『remain + 보어』 표현은 활용할 기회가 많다.
  That remains to be seen. 두고 볼 일이다.
  It remains unchanged. 변동 사항 없다.
  Unsolved remains the question of who pulled the trigger.
  누가 방아쇠를 당겼는가 하는 문제가 여전히 미결이다.

분쟁이 중재 통지를 받은 후 육십(60)일 동안 해결되지 않은 상태로 남아 있는 경우, 각 당사자는 해당 분쟁을 관할 법원에 제출할 수 있다.

If RFCHIP is the party submitting the dispute to a court of competent jurisdiction, RFCHIP shall submit the dispute to a court located in Daegu City, Republic of Korea, under the laws of the Republic of Korea.

알에프칩이 관할 법원에 분쟁을 제출하는 당사자인 경우, 알에프칩은 대한민국 법률에 따라 대한민국 대구시에 있는 법원에 분쟁을 제출한다.

If OMNI is the party submitting the dispute to a court of competent jurisdiction, OMNI shall submit the dispute to a court located in Los Angeles, California USA under the laws of the United States of American and the State of California.

옴니가 관할 법원에 분쟁을 제출하는 당사자인 경우, 옴니는 미합중국 및 캘리포니아주의 법률에 따라 미국 캘리포니아주 로스앤젤레스에 위치한 법원에 소장을 제출한다.

- 소의 제기 : 어떤 자(원고)가 특정인(피고)을 상대로 하여, 자기 주장(소송상의 청구)의 법률적 사항에 대하여 특정 법원에 심판을 요구하는 것. 원칙적으로 소장을 제1심법원에 제출하는 것을 말한다.

Each Party irrevocably agrees to submit to the jurisdiction of the courts located in Daegu City, Republic of Korea or Los Angeles, California, USA over any claim or matter arising under or in connection with the Agreement.

- submit : 복종하다, 따르다, 제출하다

각 당사자는 본 계약에 따라 또는 본 계약과 관련하여 발생하는 모든 청구 또는 문제에 대해 대한민국 대구시 또는 미국 캘리포니아주 로스앤젤레스에 있는 법원의 관할권에 복종하기로 동의한다.

The provisions of the United Nations Convention on Contracts for the International Sale of Goods or the United Nations Convention on the Limitation Period in the International Sale of Goods shall not apply to this Agreement.

국제 물품 매매 계약에 관한 유엔 협약 또는 국제 물품 매매의 제한 기간에 관한 유엔 협약의 조항은 본 계약에 적용되지 않는다.

Nothing prevents either Party from resorting directly to judicial proceedings if the dispute is with respect to intellectual property rights, or interim relief from a court is necessary to prevent serious and irreparable injury to a Party or others. The English language will be used in any proceedings held in the USA, and all relevant documents, exhibits and other evidence in another language will be translated into the English language at the expense of the disclosing Party. The Korean language will be used in any proceedings in the Republic of Korea, and all relevant documents, exhibits and other evidence in another language will be translated into the Korean language at the expense of the disclosing Party.

- judicial proceedings : 사법 절차, 소송 절차
  irreparable injury : 회복 불가능한 피해
  irreparable : irreversible, irrepairable, cureless, incurable, irremediable

지적 재산권과 관련된 분쟁이거나, 한 당사자 또는 다른 당사자들에 대한 심각하고 회복할 수 없는 피해를 방지하기 위해 법원의 임시 구제가 필요한 경우에는 어느 당사자가 직접 사법 절차를 밟든 막을 수 없다. 미국에서 진행되는 모든 소송 절차에서는 영어가 사용되며 다른 언어로 된 모든 관련 문서, 전시 및 기타 증거는 공개 당사자의 비용으로 영어로 번역된다. 대한민국의 모든 소송 절차에서는 한국어가 사용되며 다른 언어로 된 모든 관련 문서, 증거물 및 기타 증거는 공개 당사자의 비용으로 한국어로 번역된다.

11.4 Relationship of the Parties(당사자 간의 관계)

The relationship of the Parties established by this Agreement is that of independent contractors, and nothing contained in this Agreement should be construed to give either Party the power to act as an agent or a representative of the other Party.

본 계약으로 형성된 당사자들의 관계는 독립 계약자의 관계이며, 본 계약에 있는 어떠한 내용도 어느 한쪽 당사자가 상대방에게 당사자의 에이전트 또는 대표 역할을 할 수 있는 권한을 부여하는 것으로 해석될 수 없다.

11.5 Modification(수정)

No alteration, amendment, waiver, cancellation or any other change in any term or condition of this Agreement shall be valid or binding on either Party unless mutually agreed in writing by the Parties.

당사자가 서면으로 상호 합의하지 않는 한, 본 계약 조건 변경, 수정, 포기, 취소 또는 기타 변경은 유효하지 않으며 구속력도 없다.

- 불필요한 중복 조항(redundancy, 사족) 같다. 계약의 기본은 쌍방의 합의인바, 일방 멋대로 계약서 내용을 변경하는 것은 불가하며 효력이 없다.

11.6 Notices(통지)

All notices shall be personally delivered or mailed by certified or registered mail, return receipt requested, to either OMNI or RFCHIP. Notices will be deemed effective three(3) working days after deposit, postage prepaid. Any electronically delivered notice with confirmation returned from the receiving party shall be deemed as an effective delivery and takes effect at the same day of the confirmation. The recipient addresses are as follows:

- return receipt : 배달증명서, 등기 우편물 수령 통지(등기 우편물을 수취했다는 표시로 보낸 이에게 되보내는 수취인 서명 카드)

모든 통지는 옴니 또는 알에프칩에 개인적으로 전달되거나 확인 우편 또는 등기 우편으로 우송되며, 배달증명서가 청구된다. 통지는 우편 요금 선지급하고 3영업일 후에 유효한 것으로 간주한다. 수신 당사자로부터 수취 확인을 받는 전자 통지는 유효한 전달로 간주하며 확인일에 효력이 발생한다. 수취인 주소는 다음과 같다.

- electronically delivered notice with confirmation : 수취하였다, 읽기를 확인해달라는 메시지를 요청하는 이메일

If to OMNI, to Omni Co., Ltd
#777, 17 Pongpong-ro, Dong-gu, Daegu City, Korea, 17777

옴니에 송부 시 주소

If to RFCHIP , to RFCHIP, INC.
970 N. Capital of Drive Hwy., Suite 970, Los Angeles,

알에프칩에 송부 시 주소

11.7 Partial Invalidity(부분 무효)

If any provision in this Agreement is held to be invalid, and such invalidation will not render the whole Agreement unenforceable, then the remaining provisions of this Agreement shall not be deemed invalid.

- unenforceable contract : 강제집행 불가능 계약

본 계약의 일부 조항이 무효인 것으로 간주하고 그러한 무효로 된 조항으로 인해 전체 계약이 강제 집행력을 잃는 것은 아니라면, 본 계약의 나머지 조항을 무효로 간주하지 않는다.

11.8 No Implied Licenses(묵시적 라이선스는 없다)

Except as specifically provided in this Agreement, nothing contained herein shall be construed as conferring any license or any other rights by implication, estoppel, or otherwise, under any patents, copyrights, trade secrets, trademarks, or any other intellectual property rights.

본 계약에 구체적으로 규정된 경우를 제외하고, 본 계약서에 포함된 어떠한 내용도 특허, 저작권, 영업 비밀, 상표 또는 기타 지적 재산권에 따라 묵시적, 금반언적 또는 기타 방식으로 라이선스 또는 기타 권리를 부여하는 것으로 해석되지 않는다.

- estoppel : 금반언(禁反言, 먼저 한 주장에 반대되는 진술을 뒤에 하는 것을 금지)
  equitable estoppel : 형평법상 금반언　　direct estoppel : 직접 금반언
  licensee estoppel : 라이센시 금반언

11.9 Right to Continue Work with Third Parties (제삼자와 계속 일할 권리)

Subject to the terms of this Agreement, each Party shall be free to engage in other work, alone or with others, and to furnish information to and receive information from others regarding the technical area to which this Agreement relates.

각 당사자는 단독으로 또는 제삼자와 자유롭게 다른 직무에 참여하고 본 계약과 관련된 기술 영역에 대해 정보를 제공하고 정보를 받을 수 있으나, 본 계약의 조건에 따른다.

11.10 General Indemnification(일반 보상)

Each Party shall be responsible for ❶ the safety of its own employees and agents while engaged in work under this Agreement and ❷ any liability for damages or personal injuries, including death, resulting from the acts of its own employees or agents concerning the Project under this Agreement.

각 당사자는 다음 사항에 대한 책임을 진다.

❶ 본 계약에 따른 개발에 참여하는 동안 자체 직원이나 대리인의 안전 및 ❷ 본 계약에 따른 프로젝트와 관련된 자체 직원 또는 대리인의 행위로 야기되는 손해 또는 사망을 포함한 개인 상해

Each Party agrees to defend, indemnify and hold the other Party harmless against all claims, demands, losses, and causes of action for personal injury(including death) or property damage arising from or based on the acts, negligence, or willful misconduct of indemnitor's employees, agents or contractors who undertake activities in connection with the Project under this Agreement.

- hold A harmless B, save A harmless B : A를 B에 대한 책임으로부터 면책시키다('앞으로도 면책을 유지하다'의 의미임)
- indemnitor, indemnifier, compensator : 배상의무자, 배상자

각 당사자는 개인 상해(사망 포함)에 대한 모든 청구, 요구, 손실 및 소송 원인 또는 본 계약에 따라 프로젝트와 관련하여 활동을 수행하는 배상의무자의 직원, 대리인 또는 계약자의 행위, 과실 또는 고의적 위법 행위로 인해 또는 이로 인해 발생하는 재산 피해에 대해 상대방을 방어하고 손해에 대해 배상하며, 그 책임을 계속 면책하게 하는 것에 동의한다.

11.11 Amendments(개정, 수정)

No addition to, deletion from or modification of any of the provisions of this Agreement shall be binding upon the Parties unless such addition, deletion or modification is made in writing and is signed by a duly authorized representative of each Party.

본 계약의 각 조항에 대한 추가, 삭제 또는 수정은 그러한 추가, 삭제 또는 수정이 서면으로 이루어지고, 각 당사자를 대표하는 권한을 정당하게 받은 자가 서명하지 않는 한 당사자를 구속하지 않는다.

11.12 Conflicts in Documentation(문서상의 충돌)

In the event that a conflict arises between this Agreement, any purchase order, any Exhibit or Schedule, or any other document relating to the Project conducted under this Agreement, this Agreement shall govern and prevail, unless specific reference is made to the section of this Agreement that such purchase order, Exhibit or Schedule, or document intends to modify and the extent of such modification is specifically agreed upon in writing by both Parties. Headings for sections or paragraphs are inserted only for convenience and shall not affect the interpretation of this Agreement.

- in the event(that) ~, in the event of ~, in case that ~, in case of ~, if ~ : ~ 경우에는, 만약에

본 계약, 구매 주문서, 별지, 일정 또는 본 계약에 따라 수행된 프로젝트와 관련된 기타 문서 간에 충돌 발생 시, 해당 구매 주문서, 별지 또는 일정 또는 문서가 수정하려는 본 계약의 섹션에 대해 구체적으로 언급하지 않고, 그러한 수정의 범위를 양 당사자가 서면으로 구체적으로 합의하지 않으면 본 계약이 우선 적용된다. 섹션 또는 단락에 대한 제목은 편의를 위해서 삽입되며, 본 계약의 해석에는 영향을 미치지 않는다.

11.13 Force Majeure(불가항력)

Neither Party shall be liable for any default or delay in the performance of its obligations hereunder if and to the extent

어느 당사자도 다음과 같은 경우 의무 불이행 또는 지연에 대한 책임을 지지 않는다.

❶ such default or delay is caused, directly or indirectly, by fire, flood, earthquake, elements of nature or acts of God; acts of war, terrorism, riots, civil disorders, rebellions, revolutions or any governmental action or failure to act; strikes, lockouts, or labor difficulties; or any other similar cause beyond the reasonable control of the nonperforming Party; and

그러한 불이행 또는 지연이 화재, 홍수, 지진, 자연적 요소 또는 천재지변으로 인해 직간접적으로 발생하거나, 전쟁, 테러, 폭동, 시민 혼란, 반란, 혁명 또는 정부의 조치 또는 불이행 행위로 야기되거나 파업, 직장 폐쇄 또는 노동 어려움으로 인하거나 계약 불이행 당사자의 합리적인 통제를 벗어난 기타 유사한 원인 그리고

❷ such default or delay could not have been prevented by reasonable precautions and cannot reasonably be circumvented by the nonperforming Party through the use of alternative sources, work-around plans or other means.

- circumvent : 피하다, 면하다　　circumvent the law : 법의 허점을 찌르다
  circumvent the real issues : 실질적인 문제를 회피하다
  work-around : 제2의 해결책

그러한 불이행 또는 지연이 합당한 예방책으로 방지할 수 없었으며 불이행 당사자가 대체적인 방법, 제2의 해결책 또는 기타 수단을 써 합리적으로 피할 수 없는 경우

ⓐ Any Party delayed in its performance will immediately notify the other by telephone or by other acceptable means(and confirmed in writing within five(5) days of the inception of such delay) and describe at a reasonable level of detail the circumstances causing such delay.

계약 이행을 지연하는 당사자는 즉시 전화 또는 기타 허용 가능한 수단을 통해 상대방에게 통지하고(그리고 그러한 지연이 시작된 후 5일 이내에 서면으로 확인) 그러한 지연을 초래하는 상황을 합리적인 수준으로 상세하게 설명한다.

ⓑ In such event, the nonperforming Party will be excused from any further performance or observance of the obligation(s) so affected for as long as such circumstances prevail and such Party continues to use its commercially reasonable efforts to recommence performance or observance whenever and to whatever extent possible without delay

▶ to whatever extent : 어느 정도

그러한 경우, 불이행 당사자는 그러한 상황이 우세하고 그러한 당사자가 상업적으로 합당한 노력을 계속하여 가능한 한 지체 없이 언제든지 계약을 다시 이행하거나 준수하는 한, 그렇게 영향을 받는 의무를 추가 이행하거나 준수하는 것에서 면제된다.

ⓒ If any of the above-enumerated circumstances substantially prevents, hinders, or delays performance of the Agreement for more than thirty(30) days, then the non-affected Party may terminate this Agreement or any Project without further liability effective immediately upon written notice to the other.

위에 열거된 상황이 30일 이상 본 계약의 이행을 실질적으로 방해하거나 장애가 되고 또는 지연하는 경우, 영향을 받지 않는 당사자는 서면 통지 즉시, 추가 책임 없이 본 계약 또는 프로젝트를 해지할 수 있다.

11.14 Non-Waiver(권리 불포기 조항, 권리 비포기 조항)

상대방이 계약을 위반하였을 때, 그에 대한 손해배상 청구나 권리 행사를 하지 않은 행위가 권리를 포기한다는 뜻이 아니다. 즉, 당장 하지 않을 뿐이지 언제든지 청구, 행사할 권리가 있다.

Failure at any time to require strict performance of any of the provisions here shall not waive or diminish a Party's right thereafter to demand strict compliance therewith or with any other provision.

계약 조항의 엄격한 이행을 요구하지 않는다고 해서 그 이후로 당사자가 그 조항이나 다른 조항의 엄격한 준수를 요구할 수 있는 권리를 포기하거나 축소하는 것은 아니다.

Waiver of any obligation, term or condition of this Agreement shall not be deemed as any further or continuing waiver of any other term, provision or condition of this Agreement.

본 계약의 어떤 의무, 기간 또는 조건에 대한 권리를 포기한다고 해서 본 계약의 다른 조건, 조항 또는 조건에 대한 추가 또는 지속적인 포기로 간주하지 않는다.

A Party shall not be deemed to have waived any rights hereunder unless such waiver is in writing and signed by a duly authorized representative of the Party making such waiver.

그러한 권리 포기가 서면으로 작성되어 당사자로부터 정당하게 권한을 위임받은 대리인이 서명하지 않는 한, 당사자가 본 계약에 따른 권리를 포기한 것으로 간주하지 않는다.

11.15 Confidentiality(기밀 유지)

This Agreement shall be treated as Confidential Information according to the confidentiality obligations as set forth in the mutual Non-Disclosure Agreement executed effective April 27, 2022("NDA") between the Parties.

본 계약은 당사자 간에 2022년 4월 27일 자로 발효된 기밀 유지계약("NDA")에 명시된 기밀 유지 의무에 따라 기밀 정보로 간주한다.

Further, the Parties agree that use, protections, definitions, and exceptions of Confidential Information shall comply with Sections 1, 2, and 3 of the NDA.

또한 당사자는 기밀 정보 사용, 보호, 정의 및 예외하는 것은 NDA의 섹션 1, 2 및 3을 준수하기로 동의한다.

Each Party authorizes the Receiving Party to use the Disclosing Party's Confidential Information to accomplish the Receiving Party's obligations under this Agreement.

각 당사자는 기밀 수령 당사자가 본 계약에 따른 수령 당사자의 의무를 수행하기 위해 공개 당사자의 기밀 정보를 사용하도록 승인한다.

IN WITNESS WHEREOF, the Parties hereto have caused this Design and Development Agreement to be signed by duly authorized officers or representatives effective as of the date stated above.

이상의 증거로, 양 당사자는 정당하게 권한을 부여받은 임원 또는 대리인이 본 「설계 및 개발 계약」에 서명, 위에 명시된 날짜에 발효되도록 하였다.

OMNI Co., Ltd.
By
Name :
Title : President & CEO
Date :

RFCHIP, Inc.
By
Name :
Title : President & CEO
Date :

Exhibit A Exhibit List

Exhibit A.2
Milestone Schedule

마일스톤 일정

Exhibit A.5
Surety of Supply

공급 보증

※ 본 계약서 별지 내용 중 도움이 될 주요 사안만 소개한다.

Exhibit A.2

Milestone Schedule 주요 일정표

Milestone 1 - Project Start | 마일스톤 1 - 프로젝트 개시

Milestone 2 - Tapeout | 마일스톤 2 - 테이프아웃

Milestone 3 - Initial Samples | 마일스톤 3 - 첫 sample 제시
Due Date : 6 Months after Project Start
예정일 : 프로젝트 개시 6개월

Milestone 4 - Final Samples | 마일스톤 4 - 최종 견본
Due Date : 8 Months after Project Start
예정일 : 프로젝트 개시 후 8개월

테이프아웃(Tapeout, Tape-out)

In electronics and photonics design, tapeout is the final result of the design process for integrated circuits or printed circuit boards before they are sent for manufacturing. The tapeout is specifically the point at which the graphic for the photomask of the circuit is sent to the fabrication facility.

전자 및 포토닉스 설계에서 테이프아웃은 제조를 위해 보내지기 전에 집적 회로 또는 인쇄 회로 기판에 대한 설계 프로세스의 최종 결과이다. 테이프아웃은 특히 회로의 포토마스크에 대한 그래픽이 제조 시설로 전송되는 시점이다. Tape-out을 PG(pattern generation) 라고도 한다.

▶ 파운드리 업체에서 tapeout을 받아 IC sample을 제작하는 것이다.

반도체 설계 과정에서 masking 직전의 단계이다. Masking은 반도체 chip의 회로 패턴 금형이라고 간주하면 된다. TSMC(Taiwan Semiconductor Manufacturing Co., Ltd.) 같은 fabricator들이 tape-out sample에 의거 masking 한다.

Masking 비용은 적은 금액이 아니며, 일단 masking 하면, 수정은 거의 불가하며, 문제가 있으면 다시 masking 하여야 한다고 간주하여야 한다. 따라서, tape-out 이전에 모든 사항을 검증하고 확실히 하여야, 금형을 다시 만드는 비용과 시간을 낭비하지 않는다.

Exhibit A.5 Surety of Supply(공급 보증)

1. Deposit Materials(기자재 기탁)

In consideration of this Agreement and to assure that OMNI will be able to obtain supply of the RF-CHIP Product, if supply of the RF-CHIP Product is interrupted or discontinued for any reason, RF-CHIP shall provide to OMANI the right to license and utilize all materials and information necessary for the manufacture, supply and support of the Ultra-super IX including without limitation physical masks, probe cards, test programs and other materials necessary to allow a reasonably skilled third party to manufacture, supply, maintain, test and support the Ultra-super IX("RF-CHIP's Product Materials").

- in consideration of ~ : 약인으로, 대가로
  including without limitation ~ : ~는 반드시 포함하고 무제한으로

이 계약을 약인으로 옴니가 알에프칩 제품을 안정적으로 공급받을 수 있도록 하기 위해, 만약 알에프칩 제품의 공급이 어떤 이유로든 끊기거나 중단되는 경우, 알에프칩은 옴니에 Ultrasuper IC의 제조, 공급 및 지원에 필요한 모든 자료와 정보를 라이선스하고 활용할 수 있는 권리를 제공한다. 모든 자료와 정보는 물리적 마스크, 프로브 카드, 테스트 프로그램 및 합리적으로 숙련된 제삼자가 Ultrasuper IC("알에프칩의 제품 재료")를 제조, 공급, 유지보수, 테스트 및 지원할 수 있도록 하는 데 필요한 기타 재료를 포함하되 이에 국한되지 않는다.

Accordingly, within sixty(60) days after an interruption of supply, RF-CHIP will deliver documents instructing the RFCHIP's supply chain partners to supply Ultrasuper ICs to OMNI.

따라서, 공급 중단 후 60일 이내에 알에프칩은 알에프칩의 공급망 파트너에게 Ultrasuper IC를 옴니에 공급하도록 문서로 지시하기로 한다.

2. License(라이센스)

In further consideration of this Agreement, subject to the terms of this Agreement, RFCHIP hereby grants to OMNI(with a right to sublicense for OMNI's benefit) a worldwide, non- exclusive, royalty-bearing, non-transferable license without OMNI's payment under RFCHIP's trademarks, RFCHIP Background IP, Independently Developed IP, Third Party IP used by and licensable by RFCHIP and contained in the Ultrasuper IC.

본 계약을 추가 약인으로 본 계약의 조건에 따라, 알에프칩은 현재 전 세계적으로 비독점적, 로열티를 부담하며, 양도 불가능한 라이선스를 옴니의 이익을 위해 재라이선스할 수 있는 권리까지 포함하여 옴니에 무상으로 부여한다. 여기에는 알에프칩 상표, 알에프칩 백그라운드 IP, 자체적으로 개발된 IP, 알에프칩에 의해 사용되며 알에프칩이 라이선스를 부여할 수 있는 Ultrasuper IC에 포함된 제삼자 IP가 해당한다.

For clarification, the license granted in this Section becomes active only upon the occurrence of a Trigger Event specified in Section 3 of this Exhibit A.5(and remains active only while any such Trigger Event remains ongoing) or in the event that OMNI exercises the option to take over production under Sections 4.3.1, or 4.3.2.

명확히 말하자면, 본 섹션에서 부여하는 라이선스는 별첨 A.5의 섹션 3에 명시된 트리거 이벤트가 발생한 경우이거나(해당 트리거 이벤트가 계속 진행되는 동안에만 활성화됨) 옴니가 섹션 4.3.1, 또는 4.3.2에 따라 생산을 인수하는 옵션을 행사하는 경우에만 활성화된다.

- 알에프칩에서 옴니에 Ultrasuper IC를 공급하지 못하게 되어, 그 보상을 최대한 하겠다는 것임. 알에프칩 사정이 정상으로 회복되어 Ultrasuper IC를 공급하게 되면 본 조항의 라이센스는 다시 비활성화, 즉 사용을 중단하여야 한다. 한마디로『상황 연동별 라이센싱』이다.

Trigger

▶ bring about, start, cause, set off, activate, give rise to, produce, generate, prompt, provoke, elicit, spark off, set in motion

Trigger는 「방아쇠, 유인, 도화선, 계기, 기폭제, 뇌관, 방아쇠를 당기다, (일련의 사건 반응 등을) 일으키다, 유발하다」의 뜻으로 재미있게 사용되는 단어이다. 총의 방아쇠를 당기면 어떤 일이 벌어지는지 상상하면 여러 의미를 유추할 수 있다. 상황에 맞는 뜻을 선택하여 번역하면 될 것이다.

예를 들어, 주가 대폭락, 대폭등을 일으키는 사건이 trigger이며, 전쟁을 유발하는 사건도 trigger이다. 큰 변화를 일으키는 사건들은 대부분 trigger를 사용하면 된다.

- quick on the trigger : 재빠른, 빈틈이 없는, 사격이 빠른
- trigger-happy : 총 쏘기 좋아하는, 호전적인, 폭력적인
- triggerman : 살인청부업자
- trigger system : (미사일 탄두의) 기폭 장치
- tirgger pricing : 미국의 국내 산업 보호 수단으로 쓰이는 기준 가격
- have one's finger on the trigger : 완전히 장악하다

▶ 손가락이 방아쇠 위에 있으니, 완전히 장악한 것이고 손아귀에 넣은 것이다. 참으로 재미있는 표현이다.

The skyrocketing oil price triggered a mass demonstration.
치솟는 유가는 대규모 시위를 촉발했다.

The power outage was triggered by heavy snow.
정전은 폭설로 촉발되었다.

The strike triggered the closure of a gold mine.
파업은 금광 폐쇄를 촉발했다.

The incident triggered the outbreak of the First World War.
그 사건이 세계 1차대전을 일으켰다.

※ smoking gun
trigger를 당기면 총알이 나가고, 총알이 나가면 총에서 연기가 발생한다.
그래서, smoking gun은 indisputable evidence, 즉, (범죄 등에 대한) 움직일 수 없는 증거, 명백한 증거, 결정적 증거를 의미한다.

▶ indisputable : undeniable, undisputable, unquestionable, inarguable

3. Conditions to Access the Depositing Party's Product Materials([“Trigger Events”, 기탁 당사자의 제품 자료 액세스 조건(트리거 이벤트)]

In the event that : ❶ RFCHIP is unable or unwilling to supply production volumes of Ultrasuper ICs ; or ❷ RFCHIP makes a general assignment for the benefit of creditors, is adjudicated bankrupt, files a voluntary petition for bankruptcy or reorganization, applies for or permits the appointment of a receiver, trustee or custodian for any of its property or assets, institutes any proceedings for liquidation, dissolution, or winding up(each a “Trigger Event”), then OMNI may unilaterally direct RFCHIP's supply chain partners to deliver to OMNI, with no further consent or action on behalf of RFCHIP, wafers and IC manufacturing services required to build and test Ultrasuper ICs.

▶ adjudicate : 판결하다, 재판하다 wind up : 청산하다

❶ 알에프칩이 Ultrasuper IC의 생산량을 공급할 수 없거나 공급할 의사가 없는 경우 또는

❷ 알에프칩이 채권자의 이익을 위해 총체적 양도를 하거나, 파산 선고를 받았거나, 파산 또는 기업 재편을 위한 자발적 청원을 제출하거나, 재산 또는 자산, 기관에 대한 파산 관재인, 피신탁인 또는 관리인의 임명을 신청하거나 허용하거나, 청산, 해산 또는 청산 절차를 밟으면(각각 “트리거 이벤트”), 옴니는 알에프칩을 대표하여 추가 동의나 조치 없이 알에프칩의 공급망 파트너에게 Ultrasuper IC를 구축 및 테스트하는 데 필요한 웨이퍼와 IC 제조 서비스를 옴니에 공급하도록 일방적으로 직접 지시할 수 있다.

▶ IC 개발회사인 알에프칩이 회사에 문제가 생겨, IC 공급 역할에 지장이 발생할 경우, 옴니가 IC 제조사와 후가공 업체와 직접 협력할 수 있다는 것을 의미한다.

RFCHIP will provide OMNI with written notice of the occurrence of a Trigger Event within fifteen(15) days of RFCHIP's obtaining knowledge of same.

알에프칩은 트리거 이벤트 발생을 인지한 날로부터 15일 이내에 옴니에 동 사실을 서면으로 통지한다.

4. Other Rights(여타 권리)

RFCHIP expressly agrees to comply promptly with the foregoing obligations and agrees that OMNI is entitled to an injunction for specific performance of such obligation in the event RFCHIP's representative, including any trustee in bankruptcy, refuses to comply with the foregoing obligations.

▶ injunction : 법원의 명령

알에프칩은 전술한 의무를 즉시 지킬 것에 명시적으로 동의하며, 만약 파산 관재인을 포함, 알에프칩의 대리인이 상기 의무를 준수하기를 거부하는 경우, 옴니가 그러한 의무 이행에 대한 명령을 법원으로부터 받을 자격이 있다는 것에 동의한다.

▶ 즉, 옴니가 법원으로부터 명령을 받아, 집행하면 거부할 수 없다는 것임.

In the event of bankruptcy, the parties acknowledge that OMNI is entitled to the full protection provided to OMNI of Intellectual Property Rights specified in 11 U.S.C. § 365.

파산의 경우, 당사자들은 옴니가 11 U.S.C. § 365.에 명시된 지적 재산권에 대해 옴니에 제공되는 완전한 보호를 받을 자격이 있음을 인정한다.

Additionally, upon the occurrence of a Trigger Event, RFCHIP also authorizes and grants OMNI and its third party designees, without any further consideration owed to RFCHIP, the right to source products, materials, and/or services required to continue supply of all RFCHIP's under the foregoing license, directly from RFCHIP's supply chain on terms no less favorable than those provided to RFCHIP, and RFCHIP also grants to OMNI and its third party contract manufacturers, OEM, ODM, and EMS Licensors, the right to purchase RFCHIP Products or components thereof directly from RFCHIP's Licensors, foundries, packaging houses(if applicable), and contract manufacturers without any further consideration owed to RFCHIP, provided that OMNI provides written notice to RFCHIP.

- foundry : 주조, 주물, 주조 공장, 주물 공장
  package : 반도체소자를 봉입하는 용기
  contract manufacturer : 도급 제조업체, 도급업체, 협력업체

추가로, 트리거 이벤트 발생 즉시, 알에프칩은 알에프칩에 대한 추가 대가 없이 옴니 및 옴니의 제삼자 피지명인에게 아래의 모든 알에프칩 공급을 계속하는 데 필요한 제품, 자재 및/또는 서비스를 알에프칩에 제공된 조건보다 불리하지 않은 조건으로 알에프칩의 공급망에서 직접 조달할 권리를 승인하고 부여한다. 또한, 옴니가 알에프칩에 서면 통지를 하는 경우, 알에프칩에 대한 추가 대가 없이, 알에프칩은 또한 옴니 및 제삼자 도급업체, OEM, ODM 및 EMS 라이센서에게 알에프칩의 라이센서, 파운드리공장, 패키지 공장(해당하면) 과 도급업체로부터 알에프칩 제품이나 부품을 구매할 수 있는 권리를 부여한다.

Upon request by OMNI, RFCHIP will provide written authorization to OMNI to demonstrate to its Licensors OMNI's purchase rights described above.

옴니의 요청 즉시, 알에프칩은「상술한 옴니의 구매 권한을 라이센서에게 입증하기 위해」 옴니에 승인 내용을 서면으로 제공한다.

- 알에프칩에 IC를 공급하는 업체들 입장에서는 알에프칩의 서면 서류가 있어야 신뢰할 수 있다. 이러한 서류로 근거를 확보하여야 추후 알에프칩이 다른 소리를 할 수 없어, 불미스러운 일이 발생할 수 없는 것이다.

실제 비즈니스에서 이러한 서류도 알에프칩이 옴니에 제출하지만, 이 서류 제출과 동시에 알에프칩이 직접 알에프칩 협력사에『앞으로는 옴니가 직접 구매할 것이니 협조바란다.』라는 서한을 보내는 것이 일반적이다. 물론 이 서한에「알에프칩이 옴니에 통보한 문서」를 첨부하는 것이 더욱 확실하다.

OEM vs. ODM

OEM(Original Equipment Manafacturing) : 주문자 상표 부착 생산 방식

주문자가 요구하는 상표명으로 부품이나 완제품을 생산하는 방식
OEM 수출은 상품 값을 제대로 받지 못할 뿐만 아니라 주문자, 즉 상표권자의 하청생산 가격 이상의 기능을 할 수 없게 되는 단점이 있다.
장점은 연구 개발, 설계, 디자인 등에 따라 선 투자비용이 없다.

ODM(Original Development Manufacturing) : 제조업자 개발 생산 방식

제품의 디자인부터 개발, 생산 등 전 과정을 제조사가 맡는 방식
제품에는 주문자의 상표가 붙지만 제조는 물론 연구 개발/설계/디자인은 모두 생산자(제조사)가 맡게 된다. 주로 제품개발비 및 자금력은 있으나 마케팅 능력이 부족한 기업들이 자주 찾는 방식이다

술 이야기 - 중국의 8대 명주

세계 경제대국인 중국의 술에 대해 어느 정도 알고 있는 것이 비즈니스에 도움이 되는 바, 중국의 명주에 대해 알아보자.

중국 술의 기본은 고량주이다. 고량주는 수수를 양조한 뒤 증류한 술로 무색 투명하여 일명 백주(白酒)라고 한다. 고량주는 항아리 속에서 숙성되기 때문에 기간이 길어도 색이 변하지 않는다. 또한 수수는 단백질 함유량이 적어 이를 원료로 만든 술들은 비교적 숙취(hangover)가 적다.

중국에는 증류주 공장만 수천 개에 달한다. 중국 정부는 1949년 이후 해마다 주류 품평회를 열어 우수한 술에 금장을 수여하기 시작했으며, 5년 연속 금장을 받은 중국 8대 명주가 탄생하게 되었다.

8대 명주는 마오타이, 우량예, 죽엽청주, 동주, 분주, 노주특곡, 양하주, 고정공주이나 한국인들이 잘 아는 것은 마오타이와 죽엽 청주이다.

8대 명주중에서도 으뜸으로 꼽히는 마오타이는 전통적인 고량주 제조법으로 빚은 술이다. 수수를 쪄서 밀기울을 만들고, 누룩에 버무려 9개월 발효시킨다. 그런 다음 증류해서 항아리에 담아 2~3년 숙성시킨다. 중국의 국빈주이다.

죽엽청주는 고량주에 여러 가지의 약재를 넣어 우려내고 당분을 첨가한 술이다.
8대 명주에는 포함되지 않지만 한국인에게 잘 알려진 공부가주는 공자마을을 부자가 되게 했다는 술로 중국의 주력 수출 백주(白酒)중의 하나이다. 8대 명주에 수정방과 주귀를 더해 중국 10대 명주라고 하기도 한다.

중국인의 주도는 한국의 주도와는 달리, 첨잔이 기본이다. 중국인에게 초대를 받으면 음식을 남기는 것이 잘 먹었다는 표시이다. 나온 음식을 다 먹으면 부족하다는 표시이다.

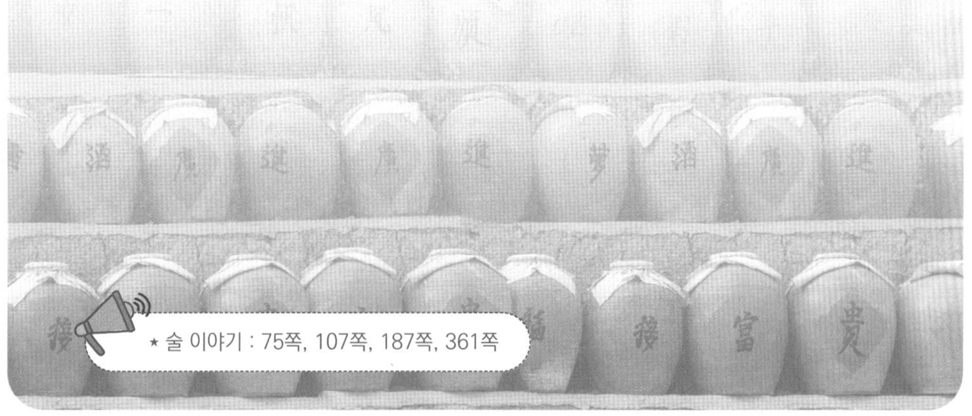

★ 술 이야기 : 75쪽, 107쪽, 187쪽, 361쪽

Chapter Ⅸ

M&A 계약서

Business English Agreement

01
핵심 사안

M&A(인수·합병)는 mergers and acquisitions의 약자로 기업의 인수와 합병을 의미한다. 「기업의 인수」는 한 기업이 다른 기업의 주식이나 자산을 취득하면서 경영권을 획득하는 것이며, 「기업의 합병」은 두 개 이상의 기업들이 법률적으로나 사실적으로 하나의 기업으로 합쳐지는 것을 말한다.

M&A를 하는 이유는 다양하다. M&A의 대표적인 목적으로는 「사업 확장, 기업 경영 및 운영 효율성 향상, 기업 생존」으로 볼 수 있다. 물론, 인수합병 M&A는 투자 수익 창출을 위해 사용되는 투자 전략으로서 사용되기도 한다.

기업사냥꾼(corporate raider)은 저평가된 기업의 주식을 낮은 가격으로 사들여 높은 가격으로 되파는 것, 즉 시세 차익이 목적이다.

02
M&A 관련 용어

M&A(merger and acquisition : 기업 합병 및 인수)

Mergers & acquisitions refer to the management, financing, and strategy involved with buying, selling, and combining companies.

세상에서 가장 큰 사업은 회사를 사고파는 것이라고 한다. 주식회사를 매수하려면 그 회사 주식을 매수하면 된다. 즉, 그 회사의 경영을 좌지우지할 수 있는 지분(equity)을 확보하면 되는 것이다. 이 M&A를 잘 활용하면 아주 적은 돈으로 우량 기업을 인수 및 합병할 수도 있다.

예를 들어, A회사의 발행 주식 수는 100주이다. 최대 51주를 확보한다면 A회사의 주인이될 수 있다. 51주를 소유할 필요도 없다. 대주주가될 수 있는 우호지분만 확보할 수 있다면, 몇 주 확보하지 않아도 회사의 주인이될 수가 있다. 이런 판단은 그 회사의 주주 현황*을 파악한 후, 그 이상만 확보하면 되는 것이다.

▶ 회사 사업 보고서에 명기되어 있는 대주주 지분은 「owner 소유 주식 %, owner 우호 지분 %, owner와 우호 지분 합계」이나, 이는 공개적으로 나타나 있는 상황이고, 어떤 특수 관계에 의한 지분 소유자가 숨어 있을 수도 있다.

Crown Jewel(크라운 주얼)

Crown jewel means the most important or valuable part of something, especially the product or part of a company, etc., that makes the most money.

M&A(merger&acquisition, 합병 및 인수) 용어로 피인수회사의 유무형 소유물 중 가장 매력적인 부문을 의미한다. 일반적으로 M&A의 주요 목적은 크라운 주얼의 획득에 있으므로 표적이 되는 기업은 스스로 이를 매각하여 매력 없는 기업이 됨으로써 M&A에 대항하기도 한다.

Due Diligence(DD, 기업실사, 사전실사)

DD means reasonable steps taken by a person in order to satisfy a legal requirement, especially in buying or selling something. DD is a comprehensive appraisal of a business undertaken by a prospective buyer, especially to establish its assets and liabilities and evaluate its commercial potential.

ABC 기업을 매수하고 싶다. 그 기업의 주인이 기업의 현황을 설명하고 가격을 제시한다. 가격은 OK이나, 그 기업에 대한 설명 내용을 검증해봐야 할 것이다. 이렇게 해당 기업의 현황을 실제 확인/검증하는 것을 「due diligence」라고 한다.

Due diligence의 사전적 의미는 어떠한 사업에 있어 의사결정 이전에 적절한 주의를 다하고 계획을 수립하여 수행하여야 하는 주체의 책임이라고 할 수 있다. 즉, 소정의 절차에 따라 행하는 조사/검증/확인 행위라고 할 수 있다.

기업실사(due diligence)란 인수, 합병 거래나 기업의 주식, 사채 등 유가증권 발행 거래에 앞서 기업의 경영상태, 자산상태, 재무적, 영업적 활동 등 전반적인 상황에 대하여 조사/검증/확인하는 활동을 의미한다.

그 주된 목적은,

- 대상기업의 경영, 자산, 부채, 재무, 영업, 고객관계 등 일체의 상태를 조사하여 인수, 합병의 대상을 명확하게 이해함으로써, 매수인이 대상기업의 가치를 산정, 평가하여 적정

한 인수가격을 정할 수 있도록 하고,

- 법률적 위험은 최소화하고 경제적 효과는 극대화할 수 있는 거래구조를 설정할 수 있게 하며,

- 인수, 합병 거래에서 발생할 수 있는 제반 사업적, 법률적 위험을 사전에 평가하고 이에 대한 대책을 수립할 수 있도록 하고,

- 인수 완결 이후 대상회사의 효과적인 통합작업을 준비할 수 있도록 하기 위한 목적 등으로 이루어진다.
  보통 매수인은 기업실사를 통하여 얻어진 정보를 기초로 하여 인수, 합병 이후에 발생할 수 있는 우발채무(contingent liabilities) 가능성을 확인하여 이를 인수가격에 반영하고, 본계약 체결 시 매도인에게 요구할 구체적인 진술과 보증 항목, 공개목록 항목을 정리하게 된다. 기업실사는 매수인이 법무법인, 회계법인, 컨설팅법인 등 각 자문사를 선임하여 이루어진다.

Due diligence는

- 법무법인이 담당하는 법률실사 : Legal Due Diligence(LDD)
- 회계법인이 담당하는 회계실사 : Finance Due Diligence(FDD)
- 세무실사 : Tax Due Diligence(TDD)
- 컨설팅법인 담당 컨설팅실사 : Consulting Due Diligence(CDD)
  등으로 구분되며 법률실사와 회계실사는 통상적으로 진행되고, 거래 규모에 따라 세무실사, 컨설팅실사까지 진행할 수도 있다.

한마디로, 상대방이 말한 내용의 사실 여부를 분야별로 검증/확인하는 하는 것이다. 예를 들어, 부채가 1백만 원 이하라고 했는데, 인수 후 1천만 원이라면 문제가 발생되니 사전에, 즉 인수 자금을 지급하기 전에 검증하는 것이다.

Golden Parachute(황금낙하산)

A golden parachute is an agreement between a company and an employee(usually upper executive) specifying that the employee will receive certain significant benefits if employment is terminated. The benefits may include severance pay, cash bonuses, stock options, or other benefits.

Golden parachute(황금낙하산)은 적대적 M&A를 방어하는 대표적인 전략으로 미국 월가에서 만들었다. 최고경영자 고용계약 시, 「해임할 때 거액의 퇴직금 지급, 주식매입권 부여, 잔여임기 동안의 상여금 지급」 등을 준다는 내용을 명시해 제삼자의 기업의 인수비용을 높이는 것을 말한다.

- 장점은 기존 경영진의 동의 없는 경영권 탈취를 저지하는 데 효과적으로 사용될 수 있다.
- 단점은 적대적 M&A의 위험이 없는 평상시에도 임원을 해임하기가 어렵게되어 무능한 경영진에게 과도한 혜택을 부여하는 비효율성을 초래할 수도 있다.

Leveraged Buyout(LBO, 차입 매수)

A leveraged buyout(LBO) is a financial transaction in which a company is purchased with a combination of equity and debt, such that the company's cash flow is the collateral used to secure and repay the borrowed money. The term LBO is usually employed when a financial sponsor acquires a company.

기업매수를 위한 자금조달방법의 하나로서 매수할 기업의 자산을 담보로 금융기관으로부터 매수자금을 조달하는 것으로 적은 자기자본으로 매수를 실행할 수 있다. TOB(takeover bid, 주식공개매수)와는 달리 LBO는 매수회사와 피매수회사의 관계가 우호적이고 피매수회사의 경영자 등이 매수 측에 가담하기도 한다.

LBO는 거액의 차입을 수반하기 때문에 기업매수 후 자기자본비율이 낮아져 신용리스크가 급격히 커진다는 단점이 있다. 이 때문에 LBO의 주요 자금조달수단인 정크본드는 발행수익률이 높으며, 금융기관의 LBO 대출금리도 프라임레이트를 상회하는 고금리가 적용되는 것이 일반적이다. 이는 기업 입장에선 주가나 배당을 고려치 않고 비수익 사업부문의 매각이 가능, 과감한 경영을 할 수 있는 장점이 있다. 반대로 매수될 듯한 기업의 경영자가 LBO를 사용, 자사주를 모아 매수를 피하는 방법이 있다.

Poison Pill(포이즌 필)

A poison pill is a form of defense tactic utilized by a target company to prevent or discourage attempts of a hostile takeover by an acquirer. As the name 「poison pill」 indicates, this tactic is analogous to something that is difficult to swallow or accept. A company targeted for such a takeover uses the poison pill strategy to make its shares unfavorable to the acquiring firm or individual. Poison pills significantly raise the cost of acquisitions and create big disincentives to deter such attempts completely.

적대적 기업 인수 합병(M&A)에 대한 방어전략의 일종으로 매수시도가 시작될 경우 매수비용을 높게 만들어 매수자의 시도를 단념시키려는 각종 수단을 총칭하는 말이다. 가령 적대적인 세력이 인수작전을 펼 때 인수 대상 기업에서는 임직원의 임금을 대폭 올려 기업비용이 크게 늘어나게 하거나 신주발행이나 신주인수권 발행을 통해 기업인수 비용을 높이고 인수 세력이 주식을 매입하더라도 지분 비율을 낮출 수 있다.

그러나 인수대상 기업에서도 이에 따른 위험부담을 안아야 하기 때문에 「poison pill」, 즉 「독약」이라 불리게 되는 것이다. 한편 적대적 인수세력에 대한 방어도구로 활용되었던 「poison pill」은 이제 기업의 몸값을 올리기 위한 협상 카드로 변화하고 있다. 특히 경기하락으로 주가가 대폭 떨어진 기술업체들의 경영진들은 경영권 방어를 위해 몸부림치는 대신 「poison pill」을 활용, 높은 값에 기업을 파는 전략을 구사하고 있다.

Shark Repellent(샤크 리펠런트)

Shark repellent is a slang term for any one of a number of measures taken by a company to fend off an unwanted or hostile takeover attempt. In many cases, a company will make special amendments to its charter or bylaws that become active only when a takeover attempt is announced or presented to shareholders with the goal of making the takeover less attractive or profitable to the acquisitive firm. It is also known as a "porcupine provision."

기업 탈취를 예방하기 위한 전술의 일종이다. 예를 들어 회사 정관을 변경하거나 합병승인의 의결을 위해서는 75% 이상의 찬성이 필요하다는 조항을 삽입하거나 이사의 선임을 한 번에 행하지 않고 1년에 몇 명씩 선임한다는 등의 규정을 마련하는 것을 말한다.

TOB(takeover bid, 주식 공개 매수)

A takeover bid is a type of corporate action in which an acquiring company makes an offer to the target company's shareholders to buy the target company's shares to gain control of the business. Takeover bids can either be friendly or hostile.

주식의 공개매수는 기업인수·합병(M&A)에 의한 형태로서 회사의 지배권 획득 또는 유지·강화를 목적으로(예외적으로 상장 폐지를 목적으로 하는 경우도 있음) 주식의 매수희망자가 매수기간/가격/수량 등을 공개적으로 제시하고, 유가증권시장 밖에서 불특정다수의 주주로부터 주식을 매수하는 방법을 말한다.

이러한 주식의 공개매수는 일반적으로 대상기업의 의사와는 무관하게 이루어지는 적대적 M&A의 일종으로, 공개매수절차가 진행되는 동안 매수희망기업과 대상기업 또는 대주주 사이에 지분확보 및 경영권방어를 둘러싸고 치열한 경쟁양상을 보이기도 한다. 미국에서는 인수자 측이 대상기업에 방어할 시간을 주지 않기 위해 공휴일인 토요일 저녁 황금시간대 TV를 통해 공개매수를 선언하는 경우가 많다. 이것을 「토요일 밤의 기습(Saturday Night Special)」이라 부르기도 한다.

인수 대상이 되는 기업의 주식 중에서 의결권이 부여된 주식의 일부나 전체를 공개적으로 매입함으로써 경영권을 획득하여 인수합병을 이루는 것으로, 「텐더 오퍼(tender offer)」라고도 한다. 기존 대주주나 경영진 모르게 비밀스럽게 주식을 매입하는 기업사냥의 폐해를 막기 위해 도입된 제도로 매수기업에서는 일정 동안 어느 정도 이상의 주식을 일정한 가격으로 매입하겠다는 것을 공개해야 한다.

Valuation(기업가치평가)

Business valuation is a process and a set of procedures used to estimate the economic value of an owner's interest in a business. Valuation is used by financial market participants to determine the price they are willing to pay or receive to effect a sale of a business.

M&A 대상 회사의 주식, 채권, 부동산, 기계설비, 영업부문, 무형자산 등의 가치를 평가해 수치로 계량화하는 작업

White Knight(백기사)

A white knight is a hostile takeover defense whereby a friendly individual or company that acquires a corporation at fair consideration that is on the verge of being taken over by an unfriendly bidder or acquirer, who is known as the black knight.

기업들 간 적대적 인수/합병(M&A)이 진행되는 경우, 현 경영진의 경영권 방어에 우호적인 주주를 「white knight(백기사)」라고 부른다. 적대적인 공개매수를 당하는 매수대상기업을 구해준다는 의미에서 화이트 나이트(백기사)라는 명칭이 붙게 되었으며 반대로 적대적인 공개매수를 취하는 측을 「black knight(흑기사)」 또는 「corporate raider(기업 탈취자)」라고 한다.

Winner's Curse(승자의 저주)

The winner's curse is a tendency for the winning bid in an auction to exceed the intrinsic value or true worth of an item. Because of incomplete information, emotions or any other number of subjective factors regarding the item being auctioned can influence bidders and give them a difficult time determining the item's true intrinsic value. As a result, the largest overestimation of an item's value ends up winning the auction.

쉽게 말해, 가치보다 높은 가격을 지불하고 인수한 상황을 의미한다. 경쟁에서 이겼음에도 불구, 이기기 위해 지나치게 큰 비용을 치러, 결국은 손해를 입거나 위험에 빠지는 경우를 의미한다. 예를 들면, 경매에서 최종입찰자가 실제의 가치보다 많은 돈을 주고 대상물을 구입하게 되거나 입찰에 필요한 가격보다 많은 가격을 주고 구입하게 되는 것을 뜻한다. 기업을 인수할 때, 산업의 변화를 인식하지 못해 사양산업 업체를 가치보다 훨씬 높은 가격으로 인수하여, 몇 년 후 부메랑을 맞는 경우도 있다.

03
실전 계약서

계약서 예문의 계약 구조 요약

- 외국 기업이 진동 모터와 무선 안테나를 생산 판매하는 대한민국 제조업체를 인수하여
- 그 한국 회사를 외국 기업의 한국 지사로 변경
- 한국 기업의 직원들은 고용 승계
- 그 한국 회사는 폐업하는 구조이다.

Purchase Agreement

between

Invincible Armada Corp.

and

Jalpanda Co., Ltd.

September 10, 2021

PURCHASE AGREEMENT, dated as of 10 September, 2021("Agreement"), between Invincible Armada Corp.(the "Purchaser"), a wholly owned subsidiary of Invincible Armada Holdings Limited, a French corporation, which is located at 12 Printemp Street, Paris, (Company Number 6373), and Jalpanda Co., Ltd., (the "Seller").

프랑스 법인 Invincible Armada Holdings Limited의 전액 출자 자회사인 프랑스 파리 Printemp Street 12번지 소재 Invincible Armada Corp.("구매자") 사이와 Jalpanda Co., Ltd., ("판매자") 사이의 2021년 9월 10일 자 구매 계약("계약").

WITNESSETH;

The Seller is Jalpanda Corp., a Korean company(the "Company"), which is located at Suite 701, Jalpanda Building, 94 Kangnam-dong, Songpa-ku, Seoul, Korea with the business registration No., of 777-77-77777.

매도인은 대한민국 서울 송파구 강남동 94 잘판다빌딩 701호에 있는 한국 기업 잘판다 주식회사(이하 "회사")이며 사업자등록번호는 777-77-77777이다.

The Company is engaged principally in the business of manufacturing and selling standard and custom engineered vibration motors and wireless antenna, and providing related services including support of, and all commercial transactions with, all current and future customers of the Company("the Business"), and Purchaser desires to engage in the Business;

회사는 표준 진동 모터, 고객 맞춤형 진동 모터 및 무선 안테나를 생산 및 판매를 주력 사업으로 영위하고 있으며, 회사는 회사의 모든 현재 및 미래 고객에 대한 지원 및 모든 상거래를 포함한 관련 서비스를 제공하고 있으며("비즈니스라 칭함"), 구매자는 본 사업에 참여하기를 원한다.

In order to enable Purchaser to engage in the Business, Seller agrees to sell to Purchaser, and Purchaser agrees to purchase from Seller, the Business including Goodwill and Manufacturing Facilities & Equipments upon the terms and conditions and for a purchase price as set forth herein.

구매자가 사업에 참여할 수 있게 하도록, 판매자는 구매자에게 여기에 명시된 조건 및 가격으로 『영업권, 제조 시설과 설비를 포함한 사업』을 판매하는 데 동의하며, 구매자는 판매자로부터 『영업권, 제조 시설과 설비를 포함한 사업』을 구매하는 데 동의한다.

Seller shall end the Company's involvement in the Business, other than for activities related to the collection of receivables and payment of liabilities, and other matters associated with the business carried out by the Company prior to Closing and the ending of the Company's involvement in the Business. The parties hereby agree as follows:

판매자는 「외상매출금 회수, 채무 지급, 회사 폐쇄 및 해당 사업 종료 전에 진행된 여타 사안들 처리」를 제외하고는 회사의 사업 추진을 종료한다. 당사자들은 다음과 같이 동의한다.

- 현재 사업 중인 회사를 합의된 가격으로 인도한 다음에 몰래 사업을 추진한다면 매수자는 그 회사를 매수할 이유가 없으니 당연한 조항이다.

1. Subject to the terms and conditions of this Agreement, Seller shall sell, assign and deliver to Purchaser, and Purchaser shall purchase from Seller, at the Closing(as defined in Clause 2), the Business including Goodwill and Manufacturing Facilities & Equipments, free and clear of all Encumbrances(as defined in Clause 4).

- free and clear : 法(재산이) 부채가 없는, 저당되지 않은
  encumbrance : 방해물, 장애물, 法 부동산에 대한 부담(저당권 등)
  without encumbrance : 딸린 것이 없는, 딸린 아이가 없는

판매자는 어떠한 방해, 부담, 저당도 없는(4조에 명기) 영업권, 제조 시설과 설비를 포함한 사업을 마감일(2조에 명기)에 구매자에게 판매, 양도 및 인도하기로 하며, 구매자는 이러한 『영업권, 제조 시설과 설비를 포함한 사업』을 판매자로부터 구매하기로 하며, 이는 본 계약의 조건에 따른다.

▶ 「subject to ~는 ~에 달려 있다, ~에 따른다.」라는 의미이며, subject to가 사용된 문장은 무조건 subject to ~의 내용이 문장 전체의 내용을 지배하는바, 의미 파악에 신중하여야 한다.

❶ The closing(the "Closing") shall take place at the office of Seller in Seoul, Korea on September 5, 2021, At the Closing, Sellers shall sell, assign and deliver the "Business including Goodwill and Manufacturing Facilities & Equipment"("Business") to Purchaser, and Purchaser shall purchase the "Business including Goodwill and Manufacturing Facilities & Equipment" from Seller,

계약 체결("종결")은 2021년 9월 5일 대한민국 서울에 있는 판매자 사무실에서 종결짓는 것으로 한다. 종결 시 판매자는 구매자에게 『영업권, 제조 시설과 설비를 포함한 사업』을 판매, 양도 및 인도하고 구매자는 판매자로부터 『영업권, 제조 시설과 설비를 포함한 사업』을 구매하기로 한다.

❷ The purchase price for the "Business"("Purchase Price") shall consist of Korean Won equivalent to USD30,000,000 plus 10% VAT, and shall be payable at the Closing as follows:

『영업권, 제조 시설과 설비를 포함한 사업』의 매입가격(이하 "매입가격")은 USD30,000,000에 상당하는 원화에 부가가치세 10%를 더한 금액으로 종료 시 다음과 같이 지급한다.

ⓐ Purchaser shall pay the Seller Korean Won equivalent to USD15,000,000 plus 10% VAT of Korean Won by wire transfer to Seller's account below(the "Seller's Account") payable in immediately available funds.

- Account name : Haha Kim
  Jalpanda Co., Ltd.

- Account number : 777-77-77777
- Banker : Shinnanda Bank, Wangjadong Branch, Seoul, Korea
- SWIFT CODE : SHBKKRBE

구매자는 아래 판매자 계좌("판매자 계좌")로 은행 전신환 송금을 통해 USD15,000,000에 해당하는 한국 원화금액과 그 금액의 10% 부가가치세를 판매자에게 지불하기로 하며, 그 금액은 판매자가 즉시 인출 가능하다.

- 계좌명 : 김하하, 잘판다 주식회사, 계좌번호 : 777-77-77777
- 은행 : 신난다은행, 서울 왕자동 지점, 스위프트 코드 : SNDBKKRBE

SWIFT

SWIFT는 Society for Worldwide Interbank Financial Telecommuni- cation의 약자로 각국 금융기관이 8자리 또는 11자리의 코드를 이용해 국제금융 결제를 할 수 있는 시스템을 말한다. 2021년 말 현재, 전 세계 주요 은행과 금융회사 약 1만 1천여 곳이 사용 중이다. 본 시스템에 접속이 차단되면 국제금융거래망에서 사실상 퇴출당하는 것인바, 큰 타격을 입을 수밖에 없다. 2022년 3월 러시아-우크라이나 사태 때 미국, EU 등이 러시아를 SWIFT에서 배제한 적 있다.

ⓑ Purchaser shall pay Korean Won equivalent to USD15,000,000("Deferred Payment") by wire transfer into the Seller's two accounts(Korean Won equivalent to USD7,500,000/account) below with such funds being restricted in availability by the terms detailed in the Exhibit of Deferred Payment.

구매자는 미화 1,500,000달러에 해당하는 한국 원화(이하 "후불")를 아래 판매자의 두 계좌(계좌당 미화 750,000달러에 상응하는 한국 원화)로 은행 전신환 송금을 통해 지불하며, 이러한 자금은 별지 연불 조건에 명시된 조건에 따라 인출이 제한된다.

a. Korean Won equivalent to USD7,500,000

- Account name : Haha Kim
  Jalpanda Co., Ltd.
- Account number : 777-77-77778
- Banker : Shinnanda Bank, Wangjadong Branch, Seoul, Korea
- SWIFT CODE : SHBKKRBE

USD7,500,000 상당의 한국 원화

- 계정명 : 김하하
  잘판다 주식회사
- 계좌번호 : 777-77-77778
- 은행 : 신난다은행, 서울 왕자동 지점
- 스위프트 코드 : SNDBKKRBE

b. Korean Won equivalent to USD7,500,000

- Account name : Haha Kim
  Jalpanda Co., Ltd.
- Account number : 777-77-77779
- Banker : Shinnanda Bank, Wangjadong Branch, Seoul, Korea
- SWIFT CODE : SHBKKRBE

USD7,500,000 상당의 한국 원화

- 계정명 : 김하하
  잘판다 주식회사
- 계좌번호 : 777-77-77779
- 은행 : 신난다은행, 서울 왕자동 지점
- 스위프트 코드 : SHBKKRBE

❸ At the Closing, the Seller shall deliver the below documents to Purchaser

① Letter of Guarantee

② Non-Compete Agreement

③ Confidentiality Agreement
④ Employment Agreement
⑤ Deferred Payment
⑥ List of Manufacturing Facilities and Equipment
⑦ Employee Remuneration

effective as from one day after the Closing Payment plus VAT 10% of Purchase price and the Deterred Payment amounts reach the Seller's account.

종결 시, 판매자는 다음 서류를 제출하여야 하며,

① 보증서
② 경쟁금지 계약서
③ 기밀협정 계약서
④ 고용 계약서
⑤ 연불(延拂) 계약서
⑥ 제조 시설 및 설비 리스트
⑦ 직원 복리후생

이 서류들은 부가가치세 10%를 합한 구매 가격 및 연불 금액이 판매자의 계정에 입금된 다음 날부터 효력 발생하는 것으로 한다.

2. The Seller represents and warrants to, and covenants with, Purchaser as follows:

판매자는 다음과 같이 구매자에게 기술(記述), 보증하며 구매자와 약정한다.

A. The Business has been operated diligently in the ordinary course consistent with past practice and has not:

사업은 과거 상거래 관행과 일치하는 정상적인 과정으로 성실히 운영되었으며 다음과 같은 상황이 발생한 적은 없다.

ⓐ encountered any other material adverse change in its financial condition, manufacturing facilities & equipment, assets, liabilities, earnings, operation, net worth, goodwill, or business.

재무 상태, 제조 시설과 설비, 자산, 부채, 수입, 회사 운영, 순자산, 영업권, 또는 영업에서 다른 중대한 불리한 변화를 겪지 않았으며

ⓑ incurred any obligation or liability other than obligations or liabilities incurred in the ordinary course of business

비즈니스 과정에서 일반적으로 발생하는 의무와 책임 이외의 의무나 책임은 발생하지 않았으며

ⓒ experienced any work stoppage or slowdown or loss of employees or customers which adversely affects or could adversely affect the Business significantly;

비즈니스에 중대한 영향을 미치거나 심각한 영향을 미칠 수 있는 직원 또는 고객의 작업 중단 또는 생산 지연 또는 손실을 경험한 적 없으며

ⓓ suffered any loss of any sales or management personnel prior to the Closing;

종결 이전에 판매 또는 관리 인력이 감축된 적이 없으며

ⓔ suffered any significant loss of any customers, suppliers, distributors, accounts or product lines prior to the Closing;

종결 이전에 고객, 공급업체, 유통업체, 단골 고객 또는 제품 라인에 중대한 손실을 본 경우가 없다.

B. ⓐ The Business including Goodwill and Manufacturing Facilities & Equipment consists of all the facilities and equipments to produce vibration motors and wireless antenna, all trademarks, trade names(excluding the Company's corporate name), service marks, copyrights, know-how, trade secrets, designs, formula, ideas, inventions, techniques, patents, used in connection with the Business, and computer programs and software and written proprietary processes, operating procedures, and other proprietary information necessary to enable Purchaser to conduct the Business in substantially the same manner as it has been doing to date.

- proprietary : 등록 상표가 붙은, 소유자의, 독점의, 전매의

영업권, 제조 시설과 설비를 포함한 사업은 비즈니스와 관련하여 사용되는 모든 상표, 상호(회사 이름 제외), 서비스 마크, 저작권, 노하우, 영업 비밀, 디자인, 공식, 아이디어, 발명, 기술, 특허로 구성되며 현재까지 해온 방식으로 구매자가 사업을 수행할 수 있도록 하는 데 필요한 다른 독점적 정보(총체적으로 "사업")로 구성된다.

ⓑ The Company owns or has the exclusive right to proceed "Business" free of all Encumbrances.

- encumbrance : 장해물, 장애물, 두통거리, 法 부동산에 대한 부담(저당권 등)
- 판매자가 사업 양도 후 제삼자를 동원하여 몰래 사업을 추진할 수도 있어, 이런 문장으로 명확히 하는 것임.

회사는 아무런 장애 없이 사업을 진행할 독점권을 가진다.

ⓒ An Encumbrance is a claim, action or dispute which shall prevent the Business from operating in the manner it has been conducted to date.

- action : 法 소송(suit), civil action : 민사소송, criminal action : 형사소송
  bring/take an action against ~ : ~ 상대로 소송하다

현재까지 수행된 방식으로 비즈니스를 운영하는 것을 방해하는 클레임, 소송 또는 분쟁을 장애물이라 한다.

3. This Agreement shall be governed by the laws of Korea.

본 계약은 한국법을 따른다.

4. This Agreement supersedes all prior negotiations, understandings, and agreements.

본 계약은 이전의 모든 협상, 양해, 계약에 우선한다.

▶ 이 문장이 있는 사유는, 『이 문장이 없으면 계약 체결 후 어떤 문제 발생 시, 계약에 이리되었지만, 과거에 구두로 이랬니 저랬니 할 수도 있어, 그러한 모든 경우를 일소하는 문장으로 사용』하는 것이 일반적인바, 유사 문장들이 계약서에 관용어구처럼 명기된다.

IN WITNESS WHEREOF, the parties hereto have caused this Agreement to be duly executed on the date first set forth above.

이상의 증거로, 양 당사자는 위에 명시된 날짜에 본 계약이 적법하게 실행되도록 하였다.

Buyer : Seller :

※ Attachment :

1. Letter of Guarantee
2. Non-Compete Agreement
3. Confidentiality Agreement
4. Employment Agreement
5. Deferred Payment
6. Pledging Agreement
7. List of Manufacturing Facilities and Equipment
8. Employee Remuneration

※ 첨부 :

① 보증서

② 경쟁금지 계약서
③ 기밀협정 계약서
④ 고용 계약서
⑤ 연불(延拂)
⑥ 질권설정 계약서
⑦ 제조 시설 및 설비 리스트
⑧ 직원 복리후생

- 첨부 내용 중 "보증서, 연불, 질권설정 계약서"를 소개한다.

Letter of Guarantee(보증서)

- M&A 계약서의 side letter로 M&A 계약서에 계약 사실과 다른 사안 발생 시 매도자가 전적으로 책임을 지겠다는 것이다.

  - side letter : 부속 서신, 추가 협약, 부가 협약
  - side agreement : 추가 협약, 부가 협약
  - side issue : 지엽 문제, 부차적 문제

- Letter of Guarantee는 보증서로 해석되나, 무역 거래에서 『화물 선취 보증』의 의미로도 사용된다. 수입업자가 선박회사로부터 화물을 인도받으려면, 선적서류가 있어야 하는데, 선적서류 원본보다 수입 화물이 먼저 목적지에 도착하면 신용장 발행신청인의 요청으로 선화증권 원본 없이 사본만으로 발행되는 「수입화물 선취보증서(LG : Letter of Guarantee)」를 선박 회사에 제시하여 물품을 인도받아 통관할 수 있는 제도이다.

August 28, 2021

Director
Invincible Armada Corp.

Letter of Guarantee

Dear ~

Regarding the Purchase Agreement which was made and entered into between Invincible Armada Corp., (Purchaser) and Jalpand Co., Ltd., (Seller) on August 28, 2021, I confirm and guarantee the below to you.

2021년 8월 28일 매수자와 매도자 사이에 체결된 구매 계약과 관련하여 다음 사항을 확인하고 보증합니다.

1. For the avoidance of doubt, Purchaser agrees not to purchase, and Seller agrees to retain, all aspects of the Business up to Closing.

▶ for the avoidance of doubt : 명확히 말해서, 다시 말해, 즉, 무언가를 명확히 다시 설명할 때 사용하는 관용구(for the clarification, to make things clear)

명확히 말해, 구매자는 구매하지 않는 데 동의하고 판매자는 마감일까지 비즈니스의 모든 사항을 유지하는 데 동의한다.

2. Seller shall assign and deliver the Business to Purchaser one day after the Closing; payment and the Deferred Payment both reach the seller's accounts at Closing.

즉시 인출 가능 지불금 및 연불 모두 마감일 당일 매도인의 계좌에 입금되며, 매도인은 마감일 다음 날 매수인에게 비즈니스를 양도, 인도한다.

3. As of the Closing Date the Business from Closing will not have, liabilities of obligations of any nature, known or unknown, fixed or contingent, matured or unmatured, secured or unsecured, which do not remain the full responsibility of the Seller.

마감일 이후 비즈니스는 알려졌거나 알려지지 않았거나, 확정이거나 우발적이거나, 만기가 도래하였거나 도래하지 않았거나, 담보가 있거나 없거나 어떠한 성격의 의무이든 매수인은 그에 대한 책임이 없으며, 이는 전적으로 매도인의 책임이다.

4. If any liabilities of the Business up to Closing becomes payable by the Purchaser, I, Haha Kim, shall pay 100% of the liabilities to the Purchaser within five business days after the Purchaser present such liabilities to me.

사업 마감일까지의 어떠한 부채에 대한 책임이 구매자에게 발생하는 경우, 구매자가 그러한 부채를 본인에게 제시하면 본인 김하하는 5영업일 이내에 해당 부채 100%를 구매자에게 지불한다.

Once again, I confirm the above and guarantee to you.

다시 한번 위 사항을 확인하고 보증합니다.

Sincerely,

Deferred Payment[연불(延拂), 후불]

1. Purchaser shall pay the Deferred Payment into the Seller's accounts at Closing as per the Payment Schedule between Seller and Purchaser. The Deferred Payment shall be in the form of two time deposits of Korean Won equivalent to USD7,500,000 each under the name of Haha Kim, Jalpalda Co., Ltd., with the release dates for the time deposits being the first and second anniversary of the Closing Date.

판매자와 구매자가 합의한 지불 일정에 따라 구매자는 계약 체결 마감일에 판매자의 계좌로 연불 지급한다. 잘판다 주식회사 김하하 명의로 개설된 두 개의 원화 정기예금에 각각 USD7,500,000 상당의 원화로 연불 지불하며, 정기예금의 예금 인출일은 마감일의 1주년 되는 일자 및 2주년 되는 일자로 한다.

2. Subject to the terms and conditions set forth below, after the Closing, Purchaser shall pay Seller the Deferred Payments, as follows:

마감 후 아래에 명시된 조건에 따라, 구매자는 판매자에게 다음과 같이 연불 지불한다.

❶ Korean Won payable equivalent to USD750,000 on the first anniversary of the Closing date, and Korean Won equivalent to USD750,000 payable on the second anniversary of the Closing Date, if the business transfer like the information on each account and its key person has been completed to the reasonable satisfaction of Purchaser, and Haha Kim is employed by the Company on such dates. Reasonable satisfaction means the documentation of information on each customer, which encompasses company name, point-of-contact, key persons and their personal particulars noteworthy, and business performance with them for the year of 2018, 2019 and 2020.

마감일 1주년에 USD750,000 상당의 원화, 마감일 2주년에 USD750,000 상당의 원화가 인출될 수 있으며, 이는 구매자가 만족스럽도록 고객 정보가 합리적으로 이전 완료되며, 김하하가 그 일자에 회사 직원으로 고용이 유지되는 경우로 한정한다. 합리적인 만족이란 2018년, 2019년과 2020년의 고객 정보를 문서로 만드는 것을 의미하며, 고객 정보에는 회사명, 연락처, 핵심 인물과 인물별 특기 사항, 이들과의 사업 성과가 상술된다.

❷ The interest from the money in deposit shall be paid to Haha Kim's account monthly.

예금의 이자는 매월 김하하 계좌로 지급된다.

❸ In case that the employment of Haha Kim is terminated without cause, Haha Kim shall have the right to draw out all the amount of money in deposit as of the date of termination of employment any time.

김하하의 고용이 정당한 사유 없이 해지된 경우, 김하하는 고용 해지일을 기준으로 예치된 금액을 언제든지 인출할 수 있다.

❹ If the conditions for the above 1-A for payment of all or a portion of the Deferred Payments are not met as of the second anniversary of the Closing Date, Seller shall not be entitled to receive any portion of the Deferred Payments not paid by such date.

마감일 2주년 현재, 위 1-A에 명기된 연불의 전부 또는 일부에 대한 지급 조건이 충족되지 않는 경우, 판매자는 그러한 일자까지 미지급된 연불을 받을 자격을 상실한다.

❺ In case that the employment of Haha Kim is terminated because of his death or missing by known accident, all the amount of money in deposit under the name of Haha Kim shall be paid immediately to his wife and daughter. In case that the employment of Haha Kim is terminated by permanent disability, all the amount of money in deposit under the name of Haha Kim shall be paid immediately to Haha Kim.

김하하의 사망 또는 대중에게 알려진 사고로 인해 행방불명이되어 고용이 종료되는 경우, 김하하 명의로 예치된 모든 금액은 즉시 김하하의 아내와 딸에게 지급된다. 김하하의 영구 장애로 인해 고용계약이 해지될 때는 전액 김하하 명의로 예치된 예금 전부가 김하하에게 즉시 지급되는 것으로 한다.

❻ In case that the employment is terminated voluntarily or by cause, Haha Kim shall immediately submit the written retirement stamped with the same seal which was used for the time deposit pledged. When Purchaser submits Haha Kim's written retirement with the said seal to

Shinnanda Bank, the time deposit pledged by Purchaser shall be paid to Purchaser immediately. In case that Haha Kim does not submit the written retirement with the same seal to Purchaser, Purchaser shall have the right to immediately extend the time of pledging the time deposit by informing Shinnanda Bank of Haha Kim's such act in written.

본인 의사로 퇴사하거나 정당한 사유로 고용이 해지되는 경우, 김하하는 질권 설정된 정기예금통장에 날인한 동일 인감으로 퇴직서를 날인하여 즉시 제출한다. 구매자가 김하하의 퇴직서를 해당 날인과 함께 신난다은행에 제출하는 경우, 신난다은행은 구매자가 질권 설정한 정기예금을 즉시 구매자에게 지급한다. 김하하가 동일한 인감으로 날인한 퇴직서를 구매자에게 제출하지 않을 경우, 구매자는 김하하의 이러한 행위를 신난다은행에 서면으로 통보하며, 정기예금 질권설정 기간을 즉시 연장할 수 있는 권리를 갖는다.

❼ Seller cannot use the time deposit pledged by Purchaser as a security.

매도자는 매수자가 저당 잡은 정기예금을 담보로 사용할 수 없다.

❽ When there is any argument between Purchaser and Seller, neither Purchaser nor Seller can draw out the time deposit until the agreement between Seller and Purchaser or the Korean court's order is submitted to the Bank.

구매자와 판매자 사이에 분쟁이 있는 경우, 판매자와 구매자가 합의하거나 대한민국 법원의 명령이 은행에 제출될 때까지 구매자나 판매자는 정기예금을 찾을 수 없다.

❾ Purchaser, Seller and Shinanda Bank shall enter into an agreement dated the date hereof, in the form attached hereto as(the "Deferred Payment Agreement") which shall contain the instruction and conditions for management and payment of this Deferred Payments.

매수인, 매도인 및 신난다은행은 본 문서에 첨부된 양식(이하 "연불 계약")으로 계약을 체결하며, 그 양식에는 본 연불의 관리 및 지급에 대한 지침 및 조건을 명기한다.

Pledging Agreement(질권설정 계약서)

- 대금 결제의 안정성을 담보하는 상호 호혜적이고 합리적인 계약서인바, 필요하면 긴요하게 활용할 수 있다. 즉, 대금을 먼저 수취하여 본인 명의의 통장에 예치하되 계약 내용을 완수할 때까지 예금 인출이 불가하다. 계약 사항을 이행하면 그 예금을 찾을 수 있으나, 계약 불이행 때는 그 예금 인출이 불가하다.

▶ 인출이 불가하더라도 본인 명의의 통장에 관련 대금이 먼저 입금된 것과 미입금 상태로 비즈니스 진행되는 것은 차원이 다른 사안이다. 일단 본인 명의의 통장에 입금 가능하다면 즉시 입금되도록 조처하는 것이 최상이다. 본인 명의의 통장에 입금이 되면, 본인이 그 돈을 인출하지 못하더라도, 어떤 상황에서든 상대방이 그 돈을 회수하는 것이 간단하지 않다.

Pledging Agreement

The pledger of Haha Kim(residence No : 777777-5555555, hereinafter referred to as Seller) and the pledgee of Invincible Armada Corp., (hereinafter referred to as Purchaser) enter into the agreement on pledging pledger's time deposit under the terms and conditions below, which is approved by Jalhanda Bank(hereinafter referred to as Jalhanda)

예금주인 질권설정자 김하하(주민등록번호 : 777777-5555555, 이하 "갑" 이라 칭한다)와 질권자 무적함대 주식회사(이하 "을"이라 칭한다) 간에 아래와 같이 질권설정자의 정기예금에 근질권 계약을 체결하고 이를 잘한다은행(이하 "병"이라 칭한다.)이 승낙하기로 한다.

- pledge(질권) : 채무자가 돈을 갚을 때까지 채권자가 담보물을 간직할 수 있으며, 채무자가 돈을 갚지 않으면 그것으로 우선변제를 받을 수 있는 권리
- pledge(질권설정) : 자기 또는 제삼자의 채무를 담보하기 위하여 담보의 목적물을 채권자에게 제공하여 질권을 설정하는 일
- pledger(질권설정자) : 담보 목적물을 채권자에게 제공하여 질권을 설정한 주체
- pledge(질권자) : 자기의 채권을 담보하기 위한 질권을 가지는 주체

예금 관련 표현

- time deposit : 정기예금 periodical deposit : 정기적금
  savings account : 보통 예금
  checking/current account : 당좌 예금(수표 발행 가능 예금)
- withdraw : 예금 인출하다 wihdrawl slip : 인출 전표
  deposit : 예금하다 deposit slip : 예금 전표
- balance : 잔고, NSF(not sufficient fund : 잔고 부족)
- open an account : 계좌 개설하다 close an account : 계좌 폐쇄하다
- send/remit money : 송금하다
  remit money by telegraphic transfer, wire money : 전신환 송금하다
- The check bounced/returned. The check was dishonored. 수표가 부도 났다.

~ 권자 vs. ~ 설정자

~권자는 ~에 대한 권리를 가지고 있는 권리자로 일반적으로 채권자

- 질권자는 질권에 대한 권리를 가지고 있는 주체
- 전세권자는 전세권을 가지고 있는 주체
- 담보권자는 담보에 대한 권리를 가지고 있는 주체

~설정자는 상대방에게 권리를 설정하여주는 주체로 일반적으로 채무자

- 질권설정자는 상대방이 자신의 예금 등 동산에 질권을 행사할 수 있도록 질권을 설정하는 주체
- 전세권설정자는 전세권을 설정하는 주체, 아파트 소유주가 아파트를 전세 임대하면서, 세입자에게 전세권을 설정하여 주는 것임. 아파트 소유주가 전세 대금을 반환하지 않으면 전세권자는 전세권을 행사할 수 있다.
- 담보설정자는 자신의 재산을 담보로 설정하는 주체

※ N.B.
일반인들이 조심하여야 할 사안은 『~설정자가 마음대로 ~설정을 말소할 수 있느냐?』이다.
말소 불가하다. ~권자의 동의가 있어야 가능하다.

예를 들어, 아파트 소유주가 아파트를 전세권 설정 등기를 한 후, 전세 만기가 되어, 전세권자인 세입자 동의 없이 전세권 설정 등기를 말소할 수 있는가? 불가하다. 토지에 대한 지상권 등기도 마찬가지이다. 전세권 설정 등기를 하면, 세입자가 거주하든 하지 않든, 전세권을 없애려면 전세권 말소 등기를 하여야 하며, 말소 등기는 전세권자의 동의가 있어야 가능하다. 그럼 전세권자가 동의하지 않는다면? 전세권 말소등기 소송을 제기하면 가능하다. ~설정자는 아무런 잘못 없이 피곤한 일이 발생할 수도 있는바, ~설정 등기는 신중하여야 한다. 물론 ~권자의 권리는 당연히 보장되어야 한다.

1. Details of Pledging Time Deposit(정기예금 질권 실정 내용)

Type of Deposit	Account No	KRW Equivalent Amount(2)	Maturity	Amount Pledged
Time Deposit	XXX-XX-XXXXX	USD7,500,000	one year	100% of deposit amount
Time Deposit	XXX-XX-XXXXY	USD7,500,000	two years	100% of deposit amount

예금 종류(1)	계좌번호	원화 상당 예금액	만기일	질권 금액
정기예금	XXX-XX-XXXXX	USD7,500,000 상당 원화	1년	예금액의 100%
정기예금	XXX-XX-XXXXY	USD7,500,000 상당 원화	2년	예금액의 100%

A. On the day when the above deposit reaches the above account numbers, two new time deposit accounts will be opened, and all clauses will apply to these two new accounts. The new account numbers will be notified to Invincible Armada Corp., on the day of opening the accounts.

상기 예금이 상기 계좌번호에 입금되는 날, 2개의 신규 정기예금 계좌가 개설되며, 이 2개의 신규 계좌에 모든 조항이 적용된다. 신규 계좌번호는 계좌 개설 당일 무적함대 주식회사에 통보된다.

B. Deposited funds should be denominated in Korean Won defined as in the Purchase Agreement dated September 10, 2021 between seller and purchaser.

예치금은 2021년 9월 10일 자 판매자와 구매자 간의 매매 계약서에 명기된 원화로 입금되어야 한다.

2. Period of Pledging Time Deposit(정기예금 질권설정 기간)

A. The period of pledging the above time deposit terminates automatically at the day of maturity.

상기 예금에 대한 질권은 예금 만기일에 자동 소멸한다.

B. Seller cannot use the time deposit above pledged by Purchaser as a security during the pledged period.

매도인은 위의 매수인이 질권 잡은 정기예금을 질권설정 기간 동안 담보로 사용할 수 없다.

3. Interest From The Above Time Deposit During the Pledged Period(질권설정 기간의 예금 이자)

The interest from the above time deposit during the pledged period shall be borne to Seller, and shall be paid to Seller's bank account(Jalhanda Bank Wangjadong Branch, XXX-XX- XXXXX, Kim Haha)monthly.

질권설정 기간에 발생하는 이자는 매도자에게 귀속되며, 매월 매도자의 지정 계좌(Jalhanda Bank Wangjadong Brnach XXX-XX-XXXXX 김하하)로 자동 이체된다.

4. Execution of Pledging Right(질권의 실행)

A. The pledging right can be executed when Purchaser submits to Jalhanda Seller's written retirement stamped with Seller's seal which was used for opening the above time deposit account. This retirement means the retirement under the employment agreement between Seller's and Purchaser's headquarter(Invincible Armada Corp.) in USA.

매수인이 매도인의 사직서를 잘한다은행에 제출함으로써 질권이 실행된다. 상기 사직서는 매수인이 매도인과 체결한 고용 계약에 대한 사직서를 의미하며, 동 사직서의 인감은 매도인이 상기 1항의 예금 개설 시 신고한 예금 인감으로 한다.

B. In case that Seller does not submit written retirement with the said seal to Purchaser even though the cause for termination of employment of Seller comes up, Purchaser shall have the right to immediately extend the time of pledging the time deposit by informing Jalhanda of Seller's such act in written. In this case, neither Seller nor Purchaser can draw out the time deposit until Seller and Purchaser mutually agrees with each other.

고용 해지 사유가 발생함에도 매도인이 매수인에게 고의로 동 인감이 날인된 사직서를 제출하지 않을 경우, 매수인은 잘한다은행에 매도인이 고의로 사직서를 제출하지 않은 사유로 질권 연장을 신청할 수 있으며, 이 경우, 매도인과 매수인의 쌍방 합의 때까지 매도인 또는 매수인이 예금 인출 또는 질권을 실행할 수 없다.

- 예금은 매도인의 명의이며, 매도인이 예금에 질권설정 하였으며, 질권자는 매수인이다. 하지만, 양측 모두 예금 인출이 불가하다는 것이다.

C. Despite the above B, neither Seller nor Purchaser can raise any objection to Jalhanda, when Jalhanda pays the time deposit as per the Korean court's order submitted to Jalhanda either by Seller or by Purchaser.

상기 B항에도 불구하고 매도인 또는 매수인이 법원의 지급 명령을 잘한다은행에 제시하여 잘한다은행이 법원의 명령대로 상기 예금을 지불하여도 매도자나 매수자는 잘한다 은행에 어떠한 이의를 제기할 수 없다.

D. The period of pledging the time deposit extends regardless of the maturity of the time deposit when the above B and/or C comes up.

상기 B 및/또는 C항 발생 시, 질권 존속 기간은 예금 만기일과 상관없이 자동 연장된다.

5. Jalhanda's Right and Responsibility(잘한다은행의 권리와 책임)

A. Purchaser cannot raise any objection to Jalhanda, when the time deposit is drawn out by Seller at the maturity date, except the above clause 4.

매도인이 만기일에 정기예금을 찾을 경우, 매수인은 위 4항을 제외하고 잘한다은행에 이의를 제기할 수 없다.

B. When the employment contract with Seller cannot be normally performed due to Seller's death, disappearance or other unexpected accidents, the pledge is automatically terminated.

판매자의 사망, 행방불명, 기타 돌발적인 사고로 판매자와의 근로계약을 정상적으로 이행할 수 없는 경우, 질권설정은 자동으로 종료된다.

6. Others(기타)

When the other matters happen except the above-mentioned matters. Seller, Purchaser, and Jalhanda shall follow the general customs.

상기 이외의 상황 발생 시, 매도인, 매수인과 잘한다은행은 일반 관례에 따른다.

September 21, 2021

Pledger : Haha Kim(Residence No : 777777-5555555)
11-1234 Kingkong Apt, Yeoksam-dong, Kangnam-gu,
Seoul, Korea

Pledgee : Tom Hanks
Director
Invincible Armada Corp.

Deposit Bank : Jangwangja
General Manager
Jalhanda Bank, Wangjadong Branch

질권설정자 : 서울시 강남구 역삼동 킹콩아파트 11-1234
김하하(주민등록번호 : 777777-5555555)

질권자 ; Tom Hanks
President & CEO
Invincible Armada Corp.

예치은행(질권 승낙자) : 주식회사 잘한다은행 왕자동 지점
지점장 장왕자

Income Statement(손익계산서)의 의미와 서식

매출(sales)은 기업의 영업 활동으로 상품 등의 판매 또는 용역의 제공으로 실현된 영업 수익 금액을 말한다.

매출원가(cost of sales)란 영업 수익을 시현하기 위해 투입된 비용을 의미한다. 예를 들어 TV를 생산하기 위해 투입된 부품의 매입에 지출된 금액이 매출원가에 포함된다.

매출(sales)에서 매출원가(cost of sales)를 차감한 것을 매출총이익(gross profit)이라고 한다.

판매관리비(Selling and General Administrative Expenses, S&GA)는 판관비라고도 하며, 제품, 상품의 판매활동과 기업의 관리활동에서 발생하는 비용을 의미한다. 즉, 급여, 복리후생비, 광고비, 접대비등 매출원가에 속하지 않는 모든 영업비용을 지칭한다.

매출총이익(gross profit)에서 판관비(S&GA, Selling and General Administrative Expenses)를 차감한 것이 영업이익(operating income)이다.

기업은 영업 활동이외의 이익을 시현할 수 있다. 예를 들어, 은행에 예금을 예치해서 받는 이자는 영업외이익(non-operating income)이다. 반대로, 은행에서 대출을 일으켜 대출금에 대한 이자를 지불한다면 그 이자를 영업외비용(non-operating expense)이라고 한다.
➡ current income(경상이익) = 영업이익 + 영업외 이익 − 영업외 비용

기업들의 일상적 경영행위가 아닌 사유로 이익을 시현할 경우 특별이익(extraordinary gains), 반대의 경우를 특별손실(extraordinary gains)이라고 한다. 예를 들어, 부동산을 1억원에 취득했는데, 2년있다 3억원에 매각하였다면, 2억원(= 3억 − 1억)이 특별이익이다.

★ Income Statement : 397쪽, 539쪽

Chapter X

건설·입찰 계약서

01
핵심 사안

상품계약이 매도자와 매수자의 약속인 것과 같이, 입찰·건설 계약은 발주처(employer)와 시공사(contractor)의 책임과 의무에 대한 약속이다.

입찰·건설 계약서의 핵심 사안은

- 공사 대상, 즉, 건설목적물이 무엇인지, 그 공사를 구체적으로 어떻게 언제까지 완공할 것인지

- 대금 지급은 어떻게 지급하고 받을 것인지

- 약속이 이행되지 않으면 어떻게 할 것 인지이다.

영문 건설 계약서는 FIDIC 의 표준계약서 양식을 가장 많이 인용하는바, FIDIC에 대해 다음 장에 언급한다.
FIDIC: International Federation of Consulting Engineers Standard Contracts

02
글로벌 건설 계약

글로벌 건설 계약 유형

글로벌 건설 계약에 적용되고 있는 계약서에는

- FIDIC 계약조건
- AIA(American Institute of Architect 미국 건축가 협회) 계약 조건
- NEC(New Engineering Contract) 계약 조건

이 있으며, 각 계약 조건에는 약간의 차이가 있다. 가장 큰 차이점은, FIDIC 계약조건과 AIA 계약조건은 손해배상에 대해 방점을 둔 반면, NEC 계약조건은 신뢰에 방점을 두고 있다.

어쨌든 모든 계약은 계약당사자인 발주처(Employer) 와 시공자(Contractor)가 작성 결정하며, 책임과 의무를 준수하여야 하는바, FIDIC, AIA, NEC 이러한 표준 계약조건은 계약서 작성의 참고용으로 활용할 수도 있고, 그대로 적용할 수도 있다. 건설 계약서 작성에 가장 많이 참고되는 FIDIC에 대해 알아보자.

FIDIC(Fédération Internationale Des Ingénieurs-Conseils)은 1915년 벨기에, 프랑스, 스위스가 창립 회원으로 프랑스어로 설립하였으며, 건설산업계에서 표준을 제정하는 「국제 컨설팅 엔지니어링 연맹」이다. 2023년말 현재, 100여 개 국가가 회원으로 되어 있으며, 1백만 명 이상의 건설 전문가와 4만여 개의 회사들이 참여하고 있다.

FIDIC(http://www.fidic.org) 은 건설업계에 사용되는 각종 계약서를 합리적으로 표준화시켜 표준계약서 양식을 작성한 것으로 유명하다. 1957년 토목 공사용 계약조건(Red Book)을 발표한 이래 현재까지 건설계약에 적용될 수 있는 다양한 표준 계약조건을 만들어 왔다.

국제부흥개발은행(IBRD)이나 아시아개발은행(ADB)과 같은 공적개발원조(ODA: Official Development Assistance) 사업 관련 국제 차관 공여 기관들의 대부분이 FIDIC 계약 방식을 채택하고 있어, FIDIC의 계약서 양식은 여러 나라에서 인용하고 있다.

FIDIC의 표준 계약서 유형 - 표지 Color로 구분

일반적으로 건설 프로젝트에서 국제표준계약조건은

- 설계 주체가 발주처(Employer), 시공자(Contractor)
- 시공 관련 자재 구매 주체
- 건설공사와 관련하여 발생하는 불확실성 리스크 부담 주체

에 따라 여러 종류의 계약조건이 존재하는데 FIDIC에서 표준계약조건을 책자로 출간할 때의 표지 색에 따라 Red Book, Yellow Book, Silver Book, Pink Book, Green Book, Blue Book, White Book, Gold Book 등으로 통칭하고 있으며, 예를 들면 다음과 같다.

| Color 별 표준계약서 |

Color	개 요	비 고
Red	시공 계약조건 The Constructions Contract	• 발주처가 설계자를 별도 고용, 설계 • 시공자는 설계대로 시공
Yellow	설계 시공 계약조건 Plant and Design Build	• 시공자가 설계 및 시공 ⓟ 발주처의 요구 조건(Employer's Requirement) 충족을 전제로 설계 시공 권한을 시공사에 주는 것임. • 발주처가 시공자의 자율성을 다소간 제한하는 대신에 시공 과정에서 발생할 수 있는 위험으로부터 어느 정도 시공자를 보호함
Silver	설계 자재구매 시공 EPC/Turnkey Contract	• 발주처가 financing까지 하는 민간 투자사업으로 시공사가 설계, 시공 및 성능 보장 • 발주처가 시공자에게 설계 시공에 대한 자율성을 최대한 보장하는 대신, 시공 과정에서 발생할 수 있는 위험은 전적으로 시공자 책임
Pink	해외금융원조 MDB harmonized edition	• 2005년 World Bank를 주축으로 한 MDB(multilateral development bank) 발주 공사에 적합하도록 Red Book 일부를 조정한 표준계약서

주) EPC: 설계 자재 조달 시공
Engineering(설계), Procurement(조달), Construction(시공)

즉, 설계를 발주처(employer)가 할지, 시공자(contractor)가 할지, 시공자의 책임은 어디까지인지, 시공에 필요한 자재구매는 누가 할지, 금융원조 여부 등에 따라 표준계약서를 달리 작성하여 건설업계의 계약 업무를 원활히 하고자 하는 것이다.

이 이외에도 Green Book, Blue Book, Gold Book, White Book 등이 있다. 이중 White Book은 「용역 계약서」이며, 다른 Color Book 들은 모두 「표준 시공 계약서」이다. 공사의 발주 형태가 다양화되면서 계약 형태도 더 다양화될 가능성이 있다. 계약은 계약당사자의 필요에 의한 trade-off 이기 때문에 언제든지 조정 변경 합의할 수 있다.

발주처와 시공사가 FIDIC 계약서를 인용하기로 합의하였는데, 만약 이 계약서대로 공사 진행이 되지 않으면 공사 변경(variation, change, alteration) 이 발생한 것이며 이는 손해배상 청구의 근거가 된다.

EPC(Engineerng, Procurement, Construction)

설계(Engineering), 조달(Procurement), 시공(Construction)의 영문 첫 글자의 조합으로 「설계 자재 조달 시공」을 의미한다. 대형 건설프로젝트나 인프라 사업 계약을 따낸 사업자가 「설계 /자재 조달/공사」를 원스톱으로 제공하는 형태로 턴키(turn-key) 와 비슷한 개념이며, 같은 의미로 간주할 수도 있으나, 엄밀히 따지면, turn-key는 「EPC + commissioning(시운전)」를 의미하기도 한다. 즉, 공장을 짓고, key를 turn 해서 공장이 문제없이 가동되면 발주처에 인도하는 것이다.

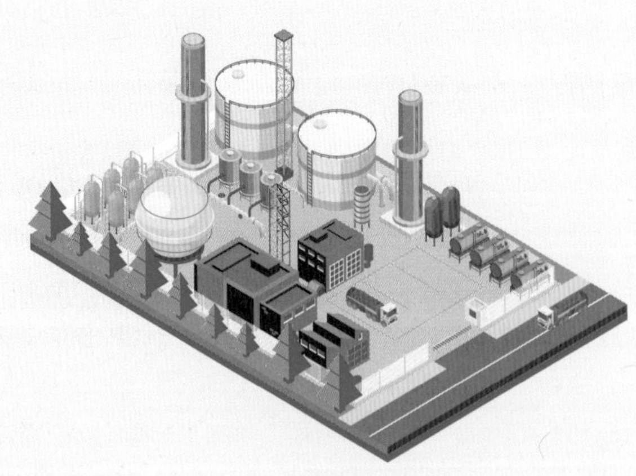

불가항력(Force Majeure, God's Act)

FIDIC 계약조건에 따라 불가항력이 인정되려면

❶ 일방 당사자의 통제범위를 벗어났을 것
❷ 당사자가 계약체결 전에 적절하게 대비할 수 없었을 것
❸ 사태 발생 후 적절히 피하거나 극복할 수 없었을 것
❹ 실질적으로 상대방에게 책임을 돌릴 수 없을 것이어야 하며

FIDIC 계약조건은, 불가항력에 의해 계약의 당사자가 계약상 의무를 이행하지 못하는 경우, 「불가항력 사유가 발생하였음을 알았거나 알 수 있었던 날로부터 14일 이내에 계약 상대방에게 불가항력 사유에 관한 통지를 하여야 한다」 라고 규정하고 있다.

ODA(Official Development Assistance, 공적 개발 원조)

OECD(Organization for Economic Cooperation and Development, 경제협력개발기구) 개발 원조 위원회는 공적 개발 원조의 개념을 중앙 및 지방 정부를 포함한 공공기관이나 이를 집행하는 기관이 개도국 및 국제기구에 제공한 자금의 흐름을 의미하며, 각각 다음의 조건을 충족하여야 한다고 정의한다.

- 중앙정부와 지방 정부를 포함한 공공부문 또는 그 실시기관에 의해 개발도상국, 국제기구 또는 개발 NGO(non-governmental organization, 비정부 조직)에 공여될 것.
- 개발도상국의 경제개발 및 복지증진 이바지가 주목적일 것.
- 차관일 경우, 양허성(concessional)이 있는 재원이어야 하며, 증여율(GE: grant element)이 25% 이상일 것.
- 개발원조위원회 지원국 리스트에 속해 있는 국가 및 그 국가를 주요 수혜 대상으로 하는 국제기구를 대상으로 할 것.

양허성 차관(Concessional Loan, Soft Loan)

유상원조인 양허성 차관은 「이자율, 상환기간, 거치기간」 의 세 가지 요소를 고려, 시중의 일반 자금 융자와 비교하여 차입국에 유리한 조건으로 제공하는 차관으로 주로 개발도상국에 제공된다.

03
건설·입찰 계약 관련 상용어 모음

해외 건설업 종사자가 아니라면, 공사 발주처를 Employer(또는 Client, Owner, Authority, First Party 등) 라고 칭한다는 것을 알 수 없을 것이다. 각 산업의 전문 용어 표현을 숙지하면 상품 계약서이든, M&A 계약서이든, 건설계약서이든 맥락은 같아 어렵지 않다는 것을 인지할 것인 바, 건설·입찰 계약 관련 상용어를 소개한다.

상용어	의 미
acceleration cost	공정 가속 비용, 돌관(突貫)비용 Ⓟ 돌관공사: 인원과 장비등을 집중 투입, 정상공정률보다 공사 기간(工事 期間, 공기)을 단축하는 것
accent lighting	지시등, 경고등
accepted risk	용인되는 위험, 즉 불가항력을 의미한다. • force majeur, God's act, exceptional risk, excepted risk, special risk 등이라고도 한다
access road	(차도)진입로, 연결도로, 출입로, 접근로 access route라고도 하며, 인도 진입로는 access walk 라고 한다
accommodation	숙소, 거처, 시설, 숙박시설
ad valorem	• 종가세의(ad valorem tax: 종가세 ⇔ specific tax: 종량세) • ad valorem contract: 공사비 비례 계약 Ⓟ percentage contract 라고도 하며 대가 보수등을 공사금액에 비례하여 결정하는 계약
addition	• 현존 건물의 높이나 면적을 증가시키는 추가 건축 • 계약 내용의 변경(change, modification, variation)에 의한 계약 금액의 증액
additional work	추가 공사
additive change	증액 변경(수량 증가로 계약액이 증액되는 설계 변경) Ⓟ 반대의 경우는 deductive change(감액 변경)
adjustment	조정, 증감 • adjustment of the contract price: 계약 가격 조정
advance payment bond / security	선수금 보증(AP bond): 선금받은 금액의 상환 보증을 위해 시공자가 제공하는 담보 • advance payment: 선불금, 선금, 전도금 • advance payment received: 선수금

상용어	의 미
adverse physical conditions	불리한 물질적 여건, 부정적인 물질적 여건 • adverse wind: 맞바람 • adverse effect: 역효과, 악영향
agent	대리인, 중개인(◉ 외국기업이 자국 입찰에 참여시 현지 agent 고용/참여를 의무화하는 국가도 있으며, agent 명의로 입찰 참여하는 것을 불허하는 국가도 있다.)
agnostic	불가지론의, 불가지론자(◉ know-nothing) • device-agnostic: 장치 애그노스틱의(컴퓨터, 스마트폰, 노트북, 테블릿 PC 등의 장치에 대한 지식 없이도 기능을 수행할 수 있는 소프트웨어 기술의) • platform-agnostic: 플랫폼 애그노스틱의(어떤 운영 체제나 프로세서의 조합에 대한 지식 없이도 기능을 수행할 수 있는 소프트웨어 기술)
alternative clause	대체 조항 • alternative fuel: 대체 연료 • alternative medicine: 대체 의학, 대체 의료
alternative solution	대안 해결책, 대체 방법 • Alternative solution shall satisfy the design performance requirements, and ensure that the Works will be fit for the originally intended purpose. 대체 솔루션은 설계 성능 요구 사항을 충족하고 공사가 원래 의도된 목적에 적합한다는 것을 보장하여야 한다. • Do you have any alternative solution? No, we have no viable alternative at the moment. My only choice is to refuse. 대안이 있나요? 현재는 실행 가능한 대안이 없다. 유일한 선택은 거절밖에 없다. ◉ viable: feasible, executable, workable, practicable
alteration	구조물의 면적이나 치수의 변경 없이 정해진 기본 요소의 범위내에서 변경하는 행위
alternative tender **alternative bidding**	대안 입찰 • 일반적인 입찰은 입찰 참여자는 발주자가 명기한 입찰 요건을 따라야 하나, 대안 입찰은 발주자가 당초 상정한 설계안보다 공사비·공기(工期)를 줄이기 위하여 재료·공법(工法) 따위에 변경을 가한 대안을 제시할 수 있는 입찰 방식이다. 즉, 발주자가 원하는 것을 충족하면서 공기를 단축하거나 공사비를 절감할 수 있으면 발주자가 입찰공고 내용에 한정하지 않고 받아들일 수 있는 입찰방식이다. • 즉, 「대안 입찰」의 의미는 원안 입찰과 함께 입찰자의 의사에 따라 대안이 허용된 공사의 입찰을 말함. • 대안입찰에서는 원안입찰자와 채택된 대안을 제출한 자 중에서 낙찰자가 결정되며, 이러한 낙찰자 결정방법은 입찰공고에 명시된다. ▶ 대안: 「대안」이란 발주처가 작성한 실시 설계서상의 공정 중에서 대체가 가능한 공정에 대하여 기본방침의 변동 없이 발주처가 작성한 설계에 대체될 수 있는 동등이상의 기능 및 효과를 가진 신공법·신기술·공기단축 등이 반영된 설계로서 해당 실시 설계서상의 가격이 발주처가 작성한 실시 설계서상의 가격보다 낮으며, 공사 기간이 발주처가가 작성한 실시설계서상의 기간을 초과하지 않는 방법(공기단축의 경우에는 공사기간이 발주처가 작성한 실시설계서상의 기간보다 단축된 것에 한함)으로 시공할 수 있는 설계를 의미한다. 즉, 발주처의 원하는 사양을 충족하되, 가격이나 기간이 우월한 경우, 발주처 원설계와 다른 방법으로 진행 가능한 것을 의미한다. ◉ 실시설계서: 건설 기본 설계 도면만으로는 이해하기 어려운 부분을 구체적으로 상세하게 기록하여 놓은 설계도. 건축물의 도면, 작업량, 예산 따위가 포함된다.

상용어	의 미
ambiguity rule	불명료성의 원칙 🔘 계약서등의 내용이 명료하지 않을 경우, 계약 작성자의 상대방에게 유리하게 해석하여 적용한다는 원칙
anchor effect	앵커 효과(닻내림효과, 정박효과) 🔘 공정하다는 착각 Anchor effect는 「닻 내림 효과」, 즉 배가 항구에 정박하기 위해 선원들이 닻(Anchor)을 내리면 고정된 위치에서 쉽게 움직이지 않는다는 의미이다. 앵커링(anchoring, 정박효과) 이란 행동경제학(behavioral economics)의 용어로서, 협상 테이블에서 처음 언급된 조건에 얽매여 크게 벗어나지 못하는 효과를 의미한다. 즉, 최초 습득한 정보에 얽매여, 새로운 정보를 수용하지 않거나, 이를 부분적으로만 수정(anchoring and adjustment) 하는 행동 특성을 말한다. 이처럼 우연히 습득한 숫자나 사물에 대한 인상(impression)이 사람들 머릿속에서 항구에 정박한 배의 닻과 같은 역할을 해 잘못된 판단을 하도록 유인하는 현상을 말한다. 예를 들어, 비즈니스 파트너와 협상을 할 때 먼저 가격 제시를 하는 사람에게 유리한 방향으로 조율될 가능성이 높다. 먼저 제시한 협상 가격이 기준이 되기 때문에 일부러 더 높은 가격을 불러서 상대방을 자극하는 방식이다. 반대로 상대방은 손해 보지 않는 거래를 하려고 높게 책정된 가격을 깎아서 비즈니스를 진행하게 된다. 따라서 거래에서 계약 협상자들은 각자 먼저 제시받은 조건의 범위에서 크게 벗어나지 못하고 그 조건을 맴도는 협상을 벌이는 사례가 빈번하다.
annul	법적으로) 취소하다, 무효화하다 • annulment: 취소, 실효(失效), 폐지, (혼인의) 무효 선언
anomaly and imperfection	변칙과 결함 🔘 계약 당시 예측하지 못한 돌발 상황들을 의미 • Flooding is an anomaly in desert regions of Africa. 아프리카 사막 지역의 홍수는 예외적인 현상이다. • anomaly: 변칙, 이례 유) aberrance, aberrancy, aberration, abnormality, deviancy, deviance, deviation, irregularity, preternaturalness, unnaturalness
arms and ammunition	무기와 탄약
artificial obstruction	인위적 장애물, 인공 장애물(man-made obstruction) 🔘 non-artificial obstruction: 자연적 장애물
as-built drawing	준공도(건축물을 준공했을 때의 현상을 충실하게 나타낸 도면) 기록도면(🔘 record drawing) 이라고도 한다 • as-built: 지어진 대로, 건축된 대로

상용어	의 미
as-is basis	있는 그대로의 • as-is condition: 원상태 또는 원상태의 조건
assessment	사정, 평가 • risk assessment: 위험 평가, 위험도 평가 • loss assessment: 손해 사정
attorney-in-fact	위임장(Power of Attorney; POA)을 지참한 대리인
award	낙찰
back charge	협력업체의 귀책 사유이나 시간이 촉박하여 발주처에서 먼저 조처하고 업체에 청구하는 것을 말한다. 일반적으로 지급할 돈에서 상계 처리함
balancing (balanced loading)	균형 비용 배분 ◉ 공사 초기부터 완공까지 공사 비용을 균형있게 배분하는 것을 의미하며, 초기 단계에 비용 배분이 크면 front loading, 후기 단계에 비용 배분이 크면 end loading 이라 한다.
base bid	기본 입찰 금액 (◉ base cost: 기본 원가)
base date	기준일 (◉ tax base date: 과세기준일)
baseline	비교의 기준치, 기준점, (야구, 테니스의) 베이스라인 • baseline schedule: 기준 일정 baseline programme: 기준 공정계획표 공사 초기에 작성/제출되는 공정계획서
bench mark benchmark	수준점(水準點), 기준점 (reference, point of reference, reference point) ◉ 측량용어로써 높낮이 측량의 기준점 표시로 B/M 으로 사용 ◉ 일반 의미는 「기준, 척도」(criterion, standard, measure, touchstone, yardstick) 로 중요한 마케팅 용어이다. The EV industry is a benchmark for the economy. 전기차 산업은 경제의 척도이다.
beneficial occupancy	편익 점유(공사 완공 전에 시공된 시설물을 발주처가 사용하는 행위) ◉ 공사 계약 일반 조건의 부분 사용에 해당
bid bond	입찰 보증(금): 입찰 참가시 지불하여야 하는 보증금. bid security, bid guarantee 라고도 한다. • bid opening: 개찰 • bid opening date(BOD): 개찰일
bid letting	개찰(bid opening)
bid phase	입찰 단계

<table>
<tr><th>상용어</th><th>의 미</th></tr>
<tr><td>bidding requirements</td><td>입찰 요건 (입찰 서류의 제출 절차와 조건 등을 명시한 서류)
• requirements: 자격 요건, 필요 조건
• entrance requirements: 입회/입사/입학 조건</td></tr>
<tr><td>blanket order</td><td>총괄 발주, 포괄 주문, 총괄 구매
blanket purchase agreement: 일괄 구매 계약</td></tr>
<tr><td>BOO

BOT

BLT

BTL

BTO

* 사업 수주 방식</td><td>민간 건설 업체들이 발주처로부터 사업 수주하는 건설 공사 방식에 몇가지가 있다. 대표적인 방식은 다음과 같다.
<table>
<tr><th>방 식</th><th>내 용</th></tr>
<tr><td>BOO</td><td>build own operate: 건설 + 소유 + 운영
• 시공회사가 건설하고 직접 소유하면서 운영하는 플랜트 건설방식. 시공회사가 발전소 건설에 필요한 자금과 건설을 맡게 되며 계약 기간 동안 운영한 후 기간 만료시 연장 또는 매각할 수 있는 권리를 보유하게 되는 방식</td></tr>
<tr><td>BOT</td><td>build own transfer: 건설 + 소유 + 이전
• 건설 회사가 도로·교량 따위를 자비로 건설 개통하여 통행료 징수로 건설자금을 회수 후 그 도로·교량을 정부에 기부하는 방식</td></tr>
<tr><td>BLT</td><td>build lease transfer: 건설 + 임대 + 이전
• 사업 시행자가 사회 기반 시설을 준공한 후 일정 기간 타인에게 임대하고 임대 기간 종료 후 시설물을 국가 또는 지방 자치 단체로 이전하는 민간 자본 활용 방식으로 운영은 정부 규제 하에 수행된다.</td></tr>
<tr><td>BTL</td><td>build transfer lease: 건설 + 이전 + 리스
• 민간사업자가 자기 자금과 경영기법을 투입하여 공공시설을 건축, 발주처에 임대하는 방식</td></tr>
<tr><td>BTO</td><td>build transfer operate: 건설 + 이전 + 운영
• 사회간접자본시설의 준공과 동시에 당해 시설의 소유권이 국가 또는 지방자치단체에 귀속되며 사업 시행자에게 일정 기간의 시설관리 운영권을 인정하는 계약방식</td></tr>
</table></td></tr>
<tr><td>bona fide bidder</td><td>발주처가 요구하는 입찰 참가자
bona fide: 선으로, 호의로 ⇔ mala fide: 악의로
• bona fide holder: 선의의 소지자
하자 증권인지 모르고 정당하게 증권 취득하여 보유중인 자</td></tr>
<tr><td>bonding capacity</td><td>시공자의 신용도 지수, 보증회사가 시공자에게 부여 가능한 최대 보증 금액, 한마디로, 회사가 회사채를 발행하는데 사채 발행 한도가 얼마인 지를 의미한다.
• bond: 담보 잡히다, 저당 잡히다, 증서, 채권
• capacity: 수용량, 용량, 생산능력, 法 자격, 능력, (대출에 있어서 채무자의) 상환 능력</td></tr>
</table>

상용어	의 미
bonds clause	채권 발행자와 채권 보유자 간의 법적 권리와 의무를 명기한 계약 조항으로 양 당사자의 이익을 보호하며 법적 구속력을 갖는다.
BOQ (bill of quantities)	수량 명세서 • BOM(bill of materials): 자재 명세서
builder-vendor	시공 분양자 (시공 시행 둘 다 하는 것을 의미한다. 즉, 건축하여 분양 판매하는 업체) constructor-vendor 라고도 함.
carry out	수행하다, 실행하다
CAS	cost accounting standards(CAS): 원가 산정기준 • cost breakdown: 원가 내역서 • cost contract: 원가 계약
cash allowance	예비비: 어떤 불확정적인 공정을 실행하기 위한 비용을 충당하고자 계약서상에 책정된 금액으로서, 이 금액과 최종 비용 간의 차액은 추후 계약 금액 조정으로 정산한다.
CCC	care, custody and control rule 책임보험 약관상의 보상 제외 기준으로써, 피보험자의 보호 관리하에 있지만 피보험자가 소유권을 갖고 있지 않은 임대 장비 또는 운송중인 물품에 대한 손상은 보상에서 제외한다는 원칙. 즉, 피보험자 소유 자산에 대해서만 보상하는 것을 의미한다.
certificate of occupancy	• 점용(占用) 확인서: 관계 관청이 건물의 점용/사용을 허가하는 증명서 • certificate of completion: 준공확인서
certificate for payment	시공자의 공사 대금 청구에 대하여 감독관이 발급하는 지급확인서
clarification drawing	추보(追補) 또는 변경지시서의 일부이며, 건축가가 발급하는 도면 또는 계약서의 도해(圖解)
closed hearing	비공개 심리 ⇔ open hearing 청문회
closed specification	• 제한 시방서: 특정 제품의 규격이나 공법을 특별히 규정한 시방서로, 대체 사양이나 공법을 허용하지 않음 ⇔ open specification(개방시방서)
CM	construction management: 건설 사업 관리
CMMS	computerized management maintenance system 전산화 관리 보수 시스템
CO	• contracting officer 계약관 ㊎ COR(contracting officer's representative): 계약관의 대리인 • change order: 설계 변경 지시 ㊎ VO(variation order)

상용어	의 미
collateral costs	부대비용 • collateral savings: 부대 절감액
collective bargaining	단체교섭
commencement date (영국에서는 date of enterprise 라고 함)	착공일 • 계약후 발주처가 착공지시서(NTP or NTC)에서 정한 날짜가 착공일이 되는 것이 일반적이다. 예 착공지시서 미발급시 착공일은 계약일이다. • 착공일은 상호 협의 가능하며, 현실적 착공일과 계약상 착공일은 동일하지 않을 수 있다. • 계약 기간은 착공일에서 완공일(completion date)로 하는 것이 일반적이다. * 착공지시서: NTP(notice to proceed), NTC(notice to commence)
commissioning	시운전(start-up) • commissioning test: 시운전 시험 commissioning spare: 시운전 예비품
completion bond	시공자가 공사의 완공과 인도를 보장하는 담보
completion date	완공일
compliance matrix	발주자가 발행한 제안요청서의 규격이나 사양 또는 계약 조건에 대한 충족이나 동의 여부를 정리한 표 예 compliance table, non-compliance matrix • NC(non-compliance: 부적합, 불이행) • CC (conditionally compliant: 조건부 적합/이행) • PC(partially complaint, 부분 적합/이행) • FC(fully compliant, 완전 적합/이행)
comply with	순응하다, 지키다, 준수하다
concessionaire	영업권 보유자, 영업권자
concise	간결한, 축약된 • brief, short, to the point, compact, summary, compressed, condensed, terse, laconic, succinct, pithy, synoptic, epigrammatic, compendious ⇔ lengthy, rambling, long, diffuse, long-winded, wordy, garrulous, discursive, verbose, prolix: 장황한, 말이 많은, 지루한, 횡설수설, 산만한 예 The explanation is concise, informative, and enlightening. 설명은 간결하고 유익하며 계몽적이다.
concurrent	공존하는, 동시에 발생하는 • 유) coincident, coincidental, coinciding, co-occurrent, co-occurring, simultaneous

상용어	의 미
constructibility review	시공성 검토
construction budget	공사 예산
construction cost	공사비 • 공사비는 부지 구입비, 감독관 비, 통행료, 기타 비용을 의미하며, 공사비는 선금(선급금), 기성금(중도금의 일종), 준공금으로 분류함. 선급금은 공사 계약 후 공사 착공 전 또는 착공 후 공사기간 내 잔여 이행기일 전에 공사의 우선 대금으로 발주자로부터 받는 대금 ⓟ 선급금: advance payment, advance fee, prepayment ⓟ 기성금(既成金, completed amount)은 공정을 완료한 진척도에 따라 지급받는 공사 대금으로 일종의 중도금(interim payment, intermediate payment) 이다. • completed amount application: 기성금 신청서 completed amount statement: 기성금 내역서 completed amount receipt: 기성금 수령서 ⓟ 준공금(completion money)은 공사가 모두 마무리 된 후 받는 최종 공사 대금
construction documents	공사 서류, 계약 서류(contract documents) 중 기술 관련 서류 ⓟ 시공도면(construction drawing), 시방서 등
construction site	건축 부지 • building site 이라고도 함
construction supervision	공사감리: 건축 공사가 설계도에 따라 진행되고 있는지 확인하는 일 • construction inspection 이라고도 함
constructive change	간접적인 설계 변경, 잠정적인 설계 변경
constructor's option	시공자 선택 사항 ⓟ 계약 금액의 변경을 초래하지 않고 시공자가 그의 재량으로 특정 자재나 공법 또는 시스템을 선택할 수 있는 계약 조항
consumables	소비품
contingency allowance	임시비, 예비비 • contingency plan: 긴급사태 대책(emergency plan)
contingent fee	(변호사 등의) 성공보수 (일의 성공 여부에 따라 지급 여부 결정됨)
contingent liability	불확정 책임, 우발 채무, 우발 부채 (미래에 그러한 상황이 발생할 경우에만 적용되는 것임)

상용어	의 미
contract agreement	계약서 ⓟ 건설 분야 이외의 다른 분야는 agreement 또는 contract 중 한 단어만 사용하는 것이 일반적이다.
contract line	공사 현장의 외곽 경계선
contract time	계약 기간(ⓟ completion time이라고도 함)
contractor's affidavit	시공자 진술서 • 시공자의 부채나 클레임, 또는 기타 저당권으로부터 발주처를 보호하기 위하여 시공자가 제공하는 법적 문서 유) statement, declaration, testimony, proclamation ⓟ The contractor was asked to sign an affidavit swearing that all the materials used for construction is virgin. 시공자는 건설에 사용된 모든 재료가 천연 소재임을 맹세하는 진술서에 서명하라는 요청을 받았습니다.
contractor's estimate	• 건설비용(construction cost)에 대한 시공자의 예측 • 시공자의 기성 신청: request/application for interim payment
correction	하자보수 • correction certificate: 하자보수 확인서 • correction of work: (하자있는) 공사의 보수 • correction period: 하자 보수 기간
cost-plus contract **cost plus contract** 원가 정산 계약 원가 가산 계약	원가 가산 계약은 발생한 비용에 특정 금액의 이윤을 더한 금액을 상환하는 계약으로, 즉, 실비 정산 계약으로, 일반적으로 계약 전체 가격의 백분율로 명시된다. 이러한 유형의 계약은 주로 발주처가 일부 위험을 감수하지만, 시공자에게 어느 정도의 유연성을 제공하여 시공사가 공사 약속을 잘 이행할 것으로 예상하고 시공사가 공사 완공 시 추가 수익을 올릴 수 있도록 추가 비용 지불에 동의한다. ⓟ cost reimbursement contract, cost reimbursable contract, cost-plus-fee agreement 라고도 하며, fixed-cost contract(정액 계약: 실비용 상관없이 고정 금액을 지불)에 대비된다. **| 계약의 유형 |** 계 약 / 의 미 **CPIF**: Cost Plus Incentive Fee Contract / 성과급(상하한 금액) 가산 원가 계약 **CPFF**: Cost Plus Fixed Fee Contract / 고정수수료 가산 원가 계약 **CPAF**: Cost Plus Award Fee Contract / 보상금 가산 원가 계약 **CPPC**: Cost Plus Percentage Fee of Contract / 비용 비율 가산 원가 계약

상용어	의 미
COTS	commercial off-the-shelf 의 약자로 상용 제품, 상용 기성품, 상용 완성품, 즉, 시중에서 구입, 그대로 사용할 수 있는 제품을 의미한다. off-the-shelf(선반에서 분리해 내리는) (특별히 디자인하거나 주문하지 않고) 규격품으로 바로 살 수 있는 off-the-rack, off-the-peg, ready-made 라고도 한다.
current contract price	현재의 계약 금액 • then-current contract price: 당시의 계약금액
custom-built	주문 제작한, 현장 제작의(in-site, in place)
cut	• 굴삭된 자재(excavated material) • 굴삭후 생긴 공간(the void resulting from excavation of materials) • 표면을 소정의 위치까지 굴삭하여야 하는 깊이(the depth) 굴삭(掘削, excavation): 땅을 파는 것
cut-off date	계산지정일, (신청)마감일, 결산일, 기준일 • cut-off date for application: 신청 마감일
DAAB	Dispute Avoidance/Adjudication Board(분쟁 방지/재결 위원회) FIDIC에서 채택하고 있는 분쟁 해결의 예비기구
daily billing basis	날일(= 날삯을 받고 하는 일) 정산 방식, 즉, 공사 비용을 날일 기준으로 청구하는 방식 daywork basis: 날일 작업 방식, 주간 근무 방식
debar	금하다, 못하게 하다(debarment: 금지, 제외) • debar/stop/constrain A from ~ing: A가 ~ 못하게 하다, ~금하다
deductive alternate	기본입찰(base bid)의 감액(deduction)을 가능하게 하는 방식을 제안하는 대안입찰(alternate bid)
defective work	하자있는 공사
defects liability period	하자 책임 기간 FIDIC에서는 defects notification period 라고도 한다
definite-quantity contract	확정 수량 계약, 즉, 발주 내역서에 명시된 물품의 공급 또는 용역을 수행하는 계약 indefinite-quantity contract(불확정 수량 계약): 납품 시기와 납품 수량이 확정되어 있지 않은 고정 계약
demand guarantee	청구보증, 요구불 보증 증서 청구보증은 상대방의 계약 불이행 위험에 대비하여 은행이 계약의 한쪽 당사자에게 특정 금액을 필요에 따라 지급하기로 하고 발행하는 증서이다. 보증인(guarantor)인 은행이 청구자에게 지불하며, 은행은 계약 위반 당사자에게 청구한다.

상용어	의 미
delay penalty	시공자의 유책 사유로 공사가 지연되었을 때 발주처에게 부담하는 지체상금으로 delay cost, delay damages, liquidated damages 라고도 한다. ㉾ 반대로 발주처의 유책 사유로 공기가 지연되면 발주처가 시공자에게 extension cost (연장 비용)를 지불한다.
design specification	설계 시방서 • materials and workmanship specification: 자재·시공 시방서 • method and materials specifications: 공법·자재 시방서 • prescriptive specifications: 규범 시방서
development	부지정지(敷地整地, 본격적인 건설에 앞서 터를 다지는 것) ㉾ site development work: 부지정지작업 • 「정지작업」 이란 땅(토지)과 도로의 높이가 맞지 않을 경우, 이를 맞추는 작업, 즉, 땅을 반반하고 고르게 만드는 일로 높이 조정 작업을 말한다. 정지작업이 필요한 이유는 땅과 도로가 평평하게 맞지 않을 경우, 미관상은 물론이거니와 도로의 이용에 어려움이 따르기 때문이다.
direct cost	직접비(인건비, 자재 및 장비비, 하도급비) • indirect cost(간접비): 건물/기계등의 감가상각비, 사무원의 봉급, 동력비, 지대, 이자, 세금, 임차료 등 일반비용이 포함
disburse	(특정 목적을 위해 모은 돈에서) 지출하다 • disbursement: 지출 • an unjust disbursement: 부당 지출 • late disbursement of wages: 임금 체불
discard	버리다, 폐기하다, 버린 패
disciplinary measures	제재조치(disciplinary action)
disclosure action	• 공시 조처 ㉾ 공시는 기업의 제반 정보를 공개적으로 게시/보고하는 것 • disclosure document: 정보공개서
disruption cost	공정 차질 비용 ㉾ 도면 문제로 당초 계획의 시공이 방해를 받는 경우 발생하는 비용
DLC (defects liability certificate: 하자보수 확인서)	공사 완공 후, 시공자가 일정 기간 하자보수를 완료하였을 때, 발주처 또는 감독관이 발행하는 확인서로 공사를 최종 승인하는 확인서이다. 단, 확인서 발급 시점에서 확인되지 않은 잠재적 하자(potential defects liability) 에 대한 책임은 지속된다. ㉾ 잠재적 하자라는 것은 일반 제조업의 진행성 불량(progressive defect)과 유사하다. 즉, 현재는 문제없으나 시간이 경과하면서, 사용하면서 발생 될 수 있는 하자를 의미한다. • DLC는 final acceptance certificate(최종 인수확인서), final completion certificate(최종 완공 확인서), performance certificate(이행 확인서) 등으로도 칭한다.

상용어	의 미
drafter	(계획, 문서등의) 입안자, 초안 작성자
dry construction	건식 시공 ◉ wet construction: 습식 시공
duplex apartment	복층 아파트
dwelling	주거, 주거지, 주택 • dwell: 살다, 거주하다
earthquake-proof structure	내진구조 • earthquake-proof building: 내진 빌딩
easement	지역권(地役權, 타인 토지를 특정 목적으로 이용할 수 있는 권리) • easement agreement: 지역권 (설정) 합의서
economic price adjustment	경제적인 금액 조정 • 정해진 가격 기준으로 조정 • 실제적인 노무 자재비를 기초로 하는 금액 조정 • 노무 자재비의 원가지수를 기초로 하는 금액 조정
either individually or as a partner in a JVCA	개별적으로 또는 JVCA의 일원(파트너) 로서 • JVCA: Joint Venture, Consortium, or Association
eligibility	적임, 적격, 적격성 ◉ 입찰 참여 자격을 설명하며, 일반적으로 tender 에서 eligibility and qualification criteria 라고 명기하여 관련 내용 설명한다. • eligibillity rule: 자격 규정 • eligibility to vote: 투표 자격 • eligibilty for ~: ~ 에 적임/적격
elevation	입면도(elevation drawing, 물체를 정면에서 본 대로 그린 그림) • 평면도(ground plan, floor plan, ichnography): 건물 따위의 평면 상태를 나타낸 도면. 건물의 각 층, 방, 출입구 따위의 배치를 나타내기 위하여 건물을 수평 방향으로 절단하여 바로 위에서 내려다본 그림이다. • 측면도: lateral view, side view, profile
eminent domain	토지수용권 ◉ 토지수용권은 국가나 자치단체 또는 공공단체가 공공의 이익을 위해 개인이 소유한 재산의 소유권과 기타 권리를 법률이 정한 일련의 절차에 따라 토지소유자의 동의 없이 강제적으로 취득 또는 사용할 수 있는 권한을 말한다.
employer	발주처 ◉ client 라고도 하는데, 이 경우는 client에 대한 설명을 먼저 기술하는 것이 일반적이다.

상용어	의 미
employer-supplied material	발주처 공급 자재, 즉, 발주처에서 직집 구매 조달하여 시공사에 공급하는 공사 자재
end product	최종 생산품
endurance test	내구성 시험 ㉠ fatigue test 라고도 한다.
enforcement action	단속 조치, 단속 활동, 법률 집행 조치 ㉠ enforcement notice: (개발/건축등의 위반 사항 관련) 시정 통보
engineer	기사, 감독관
entitlement	자격, 권리, 美) (특정 집단을 위한 정부의) 재정 지원 혜택
environmental impact statement	환경영향평가 ㉠ 특정 사업이 환경에 영향을 미치게 될 각종 요인에 대해 그 부정적 영향을 제거하거나 최소화하기 위해 사전에 그 환경 영향을 분석, 검토하는 것.
EPC	Engineering, Procurement and Construction • 설계, 조달, 시공의 앞 글자를 딴 말로, 대형건설 프로젝트나 인프라 사업을 계약한 사업자가 설계부터 부품·소재 조달, 시공, 시운전, 인도까지 일괄 공급하는 것을 말함. • 「처음부터 끝까지, 공사를 모두 책임지고 완료, 시운전 확인 후 발주처에게 열쇠를 넘겨준다」는 의미로 「턴키 Turn-Key」라고 부르는 일괄수주 방식과 유사한 의미
escalator clause	물가 조정 조항(㉠ 물가 상승시에만 적용) escalation clause, ES clause 등으로 표시하고, price fluctuation clause 는 물가 up/down에 적용.
evaluation methodology	평가 방법
ex gratia	(법률적인 의무 때문이 아니라) 호의로 하는, 호의로, 법적책임 없이 • ex gratia payment: 보험 위로금, 임의 지급 ㉠ 법적으로는 지급 의무가 없다고 생각되는데도 불구하고 보험회사가 지급하는 돈. 즉, 고액의 변호 비용을 지불하면서 지급 거절을 관철 노력하기보다 금전적으로 해결하는 쪽이 싸게 먹히는 경우 등에 지급
expel	쫓아내다, 추방하다
fast payment	조기지급 (㉠ 일반적으로 발주처에서 공사 상태를 검사후 대금 지급을 하나, 사정상 공사현장 점검 없이 신청 서류에 의해 선지급하고 나중에 검사 확인하는 것을 의미한다.)
fast track	조기 착공 방식 • fast-track: (출세 등의 목표를) 빨리 달성하다, 조기에 달성하다 • on the fast track: 고속 승진하는, 출세 길에 있는

상용어	의 미
FATA	Financial Action Task Force: 금융 조치 전담반, 자금 세탁 방지 국제기구
final acceptance	공사 발주처의 공사 상태 최종 수락 행위 ◎ 주로 발주처의 최종 지불(final acceptance) 과 이행보증의 해제(release of perfomance bond)로 확인됨
final handover	하자보수 완료 후에 인도하는 행위
final statement	하자 책임 완료 증명서 ◎ 하자보증 증명서가 발급된 후 일정 기간 내에 시공자는 관련 사항이 기재된 최종 증명서 초안을 감독관에게 제출함. 감독관이 이 초안의 내용에 동의할 때 final statement가 됨.
first refusal right	right of first refusal 우선매수 청구권, 우선 청구권, 우선 거부권
fixed limit	고정 한도, 고정 한도치 • fixed limit of construction cost: 건설공사 비용의 고정 한도치
float time	여유 시간 • total float: 총 여유 시간 • free float: 자유 여유 시간 • dependant float: 독립여유시간
floating coverage	공사 보험상, 건설 중장비가 부보 현장에서 타 현장 또는 현장 외부 이동시 사고에 대한 부보 조항
for evaluation purposes	평가 목적을 위해 • for evaluation and comparison purposes 평가 및 비교 목적을 위해, 평가 및 비교를 위해
force account contract	개산 금액 계약(force account contract, cost-plus contract) ⇔ 확정금액 계약 • 개산 금액 계약(概算金額契約, rough estimate contract): 건설 계약에서, 개략적인 공사금액으로 계약하고 시공이 완료된 후 정산하는 계약. 계약 당사자간의 신뢰가 바탕이 되어야 가능하다. • 확정 금액 계약(fixed amount contract): 미리 확정된 금액으로 계약, 시공함. 비용 up/down 적용 불가.
F/S	Feasibility Study: 「타당성조사」 라고 하며 사업 정당성, 경영사례와 같은 의미. 일반적으로 기술성과 사업성으로 나눠서 검토
Gaussian distribution	공학에서 가우시안과 관련된 내용은 중요한 개념이다. 확률론과 통계학에서 정규 분포(normal distribution) 또는 가우스 분포(Gaussian distribution)는 연속 확률 분포의 하나이다. 정규 분포는 수집된 자료의 분포를 근사하는 데에 자주 사용되며, 이것은 중심극한정리에 의하여 독립적인 확률변수들의 평균은 정규 분포에 가까워지는 성질이 있기 때문이다.
GPA	government procurement agreement: 정부 조달 협정

상용어	의 미
ground cover	지피식물(地被植物): 지표를 낮게 덮는 식물 • ground cover plants: 지면 또는 콘크리트 벽면에 빽빽이 자라게 하여 벽이나 바닥을 덮음으로써 지역 녹화에 쓰이는 식물의 총칭
ground floor	영국식 - 지층 우리나라, 미국식 - 1층 • 영국식: B2, B1, G, 1층, 2층 • 미국식: B2, B1, 1층, 2층
guarantor	법률) 보증인 • financial gurantor: 재정 보증인
habitable room	• 거실, 침실, 식당, 주방 등을 포함하는 공간 ㊌ 욕실, 화장실, 창고, 기계실 등은 포함되지 않는다. • habitable: 주거할 수 있는 ⇔ unhabitable
home office overhead	본사 관리비
housing unit	1세대 단위의 독립된 주거공간, 단위 세대 • land-leasehold housing unit: 토지임대부 분양주택
ichnography	평면도, 평면도법
illustrative	실례가 되는, 확실히 보여주는 • illustrative examples; 설명에 도움이 되는 실례
in situ	원위치에, 제 자리에, 현장에서(㊌ in place, custom-built) • insitu : 원지(原地)(원상태)
in the form of ~	~형식으로, ~형태로
in whole or in part	전체로든 부분으로든 ㊌ wholly or partially, entirely or partially, totally or partially
indelible	지울수 없는, 지워지지 않는, 잊을 수 없는, 근절할 수 없는, 뿌리 뽑을 수 없는 ㊌ permanent, lasting, enduring, ingrained, deep-rooted, deep-seated, indestructible, ineradicable, ineffaceable, inexpungible, inextirpable, unerasable • indelible mark: 지워지지 않는 마크 • indelible shame: 잊어서는 안될 수치

상용어	의 미
initial handover (IHO)	Project(공사) 완료 후 시공사가 발주처에게 처음 현장 인계·인도하는 행위로 보완 사항이 발견되는 것이 일반적이다. IHO는 PHO(provisional handover), THO(temporary handover), preliminary handover, preparatory handover이라고도 한다. final handover: 하자 보수 완료 후 최종적으로 인계하는 행위. 발주처와 모든 일이 깔끔히 해결되어야 최종 인도가 가능하다. 〈프로젝트(공사 현장) 인계·인수〉 시공사는 공사를 완료하면 발주처가 잘 사용할 수 있도록 인계(handover)를 완료하여야 법적인 의무가 완료되고 잔금을 수령할 수 있다. 인계(handover)를 완료한다는 것은 발주처가 인수(takeover)를 한다는 것을 의미한다. 시공사가 인계를 할 때, Project의 상태에 따라, 발주처가 인수를 할 수도 있고, 하지 않을 수도 있으며, 조건부 인수를 할 수도 있다. 〈프로젝트 인계·인수의 중요성〉 • Project의 연속성 유지 • Project 진행 상태의 투명성과 pending 상황 확인 • 법적 책임 관계의 명확화 • 팀웍 강화 〈프로젝트 인계의 Checklist〉 • Project 내역 및 문서 • 계약서(Contracts & Agreement) • Billings, Warranties and Receipts • Files and Credentials • Meeting Minutes and Other Information • Project Deliverables
inspection list	검사 목록(공사, 제품, 프로젝트 등을 마무리 하기 전에 문제가 있나 확인해야 하는 목록) • punch list, snagging list, snag list, survey list, deficiency list 라고도 한다.
intentional ambiguity	의도적인 모호함, 고의적인 모호함
invalidate	(서류·계약·선거 등을) 무효로 하다 (↔ validate) (생각·주장 등이) 틀렸음을 입증하다
invitation to bid	입찰 초청장
invoke	(법, 규칙등)을 들먹이다, 적용하다, 들다, 언급하다 • invoke a clause: 조항을 원용하다 • invoke martial law: 계엄령을 선포하다 • invoke legal authority: 강권을 발동하다
ipso facto	사실상, 사실 그 자체에 의하여

상용어	의 미
job	공사(project, work), 직업 계약서 내용으로 무슨 뜻으로 사용되는지 판별 필요
key plan	축(軸)도면, 키플랜, 공사의 기본 구조 배치도
kick-off meeting	킥오프 미팅, 착수 회의 starting meeting 이라고도 하며, 회사 혹은 단체의 첫 공식적인 회의 • kick-off: 개시, 시작 • kick off ~: ~을 시작하다 The company kicked off the promotional tour nation-wide. 그 회사는 전국적으로 프로모션 투어를 시작하였다.
latent defect	잠재적하자, 눈에 보이지 않는 하자 • unknown defect, potential defect latent defect clause: 잠재적 하자 약관
latest start date	CPM 공정표 용어로, 만약 공사가 지체되지 않았다면, 하나의 활동이 시작되어야 하는 최종 가능 시점. • 공정관리 기법에는 bar chart, CPM, 네트워크 공정 관리등이 있으며, 그중 가장 중요한 CPM 공정 관리는 critical path method의 약자로, 전체 공정에서 critical path를 추출하고, critical path를 잘 관리함으로서 프로젝트를 성공적으로 완수한다는 기법이다. • CPM 공정표는 기준공정계획표(baseline)를 만들고, 발주자와 합의 후 승인을 받아야 한다. 승인공정표(baseline)를 정기적으로 업데이트하면 준공의 단축/지연을 판단할 수 있다. baseline programme: 기준 공정 계획표(공사 초기에 작성/제출되는 공정계획서)
lavatory	화장실, 세면실
lay down	내려놓다, (무기 등을) 버리다, 사임하다, 정하다, 규정하다, 단언하다
letter of acceptance	낙찰통지서 (발주처가 accept 한다는 것인 바, 계약이 성립되는 것이다) 낙찰의향서: LOI(letter of intent) 라고 한다. 상품거래에서는 구매 의향서를 의미.
letter of bid	opening of bid: 입찰의 개봉
liquidated damage	지체상금, 계약 위반 시 확정 배상액 지체상금(遲滯償金)이란 계약상대자가 정당한 이유 없이 계약상의 의무를 기한 내에 이행하지 못하고 지체한 때에는 이행지체에 대한 손해배상액의 예정 성격으로 징수하는 금액으로 실제적인 손실 발생 여부를 따지지 않는 무조건적 배상. • delay penalty, delay fine, delay damages
local office overhead	현지 지사 관리비
loft building	바닥에 칸막이를 하지 않고 개방되어 있는 상업 또는 공업용 빌딩

상용어	의 미
long list	넓은 범위의 예비 후보자 명부 short list: long list에서 후보자를 간추린 압축 후보군, 적격 예비 후보, 최종 선발 후보를 의미
loss of use insurance	피보험자의 위험에 의하여 손상된 자산의 수리 또는 교체 기간에의 금전적 손실을 보상하기 위한 보험
lowest qualified bidder	적격 자격자 중 최저 입찰자 단순 lowest bidder는 적격자가 아닐 가능성도 배제하지 못함.
lump sum contract	총액계약(정액 계약, lump sum contract)이란, 「당해 계약 목적물 전체에 대한 공사비 총액을 정하여 체결하는 계약」을 의미한다. 즉, 세부 가격은 상관없이 전체 가격을 따진다는 것임. 단가계약(내역 계약, unit price contract)이란, 개별공정 또는 항목에 대한 단가와 요율을 기초로 체결하는 계약을 의미한다. 실비정산계약(실비정산 보수 가산 계약, cost reimbursement contract, cost plus contract) 이란, 공사에 실제 투입될 실비를 정산하여 최초 계약 당시 미리 약정한 방법에 따라 보수를 가산하는 방법으로 최종 공사대금을 산정하는 계약을 의미한다.
main contractor	원청자, 원청업체 prime contractor, principal contractor, general contractor
maintenance certificate	• 하자 보수 확인서 maintenance period: 하자 보수 기간 • 최종 완공/수락확인서 (Final Completion/Acceptance Certificate)
mandate	권한을 주다, 명령하다, 지시하다, 권한, 통치기간
mandatory	법에 정해진, 의무적인 compulsory, required, binding, obligatory, requisite
man-month	• 인력을 중심으로 하여 1개월간의 연인원(인월, 人月) • 시간을 중심으로 하여 한 사람의 작업 월 • 작업을 중심으로하여 한 사람이 1개월간 수행한 작업의 양
master schedule	기본공정 계획표
micro purchase threshold	최소 구매 기준, 소량 조달 기준
memorandum	메모, 비망록 • site memo: 건설 현장에서 시공자와 감독관, 또는 발주처간 간단한 업무 내용이나 기술 관련 설명을 위한 서신의 일종

상용어	의 미
mercantile occupancy	• 상업적 점유 상품의 진열·판매를 위해 건물이나 건물의 일부를 상점, 상품 진열 장소로 사용하는 것. 예를 들면, 백화점, 전시장, 상점 등
metes and bounds	• 토지 경계 (토지, 부동산 또는 부동산을 설명하는 시스템 또는 방법으로 수 세기 동안 영국에서 사용되었으며 아직도 여전히 토지 경계의 정의에 사용된다.)
mobilization	• 동원(⇔ demobilization: 철수)
mock-up	건설 세부 사항의 연구나 외양의 결정 또는 작업수행을 검토하기 위하여 설계 과정에서 실물 크기로 제작하는 견본 prototype이라고도 하며, 작동하면 working mock-up, 작동하지 않으면 non-working mock-up 이라고 한다.
modification	계약서의 변경/수정 • variation, change, alteration
most favored nation	최혜국(最惠國) 대우는 통상·항해 조약 등에서 한 나라가 어느 외국에 부여하는 가장 유리한 대우를, 당 조약 상대국에도 부여하는 것을 의미한다. 그러한 대우를 받는 나라를 최혜국이라 하며, 조약에 들어 있는 그러한 조항을 최혜국 조항/약관 이라고 한다. most favored treatment: 최혜국 대우(가장 좋은 조건으로 대우, 예를 들면 license 계약)
MRG	MRG는 Minimum Revenue Guarantee 의 약자로, 최소 운영 수입 보장 제도이다. 사회기반 시설에 대한 민간투자 유치를 위해 실시협약에서 미리 정해놓은 예상 수입을 만족하지 못할 경우, 정부에서 수익의 일정부분을 보전해주는 제도로 사회기반시설을 건설한 민간사업자에게 일정 기간 운영권을 인정하는 수익형 민자 사업 방식에 적용한다.
NCCT	non-cooperative countries and territories 비협력국가 및 영토
necessitate	~을 필요하게 만들다
nibble	약간 관심을 보이다, 조금씩 먹다, (한입에 들어가는) 술안주
nominated sub-contractor	지명 하도급자
non-attendance	불출석, 결석
non-collusion affidavit	타인과 공모 없이 입찰 서류를 작성하였다는 입찰자의 공증각서 발주처에서 공고한「청렴 계약 이행 서약서」 • collusion: 공모, 결탁 • in collusion with ~: ~와 공모하여, 결탁하여 • in league/allinace with ~: ~와 연합하여
non-discrimination	무차별 • non-discrimination policy: 무차별 원칙 • non-discrimination and equal opportunity: 무차별 원칙과 기회 균등 • equal opportunity of employment: 기회 균등 고용

상용어	의 미
nonmaterial	비물질적인, 정신적인, 문화적인, 교양있는, 지적인
nonresponsive	무반응의, 무응답의 입찰에서 입찰 지침에 따르지 않고 입찰서류를 작성, 제출하는 것을 nonresponsive 라고 하며, 제출하지 않은 것으로 간주된다, 단, 입찰 참가를 위해 제출한 입출 보증금(bid bond)는 반환되지 않은 것이 일반적이다. ⓟ responisve 하다는 것은, 입찰 지침대로 서류를 작성한 것을 의미한다, 즉, 지침이 이러했는데, 이것을 따르면 반응을 한 것이고, 따르지 않으면 반응을 하지 않는 것으로 간주하는 것이다. 한마디로 자격시험에서 「서류 탈락」 인 것이다.
non-responsible	nonresponsive 의 의미와 상이하니, 헷갈리지 말아야 한다. non-responsible 하다는 것은, 입찰 지침을 따라 입찰 서류를 작성 제출했으나, 즉, 서류작성의 하자는 없으나, 실제적인 자격이 부적격하다는 것이다. 즉, non-responsive, responisve 여부가 결정된 후 검증되는 것이다. 서류는 합격이 되었으나, 서류상 내용과 실체가 상이하여 탈락이라는 것이다.
notice of dissatisfaction	불만족 통지, 불만족 통지서 • notice of severance: 해고 통지 • notice of dishonor: 부도 통지서 • notice of absence: 불참 통보 • notice to correct: 시정통지 • notice to bidders/tenderers: 입찰안내서, 입찰유의서
novation agreement	시공자 변경 계약(ⓟ 발주처의 허락/동의 필요), 갱신계약, 재계약 • novation: 法 (채무·계약 등의) 갱신(更新) • change-of-name agreement: 명의 변경 계약(시공자 상호 변경시)
NTP (notice to proceed)	착공지시서(notice to commence, NTC), 수행개시 지시서 ⓟ 건설/플랜트 프로젝트 등에서 발주처(Owner)가 건설계약자(Contractor)에게 발행하는 업무 개시 지시서로서 해당 NTP에 정의된 일자로부터 프로젝트의 공기가 계산되며, 해당 일자는 LD(liquidated damage) 산정의 기준이 된다. ⓟ limited notice to proceed(LNTP): 한정 착공 지시서, 한정 수행 개시 지시서
notice to tenderers	입찰안내서, 입찰유의서 • instructions to tenderers
O&M	operation and maintenance 시설관리 및 유지보수를 의미하며 플랜트 부문에서 운전과 정비를 뜻하기도 함.
occupiable room	거주공간과 달리 단기적인 점유공간
on a need-to-know basis	필요한 것만 공개하는 방식으로 • need-to-know: 알아야 하는, 알 필요가 있는

상용어	의 미
onerous contract	• 유상계약(有償契約) 계약의 당사자가 서로 대가를 주고받을 것을 약속하는 계약 ㉾ 매매, 교환, 임대차, 고용계약 등 • 무상계약(無償契約, gratuitous contract, nudum pactum) 당사자 가운데 한쪽만 의무를 행하고 그 대가를 받지 않는 계약 ㉾ 증여, 사용 대차, 무이자 소비 대차 계약 등
open-end mortgage	• 개방 담보 ㉾ 개방 담보는 아파트, 연립주택, 다세대주택 등의 주택담보대출과 관련된 담보기초가격 등의 공공데이터를 개방하는 것을 의미한다.
option module	선택 조항, 특수 조항 ㉾ 미국: supplementary conditions 싱가포르: option module
~ or equal specifications	• ~와 동등 시방서 ㉾ 특정 제조자의 특정 제품을 정하고, 그 제품 또는 그와 동등한 제품으로 제한하는 시방서 ㉾ proprietary specifications(전용 시방서)의 변형이며, closed specifications (제한 시방서)에 해당
order of precedence	우선순위 ㉾ priority of documents 라고도 한다
outbuilding	본건물과 분리된 부속건물(예: 저장실, 옥외화장실, 경비실 등)
out-of-sequence service	정상적인 절차에 의하지 않은 업무 • out-of-sequence: 순서가 뒤바뀐, 비순서
overhead expense	간접비(Indirect Expense) • Home Office Overhead: 본사관리비 • Local Office Overhead: 지사관리비 • Jobsite Overhead: 현장관리비
partial handover	부분 인도
participant	입찰자
particular conditions	특별 조항 ㉾ general conditions: 일반 조항
payment certificate	• 지급확인서(certificate for valuation) 시공자가 공사대금 지급 신청서(application for payment) 를 제출, 감독관이 그 내용에 동의할 경우, 발급하는 확인서
pay-when-paid rule	• 공사대금 수령후 지급 원칙 원도급자가 관련 대금을 수령한 후에 그 대금으로 하도급자에게 지불한다는 원칙

상용어	의 미
payee	수취인, 수령인, 피결제자 ⓟ payee bank: 수납 은행
PCC	• particular conditions of contract(PCC): 계약의 특약 조항 ⓟ GCC(General Conditions of Contract): 계약의 일반 조항 The following Particular Conditions of Contract(PCC) shall supplement the GCC. Whenever there is a conflict, the provisions herein shall prevail over those in the GCC. 다음 PCC(특정 계약 조건)는 GCC를 보완한다. 상충되는 내용이 있을 경우, 본 특약 조건이 일반 조건에 우선한다.
PIK	• payment in kind: 현물 지급 공사대금을 현물로 지급하는 것. 예를 들면, 중동국가에서 시공자에게 공사대금을 원유로 지급하는 것 ⓟ in kind: 현물로, 동일한 것으로
penal sum	위약금, 계약서상에 명기된 지체 벌과금 • penalty, delay penalty, delay damage, delay fine
per annum	연간, 일년에(annually) • per diem: 하루 단위의, 일일 경비 • per diem allowance: 일당
percentage agreement	건설비(Construction Cost)에 비례하여 보수를 지불하는 전문용역의 계약방식
performance security	이행보증증권 • performance bond, final security, completion bond, construction bond
performance specifications	• 성능시방서: 특정 시공 방법이나 자재 등을 명시하지 않고, 단지 공사목적물의 결과나 성능만을 요구하는 시방서 ⓟ 시공 방법 및 자재의 선정 권한, 결과나 성능에 대한 책임이 모두 시공자에게 있다. (발주처의 무간섭 대신, 모든 책임은 시공사에 있다)
permanent work	• 본공사 ⇔ temporary work: 임시 공사, 가설작업 • permanent worker: 정규직 ⇔ temporary worker 임시직
permanent list	상시명부(ⓟ 발주처 요구 기준에 부합되는 적격업체 list에 있는 업체에게 입찰 자격이 주어지는 것이 일반적이다.) ⓟ situational list: 수시 명부(입찰 시 입찰 참여 적격업체 선정)
PERT schedule	공정상 예상되는 활동과 작업을 나타내는 PERT 도표. • PERT: performance evaluation and review technique(계획평가 및 검토기술)
phase-in, phase-out cost	인계인수 비용 (인수인계 비용이라고도 하나, 굳이 따지자면 인계인수 비용이 정확한 표현)

상용어	의 미
PPE	personal protective equipment(개인용 보호구)
preamble	계약서의 전문(도입부) 또는 설명조항
pre-contract finalization meeting	사전 계약 마무리 회의 • pre-contract: 사전 계약 • finalization: 마무리, 최종 승인, 결론 내림, 협정 체결
PQ	입찰자의 사전 자격 심사제도 Prequalification of Prospective Bidders
price adjustment	가격 조정 • upward price adjustment: 증액 조정 • downward price adjustment: 감액 조정
price fluctuation	물가 변동 • price schedule: 가격표
privity	法 당사자 관계, 동일한 권리에 대한 상호간의 관계, 은밀한 일, 비밀, 비밀 관여, 은밀한 내통, 묵계 • the privity of contract: 계약 관계 • without the privity of ~: ~ 에게 알리지 않고
procurement	(특히 정부·기관의 물품) 조달, 구매
progress payment	• 공사 진척 기성, 기성(旣成) 건설 계약의 이행과정에서 공사 수행도 및 반입된 자재에 대하여 발주처가 지불하는 금전
progress chart	공정표(일반적으로 각 공정은 세로에, 일정은 가로에 표기한다)
prohibited practices	금지 행위 prohibited articles/goods: 금제품(禁制品, 소유나 거래 금지 물품), 금지 제품
project budget	공사예산 project cost: 공사수행비
prolongation cost	연장 비용
prompt payment	신속 지급 • fast payment: 조기 지급(지급기한 보다 빨리 지급하는 것)
provisional sum	임시비, 예비비
PWS	• performance work statement: 공사 수행 명세서

<table>
<tr><th>상용어</th><th>의 미</th></tr>
<tr><td>price ceiling contract</td><td>• 공사비 상한 계약(GMP)
guaranteed maximum price contract: 최대 공사비 상한 보증 계약

| GMP Contract vs. Target Cost Contract |

Guaranteed maximum price contract(최대 공사비 상한 보증액 계약)과 Target cost contract(목표 원가 계약)의 기본 차이점은 공사비가 예상보다 벗어날 경우, 거기에 대한 비용 부담과 수익 시현의 주체가 누가 될 것인가이다.
<table>
<tr><th>항 목</th><th>GMP</th><th>Target Cost</th></tr>
<tr><td>실공사비가 당초 설정한 공사비 상한액 초과시</td><td>• 시공자 책임</td><td>• 발주처와 시공자 공동 책임</td></tr>
<tr><td>실공사비가 당초 설정 금액보다 낮게 될 경우</td><td>• 시공자의 수익</td><td>• 발주처와 시공자의 공동 수익</td></tr>
<tr><td>장·단점</td><td>• 시공자의 비용 통제 용이
• 발주자의 위험이 시공자에게 전가됨으로 처음부터 전체 공사비가 높게 책정될 가능성 상존</td><td>• 발주처와 시공자의 협업에 유리
• 시공자의 비용 통제 관리 필요</td></tr>
<tr><td>비고</td><td>-</td><td>• 실비정산방식과 유사한 점이 있으나 공사비 위험과 수익을 공유한다는 점이 상이함</td></tr>
</table></td></tr>
<tr><td>quantifiable</td><td>수량화할 수 있는, 계량화할 수 있는
• quantifiable nonconformity: 계량화할 수 있는 부적합
• quantifiable data: 수량화할 수 있는 데이터
• unquantifiable: 수량화 할 수 없는
• quantify: 수량화/계량화하다</td></tr>
<tr><td>quantum libet</td><td>원하는 만큼
• as much as you please, as much as is desired</td></tr>
<tr><td>quantum merit</td><td>• 일한 값어치만큼(as much as one has earned)
• 法 (계약의 불이행시에 청구할 수 있는) 노무 상당액</td></tr>
<tr><td>record drawing</td><td>기록도면
• as-built drawing: 기록 도면</td></tr>
<tr><td>reference line</td><td>기준선
• reference mark: 기준점</td></tr>
</table>

상용어	의 미
registry	등기소 • corporation registry: 법인등기부
rehabilitate	• 건물·지역을 원래의 좋은 상태로 회복/복원시키다 • (환자에게) 재활/갱생 치료를 하다
reimbursable expenses	관련 조항에 따라 발주처에 의하여 지불된 공사용 상환 가능 금액
reserve	• 유보금 공사 이행을 담보하기 위해 일정 %까지 지불을 보류할 수 있으며, 이를 유보금이라 한다 🔍 retention, retention money, retainage 라고도 함.
residence permit	거주허가서 • residence permission: 거주 허가(행위)
resident engineer	주로 관급공사에서 시공 단계중 발주처의 이해를 대행하는 현장 중재 기사/감독관 owner's inspector 이라고도 불린다.
respondent	피신청인, 피고의 입장(defendant)
restoration	복원, 부활, 회복(restoration work: 복원 작업) • restoration to the previous/original condition: 원상복구
retainage	기성(旣成)에서 시공자에게 지불을 유보한 금액 – 유보금
retaining wall	옹벽(토사 유출을 막기 위해 쌓는 방어벽)
retention	유보금(🔍 reserve 참조)
ribbon development	도심에서 외곽으로 뻗어간 도로를 따라 길게 늘어진 건물과 집들로 형성된 도심의 확장 현상
RFI	request for information: 정보 요청서
RFP	request for proposal: 제안요청서

상용어	의 미
right-of-way	(남의 사유지에 대한) 통행권, (개인의 사유지를 관통하는) 공공 통행로, (법규상 인정되는, 차량의) 우선 통행권/선행권
rolled-up claim	• 종합 클레임 항목별로 세분화 하지 않고 전체를 묶어 제기한 클레임. wrap-up claim 이라고도 한다. 개별 클레임은 separate claim 또는 individual claim 이라 한다.
salvage value	잔존 가치, 잔존 가액(사용 가능 기간 후의 자산 처분 가치) • residual amount, residual value, remaining price
SAT	simplified acquisition threshold 통합 조달 기준 금액: 본 금액을 기준으로 책임과 의무 부담 여부 결정
satisfaction	(불만·부채·부상 등에 대한) 배상, 보상, 변제 의무의 이행, 부채의 상환 • demand satisfaction: 배상을 요구하다 • in satisfaction of ~: ~의 배상으로 • make satisfaction for ~: ~을 배상하다
schedule of rates	• 일위대가표(一位代價表) 건설 공사를 수행할 때 일정한 단위당 소요되는 자재, 물량, 가격 따위를 나타낸 표
scheduler	스케줄러, 기본 순서 계획 • a job scheduler: 공사/작업 계획
schematic design	기본 설계, 계획 설계 어떤 공사의 계획 단계에서의 설계를 의미하며, 이 설계자는 설계 도면과 관련 공사비 명세서를 작성, 발주처와 협의, 기본 설계를 확정한다.
scope	범위, 기회, 능력 • scope of work(work scope, extent of scope): 공사/업무 범위 • beyond one's scope: 능력 밖, 능력이 미치지 않는 곳에
seniority list	전임 근로자 명부, 선임 명단, 연공서열목록
separate contract	• 직별 공사별 도급 계약, 분리 계약, 별개 계약 severable contract 라고도 한다. • 설계·시공 일괄 계약(design-build contract 또는 turnkey contract)에 대한 설계 시공 분리 계약 또는 한 건의 건설 공사가 여러 개의 원청 계약으로 이루어질 경우, 그 원청 계약중 하나
service water	상수(上水)(portable water) • service water system(SWS): 원자력) 용수계통 • emergency service water(ESW): 원자력) 비상용수
set one's hand	서명하다 • set one's hand/seal/name to the contract: 계약서에 서명하다

상용어	의 미
sine qua non	필수 요건/조건, 필요불가결한 것 • essential/indispensable/necessary/required condition
shading	미묘한 차이, 명암법, 음영법
shop drawings (SD)	• 시공상세도, 공작도, 제작도 공사의 특정 부분을 나타내는 도면. 다이어그램으로 이 도면에 따라 현장 작업이 진행된다.
short form contract	짧은 형식의 계약서 (계약 금액이 작고 계약 기간이 짧으며 비교적 단순하고 반복적인 공사에 사용되는 계약서)
single currency	단일 통화 • single currency system: 단일통화제도 • a single European currency: 유럽 단일 통화
site accomodation	공사 현장내 현장 요원의 임시 숙소(site camp) • site investigation: 현장 조사(site survey) • site briefing/explanation: 현장 설명 • site/physical data: 현장(설명) 자료 • site development/improvement/preparation work: 부지정지 작업
slack	한가한, 느슨한, 한산한 ⓟ slack time: (탈것·식당 등의) 한가한 시간
slice and package basis	• Slice and Package Contract는 일반건축공사에서 진행되는 입찰방식. 예를 들어 발주처가 30층짜리 SH Tower 를 짓는데 적격심사를 거쳐 도급 순위순으로 5개사를(삼성, DL건설, GS, 현대, 대우) 지명입찰 한다고 가정할때, 각 종합건설사는 건축공정을 나눠(예: 창호공사, 수장공사, 지붕공사, 기초공사, 골조공사 등등) 각 공정별로 해당 전문건설업체에게 도면과 시방서등을 보내 공사비 내역을 받는다. 여기서 각 공정별로 나눠진 공사비를 합계해서 필요한 마진을 더해 종합 건설사는 총공사비 입찰에 참가한다. 만약 A 사가 수주하면 각 공정별로 공사비 산정서를 보내준 업체와 다시 공정별 입찰 혹은 수의계약을 통해 전문건설업체와 시공계약을 맺고 공사를 총괄 진행한다.
snagging item	• snagging items: 해당 관청의 허가에 영향을 끼치지 않는 사소한 결함 또는 누락을 의미 • snag: 암초, 난관, 문제, 곤란한 일 administration snag: 행정상 장애(hang-up, hitch) strike/catch a snag, come/run up against a snag: 암초에 부딪치다, 뜻하지 않은 장애에 부딪치다
snagging list	검사 목록 (공사, 제품, 프로젝트 등을 마무리 하기 전에 문제가 있나 확인해야 하는 목록) 일반적으로 주의가 필요한 미결, 사소한 작업의 항목별 체크리스트이다. ⓟ snag list, survey list, deficiency list, punch list, inspection list 이라고도 한다.

상용어	의 미
SOG	SOG: Slab on Grade(땅바닥 지지 슬래브) 일반적인 구조슬래브(structural slab)는 바닥 하중을 슬래브, 보, 기둥/벽체, 기초를 통하여 지반에 하중을 전달하나, SOG는 슬래브가 지면에 바로 놓여지고 슬래브 그 자체가 foundation 역할을 하며 footing은 필요치 않다. 하중이 바로 땅으로 전달되기 때문에 땅이 일정 지내력(地耐力: 건설 지반이 구조물의 압력을 견디는 정도)을 확보하여야 하고 사용중에 슬래브가 조금 깨지거나 꺼지는 경우 바로 그 바닥만 걷어내고 다시 보수하기가 쉬워 많이 사용된다. • slab: 평판, 판(돌·목재같이 단단한 물질로 된, 어느 정도 두껍고 평평한 조각) ▶ SOG: spares, oil, and grease(부품, 연료 및 윤활유) 의 의미도 있다.
source of fund	자금 주체, 자금원 • source of income: 소득원
special hazards insurance	• 특별 위험 보험 누수(leakage), 붕괴(collapse), 수해(water damage), 기타 물리적 손실(physical loss)와 같은 재산상의 위험뿐만 아니라 운송 중인 자재에 대한 위험까지도 부보하는 특별위험보험. 공사 현장 시공상의 사고에 추가적인 위험(additional perils)까지 부보
special risks	특수위험, 불가항력 • excepted risks, force majeure, God's act, accepted risks
specification	시방서, 내역서 streamlined specification: 축약형으로 작성된 시방서
squatter	불법 거주자, 무단 점유자 • squatter's right: 공유지 점유권, 공유지 정착권 (토지 소유권 획득 목적으로 법적인 근거 없이 장기간 계속적으로 점유하고 있는 자의 권리)
SSOT	single source of truth (단일 진실 공급원) 모든 비즈니스 데이터를 하나의 공간에 저장하는 것을 의미. 공급원 단일화로 데이터의 정합성을 지키고 잘못된 데이터 유통을 방지하고 모두가 동일한 데이터를 참고하도록 하는 것을 목적으로 함.
statements at completion	준공명세서
stipulated sum agreement	정액 계약
stop-work order	작업 중지 지시
storm center	논쟁의 중심, 논의의 핵심, 소동의 중심/인물/문제, 태풍의 중심 • a focus of controversy or disturbance: a central point around which trouble revolves • the center of the area covered by a storm a political storm center: 정계파동의 근원지

상용어	의 미
straight time	규정 노동 시간 • straight/normal/full time wage: 규정 노동 시간 임금 ㉾ 규정 노동 시간을 초과하면 ovetime이고 그 임금이 overtime charge
string building	최소한의 부지를 이용하여 길게 병렬로 건축한 다세대용 주택
studio apartment	트인 방 하나에 침실 거실 주방 욕실이 설치되어 있음. 한국의 원룸과 유사 ㉾ *Chapter XII 부동산 임대차 계약서 방의 종류(P 502) 참조*
subclause	법률 문서의) 하위 조항 ㉾ sub: (접두사) 보다 적은, 이하 (명) 후보/교체선수 (동)교체/대신하다
sub contract	하도급계약 (re-subcontract: 재하도급), 부계약 • subsupplier: 하도급공급자, 부공급자, 하청공급자 • sub-consultant: 하위 컨설턴트 • subcontract: 하청을 주다
subsequently	그 뒤에, 나중에(consequently, later on, afterwards) Subsequently the arrangement was terminated. 그 후 약정이 종료되었다.
substantial completion	완공 • 기공: 건축의 시작 • 착공: 공사의 시작 • 완공: 건축의 완료 (법적 허가 직전인 바, 사용 불가) • 준공: 법적 사용 승인 허가 받아 사용 가능 ㉾ 건축 단계는『건축 설계 → 건축 심의 → 건축 허가 신청 → 건축 허가 → 착공 신고 → 착공 → 완공 → 사용 승인 신청 → 사용 승인 → 승인서 교부 → 건축물 사용』의 절차이다.
successful bidder	낙찰자(accepted bidder, selected bidder)
superintending officer	감독관, 관리관 • superintend: (어떤 일 장소등을) 관리/감독/지휘하다 (supervise)
supervisor	감리자 • construction supervisor: 공사 감리자, 시공 감리자
supplemental conditions	추보(追補) 조건, 추가 조건, 보충 조건: supplementary conditions • supplemental services: 추가 업무
surety bond	(계약 관계/이행의 증거가 되는) 보증서, 보증 사채 • surety: 보증금, 보석금, 보증인

상용어	의 미
suspension of work	계약 또는 작업의 일시적 중단 🔘 이로 인해 시공자에 발생되는 비용을 suspension cost(정지비용) 이라 한다. 시공자의 귀책 사유가 아니면, 본 suspension cost는 발주처가 부담하는 것이 일반적이나, 발주처가 책임지지 않는 상황도 있으며, 이는 계약서에 구체적으로 명기된다. • suspension of payment: 지급 정지 • suspension bridge: 현수교 Golden Gate Bridge(금문교: 세계 최초의 현수교)
taking-over (take-over)	양수, 法 수계(受繼): 계승(받아서 계속하다) • taking-over statement: 인수인계 명세서 • taking-over table: 인수인계표 • taking-over certificate(TOC): 수계증, 현장 인수증
tax abatement	부동산 세액의 경감(tax reduction)
tax clearance certificate	과세 완납 증명서 • tax exemption: 세금 면제
technical hitch	기계의 고장 등으로 야기된 설비의 일시 가동 정지 • technical proposal: 기술 제안서
temporary building	가건물(임시 건물), 가건축(임시 건축) 🔘 temporary contract: 가계약(provisional contract) temporary design: 가설계
temporary work	본공사 수행/유지/관리와 관련된 가설공사로서, 현장 내 임시 숙소, 사무실, 복리시설등을 갖춘다
tender	입찰, 입찰하다 • tender book: 입찰설명서, 입찰 안내서 • tenderer: 제출자, 입찰자 • lowest tenderer: 최저입찰자(🔘 낙찰자가 된다는 보장은 없음; tender의 조건에 따라 될 수도 있고 되지 않을 수도 있음)
termination cost	해지 비용, 청산금 • termination of contract: 계약의 해지 • termination of contract on default: 시공자의 귀책 사유로 인한 계약의 해지 ⇔ 발주처의 편의에 의한 계약 해지는 termination for the owner's convenience 라고 한다

상용어	의 미
test	• tests after completion: 준공후 검사 • tests on completion: 준공 검사
then-current	당시의 • then-current contract price: 당시의 계약 금액 • then-current popular song: 당시의 유행 노래
then obtaining rules	당시 유효한 규칙/법률 • obtain: 얻다/구하다/입수하다, 존재하다(=apply)
threshold	문지방, 한계점,(비유적인 의미의) 문턱 • threshold value: 한계치 하나의 값이 어떤 값에 가까운 정도를 판별하는 데 기준이 되는 문턱값이나 한계치 • tolerance threshold: 용인 범위 한계 수준, 허용 한계치 R&D에서 자주 사용하는 표현. • 건설 분야에서 below threshold contract 하면 일정 규모 이하의 거래 계약, 즉, 간단하게 진행 시킬 수 있는 거래를 의미한다.
TIN	taxpayer identification No: 납세자 고유 번호
tie-in	파생 상품, 끼워 팔기 • tie-in sale: 끼워 팔기 판매
time-related cost	시간 관련 비용 • prolongation cost: 공기 연장 비용
to a greater or lesser degree	(다소간의 차이는 있으나) 어느 정도: in a greater or less degree • The forms will require adaptation to a greater or lesser degree to suit the requirements of a specific tender. 특정 입찰의 요구 사항에 맞게 양식을 어느 정도 조정해야 한다. adaptation(= adaption): 각색, 적응
topographic survey	지표 또는 지형조사 통상 설계서와 실제 지형을 비교 확인하는 업무 • topography: 지형, 지형학 • topographic map: 지형도, 지세도
TOR	• terms of reference: 과업 지시서 확정되기 이전의 참고 조건, 미확정 참조 조건
turn-key contract	설계 시공 일괄 도급계약 (key를 끼우면 공장이 가동된다는 의미) • design-build contract, design-construct contract
two envelopes system	가격제안서와 기술 제안서를 각각 별도의 봉투에 넣어 동시에 제출하는 방식 기술 제안서를 먼저 제출하고, 기술 제안서가 통과될 때만 가격 제안서를 제출하는 방식을 two stage selection system 이라고 한다.

상용어	의 미
unbalanced	균형을 잃은, 미결산의
unilateral contract	편무계약(片務契約), 부종계약(附從契約), 일방적인 계약 • 편무계약: 당사자의 한쪽 만이 급부를 하고 상대편은 이에 대응하는 반대 급부를 하지 않는 계약. 증여·소비 대차·사용 대차·현상 광고 따위가 있으며, 무상 소비 대차·무상 위임·무상 임차 따위도 이에 속한다. • 부종계약: 보험 계약, 가스 수도의 공급 계약등의 정부 계약 처럼 일방이 독자적으로 작성한 계약 ⇔ 쌍무계약(bilateral contract)
upset price	• 경매 참가시 경매 개시 가격(reserve price), 최저 경매가 • 공사 입찰에서 발주처의 최대 보증 가격, 즉, ceiling price
utility survey	시설물 조사
valuable consideration	반대급부, 유가약인(有價約因) • 약인: 한쪽의 약속에 대한 다른 한쪽의 반대급부 ◎ 유상 계약 성립 요건중의 중요한 한 요건
variation order	英) 계약 사항의 변경, 공사 변경 지시 美) change order, modification order를 사용 하기도 한다
VE	• value engineering: 가치 공학 • VECP(value engineering change proposal): VE 설계 변경 제안
virgin material	신규 자재, 천연 자재 • virgin: 원래 그대로의, 자연 그대로의 ◎ virgin land/forest/olive oil
waiver of claim clause	claim 포기조항
walk-through	외관 검사, 연습, 리허설, 자세한 설명 • walk-through inspection: an inspection by a buyer or a tenant prior to taking possession, typically to determine that all repairs or improvements have been completed in a proper manner. 일반적으로 모든 수리 또는 수리 여부를 결정하기 위해 점유물을 받기 전에 구매자나 임차인이 하는 현장 검사
wear and tear	장시간에 걸친 정상적인 사용으로 인한 마멸이나 소모를 의미한다. fair wear and tear라고도 하며, 시공자는 이에 대한 책임이 없다 ◎ tape, 방열 pad 등 기구물의 내구성을 테스트할 때 자주 사용되는 전문용어이기도 하다.
weighting	가중치, 지역 수당 (생활비가 많이 드는 지역에 거주하는 사람들에게 지불하는 지역 수당) • indices and weightings: 지수와 가중치

<table>
<tr><th>상용어</th><th>의 미</th></tr>
<tr><td>wet construction</td><td>습식시공(콘크리트등 회반죽을 사용하는 시공)
• dry construction: 건식 시공(합판등을 사용하는 기법)</td></tr>
<tr><td>white color crime</td><td>화이트 칼라 범죄란 사회의 각 방면에서 관리적, 지도적 입장/위치에 있는 자가 직무상의 지위를 이용하여 직무 과정에서 범하는 범죄행위를 말한다. 회사 임원의 지위를 이용한 횡령, 배임, 최근에 많이 발생하는 컴퓨터 범죄, 증수뢰, 탈세, 경제 법규 위반 등이 그 예이다.

| 각 계급을 지칭하는 Color |
<table>
<tr><th>Color</th><th>의 미</th></tr>
<tr><td>블루 칼라</td><td>• 청색 작업복을 입는 노동자를 의미하는 말
• 생산 및 서비스업에 종사하는 노동자</td></tr>
<tr><td>그레이 칼라</td><td>• 생산공정의 컴퓨터화 – 블루와 화이트의 쌍방의 성격을 포함</td></tr>
<tr><td>화이트 칼라</td><td>• 육체적 노동을 하더라도 상품생산과는 무관한 일을 하는 경영·사무직 등의 종사자로 신중산 계급층을 형성 하고 있다</td></tr>
<tr><td>골드 칼라</td><td>• 노동력이나 학력 또는 자격증과는 상관없이 기발한 아이디어와 능력을 요하는 직업군
• 노동을 하는 시간에 비례하지 않고 자신이 창조한 결과물에 따른 보수를 받는 각 분야의 전문가등</td></tr>
</table></td></tr>
<tr><td>white list</td><td>우호자 리스트, 백색 리스트 ↔ black list
Ⓟ white hat hacker(선량한 해커) ↔ black hat hacker(악의적 해커)</td></tr>
<tr><td>within a reasonable period of time</td><td>합리적인 시간 내에, 합당한 시간 안에, 이해할 만한 기간 내에
法 reasonable period of time: 상당 기간, 합리적인 기간</td></tr>
<tr><td>working budget</td><td>실행예산
• working drawing: 작업 도면</td></tr>
<tr><td>wrap-up</td><td>요약, 결말, 결론, 간단한 일, 낙승
• wrap-up insurance: 포괄보험
• wrap-up claim: 포괄클레임</td></tr>
<tr><td>zoning permit</td><td>사용 허가서
• get a zoning/building permit: 건물의 용도 승인을 받다</td></tr>
</table>

04
입찰(Tender) 일반

입찰(Tender)은 발주처가

- 완전 공개 방식으로 불특정 다수인(to whom it may concern)에게 공고할 수도 있고
- Prequalification(PQ) 절차에 따라 진행시는 prequalified tenderer들만을 대상으로 공고할 수도 있다.

입찰의 특징은 일방적이다. 즉, 입찰에 참여하려면 그 입찰 조건을 준수하여야 한다. 국제 조달이나 공사 입찰은 대금 지급 주체는 신인도에 문제가 없으나, 공급 업체나 시공 업체의 신인도는 문제가 될 수 있어 조건이 까다롭다. 예를 들어, 한국 정부에서 발주하면 대금 지급을 의심받을 여지는 없을 것이나, 한국의 신인도 낮은 기업이 입찰 참여하면 신인도를 검증하게 될 것이며, 낙찰이 된다면 신인도를 검증, 제3자의 보증을 받아야 할 수도 있다.

입찰 참여자는 tender book 이나 tender briefing 시 모든 사항을 확인한 후에 입찰 참여 여부를 결정하면 된다.

▶ tender briefing(입찰 설명회)는 개최할 수도 있고, 개최하지 않을 수도 있다.

입찰 관련, 보증과 대금 결제의 과정을 낙찰 입찰자를 기준으로 보면,

- 입찰 참여 ⇨ 낙찰 ⇨ 발주처로부터 선수금 수취 ⇨ 공사 진행 ⇨ 기성금 수취 ⇨ 공사 완공 ⇨ 발주처로부터 잔금 수령 ⇨ 하자 보증의 단계를 거친다.

입찰·조달 주체는 입찰자들이 계약 이행을 하지 않을 경우를 대비, 입찰 단계별로 일정 금액을 담보로 잡는다. 담보 방법은 여러 가지가 있으며, 가장 많이 사용되는 것이 일정 금액의 cash deposit, 은행 보증의 check, bank guarantee를 요구할 수도 있다. 담보권 설정 계약(collateral security agreement)를 할 수도 있으나 실제로 담보권 설정 계약을 하는 경우는 드물다.

일반적으로 발주처는 시공자에게 금융기관이 발행한 보증 증서를 원한다. 이를 bond, security, guarantee라고도 칭하며, 발주처에 대한 시공업체의 의무 이행을 금융기관이 보증하는 것이다. 입찰부터 공사 완공까지에 필요한 bond 는 다음과 같이 5가지이다.

- Bid bond(입찰보증, B-bond)을 요구하는 것은 입찰자(入札者)에게 입찰 참가에 대한 책임을 지우려는 것이다. 즉, 입찰자가 낙찰된 후, 입찰가 산정을 잘못하였다는 이유 등으로 입찰을 포기하는 것을 방지하려는 것이다.
  B-bond는 일반적으로 전체 공사비의 1~3%로 책정된다. 즉, 낙찰을 받은 후, 입찰을 포기한다면, 이 보증금은 반환은 되지 않는다. 정확히 말하면, 입찰자가 발주처에 제출한 입찰보증 증서(bid bond)가 관련 금융기관에 제시되어 발주처에서 현금화한다.

- Performance Security(이행 보증, P-bond) 을 요구하는 것은, 낙찰자가 공사를 하기로 계약 체결하였으나, 계약 이행을 하지 않을 경우, 발주처는 심각한 상황에 처하게 된다.
  발주처는 이를 방지하기 위해 계약이행보증증권을 받아 두는 것이다.

- Advance Payment Security(선수금 수취 보증, AP-bond)은 발주처에서 일정한 선수금을 낙찰자에게 지불하는데, 낙찰자가 이 선수금을 수령 후 변심을 하면 문제가 심각한 바, 그런 일이 없도록 AP-bond를 받아 두는 것이다.

- Retention Bond(유보금 환급 보증, R-bond) 는 유보금을 시공사가 하자 보수기간 종료 전에 미리 환급받기 위해 제출하는 것으로 하자 발생 시 보수를 이행한다는 보증서임.

▶ 유보금: 하자 발생 시 하자 보수비 충당 목적으로 발주처가 기성고(既成高)의 일부를 남겨 둔 금액

- Maintenance Bond(하자 보수 이행 보증, warranty bond, W-bond, guarantee bond) 하자보수 보증은 시공자가 프로젝트가 완료된 후 발생하는 제반 문제를 일정기간동안 해결할 것을 보장하는 증서이다. 발주처는 일반적으로 특정 기간 동안 재정적 손실로부터 보호하기 위해 보증을 요구한다. 이는 기술상의 잠재적인 결함을 방지하여 시공자가 공사 완료 후에도 자신의 의무에 대한 책임을 지도록 보장하는 것이다.

기성고(既成高, completed amount)

공사가 제대로 수행되지 않아 일방의 사유로 계약이 해지되는 경우에는 공사의 진척률 대로 공사비를 지급하는데, 이렇게 공사를 수행한 정도를 파악하고 이에 따라 지급하여야 하는 금액을 기성고라고 한다. 따라서, 실제 투입된 비용과는 상이할 수 있다. 기성고율은 전체 공사 비중에서 현재까지 완성된 부분이 차지하는 비율을 나타내며 공사 진행 정도를 의미한다.

- 기성고 = 약정 총공사비 * 기성고율
- 기성고율 = 기 시공 부분에 소요된 공사비 / (기 시공 부분에 소요된 공사비 + 미시공 부분에 소요될 공사비)

05
실전 계약서 - 공사 입찰과 계약

건설 계약서의 핵심 사안은 일반적으로 다음과 같다.

- 건설목적물
- 설계
- 대금지불 - escrow, 유치권
- 준비
- 공급처리시설
- 책임 - 천재지변, 불가항력
- 점유
- 기타

세계 유수 기관의 입찰 공고문에서 건설 분야에 특화된 계약 문구를 몇 가지 선별 소개하는바, 익혀두면 큰 도움이 될 것이다.

Prohibited Practices 금지 행위 - 청렴 조항(예문1)

The Bank requires that Borrowers/the Grant Recipients(including beneficiaries of Bank's loans or grants administered by the Bank), as well as Participants, suppliers, sub-suppliers, contractors, sub-contractors, concessionaires, consultants and subconsultants under Bank-financed contracts, observe the highest standard of transparency and integrity during the procurement, execution and implementation of such contracts.

- A as well as B = not only B but also A: B 뿐만 아니라 A도

▶ 동사의 단·복수 선택은 A에 따른다. 즉, A가 단수이면 단수 동사, A가 복수이면 복수 동사를 사용한다.

은행은 은행 자금 조달 계약에 따른 입찰자, 공급업체, 하위 공급업체, 계약자, 하청업체, 영업권자, 컨설턴트 및 하위 컨설턴트 뿐만 아니라 차용자/지원금 수혜자(은행 대출 또는 은행이 관리하는 보조금의 수혜자 포함)들이 해당 계약의 조달, 실행 및 이행 과정에서 최고 수준의 투명성과 무결성을 준수할 것을 요구한다.

Prohibited Practices 금지 행위 - 청렴 조항(예문2)

For the purpose of this Covenant, the terms set forth below define Prohibited Practices as:

본 규약에 따라 아래에 명시된 용어는 금지된 관행을 다음과 같이 정의한다.

(i) a Coercive Practice which means impairing or harming, or threatening to impair or harm, directly or indirectly, any party or the property of any party to influence improperly the actions of a party;

강압 행위: 당사자의 행동에 부적절하게 영향을 미치기 위해, 당사자 또는 당사자의 재산을 직간접적으로 손상시키거나 손상시키겠다고 위협하는 행위

(ii) a Collusive Practice which means an arrangement between two or more parties designed to achieve an improper purpose, including to influence improperly the actions of another party;

담합 행위: 다른 당사자의 행동에 부적절하게 영향을 미치는 것을 포함하여 부적절한 목적을 달성하기 위해 둘 이상의 당사자가 의도적으로 합의하는 행위

(iii) a Corrupt Practice which means the offering, giving, receiving or soliciting, directly or indirectly, of anything of value to influence improperly the actions of another party;

• of + 명사 = 형용사
of value ⇨ valuable, of importance ⇨ importanat, of help ⇨ helpful

부패 행위: 다른 당사자의 행동에 부적절하게 영향을 미치기 위해 직간접적으로 가치 있는 것을 제안, 제공, 수령 또는 권유하는 행위

(iv) a Fraudulent Practice which means any act or omission, including a misrepresentation, that knowingly or recklessly misleads, or attempts to mislead, a party to obtain a financial or other benefit or to avoid an obligation;

• act or omission: 法 작위 또는 부작위(commission or omission)

▶ 작위(作爲): 금지된 일을 적극적으로 하는 행위

▶ 부작위(不作爲): 마땅히 할 일을 일부러 하지 않는 소극적 행위

• a deliberate misrepresentation of the facts: 고의적인 사실 와전

사기 행위: 금전적 또는 기타 혜택을 얻거나 의무를 회피하기 위해, 고의로 또는 무모하게 당사자를 오도하거나 오도하려는 시도와 사실 와전을 포함한 모든 작위 또는 부작위를 의미

(v) a Misuse of Bank's Resources or Bank Assets which means improper use of the Bank's Resources or Bank Assets, committed either knowingly or recklessly;

남용: 은행 자원 또는 자산의 남용: 은행 자원 또는 은행 자산의 부적절한 사용을 의미하며, 고의 또는 무모하게 저지른 행위

(vi) an Obstructive Practice which means any of
❶ destroying, falsifying, altering or concealing of evidence material to a Bank investigation, which impedes the Bank's investigation;
❷ making false statements to investigators in order to materially impede a Bank investigation into allegations of a Prohibited Practice;

③ failing to comply with requests to provide information, documents or records in connection with a Bank investigation;
④ threatening, harassing or intimidating any party to prevent it from disclosing its knowledge of matters relevant to a Bank investigation or from pursuing the investigation; or
⑤ materially impeding the exercise of the Bank's contractual rights of audit or inspection or access to information; and

- obstruct: 막다, 차단하다 obstruction: 방해, 차단, 패색(閉塞)
  obstructive: 방해하는,(인체 내의 기도 등이) 폐쇄되는, 폐색성의
  유) unhelpful, blocking, delaying, contrary, stalling, inhibiting, restrictive, uncooperative, hindering, disobliging, unaccommodating
  He was obstructive and refused to cooperate.
  그는 방해가 되었고 협력을 거부했다.
- impede: 지연시키다, 방해하다(hamper, hinder) 명) impediment: 장애물, 장애
- falsify:(문서를) 위조/변조/조작하다
  유) distort, garble, warp, fudge, fake, manipulate, cook

다음 중 하나를 의미하는 방해 행위

① 은행 조사에 중요한 증거를 파기, 위조, 변경 또는 은폐하여 은행 조사를 방해하는 행위
② 금지된 관행 혐의에 대한 은행 조사를 실질적으로 방해하기 위해 조사관에게 허위 진술을 하는 것
③ 은행 조사와 관련된 정보, 문서 또는 기록 제공 요청을 따르지 않는 경우
④ 은행 조사와 관련된 문제에 대해 알고 있는 내용을 공개하거나 조사 진행을 방해하기 위해 당사자를 위협하거나 괴롭히거나 협박하는 행위, 또는
⑤ 은행의 감사, 검사 또는 정보 접근에 대한 계약상의 권리 행사를 실질적으로 방해하는 경우; 그리고

(vii) a Theft which means the misappropriation of property belonging to another party.

절도: 다른 당사자의 재산을 유용하는 것

Source of Funds and Applicable Procurement Rules 자금 출처와 해당 조달 규정

2.1 Unless otherwise stated in the TDS, the Borrower/the Grant Recipient(hereinafter called "Borrower" or "Grant Recipient", as appropriate) indicated in the TDS has applied for or received financing(hereinafter called "funds") from/via the European Bank for Reconstruction and Development(hereinafter called the "Bank") toward the cost of the Project. The Borrower/the Grant Recipient, if different from the Client, intends to make available to the Client a portion of the funds and/or the Client will use the funds for eligible payments under the Contract for which this Tender Document is issued.

- TDS: 공사 입찰에서 tender data sheet(입찰 데이터 시트)로 입찰 관련 상세한 지침 및 내용이 명기되어 있다. 제조업에서 TDS는 technical data sheet 라고 하며, 제품의 모든 사양과 테스트 방법이 명기되어 있어, TDS를 근거로 제품 테스트한 후 채택 여부 결정한다.

- 부사구, 부사절이 많아, 복잡한 문장으로 보이나, 밑줄 친 주어 동사 목적어만 보면 단순한 문장이다. 영어 문장, 특히 계약서 문장은, 한눈에 들어오지 않을 경우, 일단, 주어 동사 목적어만 찾아내면 전혀 어렵지 않다.
- intends to make available to the Client a portion of the funds 은 도치 문장이다. 즉, 목적어(a portion of the funds) 와 목적 보어(available to the Client)의 순서를 바꾼 것이다. 원 순서는 intends to make a portion of the funds available to the Client 의 문장이다. 「make available + 목적어」(⇨ 목적어를 사용/활용/이용 가능하도록) 형태로 자주 사용한다.

TDS에 달리 명시되지 않는 한, TDS에 명시된 차입자/보조금 수령인(이하 "차입자" 또는 "보조금 수령인"으로 적절히 지칭)은 프로젝트 비용을 위해 유럽 재건 개발 은행(이하 "은행")으로부터/을 경유하여 융자(이하 "자금")를 신청하거나 수령하였다. 차입자/보조금 수령자가 발주처와 다른 경우, 차입자/보조금 수령자는 자금의 일부를 발주처가 활용 가능하게 하고자 한다. 발주처는 본 입찰 문서 발행 계약에 따라 적격 지불을 위해 자금을 사용한다.

2.2 Unless otherwise stated in the TDS, payments by the Bank will be made only at the request of the Borrower/the Grant Recipient and upon approval by the Bank in accordance with the terms and conditions of the financing agreement between the Borrower/the Grant Recipient and the Bank(hereinafter called the "Loan Agreement" or "Grant Agreement", as appropriate) and will be subject in all respects to the terms and conditions of that Loan Agreement/Grant Agreement. No party
other than the Borrower/the Grant Recipient shall derive any rights from the Loan Agreement/the Grant Agreement or have any claim to the funds. The proceeds of the Bank's loan or grant administered by the Bank will not be used for payments to persons or entities, or for any import of goods, if such payment or import is prohibited by a decision of the United Nations Security Council taken under Chapter VII of the Charter of the United Nations.

- subject to ~: ~에 달려 있다, ~을 조건으로, ~의 대상이다
- in all respects: 모든 점에서, 모든 면에서　　in some respects: 어떤 점에서
  in many respects: 많은 점에서, 많은 면에서
  proceeds: 돈, 수익금
- No party other than the Borrower/the Grant Recipient shall derive ~

▶ Only the Borrower/the Grant Recipient shall derive ~

TDS에 달리 명시되지 않는 한, 은행의 지급은 차입자/보조금 수령인의 요청과 차입자/보조금 수령인과 은행 간의 융자계약(이하 해당되는 경우, "대출계약" 또는 "보조금 계약"으로 칭함)의 조건에 따라 은행이 승인하는 경우에만 이루어지며 모든 면에서 해당 대출 계약/보조금 계약의 조건에 준한다. 대출자/보조금 수령인 이외의 당사자는 대출 계약/보조금 계약으로부터 어떠한 권리도 취득할 수 없으며 자금에 대한 어떠한 청구권도 갖지 않는다. 은행이 집행하는 은행의 대출 또는 보조금의 수익금은 유엔 헌장 제7장에 근거한 유엔 안전보장이사회의 결정으로 그러한 지급 또는 수입이 금지된 경우, 개인 또는 단체에 지급되거나 상품 수입에 사용되지 않는다.

Eligible Participants 적격 입찰자

A Participant shall not have a conflict of interest. All Participants found to have a conflict of interest shall be disqualified. A Participant may be considered to have a conflict of interest with one or more parties in this tendering process, if:

(i) they have controlling partners in common; or

(ii) they receive or have received any direct or indirect subsidy from any of them; or

(iii) they have the same legal representative for purposes of this tender; or

(iv) they have a relationship with each other, directly or through common third parties, which puts them in a position to have access to information about or influence on the tender of another Participant, or influence the decisions of the Client regarding this Tender process; or

(v) a Participant, its affiliates or parent organization has participated in the feasibility or design stages of the Project. In which case that Participant, its affiliates or parent organization shall not be eligible to participate in a tender for contracts involving the supply of goods, works or services, including architectural or engineering services, for the Project, unless it can be demonstrated that such participation would not constitute a conflict of interest. Such determination must be made prior to the submission of a tender; or

(vi) a Participant, its affiliates or parent organization has participated as a consultant in the preparation of Section VI Requirements, which is the subject of the tender; or

(vii) a Participant, its affiliates or parent organization has been hired, or is proposed to be hired, by the Client or the Borrower/the Grant Recipient for the supervision of the Contract.

- eligible: 적격인(qualified, competent) ⇔ ineligible: 부적격인
- conflict of interest: 이해상충

  a conflict between a person's private interests and public obligations

  개인의 사익과 공적 의무 사이의 갈등
- controlling partners: 지배 파트너

  controlling interest: 지배적 이권(회사 경영권을 장악하기 위한 충분한 주식 보유등)

▶ controlling 한다는 의미는 자기 지배하에 좌지우지할 수 있는 상왕을 의미

- in common: 공동으로, 공통으로　　in common with ~: ~와 같게, 공유하여

  We have several things in common.　　우리는 공통점이 몇 가지 있다.
- parent organization: 모체(母體), 모조직(母組織)
- prior to ~: 앞서, 먼저(preceding, before)
- consultant: 상담가, 자문 위원, 컨설턴트

입찰자는 이해상충이 없어야 한다. 이해상충이 있는 것으로 밝혀진 모든 입찰자는 자격을 상실하게 된다. 다음과 같은 경우, 입찰자는 이 입찰 과정에서 하나 이상의 당사자와 이해 상충이 있는 것으로 간주될 수 있다.

(i) 지배파트너를 공동 소유하거나

(ii) 이들 중 누구로부터 직접 또는 간접적인 보조금을 받거나 받았거나

(iii) 본 입찰을 위해 동일한 법적 대리인을 지정하는 경우

(iv) 서로 관계가 있거나 직접적으로 또는 공통의 제3자를 통해 서로 관계를 맺고 있어. 다른 입찰자의 입찰 정보를 파악할 수 있는 위치에 있거나 다른 입찰자의 입찰에 영향을 미치거나 본 입찰 프로세스와 관련하여 발주처의 결정에 영향을 미칠 수 있는 위치에 있는 당사자

(v) 입찰자, 그 계열사 또는 모조직이 프로젝트의 타당성 또는 설계 단계에 참여한 경우. 이러한 상황은, 해당 참여가 이해 상충에 해당하지 않는다는 것을 입증할 수 없는 한, 참여자, 그 계열사 또는 모조직은 프로젝트를 위한 건축 또는 엔지니어링 서비스를 포함한 상품, 작업 또는 서비스 공급과 관련된 계약 입찰에 참여할 자격이 없다. 이러한 자격 검증 확정은 입찰서를 제출하기 전에 이루어져야 한다.

(vi) 입찰자, 그 계열사 또는 모조직이 입찰 사안인 「섹션 VI, 요구 사항」 작성 시 자문위원으로 참여하거나

(vii) 계약의 감리를 위해 발주처 또는 대출자/보조금 수령자에 의해 고용되었거나 고용을 권유받은 입찰자, 계열사 또는 모체

Ineligibility 입찰 참가 부적격자

Firms or individuals shall be excluded from participation in a procurement process or resulting contract award, if:

ⓐ it has been convicted of an intentional crime, or an affiliate of the firm has been convicted of an intentional crime, and any such criminal conviction is final in the relevant national jurisdiction, with no more than ten years having lapsed between the date on which the criminal conviction became final and the date of eligible assessment, and the Bank concludes that the judicial proceedings provided for adequate due process acceptable to the Bank;

ⓑ it is prohibited under relevant national law from entering into commercial relations with the Client, provided the prohibition relates to a Prohibited Practice, which had been determined through judicial or administrative proceedings with adequate due process acceptable to the Bank;

ⓒ any import of goods from the Participant's country or any payments to persons or entities in that country are prohibited by sanctions imposed by a resolution of the United Nations Security Council taken under Chapter VII of the Charter of the United Nations

- no more than = nothing but = only　　not more than = at most
  no less than = as much as　　not less than = at least

- resulting, resultant, as a result: 결과로 초래된, 결과로서 생기는
  resulting product: 결과물
  It was a big earthquake and the resulting damage was extensive.
  그것은 큰 지진이었으며 그 결과로 발생한 피해도 광범위했다.
  ▶ extensive: far-reaching, widespread, wide-ranging, sweeping

- convict: 유죄를 선고하다, 유죄 판결을 내리다 ⇔ acquit: 무죄를 선고하다
  conviction: 유죄 선고, 유죄 판결 ⇔ acquittal: 무죄 선고, 무죄 판결

- provided(that) ~:(만약) ~라면
  유) provided that ~, if, given, subject to, in case, in the event, on condition, on the assumption, with the understanding, with the proviso, contingent upon, as long as, if and only if, upon these terms
  ▶ They are willing to invest, provided that he has a specific plan.
  그가 구체적인 계획이 있다면 그들은 투자할 의향이 있다.
  The Employer is going to pay the bonus provided the job is completed earlier than original schedule.
  만약 공사가 원래 일정보다 일찍 완료되면 발주처에서는 보너스를 지급하려 한다.

- relate: 관련시키다, 결부시키다(=connect), (말·글로) …에 대하여 이야기하다

다음과 같은 경우 기업이나 개인은 조달 프로세스에 참여할 수 없으며 낙찰되어도 계약 체결로 이어지지 않는다.

▶ 부적격자가 입찰에 참여한 것인바, 원천 무효 처리되는 것임.

ⓐ 입찰자가 고의적 범죄로 유죄판결을 받았거나, 입찰자의 계열사가 고의적 범죄로 유죄판결을 받았으며, 그러한 형사 유죄판결이 해당 국가 관할권에서 최종적이며, 입찰자 적격성 평가일이 형사 유죄 판결 확정일 후 10년이 지나지 않았으며, 사법 절차가 은행이 수용할 수 있는 적절한 적법 절차를 제공했다고 은행이 결론을 내리는 경우.

ⓑ 해당 국내법에 따라 발주처와 상업적 관계를 맺는 것은 금지된다. 단, 그러한 금지 행위는 은행이 받아들일 수 있는 적절한 적법 절차에 따라 사법 또는 행정 절차를 통해 결정된 금지 관행과 관련이 있는 경우로 국한한다.

ⓒ 입찰자 국가로부터 물품을 수입 또는 해당 국가의 개인 또는 단체에 대한 지급은 유엔헌장 제7장에 따라 채택된 유엔 안전보장이사회 결의에 근거한 제재로 금지된다.

Cost of Participation in Tendering 입찰 참가 비용

The Participant shall bear all costs associated with the preparation and submission of its tender, and the Client shall not be responsible or liable for those costs, regardless of the conduct or outcome of the Tender process.

• responsible은 도덕적 윤리적 책임을 의미하며, liable은 법적인 책임을 의미한다.

▶ 두 단어를 동시에 사용할 경우, 이리 분리하는 것이지, responsible 하나만 사용할 경우도 법적인 책임을 의미할 수 있으며, 실제로 계약서에서 책임이 있다라고 할 때 대부분 responsible을 사용한다.

입찰자는 입찰 준비 및 서류 제출과 관련된 제반 비용을 부담하며, 발주처는 입찰 프로세스의 이행 또는 결과와 관계없이 해당 비용에 대해 도덕적 법적 책임을 지지 않는다.

Clarification of Tender Document, Site Visit, Pre-tender meeting 입찰 서류 설명, 현장 방문, 입찰 전 미팅

Requests for clarification shall be received by the Client no later than fourteen(14) calendar days, prior to the deadline for submission of tenders.

The deadline for clarification requests would normally be set at a date no later than 14 calendar days prior to the deadline for submission of tenders.

Clarification meeting and site visit, if any, should normally take place at least 28 calendar days prior to the deadline for tender submission and in any case prior to the deadline for clarification requests specified above. Clients are recommended to arrange site visit, if any, prior to holding the clarification meeting.

- clarification: 설명, 해명
- no later than ▶ 본 서적 P39 not later than June 1 참조

▶ 만약, 입찰서나 계약서에 no later than, not later than에 대한 정의가 있다면 그에 따라야 한다. 계약서에 정의되어 있지 않은 경우에는 영어 문법에 따라 일자 계산한다.

- calendar days: working days, non-working days를 따지지 않고 달력의 일자 기준으로 일수를 의미한다. 가령, seven working days 라고 하면 근무일 기준으로 7일인데, 화급한 사안이면 공휴일이 언제인지 파악하여야 근무일 7일째 되는 일자가 언제인지 알 수 있으나, 7 calendar days 라고 명기하면 그냥 7일만 계산하면 된다. 즉, 달력에 있는 일자만 계산하면 된다.

▶ 365 days/year 와 calendar year 는 큰 차이가 있다. 2024년 12월 10일에 유효기일이 365 days/year 라고 하면, 2025년 12월 9일까지를 의미하지만, 유효 기일이 calendar year라고 하면, 2024년 12월 31일까지를 의미한다. 예를 들어, 중국의 DG(dangerous goods) report 유효기일은 calendar year 기준으로 발급된다. 즉, 2024/5/1일 발급되나, 2024/10/1일 발급되나 그 report 의 유효일은 2024/12/31일이다. 발급 비용은 동일하다.

설명 요청은 늦어도 입찰서 제출 마감일로부터 13일(달력 일자 기준) 전까지 발주처에 접수되어야 한다.

설명 요청 마감일은 일반적으로 입찰서 제출 마감일로부터 역일(曆日, 달력일) 기준 14일 이전 날짜로 설정된다.

설명회 및 현장 방문(있는 경우)은 일반적으로 입찰서 제출 마감일 최소 28일 전에, 어떤 경우에도 위에 명시된 설명 요청 마감일 이전에 이루어져야 한다. 입찰자의 현장 방문이 필요한 경우 발주처가 설명회를 개최하기 전에 미리 일정을 잡는 것을 권장한다.

Preliminary Examination 예비 심사

Tenders will be examined to check that all documents required by the Tender Document have been submitted and are included in the individual tenders.

Where appropriate, subject to the provisions of ITP28, the Client may request a Participant to submit any necessary missing information or documentation within a reasonable period of time.

Tenderers that are not substantially responsive to the requirements of the Tender Document shall not be considered further and will be deemed to be rejected.

- within a reasonable period of time: 합리적인 기간/시간 내에
- provision: (법률 관련 문서의) 조항/규정/단서
- ITP: instructions to participants(참가자 지침)

입찰 진행 시, 입찰 문서에서 요구하는 모든 서류가 제출되었으며 개별 입찰에 포함되어 있는지 조사 확인한다.

적절한 경우, 발주처는 ITP28 입찰 규정에 따라 입찰자에게 입찰서 평가에 필요하나 누락된 정보 또는 서류를 제출하라고 합리적인 기간 내에 요청할 수 있다.

▶ 항상 요청하는 것이 아니고, 입찰에 참여한 입찰자들의 상황을 보고 발주처가 결정한다. 즉, 참여자중 적격업체가 있고, 그 업체의 입찰가가 매혹적이라면, 굳이 서류 누락/미비된 업체에 연락하여 서류 제출/보완하라고 할 이유가 없을 것이다. 반대의 경우라면 연락을 할 것이다.

입찰 문서의 요구 사항을 실제로 따르지 않은 입찰자는 이제는 고려되지 않으며 입찰 평가에서 탈락한 것으로 처리한다.

Correction of Arithmetical Errors 산술 오류 수정

The Client shall check the arithmetic errors of the tenders, which passed the detailed examination and shall correct any errors in accordance with the provision of ITP 30.

- in accordance with ~: 준거하여, 따라서, 부합되게

발주처는 세부 심사를 통과한 입찰서의 산술적 오류를 확인하며, ITP 30의 조항에 따라 오류를 수정하여야 한다.

Discounts 할인

The Client will adjust the tender price, using the methodology prescribed by the Participant in his Letter of Tender.

In the event of any ambiguity in the Participant's methodology, the benefit of the doubt shall be given to the Client. If a Participant does not accept the Client's determination, its tender shall be declared nonresponsive and its tender security may be forfeited.

- benefit of the doubt: 法 (증거 불충분의 경우) 무죄 추정, 유리한 해석, 선의의 해석
  give somebody the benefit of the doubt: (그렇지 않음을 증명할 수가 없어) ~의 말을 믿어 주다, ~가 잘못을 저지르지 않았다고 생각하다

발주처는 입찰자가 입찰 서신에 명시한 방법론으로 입찰가격을 조정한다.

(발주처의 입찰가격 조정은 입찰자가 입찰 서신에 명시한 방법론에 따른다)

입찰자의 방법론에 모호한 점이 있는 경우, 발주처의 해석이 일단 우선한다. 입찰자가 발주처의 확정 내용을 수락하지 않는 경우, 입찰자가 입찰 지침을 따르지 않은 것으로 공표되며 입찰 보증금은 몰수될 수 있다.

Conversion to a Single Currency 단일 통화 환산

For evaluation and comparison purposes, the Client shall convert the corrected tender prices to a single currency of USD at the selling rates established by XXX bank, relevant to the currency on the date of the Tender Opening or 28 calendar days prior to the Tender Opening date.

- selling rate(매도율), buying rate(매입율)은 은행의 입장에서, 즉, 은행이 매도하고, 은행이 매입한다는 것이다. USD selling rate라고 하면 은행이 USD를 파는 것을 의미하며, USD buying rate는 은행이 USD를 사는 것을 의미한다. Selling rate와 buying rate의 차이를 스프레드(spread) 라고 한다. 즉, 은행의 외환 매도 매입 수수료(스프레드)가 은행의 수익이 되는 것이다.

평가 및 비교를 위해 고객은 수정된 입찰가격을 입찰 개시일 또는 입찰 개시일 28일 전 XXX 은행이 정한 매도율에 따라 USD로 환산하여 단일 통화로 환산한다.

Determination of the Evaluated Tender Price 평가 입찰 가격 확정

The Client will determine for each tender the evaluated tender price by adjusting the tender price as follows:

(i) Making any correction for arithmetical errors;

(ii) Adjusting for provisional sums and contingencies;

(iii) Applying the discounts offered, if any, by Participants;

(iv) Converting, if applicable, into the common evaluation currency;

(v) Adding the cost of quantifiable non-material deviations and omissions;

(vi) Adjusting for savings of alternative technical proposals, if permitted;

(vii) Adjusting for alternative time for completion, as appropriate if permitted;

(viii) Adjusting by applying further evaluation factors.

• determination: 확정, 결정, 결의, 확인, 측정, 계산, 이해 non-material: 비물질적 발주처는 다음과 같이 입찰 가격을 조정하여 각 입찰을 평가, 입찰 가격을 확정한다.

(i) 산술 오류 정정

(ii) 임시 금액 및 우발 비용 조정

(iii) 입찰자가 제공하는 할인이 있는 경우 적용

(iv) 적용 가능한 경우, 공통 평가 통화로 변환

(v) 계량화할 수 있는 비물질적 편차 및 누락 비용 추가

(vi) 허용되는 경우, 대체 기술 제안을 통한 절약 조정

(vii) 적절하다고 허용되는 경우 준공 대체 시간 조정

(viii) 추가 평가 요소 적용 조정

Unbalanced or Abnormally Low Tenders 불균형 또는 비정상적으로 낮은 입찰가

If in the opinion of the Client, the Tender which results in the most economically advantageous priced, is seriously unbalanced or front loaded or determined to be abnormally low, the Client may require the Participant to produce detailed price analyses for any or all items of the Price Schedules, and supplementary evidence, to demonstrate the internal consistency of those prices with the information provided in the Participant's technical proposal.

After evaluation of the price analyses, and taking into consideration of the Contract cash flow forecast, in the event that the Client still considers that the Tender is seriously unbalanced or front loaded, he shall clarify his concerns with the Participant in writing.

In the event that the Participant subsequently unable to demonstrate beyond reasonable doubt its capability to perform the contract for the offered price, the Tender shall be rejected as non-responsive.

- unbalanced: 불균형의, 미결산의, 약간 미친, 정신적으로 문제가 있는
- front loaded:(예산/비용) 집행이 앞부분에 쏠려있는
- in the opinion of ~: ~의 주장에 따르면, ~의 생각에는
- in the event that ~: if ~
- subsequently: 그 뒤에, 나중에
- beyond (a) reasonable doubt: 합리적인 의심의 여지를 넘어서는

- non-responsive: 입찰에서 non-responsive 하다는 것은 입찰 지시서에 따르지 않은 것을 의미한다. 즉, 제출 서류가 입찰지시서가 요구하는 형식과 방식으로 작성되지 않거나 완전한 정보를 제공하지 않거나, 필요한 세부 사항 또는 서류가 누락되거나 명확하지 않거나, 정해진 형식으로 제출되지 않거나 입찰 수수료를 제출하지 않는 경우를

의미한다. 한마디로 입찰 지침대로 서류 작성하지 않아 제출 서류 부적격으로 처리한다는 것이다.

발주처의 의견상, 경제적으로 가장 유리한 가격을 제시한 입찰자의 입찰가격 구조가 심각하게 불균형하거나 비용이 공사 초기 단계에 많이 쏠려있거나 비정상적으로 낮은 것으로 판단되는 경우, 발주처는 입찰자에게 기술 제안서에 제시된 정보와 해당 가격의 내부 일관성을 입증하기 위한 해당 항목의 일부 또는 전부에 대한 자세한 가격 분석과 보충 근거 제시를 요구할 수 있다.

가격 분석을 평가하고 계약 현금 흐름 예측을 고려한 후, 발주처가 여전히 입찰 제출서가 심각하게 불균형하거나 공사 초기 단계에 쏠려 있다고 생각하는 경우. 발주처는 서면으로 입찰자에게 발주처의 우려 사항을 명확히 전달한다. 입찰자가 제시한 가격으로 계약 이행할 수 있다는 능력을 의심할 여지 없이 입증할 수 없는 경우, 입찰 서류를 입찰 서류작성 지침대로 작성하지 않은 것으로 간주하여 입찰 자격이 없는 것으로 처리된다.

What Qualifies as an Irresponsible Bidder?
무책임한 응찰자로 간주 되는 경우?

To qualify as a responsible bidder, one must prove that their firm is able to perform the contract. A firm is considered irresponsible if they:

- have a history of not fulfilling/finishing past contracts
- are unlicensed
- have criminal convictions

If a firm has any of those qualities, they should be deemed irresponsible and immediately removed from the list of possible bidders by the selection committee. If this is not the case, and the irresponsible firm is awarded the contract, you have the right to protest the bid.

- bidder: 입찰자, 응찰자 by-bidder: 입찰 바람잡이
  Peter Funk:(경매 등에서의) 한통속, 바람잡이
- responsible: 의무 이행 능력이 있는, 지불 능력이 있는, 책임질 능력이 있는, 신뢰할 수 있는 ⇔ irresponsible: 의무 이행 능력이 없는, 지불 능력이 없는, 책임 능력이 없는, 무책임한

적격 입찰자 자격을 얻으려면 회사가 계약을 이행할 수 있음을 증명하여야 한다. 다음과 같은 경우, 비적격 업체로 간주한다.

- 과거 계약을 이행하지 않거나 완료하지 못한 이력이 있는 경우
- 무면허 업체
- 형사 유죄판결을 받은 경우

이러한 자격이 있는 업체는 비적격 업체로 간주되어 선정위원회에서 즉시 입찰 참여 가능 업체 목록에서 제외하여야 한다. 만약 그렇지 않고, 책임질 능력이 없는 업체가 입찰에 낙찰되는 경우, 다른 입찰자는 입찰 결과에 이의를 제기할 권리가 있다.

Award of Contract 계약의 낙찰

The Client shall award the contract to the qualified Participant submitting the most economically advantageous tender, substantially responsive to the requirements of the Tender Document.

This provision is to be used where tenders are invited for a number of contracts/lots and Participants have been invited to offer discounts for the award of more than one Contract.

The Client will award the Contracts to the Participants, whose tenders have been determined to be substantially responsive and the combination of these evaluated tender prices provides for the most economically advantageous price cumulatively, provided further that the Participants are determined to be qualified to perform the Contracts satisfactorily

- cumulatively: in a cumulative manner; increasingly: 점증적으로, 누적적으로

▶ 각 입찰의 결과로 해당 입찰 낙찰자를 선정하는 것이 아니고, 각 입찰의 이득 누계로 여러 입찰의 낙찰자를 선정한다는 의미이다. 예를 들면, 다음 표와 같다.

입찰자	a 입찰시 제공 이득	b 입찰시 제공 이득	(a + b) 입찰 제공 이득 누계
A	US$5	US$7	US$12
B	US$3	US$10	US$13

▶ a 입찰 낙찰자는 입찰자 A, b 입찰 낙찰자는 입찰자 B 이나
a, b 입찰 누계로 낙찰자 선정한다면 입찰자 B가 두건의 입찰을 낙찰받게 된다.

발주처는 「입찰 문서의 요구 사항을 충족시키며, 경제적으로 가장 유리한 조건을 제출하는」 적격 입찰자와 계약을 체결하여야 한다.

이 조항은 입찰자를 다수의 입찰에 초대하고, 입찰자가 두 건 이상의 공사 수주 시, 할인을 제공하도록 초대되었을 때 적용된다.

입찰자가 입찰 지침대로 입찰 서류를 작성 제출하고, 이러한 입찰 가격들의 누계가 발주처에게 가장 경제적으로 유리한 조건을 제시하며, 그 입찰자가 계약들을 만족스럽게 수행할 수 있는 자격이 있다고 판단되는 경우, 발주처는 입찰자와 계약을 체결한다.

Qualification Requirements 자격 요건

To be qualified for the Contract award, a Participant must demonstrate to the Client that it substantially meets all eligibility criteria, defined in ITP 4, as well as the qualification criteria specified in 「Section IV, Eligibility and Qualification Criteria」, and defined below:

When the tender refers to more than one contract and the works are to be tendered on a 'slice and package' basis, specific criteria should be established for every lot, any combination of lots, and for the whole package.

- A as well as B = not only B but also A: B뿐만 아니라 A도
- 동사는 A에 일치시킨다. Tom 뿐만 아니라 당신도 착하다.
  You as well as Tom are kind. Not only Tom but also you are kind.
- lot: 한 구획의 토지, 땅, 부지

계약 적격업체로 인정되려면 입찰자는 「섹션 IV, 적격성 및 자격 기준」에 명시되고 아래에 정의된 자격 기준과 ITP 4에 정의된 모든 적격 기준을 실질적으로 충족한다는 것을 발주처에 입증하여야 한다.

입찰이 두 개 이상의 계약을 의미하고 공사가 '슬라이스 앤 패키지' 기준으로 입찰되는 경우 모든 구획, 구획의 조합 및 전체 구역 패키지에 대해 특정 기준을 설정하여야 한다.

Slice and Package Basis

Slice and Package Contract 은 일반건축공사에서 진행되는 입찰방식이다.

예를 들어 발주처가 30층짜리 SH Tower 를 짓는데 적격심사를 거쳐 도급 순위 순으로 5개사(삼성, DL 건설, GS, 현대, 대우)를 지명 입찰 한다고 가정할 때, 각 종합건설사는 건축공정을 나눠(예: 창호공사, 수장공사, 지붕공사, 기초공사, 골조공사 등등) 각 공정 별로 해당 전문건설 업체에 도면과 시방서등을 보내 공사비 내역을 받는다.

종합건설사는 각 공정별로 쪼개진 공사비를 합계해서 필요한 마진을 더해 총공사비 입찰에 참가한다. 만약 종합건설사 A사가 수주하면 각 공정별로 공사비 산정서를 보내준 업체와 다시 공정별 입찰 혹은 수의계약을 통해 해당 업체와 시공계약을 맺고 공사를 총괄 진행한다.

Equipment Availability 설비 가용성(可用性), 이용 가능성

The Participant shall own, or have assured access to(through hire, lease, purchase agreement, availability of manufacturing equipment, or other means) the key items of equipment, listed in 「Section IV. Eligibility and Qualification Criteria」, being in full working order, and must demonstrate that they will be available for use in the contract.

If in the technical proposal the Participant has listed alternative equipment to use for the Contract, the Client shall review the explanation of the proposal to satisfy himself that the Contract may be completed on time.

Should the equipment proposed be not available for the time required for the Contract implementation, the tender may be rejected.

- order: 상태, 형편, 정상적인 상태, 양호한 상태
  in (good) order: 좋은 상태에 ⇔ out of order
  a machine in smooth running: 잘 작동되고 있는 기계

- If in the technical proposal the Partcipant has listed alternative equipment ⇨ If the Partcipant has listed alternative equipment in the technical proposal 즉, in the technical proposal을 문장 앞쪽으로 배치한 것이다.

입찰자는 「섹션 IV. 적격성 및 자격 기준」에 나열된 완전한 가동 상태에 있는 장비의 주요 품목을 소유하거나 (임대, 리스, 구매 계약, 제조 장비의 이용 가능성 또는 기타 수단을 통해) 사용할 수 있음을 보장하여야 한다. 그리고 해당 장비가 계약을 이행하기 위해 사용될 수 있음을 입증하여야 한다.

입찰자가 기술 제안서에 계약에 사용할 대체 장비를 나열한 경우, 발주처는 제안서에 대한 설명을 검토하여 계약이 제시간에 이행될 수 있는지 확인하여야 한다.

제안된 장비를 계약 이행에 필요한 시간 동안 사용할 수 없는 경우, 응찰이 거부될 수 있다.

Personnel Capabilities 인력 역량

The Participant shall provide suitably qualified personnel to the positions listed in Section IV. Eligibility and Qualification Criteria.

For each position Participant shall supply information in the relevant form on a main candidate and an alternate, each of whom should meet the experience requirements specified in Section IV. Eligibility and Qualification Criteria.

Should a person be determined to be unqualified or otherwise unacceptable, the tender shall not be rejected, but the Participant shall be required to substitute the proposed person with an acceptable one.

- alternate: 대리인, 교체자, 보충 요원, 대역(substitute, stand-in)
- should ~; if ~ : 만약 뭐하다면

입찰 응찰자는 「섹션 IV. 자격 및 자격 기준」에 나열된 직위에 적합한 자격을 갖춘 인력을 제공한다.

각 직위에 대해 입찰자는 관련 양식에 주 후보자와 대체 후보자에 대한 정보를 제공하여야 하며, 각 후보자는 섹션 「IV. 자격 및 적격 기준」에 명시된 경험 사항을 충족하여야 한다.

어떤 사람이 자격이 없거나 수락할 수 없는 것으로 결정되는 경우, 입찰 자격이 박탈되지는 않지만, 입찰자는 그 대상자를 수락할 수 있는 사람으로 대체하여야 한다.

Child Labour 아동 노동

The Contractor and their Subcontractors shall not employ any person under the age of 18, in a manner that is economically exploitative, or is likely to be hazardous, or to interfere with, their education, or to be harmful to their health or physical, mental, spiritual, moral, or social development. Where the relevant labour laws of the Country have provisions for employment of minors, the Contractor and/or their Subcontractors shall follow those laws applicable to them. The Contractor and/or their Subcontractors shall put in place a procedure to verify the ages of young workers. Persons below the age of 18 years shall not be employed in dangerous work or services.

- in a manner that ~: that ~ 의 방식으로
- exploitative: 착취하는 (exploitive, exploitable)
  exploit: 착취하다, (부당하게) 이용하다
- in place: 제자리에(있는), ~을 위한 준비가 되어 있는, 가동 중인

▶ put in place a procedure to verify the ages of young workers. put a procedure to verify the ages of young workers in place 이나, 영어의 기본 원칙중 하나인 「긴 내용은 뒤로 돌린다」에 따라 이해하기 좋게 put in place a procedure ~ 라고 작성한 것이다.

원청업체와 그 하도급업체는 18세 미만의 사람을 경제적으로 착취하거나, 위험하거나, 교육을 방해하거나, 건강이나 신체적, 정신적, 영적, 도덕적 또는 사회적 발달에 해로울 수 있는 방식으로 고용하지 않기로 한다. 해당 국가의 관련 노동법에 미성년자 고용에 대한 규정이 있는 경우, 원청업체와 그 하도급업자는 해당 법률을 따라야 한다. 원청업체와 그 하도급업자는 청소년 근로자의 연령을 확인하는 절차를 마련하여야 한다. 18세 미만의 사람은 위험한 작업이나 서비스 업무에 고용 불가하다.

Non-Discrimination and Equal Opportunity 무차별과 기회균등

The Contractor and their Sub-contractors shall not make employment decisions on the basis of personal characteristics unrelated to inherent job requirements. The Contractor and their Subcontractors shall base the employment relationship on the principle of equal opportunity and fair treatment, and shall not discriminate with respect to aspects of the employment relationship, including recruitment and hiring, compensation (including wages and benefits), working conditions and terms of employment, access to training, promotion, termination of employment or retirement, and discipline.

The Contractor and their Subcontractors shall ensure equal remuneration for men and women for work of equal value. In countries where the relevant labour laws provide for non-discrimination in employment, the Contractor and their Subcontractors shall comply with such laws. When the relevant labour laws are silent on non-discrimination in employment, the Contractor and their Subcontractors shall meet this Clause requirements.

Special measures of protection or assistance to remedy past discrimination or promote local employment opportunities or selection for a particular job based on the inherent requirements of the job shall not be deemed discrimination.

- non-discrimination: 무차별
  Employment Non-discrimination Act: 고용 차별 금지법
- unrelated: 관련이 없는, 상관이 없는
  유) irrelevant, unconnected, extraneous, unassociated, beside the point
- inherent: 내재하는, 고유의, 타고난
  유) intrinsic, natural, basic, central, essential, native, fundamental, underlying, hereditary, instinctive, innate, ingrained, elemental, congenital, inborn, inbred, inbuilt, immanent, hard-wired, connate
- silent: 아무 말도 없는, 명기되어 있지 않은, 기록되어 있지 않은
  History is silent on the event. 역사는 그 사건에 대해 침묵하고 있다.
  유) tacit, undeclared, unexpressed, unsaid, unspoken, unuttered, unvoiced, wordless, unrecorded, unmentioned

시공자와 그 하도급 업체는 고유한 직무 요건과 무관한 개인적 특성을 근거로 고용 여부를 결정하여서는 안 된다. 시공자와 그 하도급업체는 기회균등과 공정한 대우의 원칙에 근거하여 고용하여야 하며, 모집 및 채용, 보상(임금 및 수당 포함), 근로 조건 및 고용 조건, 교육, 승진, 고용 종료 또는 퇴직, 징계를 포함한 고용 관련 차별은 금지된다.

시공자와 그 하도급업체는 동등한 가치의 노동에 대해 남녀 차별없이 동등한 보수를 보장하여야 한다. 관련 노동법이 고용 차별 금지에 대해 규정하는 국가에서는 원청업체와 하청업체는 해당 법률을 준수하여야 한다. 관련 노동법이 고용 차별 금지에 대한 규정이 없는 국가의 경우, 발주처와 도급업체는 본 조항의 요건을 충족하여야 한다.

▶ 우선 순위를 명기한 것이다.

과거의 차별을 시정하거나 지역 고용 기회를 촉진하기 위한 특별 보호나 지원 조치 또는 일의 고유한 요건에 따른 특정 직무 선택은 차별로 간주되지 않는다.

Employment Records of Workers 근로자 고용 기록

The Contractor shall keep complete and accurate records of the employment of labour at the Site. The records shall include the names, ages, genders, hours worked and wages paid to all workers. These records shall be summarized on a monthly basis and submitted to the Employer, and these records shall be available for inspection by the Bank's auditors during normal working hours.

시공자는 현장 인력 고용에 대한 완전하고 정확한 기록을 유지하여야 한다. 기록에는 이름, 나이, 성별, 근무 시간, 모든 근로자에게 지급된 임금이 포함되어야 한다. 이 기록은 매월 집계되어 발주처에 제출되어야 하며, 정상 근무 시간 동안 은행 감사관이 검사할 수 있어야 한다.

Taxes and Duties 세금과 관세

The contract prices shall include all import duties and taxes that may be levied in accordance with the Country's laws and regulations, as of the date 28 days prior to the latest date for submission of tenders.

- 이런 조항이 필요한 사유는 각 제품에 대한 세제는 언제든지 변경될 수 있기 때문에 기준 일자를 정해 주는 것임.

계약 가격에는 입찰 제출 종료일 28일 전을 기준으로 해당 국가의 법률 및 규정에 따라 부과될 수 있는 모든 수입 관세 및 세금을 포함한다.

Add Sub-clause(mandatory): Payment 하위조항 추가(법에 정해진): 결제

Payment of the amount due in each currency shall be made into the bank account(s), nominated by the Contractor and explicitly stated in the Contract Agreement. Unless otherwise agreed by the Parties in writing, such bank account(s) shall be held in the name of the Contractor and be located either in the Contractor's country of incorporation or domicile, as applicable, or in the country, where the Contract is implemented.

If the Contractor constitutes(under applicable Laws) a joint venture, consortium or other unincorporated grouping of two or more persons, such account(s) shall be in the name of any such persons and shall be located in such person's country of incorporation or domicile, as applicable, or in the country where the Contract is implemented.

Notwithstanding the above, the Bank will not make payments to a bank account in a jurisdiction which is deemed by the Financial Action Task Force, hereinafter referred to as the "FATF", to be on the list of non-co-operative countries or territories at the date of payment.

- mandatory: 법에 정해진, 의무적인(compulsory)
- explicit: 분명한, 명백한, 명쾌한, 솔직한, 터놓고 말하는, 노골적인
  유) definite, express, specific
- applicable law: 준거법(governing law, proper law)
- contract agreement: 계약서 (건설 분야에서는 이리 사용하나, 타 산업 분야는 contract 나 agreement 한 단어만 사용하는 것이 일반적이다.)
- notwithstanding:
  전치사) despite, in spite of, regardless of
  부사) nevertheless, however, though, nonetheless
- FATF(Financial Action Task Force): 금융 조치 전담반, 자금세탁방지국제기구

각 통화로 지급하여야 하는 금액은 계약자가 지정하고 계약서에 명시적으로 명시된 은행 계좌로 내야 한다. 양 당사자가 서면으로 달리 합의하지 않는 한, 그러한 은행 계좌는 계약자 명의로 유지되어야 하며 해당되는 경우 계약자의 설립 국가 또는 거주지 또는 계약이 이행되는 국가에 위치해야 한다.

계약자가(준거법에 따라) 2인 이상의 합작 투자, 컨소시엄 또는 기타 비법인 단체를 구성하는 경우, 해당 계좌는 그러한 개인의 명의로 개설되어야 하며 해당되는 경우 해당 개인의 설립 국가 또는 거주지 또는 계약이 이행되는 국가에 위치하여야 한다.

상기 내용에도 불구하고, 은행은 지급일에 국제자금세탁방지기구(이하 "FATF")가 비협조 국가 또는 지역 목록에 포함된 것으로 간주하는 관할 지역의 은행 계좌에 대해서는 지급하지 않는다.

FATF(Financial Action Task Force, 국제자금세탁방지기구)

Financial Action Task Force는 1989년 G7의 주도로 자금 세탁을 방지하고 특정 이익을 유지하기 위한 정책을 개발하기 위해 1989년에 설립된 정부 간 조직으로 Paris에 소재하고 있으며, 프랑스 이름은 Groupe d'action financière 로 알려져 있다.

FATF(Financial Action Task Force)의 권고사항은 자금 세탁, 테러 자금 조달 방지 분야에서 전 세계적으로 가장 광범위한 영향력을 행사하고 있는 국제규범이다.

FATF 권고사항은 자금 세탁 및 테러 자금 조달에 효과적 대처를 위해 각국이 취해야 할 사법제도, 금융 시스템 및 규제, 국제협력 등 포괄적인 분야에 대한 기준을 제시하고 있다. 동 권고사항은 구속력이 있는 다자 협약은 아니나, 회원국에 대한 상호평가와 자금 세탁 방지 비협조국 지정의 기준이 되는 구속력을 가진 국제규범이다. FATF 권고사항은 2012년 2월에 개정되었으며, 2014년부터 시작된 4차 라운드 상호평가의 기준이 되고 있다.

Parent Company Guarante 모회사 보증

If the Tender, for the purposes of meeting the qualification requirements of the Tender Document, wants to use the references of his parent company, he shall support his tender with the parent company's unconditional guarantee of due performance of all the Contractor's obligations and liabilities under the Contract.

- unconditional: 무조건적, 절대적

  유) absolute, full, complete, total, positive, entire, utter, explicit, outright, unlimited, downright, unqualified, unrestricted, out-and-out, plenary, categorical, unreserved

입찰자가 입찰서의 자격 요건을 충족하기 위해 모회사의 추천서를 사용하기를 원하는 경우, 입찰자는 계약자의 모든 의무와 책임을 모회사가 무조건 보장하는 조건으로 입찰에 참여할 수 있다.

List of Proposed Subcontractors 제안된 하도급 업체 목록

Where the Participant proposes to use a named subcontractor/ sub-supplier for the execution of any part of the contracts, the Participant shall provide the following information for each proposed subcontractor:

- name, head office address
- place of incorporation/registration
- year of incorporation/registration and contact details
- brief description and the estimated value of the part of the contract, which is intended to be subcontracted

- description of the capability and resources of the named subcontractor(s) to perform the proposed part of the contract including:

ⓐ experience and past performance on the execution of works/provision of services/supply of goods;
ⓑ capabilities with respect to personnel, equipment, and construction; and
ⓒ financial position

- appropriate justification of the need for the use of the proposed subcontractor for the execution of the contract
- named: 지명된, 지정의, 유명한
  유) nominated, chosen, picked, commissioned, mentioned, identified, selected, appointed, cited, specified, designated, singled out
  He was named Businessman of the Year. 올해의 사업가로 선정되었다.
- appropriate: 적절한(↔ inappropriate)
  도용하다, 전용하다, (돈의 사용처를) 책정하다(→ misappropriate: 유용하다)

입찰자가 계약 일부를 이행하기 위해 지정된 하도급 업체/하도급공급자를 사용할 것을 제안하는 경우, 입찰자는 제안된 각 하도급 업체에 대해 다음 정보를 제공하여야 한다.

- 상호, 본사 주소
- 법인 설립/등기 장소
- 설립/등록 연도 및 연락처 정보
- 하도급 공사 부분에 대한 간략한 설명 및 추정 규모
- 제안된 공사 부분을 수행하기 위해 지명된 하도급 업체의 능력과 자원에 대한 설명 및 다음 사항의 정보
  ⓐ 공사 수행/서비스 제공/상품 공급에 관한 경험 및 과거 실적
  ⓑ 인력, 장비 및 건설에 관한 능력 그리고
  ⓒ 재무 상태
- 공사 이행을 위해 왜 그 협력업체가 필요한지에 대한 타당성 설명

Drawings 도면

The construction drawings, even if not fully developed, must show sufficient details to enable tenderers to understand the type and complexity of the work involved, and to price the Price Schedules

- enable/allow/permit/empower/authorize/entitle A to 동사: A가 ~를 할 수 있게 하다
  ⇔ prevent/hinder/prohibit/debar/ban A from ~ing: A가 ~를 하지 못하게 하다, 방해하다
- price schedule: 가격표

완전히 설계되지 않았더라도 건설 도면은 입찰자가 관련 작업의 유형과 복잡성을 이해하고 가격표의 가격을 산출할 수 있도록 충분한 세부 정보를 표기하여야 한다.

실전
비즈니스 영문 계약서

Chapter XI

고용 계약서

Business English Agreement

01
핵심 사안

일반 고용 계약서

단순 직원 고용 계약서는 평이하다. 고용인과 고용주 사이에 몇 가지 사안만 협의되면 간단히 계약서 작성 및 체결할 수 있다. 대부분은, 고용인은 고용주 회사의 규정을 따라야 한다.

- 담당 업무 및 지위
- 급여
- Fringe Benefits
- 고용 보장 기간
- 성과급
- 퇴직금
- 기타 사항은 한국 근로기준법에 따름

조건부 고용 계약서

단순한 직원 채용의 고용 계약서가 아닌 경우, 즉, 기술 제공, 상품 거래나 M&A가 수반된 고용계약, 고용의 대가로 정부 관계기관이나 국영 기업 오더 수주에 큰 기여 등이 수반되는 경우의 고용계약도 있다.

외국계 금융기관이나 기업체에서 한국 정부의 고위 관료를 스카우트하거나 재벌가의 자녀와 친분이 있는 직원을 채용하는 예도 있다.

02
실전 계약서

일반 고용 계약서

외국 업체의 한국 지사 직원 채용 일반 계약서를 예를 들면 다음과 같이 단순하다. 왜냐하면, 대부분의 사안은 그냥 한국의 근로기준법에 따르는 것으로 단서 달면 되기 때문이다.

Employment Agreement

May 25, 2021

◉ 일반 고용 계약서는 간단하다. 즉, 「직위, 업무 내용, 권한 및 책임, 보고 체계, 고용 기간, 급여, 직원 혜택, 해고 사유」 등에 관한 서술이다.(* 아래 회사명은 가칭임을 밝혀둔다).

Employer : Mr. Jacky Chen
General Manager
Shanghai Optical Materials Co., Ltd.
(Business Registration No : 77771900315039××××)
Unit 02, 10th Floor, Shanghai Technology Building,
No. 27, Yutung Road, Shatou Community, Changan Town,
Shanghai City, China(zip code : ×××××)
Phone : +86 1350026××××

Employee : Haha Kim
Nationality : Korean(passport No : M77777777)
101-301 Hillbaum
234 Wangjadong, Kangnam-ku
Seoul, Korea(zip code : 777777)
Cellular Phone : 82-10-7777-××××

Employer, Mr. Jacky Chen, General Manager of Shanghai Optical Materials Co., Ltd, (Business Registration No : 77719003 15039××××) and Employee, Haha Kim(Korean, passport No : M77777777), enter into this employment agreement on the terms and conditions as below.

◉ 중국의 general manager는 총경리(總經理)로 한국의 대표이사에 해당한다.

고용주 상해광학물질유한공사의 대표이사 Mr. Jacky Chen(사업자 등록번호 : 77771900 315039××××)과 고용인 김하하(한국인, 여권 번호 : M77777777)는 다음과 같은 조건으로 고용계약을 체결한다.

1. Position & Duties(직위 및 임무)

Employee will serve as President of Korea Branch of Shanghai Optical Materials Co., Ltd., reporting to the General Manager of Shanghai Optical Materials Group, and performing such duties and responsibilities as may be reasonably required by the General Manager.

귀하는 상해광학물질공사 한국지점 지사장으로 근무하며, 상해광학물질공사 그룹의 총경리에게 보고하며, 그 사장이 합리적으로 요구할 수 있는 직무 및 책임을 수행한다.

Employee will be the executive heading Korea Branch of Shanghai Optical Materials Co., Ltd. in Korea. Employee will devote his entire working time and energy to the performance of his duties and will not, during the period of his employment, be employed by any other person or firm or engage in any other business activities.

귀하는 한국에서 상해광학물질공사 한국지점의 최고 경영자가될 것이다. 귀하는 귀하의 전체 근무 시간과 에너지를 귀하의 직무 수행에 전념하여야 하며, 귀하의 고용 동안 다른 사람이나 회사에 고용되거나 다른 비즈니스 활동에 참여하지 않기로 한다.

2. Compensation and Benefits(보상 및 혜택)

During his employment, Employee will receive the following compensation and benefits:

고용 기간 중 보상 및 혜택은 다음과 같다.

Ⓐ For all services Employee render hereunder, Employee will receive a salary at the rate of ₩5,000,000 Korean Won per month, in accordance with Employer's normal payroll practices and subject to any applicable withholdings. Employee's salary shall not be decreased. It may be increased on an annual basis subject to business conditions and performance.

▶ 고용인이 어떤 상황에서 고용되는지에 따라 고용 조건 협상력이 상이할 것이나, 가능하다면 급여 인하는 불가하다는 조항을 명기시키는 것이 만약의 경우에 대비할 수 있다.

귀하가 본 계약에 따라 제공하는 모든 서비스에 대해 귀하는 월 5,000,000원의 급여를 당사의 일반적인 급여 관행에 따라 받게 되며, 급여는 원천징수한다. 귀하의 급여는 하향 조정되지 않으며, 사업 상황 및 실적에 따라 매년 상향 조정될 수 있다.

Ⓑ Employee will be eligible for a management bonus starting in 2023, with a maximum potential payout of 50% of his annual base salary per year, subject to business performance.

2023년부터 경영 보너스를 받을 자격이 있으며, 보너스는 비즈니스 성과에 따라 변동되며, 상한선은 연간 기본 급여의 최대 50%이다.

Ⓒ Five % of sales amount shall be paid to employee by Korea Branch(to be named as "Shanghai Optical Korea") at the end of following month after receipt of payment from customers. For example, if customer's payment is received on May 10, the bonus shall be paid on June 30.

▶ 밑줄 친 문장처럼 예시하면 추후 논쟁의 소지가 없다.

한국 지사(이하 "Shanghai Optical Korea"라 칭함)는 고객으로부터 물품 대금을 받은 일자의 익월 말에 판매금액의 5%를 고용인에게 특별 상여금으로 지급한다. 예를 들어 고객으로부터 5월 10일에 결제받은 경우, 보너스는 6월 30일에 지급된다.

Additional annual business performance bonus shall be mutually discussed and fixed between employer and employee within the year of 2022. The additional business performance bonus shall be the bonus for annual outperforming sales if any, which is 「actual sales quantity/year - sales target quantity/year」.

추가 연간 비즈니스 성과 보너스는 2022년 이내에 고용주와 고용인이 협의하여 확정한다. 추가 연간 비즈니스 성과 보너스는 연간 실제 판매 수량이 연간 판매 목표 수량을 초과 달성하면 지급되는 것으로 한다.

Ⓓ Employee will be entitled to participate, to the extent Employee qualify under the terms thereof, in any employee benefit plans which are made available by Shanghai Optical Materials, provided, however, that Shanghai Optical Materials does not guarantee the continuation of any employee benefit plan or program.

귀하는 해당 조건에 따라 자격이 있는 한, 상해광학물질유한공사에서 제공하는 모든 종류의 직원 복리후생 프로그램에 참여할 수 있다. 단, 상해광학물질유한공사는 직원 혜택 계획이나 프로그램이 지속된다는 것을 보장하지는 않는다.

Ⓔ Employee may take 10 business weekday paid vacation per year.

1년에 10일의 주중 유급 휴가를 받을 수 있다.

Ⓕ Employee will receive a retirement allowance following the formula of retirement allowance whose formula is as below. 【retirement allowance = average monthly salary of the last three months × working months/12】

퇴직금 공식에 따라, 연간 1개월 급여의 퇴직금을 받게 된다. 퇴직금 계산 방법은 『퇴직 전 마지막 3개월 월 급여 평균 × 근무 개월/12개월』이다.

Ⓖ Employee may fly business class when travelling on company business.

회사 업무로 여행하는 경우 비즈니스 클래스를 이용할 수 있다.

Ⓗ Payday is 25th of each month. Korea Branch shall pay the net salary to the employee after withholding tax and insurance fee on payday.

급여일은 25일이다. 한국 지사에서 급여일에 원천징수 및 보험료를 차감하고 고용인에게 순 급여를 지급한다.

▶ 세금/보험료 공제 전의 급여는 gross salary, 이후는 net salary

Ⓘ ₩10,000/day shall be paid for working days of each month.

매월 근무일에 대해 일 ₩10,000원의 중식비를 지급한다.

Ⓙ Gas for business trip shall be paid by company. Until a sizable amount of business is generated, the employee shall use his own car .As soon as a sizable amount of business is generated, Korea Branch shall rent or lease or buy a big SUV for business trips and delivery of goods, subject to employer's prior approval.

업무용 주유비는 회사에서 부담한다. 상당한 규모의 매출이 창출될 때까지 고용인은 본인 소유 차량을 사용한다. 한국지점이 상당한 규모의 매출이 창출되는 즉시 고용주의 사전 승인을 받아 출장 및 물품 배송을 위한 대형 SUV를 임대 또는 리스 또는 구매한다.

Ⓚ General business expenses shall be paid by Korea Branch.

일반적인 영업 경비는 한국 지사에서 부담한다.

Ⓛ Korea Branch(Shanghai Optical Korea) shall follow and observe the Korean labor law.

한국 지사는 한국 노동법을 준수한다.

3. Employment Period(고용 기간)

Employee is guaranteed to work as the head of Korea branch until June 30, 2024 unless he acts significantly against the business manner and morality of Employer and there is material breach such as embezzlement, revealing company secret, and so on which are generally regarded as so.

고용인이 고용주의 품행 및 도덕에 반하는 중대한 행위를 하거나 횡령, 회사 기밀 누설 등 일반적으로 그러하다고 인정되는 중대한 위반행위가 있는 경우를 제외하고 2024년 6월 30일까지 귀하의 한국 지사 지점장 근무를 보장한다.

From thereafter, the period of employment shall be automat- ically renewed by one year unless either party terminates the agreement by written notice until three months before the termination of agreement.

그 이후에는 계약 종료 3개월 전까지 일방이 서면 통지로 계약을 해지하지 않는 한 고용 기간이 1년 단위로 자동 갱신된다.

4. Confidentiality(기밀 유지)

The Confidentiality Agreement dated the date hereof between Employee and Shanghai Optical Materials Co., Ltd., is hereby incorporated by reference and made a part of the Agreement. The Confidentiality Agreement shall continue in effect for Employee's entire period of employment by Shanghai Optical Materials Co., Ltd., and shall survive termination of Employee's employment for ten years. Employee's joining any company after non-compete period and selling its products shall not be against this Clause provided that Employee do not use or share Employer's confidential information.

귀하와 상해광학물질 유한공사 사이에 체결된 본 계약서 일자의 기밀 유지 계약은 본 계약에 통합되며, 본 계약의 일부로 간주한다. 기밀 유지 계약은 상해광학물질 유한공사 전체 고용 기간 동안 계속 유효하며, 고용 종료 후 10년간 존속된다. 귀하가 당사의 기밀 정보를 사용하거나 공유하지 않는 한, 비경쟁 기간 이후에 타 회사에 합류하여 제품을 판매하는 것은 본 조항에 위배되지 않는다.

Employer and Employee agree on the above-mentioned terms and conditions and sign each page of this Agreement for its execution. They agree that they will not exchange the original copy of the agreement by mail, regarding that the exchange of mutually signed agreement by email or by WeChat shall be valid and in full effect.

고용주와 고용인은 위의 내용에 동의하고 본 계약서의 각 페이지에 서명하여 본 계약을 발효시킨다. 고용주와 고용인은 계약서의 원본을 우편으로 교환하지 않으며, 이메일이나 WeChat에 의한 상호 서명된 계약서의 교환이 유효하고 완전한 효력을 갖는 것으로 상호 동의한다.

Employer : ______________________________

Jacky Chen
General Manager
Shanghai Optical Coating Materials Co., Ltd.

Employee : ______________________________

Haha Kim
Nationality : Korean(passport No : M77777777)

조건부 고용 계약서

본 계약은 일반적인 고용 계약서가 아니며, 직원이 회사에 뭔가 특별한 것을 제공하며, 회사는 직원에게 거기에 합당한 대우를 해주는 고용계약이다. 즉, 고용주는 어떤 특정 목적을 위해 직원으로 고용하는 것이나, 직원이 고용계약을 위반할 시 고용주 회사에 큰 타격을 줄 수 있어, 일반 고용 계약서에 몇 가지 사항이 추가되는 것이 일반적이다. 조건부 고용 계약서는 다음의 예가 대표적이다.

• 과학자나 엔지니어가 특정 기술을 제공하는 조건으로 고용

▶ 고용주는 이 기술을 활용하여 회사를 발전시킬 수 있는 뭔가를 개발, 신시장을 창출할 수 있으나, 만약 이 과학자나 엔지니어가 고용주의 이익을 위배하거나 침해할 수도 있는 상황이 되면?

▶ 고용 시, 일정 기간 근무 후 행사 가능한 stock option 제공하는 것이 일반적임.

• 정부, 공기업, 사기업 등을 대상으로 특정 비즈니스 성사를 목적으로 특정 직원 고용

▶ 인맥이 영향력이 큰 것으로 이해했으나 실상은 그렇지 않을 수도 있다.

• 회사 M&A 시 오너나 핵심 직원 고용

▶ 회사 인수·합병 시 그 회사의 오너나 핵심 직원이 일정 기간은 회사 직원으로 근무하여야 회사 인수·합병 효과를 극대화할 수 있는바, 일반적으로 인수·합병 대금의 일부는 연불로 한다.

직원이나 회사나 「**What if ~** 」의 관점에서 계약 내용이 협의가되어 계약서 작성, 체결된다. 예를 들어, 직원이 회사로부터 stock option을 받기로 계약서에 명기되었는데 회사에서 주지 않으면 어떻게 대응할 것인가? 회사에서 Stock option을 주고 나서 직원이 즉시 그만두면 어쩔 것인가? 등에 대해 상호 합리적인 방안을 모색하여야 하며, 이는 고용 해지 조항에 상당이 맞물리게 된다.

상기와 같은 고용계약의 경우, 핵심은 『스톡옵션, 고용 해지, 경쟁 금지, 회사 직원 유인 금지, 계약 위반 시 구제 방법』 등이 일반 고용 계약서에 추가되어야 한다. 이러한 내용 몇 가지를 소개한다.

Employment Agreement

1. Stock Option(스톡옵션)

Subject to Section A-1, the Company will grant to you the stock option(the "Option") to purchase 30,000 shares of the Company's common stock, par value of ₩500(the "Common Stock"). The exercise price per share of the Option will be equal to 70% of the average closing price for twenty(20) business days of stock market before exercise date which starts from the 2nd anniversary of your employment at the Company.

- exercise price : 행사가격이며 strike price라고도 한다. 행사가격은 옵션의 소유자가 주식을 사거나 팔 때 적용되는 가격을 의미한다.

섹션 A-1에 따라 회사는 귀하에게 회사 보통주 30,000주, 액면가 500원(이하 "보통주")을 구매할 수 있는 스톡옵션(이하 "옵션")을 부여한다. 옵션의 행사는 회사 근무 2년 차부터 가능하며, 행사가는 행사일 전 20일간의 주식 시장 영업일 평균 종가의 70%이다.

The stock option is valid only when your employment is not terminated at the date of your exercising stop option. The Company shall not be entitled to terminate your employment without cause.

스톡옵션은 스톡옵션 행사일에 고용이 종료되지 않은 경우에만 유효하다. 회사는 정당한 사유 없이 귀하를 해고할 수 없다.

- 정당한 사유가 무엇인지 설명해야 할 것이다.

2. Termination(계약 해지, 종료)

Your employment is guaranteed for three years, and your employment and this Agreement shall be subject to termination, as follows:

- 해지 : 법률 계약당사자 한쪽의 의사 표시로 계약에 기초한 법률관계를 말소하는 것.
  종료 : 어떤 행동이나 일 따위가 끝나거나 끝마침.

귀하의 고용은 3년 동안 보장되며 귀하의 고용 및 본 계약은 다음과 같은 경우 해지될 수 있다.

Ⓐ In the event of your death or missing by accidents known to the public, your employment shall terminate immediately.

대중에게 알려진 사고로 귀하가 사망하거나 실종되면 귀하의 고용은 즉시 해지된다.

▶ 예를 들어, 비행기에 탑승했는데 비행기가 추락하여 탑승자 전원이 사망하거나 실종되어 대중에게 공개적으로 알려졌다. 이런 상황이 **known accident**이다.

Ⓑ In the event of your "Permanent Disability", Ever-green Ultima Battery Corp., may terminate your employment upon fifteen days prior written notice. "Permanent Disability" shall occur if Ever-green Ultima Battery Corp., determines that you are unable to perform a substantial portion of your duties hereunder due to a partial or total mental or physical disability or incapacity for 60 consecutive days or for 120 non-consecutive days during your employment.

귀하가 "영구 장애인"이될 경우, 에버그린 얼티머 배터리 주식회사는 15일 전 서면 통지를 통해 귀하의 고용계약을 해지할 수 있다. "영구 장애"는 에버그린 얼티머 배터리 주식회사가 귀하가 부분적 또는 완전한 정신적 또는 신체적 장애 또는 무능력으로 인해 고용 기간 연속 60일 또는 비연속 120일 동안 본 계약에 따른 의무의 상당 부분을 수행할 수 없다고 판정하는 경우를 의미한다.

Ⓒ After the first three years of employment, either party(you or Ever-green Ultima Battery Corp.) may terminate your employment at any time, upon three(3) months notice in writing.

고용 3년 후부터는 일방 당사자(귀하 또는 에버그린 얼티머 배터리 주식회사)는 3개월 사전 서면 통지를 통해 언제든지 고용계약을 해지할 수 있다.

Ⓓ Ever-green Ultima Battery Corp., may terminate your employment hereunder for cause. Cause shall mean any act, action or series of acts or actions that cause or result in

▶ B results in A; A results from B; B is the cause of A; B causes A
B로 인해 A가 발생하다. B가 A를 야기하다.

Nothing resulted from the heated debate surrounding the issue.
The heated debate surrounding the issue resulted in nothing.
그 문제를 둘러싼 열띤 토론은 아무 결과도 얻지 못하였다.

정당한 사유가 있는 경우, 에버그린 얼티머 배터리 주식회사는 귀하의 고용을 종료할 수 있다. 정당한 사유란 어떤 행동, 행위, 일련의 행동 행위가 다음 상황을 야기하거나 그 결과로 다음과 같이 되는 것을 의미한다.

ⓐ the commission of a felony involving moral turpitude,

▶ felony : 중죄, 흉악범죄 cf. misdemeanor : 경범죄
turpitude : 대단히 부도덕한 행위(= wickedness)

부도덕한 중범죄를 저지른 경우,

ⓑ wilful, willingly negligent or wanton misconduct which results in material damage not beyond your control to Ever-green Ultima Battery Corp., its business, reputations or interest.

▶ wilful : 고의적인, 의도적인 negligent : 등한한, 태만한, 부주의한
wanton : 고의적인, 악의적인, 음탕한 misconduct : 비행, 위법 행위, 직권 남용
willingly; voluntarily; of one own accord; of one's own free will
기꺼이, 자진해서, 자청해서, 선뜻, 흔쾌히, 자유의지로

에버그린 얼티머 배터리 주식회사, 그 사업, 평판 또는 이익에 대해 귀하가 통제할 수 있는 중대한 손해를 초래하는 의도적이며, 자의적으로 태만하거나 악의적인 위법 행위.

In order for Ever-green Ultima Battery to terminate your employment by cause, Ever-green Ultima Battery Corp., shall summarize the cause to you in a written document thirty(30) days in advance by presenting you the objective, concrete, and substantial evidence of your own misconduct in written which results in material damage not beyond your control to Ever-green Ultima Battery Corp., its business, reputations or interest.

▶ not beyond your control : beyond your control이 아닌, out of control이 아닌, 즉 통제 불가하지 않은; 통제 가능한, within control, under control

에버그린 얼티머 배터리 주식회사가 정당한 사유로 귀하의 고용계약을 해지하려면, 30일 전에 서면 문서로 귀하에게 해지 정당한 사유를 요약 통보하여야 한다. 정당한 사유에는 에버그린 얼티머 배터리 주식회사, 그 사업, 명성 또는 이익에 대해 귀하가 통제할 수 있음에도 중대한 손해를 야기한 귀하의 위법 행위에 대한 객관적이고 구체적이며 실질적인 증거가 명기되어야 한다.

In case that you don't disprove the written evidence of Ever-green Ultima Battery Corp., within 30 days following our presentation of the said evidence, your employment shall be terminated immediately thereafter.

▶ disprove : 반증하다, 틀렸음을 입증하다(prove to be false, invalid, or in error)

에버그린 얼티머 배터리 주식회사가 상기 증거를 제시한 후 30일 이내에 귀하가 서면 증거를 반증하지 않는 경우, 귀하의 고용계약은 즉시 해지된다.

Material damage means the actual damage which is caused by your own misconducts, which are not out of your control, such as

중대한 손해는 다음과 같이 귀하가 통제할 수 있으나 귀하 자신의 위법 행위로 인해 발생한 중대 손해를 의미한다.

❶ you induce the customers to buy the products of Ever-green Ultima Battery's competitors,

고객이 에버그린 얼티머 배터리 주식회사의 경쟁사 제품을 구매하도록 유도하는 경우

❷ you release costing and/or material formulation to the competitors, and

경쟁업체에게 원가 분석 및/또는 물질 제조 공식을 알려주는 경우

❸ the other acts which can be generally regarded as the equivalent to ❶ and/or ❷

일반적으로 ❶ 및/또는 ❷와 동등한 것으로 간주할 수 있는 행위

In the event of termination of your employment under this Article D, you will be paid all salary, vacation, and retirement allowance earned through date of termination and will be reimbursed your expenses properly incurred prior to termination; provided, however, that Ever-green Ultima Battery Corp., will have no other liabilities or obligation to you thereafter.

본 D조에 따라 고용계약이 해지되는 경우 귀하는 해지일까지의 모든 급여, 휴가 및 퇴직 수당을 받게 되며, 해지 전에 적절하게 집행한 비용을 상환받는다. 단, 그 이후에는 에버그린 얼티머 배터리 주식회사는 귀하에 대한 다른 책임이나 의무는 없다.

3. Non-compete(경쟁 금지)

Ⓐ You shall not, **during** your employment by Ever-green Ultima Battery Corp., and for a period of 36 months after your employment terminates for any reason other than our termination of you without cause after your initial 36 months of employment with Ever-green Ultima Battery Corp., directly or indirectly, as an individual, partner, principal, agent, employee, consultant or in any other relationship or **capacity**, engage in any "Competition" with Ever-green Ultima Battery Corp.

- capacity : 용량, 수용력, 法 지위, 자격, 능력
- 문장이 복잡한 것 같으나, 부사구가 장황할 뿐이다. 밑줄 친 부분이 주절이다.

You shall not engage in any "Competition" with Ever-green Ultima Battery Corp.

주절의 내용은 단순하다.「귀하는 에버그린 얼티머 배터리 주식회사와 경쟁하지 않는다.」라는 경쟁 금지 조항이며, 중간의 부사구(→ 파란색 during부터 파란색 capacity까지)는『경쟁 금지 기간』에 대한 설명이다.

에버그린 얼티머 배터리 주식회사에 고용되는 기간과 36개월 동안 고용된 후 정당한 사유 없이 해고된 경우 이외에는 고용 종료 후 36개월 동안은 직간접적으로 개인, 파트너, 계약 주체, 대리인, 직원, 컨설턴트로 또는 다른 관계나 자격으로 에버그린 얼티머 배터리 주식회사와 "경쟁"하지 않는다.

▶ 정당한 사유 없이 해고되었으면 고용인에게 자유가 주어지는 것이고, 정당한 사유가 있어 해고되었다면 고용인은 거기에 대한 반대급부를 책임져야 한다. 비즈니스 측면에서는 상호에게 합리적인 조항이다.

Ⓑ "Competition" shall mean

"경쟁"은

ⓐ the development, design, manufacture, sale or promotion for sale of any product, process, good or service which Ever-green Ultima Battery Corp., has designed, developed, manufactured, sold or promoted for sale within two(2) years preceding the date hereof or at any time during your employment by us("Products"), and

고용일 2년 전부터 고용 기간 동안, 에버그린 얼티머 배터리 주식회사가 판매를 위해 설계, 개발, 제조, 판매 또는 판촉한 제품, 프로세스, 상품 또는 서비스의 개발, 디자인, 제조, 판매 또는 판매를 위한 판촉을 의미하며,

ⓑ any business which utilizes or exploits technology or know-how concerning the development or manufacturing of any of the Products.

제품의 개발 또는 제조에 관한 기술 또는 노하우를 활용하거나 활용하는 모든 사업을 의미한다.

Ⓒ This non-compete excludes products, processes, goods or services in/for which you had direct experience prior to your employment with Ever-green Ultima Battery Corp., which are in the public domain.

에버그린 얼티머 배터리 주식회사에 고용되기 전에 직접 경험한 제품, 프로세스, 상품 또는 서비스, 즉 일반 대중이 취득할 수 있는 영역에 있는 사안들은 경쟁 금지 대상에서 제외된다.

Ⓓ The non-compete terms per clause A above shall be valid for six years after you join Ever-green Ultima Battery Corp., and thereafter for one year from the date you leave employment unless your employment has been terminated without cause,

위의 A항에 따른 경쟁 금지 조건은 에버그린 얼티머 배터리 주식회사에 입사한 후 6년 동안 유효하며, 그 이후에는 귀하가 정당한 사유 없이 해고되지 않으면 퇴직한 날로부터 1년 동안 유효하다.

4. Non-inducement(비유인, 비권유)

You shall not, directly or indirectly, for yourself or on behalf of others, during your employment by Ever-green Ultima Battery Corp., and for a period of 36 months after your employment terminates for any reason other than our termination of your employment without cause,

귀하는 에버그린 얼티머 배터리 주식회사 고용 기간 동안 및 정당한 사유 없이 해고되는 경우를 제외하고는 고용 종료 후 36개월 동안

Ⓐ **hire** any employee of the Ever-green Ultima Battery Corp., or induce any employee to leave his or employment with Ever-green Ultima Battery Corp., or any of its affiliates or

에버그린 얼티머 배터리 주식회사 또는 그 계열사의 직원을 고용하거나, 직원이 에버그린 얼티머 배터리 주식회사에서 퇴사하도록 유도하거나

Ⓑ **solicit, divert or attempt to divert** any of our customers or suppliers or their business or in any way interfere with or disrupt any existing relationship between Ever-green Ultima Battery Corp., and any of our customers, suppliers or others with whom Ever-green Ultima Battery Corp., deal.

- 파란 글씨가 주어, 동사인바, 목적어와 부사구를 연결하면 내용 파악이 쉽다.
- divert : (생각·관심을) 다른 데로 돌리다(distract), 방향을 바꾸게 하다, 전환시키다, 우회시키다, 전용하다

고객, 공급업체 또는 그들의 비즈니스를 얻으려고 하거나, 다른 곳으로 전환하거나 전환하려고 시도하거나 어떤 방식으로든 에버그린 얼티머 배터리 주식회사와 거래 중인 고객, 공급업체, 다른 사람들 간의 기존 관계를 방해하거나 방해하는 행위를 하지 않기로 한다.

5. Equitable Relief(형평법상의, 구제 수단, 구제조치, 구제책)

You acknowledge that, 『in view of the nature of the business of the Ever-green Ultima Battery Corp., objectives in acquiring such business and the nature of the other businesses of Ever-green Ultima Battery Corp.,』 the restrictions contained in the Sections above are reasonable and necessary to protect Ever-green Ultima Battery Corporation's legitimate business interests and that any violation of such restrictions will result in irreparable injury to Ever-green Ultima Battery Corp.

- irreparable : 회복할 수 없는, 만회할 수 없는, 바로잡을 수 없는
  (동의어 : irreversible, irrepairable, cureless, incurable, irremediable)
- 『in view of ~ Ever-green Ultima Battery Corp.』의 내용은 부사구이다. 부사구이나 문장 중간에 위치하며 내용이 길어 한눈에 들어오지 않는 문장이다. 주어 동사 목적어는 밑줄 친 부위인바, 문장 구조를 먼저 파악하면 의미를 쉽게 알 수 있다.

귀하는 에버그린 얼티머 배터리 주식회사의 사업의 성격, 그러한 사업을 인수하는 목적 및 에버그린 얼티머 배터리 주식회사의 다른 사업의 성격을 고려 시, 위 섹션들에 명기된 제한 사항들은 에버그린 얼티머 배터리 주식회사의 합법적인 비즈니스 이익을 보호하는 데 합리적이고 필요하며, 이러한 제한을 위반하면 에버그린 얼티머 배터리 주식회사에 회복할 수 없는 피해가 발생한다는 것을 인정한다.

Accordingly you agree that, **under common law or equitable law**, Ever-green Ultima Battery Corp., shall be entitled to injunctive relief from a Korean court of competent jurisdiction and to compensation for damages arising out of such breach, and these rights are cumulative and in addition to any other rights or remedies.

- entitled at law or in equity(=law of equity) to ~ : 보통법상 또는 형평법상 ~ 할 권리가 있다.
- competent : 관할의, 감독의　　competent authority : 관할
- injunctive : 명령적인, 금지의　　injunctive relief : 금지 명령 구제
- cumulative : 누적되는, 누계의　　cumulative charging : 누적 비용

따라서 귀하는 보통법 또는 형평법에 따라 에버그린 얼티머 배터리 주식회사가 관할 사법권이 있는 한국 법원으로부터 금지 명령 구제를 받을 권리와 그러한 위반으로 인해 발생하는 손해배상을 받을 자격이 있으며, 본 권리들은 누적되며 다른 권리 또는 구제책에 추가된다는 것에 동의한다.

보통법(Common Law) **VS. 형평법**(Equitable Law)

보통법(common law) 체계의 원형이 완성된 것은 영국 에드워드 1세 시대이며, 당시에는 토지, 돈, 고가 물품의 경제적 배상으로 억울한 사람들을 구제하였으며, 오랫동안 적용됐으나, 보통법으로 다양한 경우를 구제할 수 있는 수단이 없어, 보통법을 보완하기 위해 만들어진 법률이 형평법(law of equity, equitable law)이다.

미국의 경우, 과거에는 보통법을 다루는 보통법원(court of common law)과 형평법을 다루는 형평법원(court of equity)이 분리되어 있었으나, 1848년 두 법원이 통합되어 운영되고 있다.

보통법은 일정 기간 내에 소송을 통해 금전배상으로 구제를 구할 수 있는 것인데, 금전배상만으로는 충

분하지 않은 경우가 상당히 발생하게 되어, 정의, 공정에 기반하는 형평법이 제정된 것이다.

예를 들어, 상류에 있는 공장에서 폐수를 흘려보내, 하류에 거주하는 마을 사람들이 평생 불구가 되었다. 이 상황이 금전만으로 배상이 충분할까? 하류 거주자들의 인생이 망가졌는데. 이러한 상황에 적용되는 법률이 형평법이다. 법원은 금전배상과는 별도로 공장 폐수 방류를 금지 명령할 수 있다. 즉, 보통법에 따른 금전적인 배상이 충분하지 않을 경우, 형평법에 따른 구제가 가능한 것이다.

형평법상 구제를 구하려면, 먼저 보통법상 구제가 충분하지 않음을 입증하여야 가능하다. 보통법은 금전적 손해배상 이외의 구제 수단을 인정하지 않으나, 형평법은 특정 행위에 대한 이행/금지 명령을 내릴 수도 있으며, 계약의 해지, 즉 계약의 취소를 인정할 수도 있다.

미국의 경우, 보통법상 구제에는 보상적 손해배상, 징벌적 손해배상, 신뢰 손해배상 등 다양한 종류의 금전적 손해배상이 있으며, 형평법상 구제는 강제 이행, 금지 명령, 원상회복, 이익계산 등의 방법이 있다.

Chapter XII

부동산 임대차 계약서

Business English Agreement

01
핵심 사안

미국의 임대차 계약서를 소개하고자 한다. 미국은 한국과 달리, 전세라는 제도가 없으며, 월세의 구조로 임대차 계약한다. 임대차 계약서에서 한국인들이 익숙하지 않은 사항만 정리하면 다음과 같다.

부동산 임대차 계약서의 주요문구

1. 중개업소(realtor, broker)

부동산 중개업소는 realtor, broker라는 말을 사용하는데, 일반적으로 LA, RA로 분류한다.

- LA는 listing agent의 약자로 rent 대상 부동산을 광고 게재하는 업자이자 집 주인(landlord)의 대리인 역할을 주로 한다.
- RA는 renting agent로 집을 구하는 사람, 즉 임차인(tenant) 측 대리인으로 간주하면 된다.

2. 중개업소 수수료

미국 집 rent 광고 문안에 자주 등장하는 문구

Incoming tenant to pay one month broker's fee split between LA and RA.

이 문장의 의미는, 「집을 빌리는 임차인이 부동산 중개 수수료(broker's fee)로 임차료 한 달 치를 지불하며, LA(listing agent)와 RA(renting agent)가 분배한다.」라는 의미이다.

3. Move-in fee vs. Move-out fee

Move-in fee는 이사 들어올 때 부담하는 금액이며, Move-out fee는 이사 나갈 때 부담하는 일정 금액인데, move-in fee만 청구하는 것이 일반적이나, move-out fee를 청구하는 경우도 있다.

4. Security Deposit

집 임차 시 사용주의 의무에 대한 하자 보증금으로, move-in 상태와 move-out 상태가 같지 않으면 move-out 할 때 하자 수리비를 이 보증금에서 차감한다.

5. Last month fee reqd

Tenant(임차인)가 소득이 있고, 일정 기준에 부합될 경우, 일반적으로 『12개월 계약, 1개월 치 보증금 예치, 월세 매달 선불, brokers fee로 1개월 치 월세』의 구조로 계약되나, 소득이 없다면, 이 구조에 last month 월세를 선지불하는 것으로 무소득자에 대한 신용도 위험을 offset(상계) 처리한다.

▶ reqd : required

6. Rent Fee vs. Utilities

렌트피에 utilities(전기/가스/수도 등의 비용)의 포함 여부를 확인하는 것이 추후 논쟁의 소지가 없다. Boston은 눈이 많이 오는 도시인바, 「눈 치우는 비용」에 대한 언급도 계약서에 명기되는 것이 보편적이다.

Rent fee includes : Water, Sewerage Disposal,
Refuse Removal, Snow Removal

▶ 렌트피에 수도/하수물 및 쓰레기 처리/눈 치우는 비용이 포함됨.

7. Fan의 작동 상태 vs. 고기를 구워 먹을 수 있는지?

미국 아파트/연립의 경우, 집에서 고기를 구워 먹는 것은 한국에서 고기 구워 먹는 것과는 상황이 다르다, 집에서 고기를 구워 먹으려면, 임차하는 집의 부엌 fan 상태를 반드시 확인한 다음에 결정하여야 한다.

▶ 고기 구울 때 나는 연기가 배출이 잘되지 않으면, 소방차가 즉시 출동하며, 소방차 출동 비용을 지불하여야 되는바, 주의를 요구한다.

방의 종류

독립된 아파트를 전용 임차하는 것이 편할 것이나, 비용 문제로 그렇지 못할 경우, 타인과 같이 사용하여야 할 것이다. 일반적으로 다음과 같이 분류되나, 지역에 따라 용어 사용이 약간 상이할 수 있는바, 각 용어에 따른 내용은 반드시 짚고 넘어가야 한다.

종 류	내 용	비 고
One bedroom(apartment)	침실 하나, 거실 하나, 욕실 하나, 주방	한국의 소형 아파트
Studio	트인 방 하나에 침실/거실/욕실/주방이 설치되어 있음	한국의 원룸
Bed room en suite	방에 욕실이 딸려 있어, 방과 욕실을 독립적으로 사용	
Bed room(private room)	방에 욕실이 딸려 있지 않아 욕실은 공동 사용	shared bathroom/toilet
Shared room	방을 타인과 같이 사용, 침대는 독립적으로 사용	2층 침대일 경우도 있음

만약 학교나 직장에 dormitory(기숙사)가 있다면 dormitory를 활용하는 것이 저렴할 것이다. 어쨌든 임차료와 편리성은 비례한다고 간주하면 된다.

상기 정보는 일반적인바, 충분한 시간을 가지고, 현장 방문하여 본인이 기대한 것과 어느 정도 일치하는지 확인해볼 필요가 있다. 또한, 본인 차량을 이용할 경우, 대중교통을 이용하는 경우 등을 따져 직접 교통 상황을 확인해볼 필요도 있다.

▶ 구글맵을 이용하면, 특정 시간대의 교통량을 파악할 수 있다. 대중교통 이용 시, 간격, 거리, 시간 등을 계산해볼 수 있다.

Furnished vs. Unfurnished

집에 대한 확신이 있고, 1년 이상 장기 체류한다면, 가구를 직접 채워넣는 것이 비용 절감될 수도 있다. Furnished는 가구가 비치된 것이며, unfurnished는 가구가 비치되어 있지 않아, 임차인이 해결하여야 한다.

02
실전 계약서

한국과 마찬가지로 미국도 부동산 월세 계약서는 정형화된 양식을 사용하는 것이 일반적이다. 따라서 정형화된 임대차 계약서 양식을 소개한다.

세계 어디를 가나, 같은 것은 「임차인이 임차하는 동안 훼손한 부동산은 원상복구의 의무가 있다.」라는 것이다. 물론 여기서 일반적인 생활 스크래치 등은 제외된다. 물론, 생활 스크래치가 어느 정도의 스크래치를 의미하는지는 모호하다.

STANDARD FORM APARTMENT LEASE(FIXED TERM)

Date : August 21, 2022

Name : Nancy Hanks
Address : XXX Riviera Circle
City/State/Zip : Lakspur, CA XXXX
Lessor, hereby leases to : Haha Kim
Phone Number : (   )
City/State/Zip : xx Washington Street, Somerville, CA xxxxx
Phone Number : (   )

- Lessor(임대인)의 인적 사항과 Lessee(임차인)의 인적 사항을 명기하고 임대차 대상 물건 및 기간을 명기한다.

Lessee, who hereby hires the following premises, via(Apartment/ Suite) 706 at(Street or Address) XX Harbor Street San Diego, CA(Zip) 02XXX(consisting of) a one bedroom/one bath with living room and dining area for the term of One Year, beginning September 1, 2022 and terminating on August 31, 2023. The rent to be paid by the Lessee for the leased premises shall be as follows:

임차인은 캘리포니아주 샌디에이고시 항구 거리에 있는 거실, 침실, 욕실, 주방 시설 각 1개가 있는 아파트 706호를 임차한다. 임차 기간은 2022년 9월 1일부터 2023년 8월 31일까지이며, 임차인이 임대차 동안 지불하여야 하는 임차료는 다음과 같다.

TENANT : This section governs rent payments. In some cases, rent payments may increase during the lease term. Please be sure that you carefully read and understand this section. Please initial here when you are certain that you understand and agree with this section.

- initial : 처음의, 머리글자, 이니셜, 첫머리, 머리글자로 서명하다
  initial(a document) : 이니셜로 서명하다

세입자(임차인) : 본 섹션은 임대료 지불에 적용된다. 경우에 따라 임대기간 동안 임대료가 인상될 수 있다. 이 부분을 주의 깊게 읽고 이해하시기 바라며, 이 섹션을 확실히 이해하고 동의한다면 여기에 이니셜로 서명하시오.

Lessee's initials :

임차인의 이니셜

The term rent shall be $30,000, payable, except herein otherwise provided, in installments of $2,500, on the FIRST day of every month, in advance, so long as this lease is in force and effect.

임대차 기간에 총 임대료는 $30,000이며, 본 임대차 계약이 유효하고 효력이 발생하는 한, 별도의 명기가 없으면, 매월 1일에 $2,500을 선지급한다.

LESSOR AND LESSEE FURTHER COVENANT AND AGREE;

임대인과 임차인은 다음과 같이 추가 약정 및 동의한다.

 1. Maintenance(하자, 보수)

For maintenance, please contact :

하자 보수 시 아래 사람에게 연락

Name : Same As Above
Phone No :
Address :
City/State/Zip :

2. Additional Provisions(추가 조항)

See attached Addendum.

부록 참조

Phone Number :

3. Heat and Other Utilities(난방 및 기타 유틸리티)

TENANT : This section governs utility payments. Be sure to discuss with the Lessor those payments which will be required of you for this apartment.

세입자 : 본 섹션은 유틸리티 지불에 대한 규정이다. 이 아파트에 대해 귀하가 지불하여야 하는 유틸리티에 대해 임대인과 반드시 상의하시오.

- utilities : 수도, 전기, 가스, 하수도 등의 공과금을 의미한다.
  no utilities included, utilities excluded : 공과금 제외

The Lessee shall pay, as they become due, all bills for electricity and other utilities, whether they are used for furnishing heat or other purposes, that are furnished to the leased premises and presently separately metered, as well as for fuel oil kept in a separate tank which serves only the leased premises.

- A as well as B; not only B but also A : B뿐만 아니라 A도

임차인은 본인 임차 호실 전용으로 별도의 탱크에 보관되는 연료유뿐만 아니라, 난방 또는 기타 목적으로 사용되는지를 불문하고, 임차 호실에 제공되고 현재 별도로 계량되는 전

기 및 기타 유틸리티에 대한 모든 청구 금액을 만기일 내에 지불한다.

The Lessor agrees to furnish reasonably hot and cold water and reasonable heat during the regular heating season(except to the extent supplied through utilities metered to the leased premises or fuel oil kept in a separate tank as stated above), but the failure of the Lessor to provide any of the foregoing items to any specific degree, quantity, quality, or character due to any causes beyond the reasonable control of the Lessor, such as accident, restriction by City, State or Federal regulations, or during necessary repairs to the apparatus shall not(subject to applicable law) form a basis of any claim for damages against the Lessor.

임대인은 상시 난방 시즌 동안 합리적으로 온수 및 냉수 및 적정 난방을 제공하는 데 동의하지만(임대 건물에 계량된 유틸리티를 통해 공급되는 범위 또는 위에 명시된 별도의 탱크에 보관된 연료유는 제외), 사고, 시, 주 또는 연방 규정에 따른 제한 또는 장치에 필요한 수리 중에 발생하는 경우(해당 법률에 따름) 등 합리적으로 제어 가능한 범위를 벗어난 사유로 임대인이 상기 항목을 특정 정도, 수량, 품질 또는 특성으로 제공하지 못하는 경우는 임대인에 대한 손해 배상 청구의 근거가 되지 않는다.

If legally permitted, utility meters may consist of submeters installed to allocate charges incurred by the Lessor. Payment by the Lessee for water and sewer service is subject to the provisions of the attached Water and Sewer Submetering Addendum.

법적으로 허용되는 경우, 유틸리티 계량기는 임대인이 부담하는 요금을 할당하기 위해 설치된 보조 계량기로 구성될 수 있다. 임차인의 상하수도 서비스에 대한 지불은 첨부된 「상하수도 보조 계량 부록」의 조항에 따른다.

▶ submetering : 보조 계량　　addendum : 부록

4. Attached Forms(첨부 양식)

The forms, if any, attached hereto are incorporated herein by reference.

여기에 첨부된 양식이 있는 경우, 본 계약의 일부로 간주된다.

5. Care of Premises(임차 부동산 관리)

The Lessee shall not paint, decorate or otherwise embellish and/or change and shall not make nor suffer any additions or alterations to be made in or to the leased premises without the prior written consent of the Lessor, nor make nor suffer any strip or waste, nor suffer the heat or water to be wasted, and at the termination of this lease shall deliver up the leased premises and all property belonging to the Lessor in good, clean and tenantable order and condition, **reasonable wear and tear excepted**.

- embellish : 아름답게 하다, 꾸미다　　wear and tear : 마모, 닳다
  strip : 낡은 칠을 벗겨내다　　waste : 폐물, 쓰레기, 폐기물, 法 훼손, 훼손하다

임차인은 임대인의 사전 서면 동의 없이 도색, 장식 또는 달리 꾸밈 및/또는 변경하지 않으며 임대 호실에 추가 또는 변경을 가하거나 훼손하지 않는다. 칠을 벗겨내거나 폐기물을 만들지 않으며, 열이나 물이 낭비되지 않게 하며, 이 임대 계약이 종료될 때 임대 호실과 임대인에게 속한 모든 자산을 양호하고 깨끗하게 새 세입자가 사용할 수 있는 상태(합리적인 생활 스크래치는 인정)로 인도하여야 한다.

No washing machine, air-conditioning unit, space heater, clothes dryer, television or other aerials, or other like equipment shall be installed without the prior written consent of the Lessor. No waterbeds shall be permitted in the leased premises.

- install은 벽에다 박거나 천장에 매단다든가 하는 것을 의미한다. TV를 그냥 바닥이나 티브이장에 올려놓고 보는 것을 금지하는 것이 아니고, 벽걸이 TV나 천정에 매다는 TV는 설치 불가하다는 것이다. 한마디로 집에 어떤 훼손을 내는 것을 허락하지 않는 것이다.
- 물침대는 터질 경우, 임대 호실이 물바다가될 수 있어 사용 못 하게 한다.

임대인의 사전 서면 동의 없이 세탁기, 에어컨, 실내 난방기, 의류 건조기, TV 또는 기타 공중선 또는 기타 유사한 장비를 설치할 수 없다. 그리고 물침대는 설치 불가하다.

6. Cleanliness(청결 유지)

The Lessee shall maintain the leased premises in a clean condition. He shall not sweep, throw, or dispose of, nor permit to be swept, thrown or disposed of, from said premises nor from any doors, windows, balconies, porches or other parts of said building, any dirt, waste, rubbish or other substance or article into any other parts of said building or the land adjacent thereon, except in proper receptacles and except in accordance with the rules of the Lessor.

- receptacles : 그릇, 용기
  rubbish : 쓰레기, 졸작, 하찮은 것, 헐뜯다, 비난하다
- He is talking rubbish/garbage/nonsense. 그는 헛소리만 지껄이고 있다.
  The rubbish is taken away thrice a week. 쓰레기는 일주일에 세 번 치운다.
  The left-leaning newspaper rubbished the new President.
  좌파 성향 신문이 새로 취임한 대통령을 비난하였다.

임차인은 임대한 호실을 깨끗한 상태로 유지하여야 한다. 적절한 용기에 담겨 있는 경우와 임대인의 규칙에 따른 경우를 제외하고, 임차인은 해당 호실이나 호실의 문, 창문, 발코니, 베란다 또는 기타 부위에서 흙, 폐기물, 쓰레기 또는 기타 물건을 쓸거나 던지거나 처리하지 않으며 그리하는 것도 허용되지 않는다.

7. Definitions

The words "Lessor" and "Lessee" as used herein shall include their respective heirs, executors, administrators, successors, representatives and assigns, agents and servants, and the words "he", "his" and "him" where applicable shall apply to the Lessor or Lessee regardless of sex, number, corporate entity, trust or other body. If more than one party signs as Lessee hereunder, the covenants, conditions and agreements herein of the Lessee shall be the joint and several obligations of each such party.

- joint : 연대라는 의미는 본인이 잘못하지 않아도 책임져야 한다는 의미이다.
  예를 들어, 친구가 1억을 대출할 때, 본인이 연대보증을 하면, 본인이 1억을 대출받은 것과 같다. 즉, 1억을 친구에게 대출해준 금융기관은 친구가 대출 상환을 하지 않으면, 언제든지 본인에게 대출 상환을 강제할 수 있다.

여기에 사용된 "임대인" 및 "임대인"이라는 단어에는 각각의 상속인, 집행자, 관리인, 승계인, 대리인이나 양수인, 대리인이나 하인이 포함된다. 해당하면 "그", "그의" 및 "그를"이라는 단어는 성별, 숫자, 법인, 신탁 또는 기타 단체와 관계없이 임대인 또는 임차인에게 적용된다. 둘 이상의 당사자가 본 계약에 따라 임차인으로 서명하는 경우, 임차인의 약정, 조건 및 계약은 각 당사자의 연대 책임 및 의무를 부담한다.

8. Delivery Of Premises(부동산 양도, 호실 양도)

In the event the Lessor is not able through no fault of his own to deliver the leased premises to the Lessee at the time called for herein, the rent shall be abated on a pro rata basis until such time as occupancy can be obtained, and if he cannot deliver such possession within 30 days from the beginning of said term, either the Lessor or Lessee may then terminate this lease by giving written notice to the other and any payment made under this lease shall be forthwith refunded.

- through no fault of his own : 자신의 잘못이 아닌데도, 불가항력으로
  abate : (세를) 낮추다, (값을) 내리다, 法 배제하다

임대인이 임대하기로 한 부동산을 자신의 귀책이 아닌 사유로 본 계약에 명기된 일자에 임차인에게 인도할 수 없는 경우, 임대료는 임차인이 점유할 때까지 정비례하여 차감한다. 그리고 임대인이 계약상 인도 일자의 30일 이내에 인도할 수 없는 경우, 임대인 또는 임차인은 상대방에게 서면 통지를 함으로써 이 임대를 종료할 수 있으며 본 임대 계약에 따라 지불된 모든 금액은 즉시 환불된다.

9. Eminent Domain(수용권)

- eminent domain : 수용권(정부가 공공의 사용을 위하여 보상을 대가로 사유 재산을 수용하는 권리)

If the lease premises, or any part thereof, or the whole or any part of the building of which they are a part, shall be taken for any purpose by exercise of the power of eminent domain or condemnation, or by action of the city or other authorities or shall receive any direct or consequential damage for which the Lessor or Lessee shall be entitled to compensation, then at the option of either the Lessor or the Lessee, this lease shall terminate notwithstanding the entire interest of the Lessor and the Lessee which may have been divested by such taking.

- condemnation : 비난, 불량품의 선고, 유죄 판결, 法 몰수 선고, 수용 선고
  condemn : 法(사유지 등의) 공적 수용을 선고하다　　divest : 빼앗다, 박탈하다

임대 부동산 또는 그 일부 또는 임대 부동산이 속해 있는 건물의 전체 또는 일부에 대해 어떤 목적을 위해 수용권이 행사되거나 공적 수용이 선고되거나, 시나 다른 기관의 조처로 임대인 또는 임차인이 보상을 받을 권리가 있는 직접적인 손해를 입었거나 수용으로 인한 손해를 입은 경우, 그러한 수용으로 인해 박탈되었을 수 있는 임대인과 임차인의 전체 이익에도 불구하고 임대인 또는 임차인이 원할 시, 본 임대 계약은 해지된다.

Said option to terminate shall be exercised by either the Lessor or the Lessee, by giving a written notice of exercise of such option to terminate in the manner described in "Section 17 Notice" of this lease. Said option to terminate shall not be exercised by either party(a) earlier than the effective date of taking, nor(b) later than thirty(30) days after the effective date of taking.

해당 해지 옵션은 임대인 또는 임차인이 본 임대 계약서의 "섹션 17 통지"에 명기된 방식으로 해지 옵션의 행사를 서면으로 통지, 행사하여야 한다. 다음의 경우에는 어느 당사자도 해지 옵션 행사 불가하다.(→ 조처일 30일 이내에 하라는 것임)

ⓐ 조처일 이전
ⓑ 조처일 30일 이후

10. Fire, Other Casualty(화재, 여타 사고)

If the leased premises, or any part thereof, or the whole or a substantial part of the building of which they are a part, shall be destroyed or damaged by fire or other casualty after the execution hereof and during said term, or any extension or renewal thereof, then this lease and said term shall terminate at the option of the Lessor by notice to the Lessee.

임대 부동산 또는 그 일부 또는 부동산이 귀속되어 있는 건물의 전체 또는 상당 부분이 본 계약의 실행 후 임대 기간 또는 계약 연장 또는 갱신 시, 화재에 의해 파괴되거나 훼손될 경우, 임대인은 임차인에게 통지함으로써 본 임대차 계약과 임대차 기간을 종료할 수 있다.

If this lease and said term are not so terminated, then in case of any such destruction of or damage to the leased premises, or to the common areas of the building customarily used by the Lessee for access to and egress from the leased premises, a just proportion of the rent hereinbefore reserved, according to the nature and extent of the damage to the leased premises, shall be suspended or abated until the leased premises shall have been put in proper condition for use and occupation.

▶ egress : 떠남, 나감

본 임대 및 해당 기간이 종료되지 않고, 임대 건물 또는 임차인이 임대 건물에 출입하기 위해 관례로 사용하는 건물의 공통 영역이 파괴되거나 손상되는 경우, 임대 건물 손상의 성격과 정도에 부합되게 기존에 정한 임대료는 임대 건물이 사용 및 점유에 적합한 상태가될 때까지 일부 지불 중단되거나 인하된다.

If the leased premises or such common areas have not been restored by the Lessor to substantially their former condition for use and occupancy within thirty days after the damage occurred, the Lessee may terminate this lease by giving notice to the Lessor within thirty days following the termination of the thirty day period within which the Lessor failed to restore. If either party gives notice of intention to terminate under this section, this lease shall terminate on the last day of the then-current monthly rental period.

▶ then-current : 당시의

임대 건물 또는 그러한 공용 구역이 손상이 발생한 후 30일 이내에 임대인에 의해 이전 사용 및 점유 상태로 실질적으로 복구되지 않는 경우, 임차인은 임대인의 복구 의무 기간 30일 종료 후 30일 이내에 임대인에게 통지함으로써 이 임대를 해지할 수 있다. 일방 당사자가 이 섹션에 따라 종료 의사를 통지하면 이 임대는 통지 당시 해당 월의 월간 임대 기간의 마지막 날에 종료된다.

Subject to applicable law, the landlord will provide insurance for up to $750 in benefits to cover the actual costs of relocation of the tenant of displaced by fire or damage resulting from fire.

▶ displace : (살던 곳에서) 쫓아내다, (평소의 위치에서) 옮겨놓다, 대체하다
displaced : 추방된, 유민의　　displaced people : 난민

화재 또는 화재로 인한 피해로 인한 세입자의 실제 이주 비용을 충당하기 위해 임대인은 해당 법률에 따라 최대 $750의 보험을 제공한다.

11. Disturbance, Illegal Use(소란, 소동, 방해, 불법 사용, 무단 이용)

Neither the Lessee nor his family, friends, relatives, invitees, visitors, agents or servants shall make or suffer any unlawful, noisy or otherwise offensive use of the leased premises, nor commit or permit any nuisance to exist thereon, nor cause damage to the leased premises, nor create any substantial interference with the rights, comfort, safety or enjoyment of the Lessor or other occupants of the same or any other apartment, nor make any use whatsoever thereof than as and for a private residence.

- thereon : 그 후, 즉시, 法(앞에 언급된) 그것에 대해

임차인이나 그의 가족, 친구, 친척, 초대받은 사람, 방문객, 대리인 또는 하인은 임대된 건물을 불법적이거나 시끄럽거나 다른 방식으로 타인에게 방해되게 사용하거나, 어떤 성가신 행위도 저지르거나 발생하게 하지 않으며, 임대한 건물에 피해를 주지 않으며, 임대인 또는 동일 또는 다른 아파트의 다른 거주자의 권리, 안락함, 안전 또는 향유를 실질적으로 방해하지 않으며, 개인 거주 용도 외에는 어떠한 용도로도 사용할 수 없다.

No signs or other articles shall be hung or shaken from or affixed to the windows, doors, porches, balconies, or exterior walls or placed upon the exterior windowsills without the Lessor's prior written consent in each instance.

- windowsill, window sill, window ledge : 창턱
  porch : 현관

각 경우에 대한 임대인의 사전 서면 동의 없이, 간판이나 기타 물품을 창문, 문, 현관, 발코

니 또는 외벽에 걸거나 흔들거리나 부착하거나 외부 창턱에 비치하지 않는다.

▶ 이러한 상황을 원하면, 그때그때 임대인의 사전 동의를 받아야 가능하다는 것임.

12. Governmental Regulations(정부 규정)

The Lessor shall be obligated to fulfill all of the Lessor's obligations hereunder to the best of the Lessor's ability but the Lessee's obligations, covenants and agreements hereunder shall not(subject to applicable law) be affected, impaired or excused because the Lessor is unable to supply or is delayed in supplying any service or is unable to make or is delayed in making any repairs, additions, alterations or decorations, or is unable to supply or is delayed in supplying any equipment or fixtures, if Lessor is prevented or delayed from doing so because of any law or governmental action or any order, rule or regulation of any governmental agency, which is beyond the Lessor's reasonable control.

임대인은 최선을 다해 임대인의 모든 의무를 수행할 의무가 있다. 하지만, 임대인이 서비스를 제공할 수 없거나, 공급이 지연되거나 수리할 수 없거나, 지연되기 때문에 추가, 변경 또는 장식하거나, 장비 또는 비품을 공급할 수 없거나 공급이 지연되어도, 그 사유가 임대인이 합리적으로 통제할 수 없는 법률이나 정부 조치 또는 정부 기관의 명령, 규칙 또는 규정으로 인해 임대인이 그렇게 할 수 없거나 그렇게 하는 것이 지연되는 경우라면, 임차인의 의무, 약정 및 계약은 영향을 받거나, 손상되거나, 면제되지 않는다.

13. Common Areas(공용 지역)

No receptacles, vehicles, baby carriages or other articles or obstructions shall be placed in the halls or other common areas or passageways.

- receptacle : 용기　　obstruction : 장애물
  passageway : 통로, 복도

용기, 차량, 유모차 또는 기타 물품이나 장애물을 복도 또는 기타 공용 구역 또는 통로에 두는 것을 금지한다.

14. Insurance(보험)

Lessee understands and agrees that it shall be Lessee's own obligation to insure his personal property.

임차인은 자신의 개인 재산 보험 가입은 임차인 자신의 책임임을 이해하고 동의한다.

15. Keys & Locks(열쇠와 자물쇠)

Upon expiration or termination of the lease, the Lessee shall deliver the keys of the premises to the landlord. Delivery of keys by the Lessee to the Lessor, or to anyone on his behalf, shall not constitute a surrender or acceptance of surrender of the leased premises unless so stipulated in writing by the Lessor.

- 임대인이 열쇠를 반환받았다고 임대 부동산의 상태를 점검하고 문제가될 것이 없다는 것을 확인한 것이 아니다. 즉, 임대인에게 열쇠를 돌려준다고 원상복구 의무가 즉시 없어진다는 것이 아니다.

임대차 기간이 만료되거나 종료되면 임차인은 임차 부동산의 열쇠를 집주인에게 전달하여야 한다. 임차인이 임대인 또는 그를 대신하는 누구에게 열쇠를 전달하는 것은 임대인이 서면으로 규정하지 않는 한 임대 부동산의 양도 또는 양도 수락을 의미하지는 않는다.

In the event that the exterior door lock or locks in the leased premises are not in normal working order at any time during the term thereof, and if the Lessee reports such condition to the Lessor, then and in that event the Lessor shall, within a reasonable period of time following receipt of notice from the Lessee of such condition, repair or replace such lock or locks.

임대 부동산의 외부 도어 잠금장치 또는 내부 잠금장치가 임대하는 동안 어느 때든 정상 작동하지 않으며, 임차인이 이러한 상태를 임대인에게 통보하는 경우, 임대인은 임차인으로부터 그러한 상태에 대한 통지를 받은 후 합리적인 기간 내에 그러한 외부 도어 잠금장치와 내부 잠금장치를 수리 또는 교체한다.

Locks shall not be changed, altered, or replaced nor shall new locks be added by the Lessee without the written permission of the Lessor. Any locks so permitted to be installed shall become the property of the Lessor and shall not be removed by the Lessee. The Lessee shall promptly give a duplicated key to any such changed, altered, replaced or new lock to the Lessor.

잠금장치는 임대인의 서면 허가 없이 변경, 변형 또는 교체할 수 없으며, 임차인이 새 잠금장치를 추가할 수도 없다. 설치가 허용된 잠금장치는 임대인의 재산이 되며 임차인이 제거할 수 없다. 임차인은 이러한 변경, 변형, 교체 또는 새로운 잠금장치에 대한 복제 키를 임대인에게 즉시 제공한다.

16. Loss or Damage(분실 및 훼손)

The Lessee agrees to indemnify and save the Lessor harmless from all liability, loss or damage arising from any nuisance made or suffered on the leased premises by the Lessee, his family, friends, relatives, invitees, visitors, agents, or servants or from any carelessness, neglect or improper conduct of any such persons.

- indemnify는 손실, 손해와 장래의 손실, 손해에 대한 보상, 보전을 현시점에서 배상 약속한다는 것이며, save harmless, hold harmless는 제삼자의 청구에 대해서 앞으로도 계속해서 면책한다는 것이다.

임차인은 「임차인, 그의 가족, 친구, 친척, 초대받은 사람, 방문자, 대리인 또는 하인에 의해 또는 그러한 사람의 부주의, 방치 또는 부적절한 행동으로 인해 임차한 부동산에 끼친」 모든 책임, 손실 또는 손해를 임대인에게 배상하며, 앞으로도 임대인을 그 책임 및 손해로부터 면제시킨다.

All personal property in any part of the building within the control of the Lessee shall be at the sole risk of the Lessee. Subject to provisions or applicable law, the Lessor shall not be liable for damage to or loss of property of any kind which may be lost or stolen, damaged or destroyed by fire, water, steam, defective refrigeration, elevators, or otherwise, while on the leased premises or in any storage space in the building or for any personal injury unless caused by the negligence of the Lessor.

- at the risk of ~ : ~의 위험을 무릅쓰고, ~ 을 희생하고
  unless caused by the negligence of ~ : ~의 과실로 야기된 경우가 아니라면
- defective refrigeration : 임차인이 음식을 잘못 냉장 보관하여 음식이 상할 경우, 임대인 탓을 할 수도 있어 미리 명확히 해두는 것이다.

건물의 어느 위치에 있든 임차인의 통제하에 있는 모든 개인 재산은 임차인이 단독으로 위험을 감수하여야 한다. 임대인의 과실로 야기된 경우가 아니라면, 규정 또는 관련 법률에 따라 임대인은 화재, 물, 증기, 잘못된 냉장 보관 방법, 엘리베이터 또는 기타 방법으로 분실 또는 도난, 손상 또는 파괴될 수 있는 모든 종류의 재산 손실에 대한 책임을 지지 않는다.

17. Notices(통지)

Written notice from the Lessor to the Lessee shall be deemed to have been properly given if mailed by registered or certified mail postage prepaid, return receipt requested to the Lessee at the address of the leased premises.

임대인이 임차인에게 보내는 서면 통지는 우편 요금이 지불된 등기 또는 배달 증명 우편으로 임대 부동산 주소지의 임차인에게 발송되고 반송 영수증을 요청하면, 적절하게 조처된 것으로 간주한다.

Written notice from the Lessee to the Lessor shall be deemed to have been properly given if mailed by registered or certified mail, postage prepaid, return receipt requested to the Lessor at his address set forth in the first paragraph of this lease.

임차인이 임대인에게 보내는 서면 통지는 우편 요금이 지불된 등기 또는 배달 증명 우편으로 본 임대차 계약서의 첫 번째 단락에 명시된 주소로 임대인에게 발송되고 반송 영수증을 요청하면, 적절하게 조처된 것으로 간주한다.

18. Other Regulations(다른 규정)

The Lessee agrees to conform to such lawful rules and regulations which may reasonably be established by the Lessor in the future for the safety, care, cleanliness, or orderly conduct of the leased premises and the building of which they are a part, and of the benefit, safety, comfort and convenience of all the occupants of said building.

- lawful : 법이 허용하는, 합법적인(↔ unlawful)

임차인은 임대 호실과 임대 호실이 속한 건물의 안전, 관리, 청결 또는 질서 있는 행위 및 해당 건물의 모든 입주자에게 혜택, 안전, 및 편리성을 제공하기 위해 미래에 임대인이 합리적으로 설정할 수 있는 합법적인 규칙 및 규정을 준수하는 데 동의한다.

- 본 임대차 계약에 명기되어 있지 않더라도, 건물 입주자의 공동 이익을 위하는 새로운 규정이 만들어진다면 그 규정을 따라야 한다는 것이다.

19. Parking(주차)

Parking on the premises of the Lessor is prohibited unless written consent is given by the Lessor.

임대인의 서면 동의가 없는 한 임대인 부동산에 주차하는 것은 금지된다.

20. Pets(애완동물)

No dogs or other animals, birds or pets shall be kept in or upon the leased premises without the Lessor's written consent, and consent so given may be revoked at any time.

- 개를 키우는 것에 동의해주었으나, 실제 그 개가 밤새도록 짖는다면 계속 키우게 할 수는 없을 것이다.

개 또는 기타 동물, 새 또는 애완동물은 임대인의 서면 동의 없이 임대된 구내 또는 그 실내에서 키울 수 없으며, 동의하였더라도 언제든지 동의 취소할 수 있다.

21. Plumbing(배관, 배관 공사, 배관 작업)

The water closets, disposals, and waste pipes shall not be used for any purposes other than those for which they were constructed, nor shall any sweepings, rubbish, rags, or any other improper articles be thrown into same, and any damage to the building caused by the misuse of such equipment shall be borne by the Lessee by whom or upon whose premises shall have been caused unless caused by the negligence of the Lessor, or by the negligence of an independent contractor employed by the Lessor.

- sweepings : 쓰레기, 쓸어 모은 것　　rubbish : 쓰레기, 잡동사니, 졸작

변기, 폐기물 처리관, 배수관은 원래의 용도 이외의 용도로는 사용되지 않으며, 쓸어 모은 것, 쓰레기, 걸레 또는 기타 부적합한 물건을 버리지 말아야 한다. 그리고 임대인의 과실 또는 임대인이 고용한 독립 계약자의 과실로 인한 경우를 제외하고는, 그러한 장비의 오용으로 인한 건물 손상은 임차인이 부담한다.

22. Right of Entry(출입 권리)

The Lessor may enter the leased premises to make repairs thereto, to inspect the premises, or to show the premises to prospective tenants, purchasers, or mortgagees. The Lessor may also enter upon the said premises if anything appears to have been abandoned by the Lessee or as otherwise permitted by law.

임대인은 임대한 호실에 들어가 수리를 하거나 호실을 검사하거나 장래의 임차인, 구매자 또는 저당권자에게 호실을 보여줄 수 있다. 임대인은 임차인에 의해 버려진 것으로 보이는 것이 있거나 법에서 달리 허용하는 경우, 임대한 호실에 출입할 수 있다.

- 임대인에게는 아주 중요한 권리이다. 임차인이 임대인에게 부동산을 보여주지 않는다면 임대인은 새로운 임차인이나 매수자를 구하는 데 애로가 따른다.

23. Repairs(수리, 원상복구)

The Lessee agrees with the Lessor that, during this lease and for such further time as the Lessee shall hold the leased premises or any part thereof, the Lessee will at all times keep and maintain the leased premises and all equipment and fixtures therein in such good order and condition as the same are at the beginning, reasonable wear and tear and damage by unavoidable casualty only excepted.

- 전체 문장 구조가 어지러우면 밑줄 친 내용만 먼저 읽고, 다른 내용은 그다음에 붙여 읽으면 쉽게 이해할 수 있다.
- wear and tear : 마모
- unavoidable : 불가피한, 피할 수 없는
  inevitable, inescapable, inexorable, ineluctable
  The production manager said the defective ratio was unavoidable at pilot production.
  생산과장은 PP(시험 생산)에서 그 불량률은 불가피하다고 말했다.

임차인은 이 임대 기간 동안 그리고 임차인이 임대 건물 또는 그 일부를 보유하는 추가 기간 동안 임차인이 임대 건물과 그 안에 있거나 함께 사용하는 모든 장비와 설비를 항상 임차 개시 시점과 같은 상태로 보관 및 유지한다는 데 동의한다. 단, 불가피한 사고에 의한 합리적인 마모는 제외된다.

The Lessor and the Lessee agree to comply with any responsibility which either may have under applicable law to perform repairs upon the leased premises. If Lessee fails within a reasonable time, or improperly makes such repairs, then and in any such event or events, the Lessor may(but shall not be obligated to) make such repairs and the Lessee shall reimburse the Lessor for the reasonable cost of such repairs in full, upon demand.

임대인과 임차인은 관련 법률에 따라 임대 부동산의 수리를 수행할 책임을 준수하는 데 동의한다. 임차인이 합리적인 시간 내에 수리하지 않거나 수리를 하더라도 수리를 부적절하게 하는 경우, 임대인은(의무 사항은 아니지만) 그러한 수리를 할 수 있으며, 임대인이 요청 시 임차인은 그러한 수리의 합리적인 비용 전체 금액을 임대인에게 상환하여야 한다.

24. Non-performance Or Breach by Lessee (임차인의 계약 불이행 또는 위반)

If the Lessee shall fail to comply with any terms & conditions, covenant, obligation, or agreement expressed herein or implied hereunder, or if the Lessee shall be declared bankrupt, or insolvent according to law, the Lessor may, subject to the Lessee's rights under applicable law, terminate this lease by:

임차인이 여기에 명시되거나 묵시적인 조건, 약정, 의무 또는 합의를 준수하지 않거나 임차인이 법률에 따라 파산 또는 지급불능으로 선언되는 경우, 임대인은 다음과 같이 본 임대차 계약을 해지할 수 있다. 단, 적용 법률상 임차인의 권리에 반하지 않는 경우로 한정한다.

A. a seven(7) day written notice to the Lessee to vacate said leased premises in case of any breach except only for nonpayment of rent, or

- nonpayment은 미지급, 지급불능이며, 체납금은 arrears이라고 한다.
  nonpayment of rent : 미납 집세
  arrears of rent : 밀린 집세, 연체 집세, 연체 임대료
  arrears of tax : 밀린 세금 arrears of pay : 미지급 급여

임대료 미납을 제외하고 위반 사항이 있는 경우 임차인에게 해당 임대 호실을 비우라는 7일 기한 서면 통지, 또는

B. a fourteen(14) day written notice to the Lessee to vacate said leased premises upon the neglect or refusal of the Lessee to pay the rent as herein provided.

임차인이 여기에 명기된 임대료 지불을 방치하거나 거부하는 경우, 임차인에게 해당 임대 호수를 비우도록 14일 기한 서면 통지.

25. Lessee's Covenants in Event of Termination (임차인의 계약 해지 관련 약정)

- 「임차인이 계약 조기 해지 시 임대인이 새로운 임차인을 구하기 위해 발생하는 비용 전체를 임차인이 책임져야 한다.」라는 내용이다. 한국도 마찬가지이다. 예를 들어, 2020/1/1 ~ 2020/12/31일 임대차 조건으로 임차인에게 임대하였으나, 임차인이 2020/6/30일 이사를 한다면, 「새 임차인을 구하기 위해, 부동산 중개 업자 비용, 7/1일부터 새 임차인이 들어올 때까지 임대료와 관리비 등이 발생한다.」 임차인은 새 임차인이 들어올 때까지의 임대료, 관리비와 부동산 중개수수료 등 관련 비용을 책임져야 한다. 단, 당초 계약 기간인 2020/12/31일까지만 책임을 지면 된다.

The Lessee covenants that in case of any termination of this lease, by reason of the default of the Lessee, then at the option of Lessor:

임차인은 본 임대차 계약이 임차인의 의무 불이행으로 인해 해지되는 경우, 임대인에게 다음의 옵션이 있음을 약정한다.

A. the Lessee will forthwith pay to the Lessor as damages hereunder a sum equal to the amount by which the rent and other payments called for hereunder for the remainder of the term, including any extension or renewal thereof, exceed the fair rental value of said premises for the remainder of the term, including any extension or renewal thereof; and

▶ forthwith : 곧, 즉시, 당장

임차인은 즉시 임대인에게 손해 배상을 지불한다. 손해 배상 금액은 『연장 또는 갱신을 포함하여 잔여기간 동안 본 계약에 따라 요구되는 임대료 및 기타 지급액이 연장 또는 갱신을 포함하여 잔여기간 동안 해당 건물의 공정 임대 가치를 초과하는 금액』과 같은 것으로 한다.

B. the Lessee covenants that he will furthermore indemnify the Lessor from and against any loss and damage sustained by reason of any termination caused by the default of, or the breach by, the Lessee. Lessor's damages hereunder shall include, but shall not be limited to any loss of rents; reasonable broker's commissions for the re-letting of the leased premises; advertising costs; the reasonable cost incurred in cleaning and repainting the premises in order to relet the same; and moving and storage charges incurred by Lessor in moving Lessee's belongings pursuant to eviction proceedings.

▶ evict : (주택이나 땅에서) 쫓아내다, 퇴거시키다　　eviction : 퇴거

임차인의 계약 불이행 또는 위반으로 인한 계약 해지의 경우, 임차인은 임대인이 입은 손실 및 손해에 대해 추가로 책임질 것임을 약정한다. 본 계약에 따른 임대인의 손해에는 임대료 손실이 포함되며 이에 국한되지 않는다. 임대한 건물의 재임대를 위한 합리적인 중개인의 수수료, 광고비, 건물을 청소하고 다시 페인트칠하기 위해 발생하는 합리적인 비용, 그리고 퇴거 절차에 따라 임차인의 물품을 이동하는 데 임대인이 부담하는 이동 및 보관 비용 등을 임차인이 부담한다.

▶ 계약 기간 만료 전에 임차인이 임대료를 지불하지 않거나, 계약 기간 만료 전에 이사하게 되면 관련된 비용을 모두 부담하는 것이다.

C. At the option of the Lessor, however, Lessor's cause of action under this article shall accrue when a new tenancy or lease term first commences subsequent to a termination under this lease, in which event Lessor's damages shall be limited to any and all damages sustained by him prior to said new tenancy or lease date. Lessor shall also be entitled to any and all other remedies provided by law.

그러나 임대인의 선택에 따라 이 조항에 따른 임대인의 소송 사유는 이 임대 계약에 따른 종료 후 새로운 임대 또는 임대 기간이 처음 시작될 때 발생한다. 임대인의 손해는 상기

신규 임차 또는 임대일 이전에 임차인이 입은 모든 손해로 한정된다. 또한 임대인은 법이 제공하는 기타 모든 구제책을 받을 자격이 있다.

- 「계약이 중도 해지가 되어도 새 임차인이 들어오게 되면, 임대인의 피해는 새 임차 기간이 개시되기 전까지이며, 임차인의 피해는 이 시점까지에 국한한다.」는 것이다. 지극히 상식적이며 합리적이다.

26. Removal of Goods(물품 치우기)

Lessee further covenants and agrees that if Lessor shall remove Lessee's goods or effects, pursuant to the terms hereof or of any Court order, Lessor shall not be liable or responsible for any loss of or damage to Lessee's goods or effects and the Lessor's act of so removing such goods or effects shall be deemed to be the act of and for the account of Lessee, provided, however, that if the Lessor removes the Lessee's goods or effects, he shall comply with all applicable laws, and shall exercise due care in the handling of such goods to the fullest practical extent under the circumstances.

- effects : 동산(movables), 재산, 물건
  household effects : 가재　　personal effects : 휴대품, 사물
  for account of : ~의 부담으로, ~의 지불로, ~ 을 위해서

임차인은 『임대인이 본 약관 또는 법원 명령에 의거, 임차인의 물품 또는 물건을 치우는 경우, 임대인은 임차인의 물품 또는 물건에 대한 손실 또는 손해에 대한 책임을 지지 않으며, 임대인이 그러한 물품 또는 물건을 임대 장소에서 치우는 행위는 임차인의 행위이며, 임차인의 비용/책임으로 간주하는 것』으로 확약하고 동의한다. 단, 임대인이 임차인의 재화 또는 물건을 처리할 때는 관련 법령을 준수하여야 하며, 당해 재화 또는 물건의 취급에 관하여는 상황에 맞게 최대한 주의를 기울인다.

27. Surrender(양도)

Neither the vacation of the premises by the Lessee, nor the delivery of keys to the Lessor shall be deemed a surrender or an acceptance of surrender of the leased premises, unless so stipulated in writing by Lessor.

- vacation : (집, 방) 비우기, 명도

임대인이 서면으로 명시하지 않는 한, 임차인이 임대 호수를 비우거나, 임차인이 임대인에게 열쇠를 양도하는 것은 임대 호수의 양도 또는 양도 수락으로 간주되지 않는다.

28. Subletting, Number of Occupants(전대, 거주자 수)

The Lessee shall not assign nor underlet any part of the whole of the leased premises, nor shall permit the leased premises to be occupied for a period longer than a temporary visit by anyone except the individuals specifically named in the first paragraph of this lease, their spouses, and any children born to them during the term of this lease or any extension or renewal thereof without first obtaining on each occasion the assent in writing of the Lessor.

- underlet, sublease, sublet : 전대하다, 시세보다 싸게 주다
  (전대 : 빌리거나 꾼 것을 다시 다른 사람에게 빌려주거나 꾸어줌)
- without first obtaining on each occasion the assent in writing of the Lessor는 다음과 같이 paraphrase 하면 쉽게 이해된다.

  - without first obtaining the assent in writing of the Lessor on each occasion 또는
  - without first obtaining the written assent of the Lessor on each occasion

임차인은 임차한 호실 전체나 일부를 양도하거나 전대할 수 없으며, 본 임대차 계약서의 첫 번째 단락에 구체적으로 언급된 개인, 배우자나 이들 사이에서 태어난 모든 자녀를 제외하고는 각 경우에 대해 임대인의 사전 서면 동의를 얻지 않고는 임시 방문보다 더 긴 기간 동안 임차 호실을 점유할 수 없다.

- 「계약서에 명기된 사람 이외에는 임시 방문만 허락되지, 무단 거주는 불가하며, 임대인의 사전 서면 동의가 있으면 가능하다.」라는 것이다.
- 한국에서는 임차인의 동거인들에 대해 엄격하지는 않으나, 미국은 동거인에 대해 확실히 명기한다.

29. Waiver(권리 포기)

The waiver of one breach of any term, condition, covenant, obligation, or agreement of this lease shall not be considered to be a waiver of that or any other term, condition, covenant, obligation, or agreement or of any subsequent breach thereof.

본 임대차 계약의 조건, 계약 내용, 약정, 의무 또는 합의 파기에 대한 권리 행사를 하지 않는 것이 해당 또는 다른 조건, 약정, 의무, 합의 또는 후속적인 위반에 대한 권리 포기로는 간주되지 않는다.

30. Separability Clause(가분 조항, 분리 가능 조항)

If any provision of this lease or portion of such provision or the application thereof to any person or circumstance is held invalid, the remainder of the lease(or the remainder of such provision) and the application thereof to other persons or circumstances shall not be effected thereby.

본 임대차 계약서의 어떤 조항 또는 그러한 조항 일부가 어떤 개인이나 상황에 적용되지 않더라도, 계약서의 나머지 조항들(또는 해당 조항의 나머지 부분)이 다른 사람이나 상황에 적용되지 않는 것은 아니다.

 31. Copy of Lease(임대차 계약서 부수)

The Lessor shall deliver a copy of this lease, duly signed by Lessor or his authorized agent, to the Lessee within thirty(30) days after three copies hereof, duly signed by the Lessee, has been delivered to the Lessor.

임대인은 임차인이 정식으로 서명한 임대차 계약서 3부를 받아 30일 이내에 임대인 또는 그의 수권 대리인이 정식으로 서명한 임대차 계약서 1부를 임차인에게 전달한다.

 32. Reprisals Prohibited(보복 금지)

The Lessor acknowledges that provisions of applicable law forbid a landlord from threatening to take reprisals against any tenant for seeking to assert his legal rights.

- reprisal : 보복, 앙갚음

임대인은 『자신의 법적 권리를 주장하려는 임차인에 대해 위협을 가하거나 보복하는 것이 임대인에게 금지되어 있음』을 인지한다.

 33. Other Provisions(타 조항들)

IN WITNESS WHEREOF, the said parties hereunto have <u>set their hands and seals to the instrument</u> on the day and year first above written; and Lessee as an individual states <u>under the pains and penalties of perjury</u> that said Lessee is over the age of 18 years.

- set one's hand(and seal) to the instrument : 서류에 서명하다
  under the pains and penalties of perjury : 위증죄 형벌하에
  under one's hand and seal : 서명 날인되어

이상의 증거로, 당사자들은 위에 명기된 일자에 법률 서류(임대차 계약서)에 서명하였으며, 임차인은 개인으로서 위증죄 형벌하에 「임차인이 19세 이상이라는 것」을 진술한다.

- 미국에서 단독으로 계약할 수 있는 나이는 19세부터인바, 18세 이하이면 위증죄 처벌을 받겠다는 것임. 한마디로 임차인이 단독으로 계약 체결할 수 있는 적법한 주체라는 것임.

Lessee	Lessor
Haha Kim	Trustee or Agent

ADDENDUM (부칙, 부록)

This instrument is an Addendum to #706, XX Harbor Street, Sandiego, CA 02XXX Lease dated August 2, 2021 between Lessor Nancy Hanks and Lessee Haha Kim, pertaining to the property located at xx Washington Street, Somerville, CA xxxxx.

본 서류는 2021년 8월 2일 자 CA 02XXX, Sandiego, Harbor Street, #706 임대차 계약의 부칙이다. 임대인은 Nancy Hanks, 임차인은 김하하이다.

1. Leased to above named only.

위에 언급된 사람에게만 임차한다.

▶ 계약서에 명기되지 않으면 거주 불가

2. No pets or smoking allowed in unit.

애완동물이나 흡연은 허용되지 않는다.

3. Lessees have received a copy of the Owner and Resident's Handbook and have signed the acceptance form stating that they will abide by all condo rules and regulations.

임차인은 소유주와 거주자 핸드북을 한 부 받았으며, 「모든 콘도 규칙 및 규정을 준수한다.」라는 수락 양식에 서명하였다.

4. At lease signing, $2,500 was paid for first month's rent, $2,500 for last month's rent and $2,500 for a security deposit.

▶ security deposit : 임대 보증금

임대 계약 체결 시 첫 달 임대료 $2,500, 마지막 달 임대료 $2,500, 임대 보증금 $2,500을 지불하였다.

5. Tenant has also paid the move-in and move-out fee of $250.

또한 세입자는 $250의 입실 및 퇴실 비용을 지불하였다.

6. Lessee acknowledges receipt of an Apartment Condition Statement.

▶ 한국의 「중개대상물 확인 설명서」에 해당

임차인은 「아파트 상태 진술서」를 수령하였다.

7. This is a term lease ending on August 1, 2022. If tenant wishes to continue in the tenancy beyond that date, tenant must contact landlord no later than June 1, 2022 to discuss the terms and conditions of a new lease. In the event a new lease is not agreed to by both sides, tenant must vacate the premises no later than August 1, 2022.

본 계약은 2022년 8월 1일에 종료되는 기간 임대차 계약이다. 세입자가 그 일자 이후에도 계속해서 임차를 유지하기를 원하는 경우, 세입자는 늦어도 2022년 6월 1일까지 집주인에게 연락하여 새 임대차 계약 조건을 논의하여야 한다. 양측이 새로운 임대차 계약에 동의하지 않는 한, 임차인은 늦어도 2022년 8월 1일까지 임대 호실을 비워야 한다.

8. Lessee agrees to allow Lessor's Agent access to the apartment starting June 1, 2022 for showing with a 24 hour notice.

임차인은 2022년 6월 1일부터 임대인의 대리인이 임차인에게 24시간 전에 통보하고 아파트를 타인에게 보여주는 것을 허용한다.

▶ 임차인이 만기가 되면 이사하기로 함에 따라 임대인은 새 세입자를 구하여야 하는바, 대상자에게 집을 보여주어야 하므로 이런 조항이 필요하다. 간결하고 의미 확실한 영어 문장인바, 외워두면 응용 활용도가 클 것 같다.

9. The apartment was professionally cleaned prior to moving in, so the lessee will have the apartment professionally cleaned prior to moving out. If not, the cleaning fee will be deducted from the security deposit.

현 임차인이 입주 직전, 임대 아파트는 전문 청소업체에 의해 청소되었으므로 임차인은 이사하기 전에 아파트를 깔끔히 청소하여야 한다. 그렇지 않으면 청소 비용은 보증금에서 공제된다.

- 부동산 임대차 계약에는 「원상복구 의무」가 따른다. 입주 시 부동산 상태대로 만들고 이사하여야 한다. 아니면 원상복구를 위한 경비를 지불하여야 한다.

NO-SMOKING ADDENDUM(금연 부칙)

The following addendum is made part of the lease or tenancy at will agreement between the undersigned parties with respect to Apartment 706(the "Apartment") at 327 XX Harbor Street, Condominiums(the "The Building").

- at will agreement : 월 단위로 당사자를 서로 구속하는 리스. 원 임대차 계약과 상반되는 일부 결함이 있어 조처 요청하였으나 되지 않으면 계약 해지 가능.
- at will employee : 임의 직원(언제든지 해고, 언제든지 퇴사 가능한 직원)

다음 부칙은 327 XX Harbor Street("건물")에 있는 아파트 706("아파트")과 관련하여 아래 서명한 당사자 간의 임의 임대 계약 일부이다.

Tenant shall not smoke, and shall be responsible for preventing smoking by other occupants of the Apartment and by any guests or other persons allowed to visit or have access to the Apartment, anywhere in the Building or else-where on Landlord's property, including without limitation the Apartment and any patios, balconies, foyers, hallways, walkways, driveways, parking areas, fire escapes and rooftops.

- patio : 파티오(보통 집 뒤쪽에 만드는 테라스)
  balcony : 발코니(집 앞쪽의 테라스), veranda : 베란다(지붕이 있는 발코니)
  porch : 현관, 베란다 foyer : 로비, 현관 hallway : 복도, 통로
  walkway : 통로, 보도 driveway : 차도(자택 차고에서 집앞 도로까지의)
  fire escape : 비상구, 화재 피난 장치(비상계단, 사다리 등)

세입자는 흡연하지 않으며, 세입자와 같이 동거하는 거주자, 게스트 또는 아파트를 방문, 접근할 수 있는 외부인이 건물 내 또는 아파트 및 파티오, 발코니, 로비, 복도, 보도, 차도, 주차장, 화재 비상구 및 옥상 어디에서든지 흡연하는 것을 방지할 책임이 있다.

- 예를 들면, 배달인이 706호 방문한다고 하여 아파트 건물에 들어오게 하였는데, 막 돌아다니면서 흡연을 할 수도 있으니, 그러한 일이 없도록 하라는 것임.

For purposes of this Addendum, the term "smoking" shall refer to the possession of any lighted cigarette, cigar, pipe or similarly-used article, whether or not containing tobacco. Landlord may, if Landlord so elects, designate areas outside the Building where smoking may be allowed subject to such restrictions as Landlord may prescribe. The smoking of marijuana anywhere on Landlord's property is expressly forbidden.

▶ elect : 택하다, 결심하다, 선거하다, 뽑다

본 부칙상 "흡연"이라는 용어는 담배 함유 여부와 관계없이 불이 붙은 궐련, 시가(여송연), 파이프 또는 이와 유사하게 사용되는 물품의 소지를 의미한다. 임대인은 임대인이 선택하는 경우, 건물 외부에 임대인이 규정한 제한 사항에 따라 「흡연 허용 구역」을 지정할 수 있다. 임대인 건물에서 마리화나를 피우는 것은 명시적으로 금지되어 있다.

Landlord makes no warranty, representation or other promise that no smoking will occur in the Building. In particular, persons who already reside in the Building may not necessarily be subject to the same restrictions set forth in this Addendum. Any violation by Tenant hereunder shall be deemed a failure to comply with the provisions of the attached lease or tenancy at will agreement, entitling Landlord to pursue all available remedies.

임대인은 건물에서 흡연이 발생하지 않을 것이라는 보증, 진술 또는 기타 약속을 하지 않는다. 특히, 건물에 이미 거주하고 있는 사람은 반드시 이 부록에 명시된 것과 같은 제한 사항이 적용되지 않을 수도 있다. 임차인의 본 계약 위반은 첨부된 임대차 계약 또는 임대차 계약의 조항을 준수하지 않는 것으로 간주하여 임대인이 가능한 한 모든 구제책을 조처할 수 있다.

▶ 기 거주자의 흡연 규정은 기존 계약서에 따를 것인바, 상기와 같이 「같은 제한사항이 적용되지 않을 수도 있다」라고 단서 단 것으로 판단된다.

Apartment Condition Statement
[아파트 상태 진술서(한국의 「중개대상물 확인 설명서」에 해당)]

This is a statement of the condition of the premises you have leased or rented. You should read it carefully in order to see if it is correct. If it is correct, you must sign it. This will show that you agree that the list is correct and complete. If it is not correct, you must attach a separate signed list of any damage which you believe exists in the premises.

본 문서는 귀하가 임대한 부동산 상태에 대한 진술서이다. 상태 설명이 맞는지 확인하기 위해 주의 깊게 읽어야 한다. 진술서의 내용이 맞는다면 귀하는 서명하여야 한다. 본 문서는 진술서의 내용이 정확하고 완전하다는 데 귀하가 동의한다는 것이다. 목록이 정확하지 않은 경우, 부동산에 존재한다고 생각되는 손상에 대한 별도의 서명된 목록을 첨부하여야 한다.

This statement must be returned to the lessor or his agent within fifteen(15) days after you receive this list or within fifteen(15) days after you move in, whichever is later. If you do not return this list within the specified time period, a court may later view your failure to return the list as your agreement that the list is complete and correct in any suit which you may bring to recover the security deposit.

본 진술서는 귀하가 이 목록을 받은 후 15일 또는 입주한 후 15일 중 더 늦은 날짜 이내에 임대인 또는 그의 대리인에게 반환되어야 한다. 귀하가 지정된 기간 내에 이 진술서를 반환하지 않으면, 추후 귀하가 임대 보증금을 회수하기 위해 법원에 소송을 제기할 경우, 법원은 귀하가 본 진술서의 부동산 상태 설명이 완전하고 정확하다고 동의한 것으로 간주할 수 있다.

- 부동산의 상태가 상태 설명서와 상이하면, 그 내용을 명기하여, 서명하여 제출하라고 하였으나 제출하지 않는다면, 「상태 설명서와 부동산의 실물 상태가 동일하다는 것을 인정」한 것으로 간주한다. 이러한 상황에서 소송이 진행되면, 판사 입장에서는 임차인이 임차 시 부동산 상태가 임대인이나 임대인 대리인이 작성한 상태 설명서와 같은 것으로 간주할 가능성이 있다는 것이다.
- 부동산이나 상품이나, 매입, 양수 시 하자 여부를 확실히 조사하여 책임 한계를 확실히 하는 것은 상식일 것이다.

03
월세 임대의 적정 보증금

우리나라에서 월세 임대 시 보증금을 얼마를 받아야 적정할까?

보증금이란 임차인이 월세를 지불하지 않을 때를 대비하여 확보하는 금액인바, 보증금은 월세 금액과 큰 관계가 있다. 임차인이 임대차 계약대로 월세를 지불한다면 보증금은 큰 의미가 없지만, 만약 월세를 지불하지 않거나 연체한다면 보증금이 보험 역할을 하게 된다.

임차인은 「월세 + 관리비」를 부담하며, 임차인이 이를 지불하지 않으면 임대인은 곤혹스러운 상황에 직면하게 되며, 보증금으로 처리할 수도 있다. 만약 보증금이 부족하다면 임대인은 월세와 보증금 책정을 잘못하여 낭패를 보게 되는 것이다. 한국의 임대차 계약은 일반적으로 『계약 만기 전이라도, 임차인이 3개월 월세 연체 시 임차 부동산을 비우라』고 할 수 있는 권리가 있다.

임차인이 집을 비워주지 않으면 임대인은 어떻게 대처할 수 있을까? 임차인이 집을 비우지 않으면 강제로 집을 비우게 해야 하는데, 이를 위해서는 『명도소송』을 하여야 하며, 명도소송에서 승소하면 집행관이 나와 적법하게 임차인의 짐을 들어내고 집을 비우게 할 수 있다. 즉, 임대인의 입장에서는 『명도소송 비용과 집행관 비용』이 발생한다. 명도소송 기간은 보통 3~5개월 소요된다. 즉, 임차인이 월세를 3개월 지불하지 않은 시점에 일단은 임대인이 내용증명을 보내, 월세를 지급하지 않으면 소송 절차를 밟겠다는 통보를 한다.

▶ 집행관 : 과거에는 집달리, 집달관으로 칭함.

예를 들어, 임차인이 3개월 월세를 지불하지 않고 관리비도 3개월 연체 중이다. 임차인이 막무가내라 임대인은 3개월 임대료를 못 받은 시점에서 명도소송을 제기한다. 명도소송 제기 후 4개월 만에 집을 찾게 된다. 결국 임대인의 피해는,

『월세 7개월 치(명도 소송전) + 명도소송 비용 + 집행관 비용 + 8개월 관리비』가될 것이다.

예를 들어, 명도 소송비가 3백만 원, 집행관 비용이 2백만 원, 월세 50만 원, 관리비/월

20만 원이라면, 총비용이(3백만 + 2백만 + 50만 원 x 7 + 20만 원 x 8) = 1,010만 원이다. 보증금을 천만 원 받아두었다면 큰 피해는 없을 것이나 만약 5백만 원을 받았다면 큰 피해가 발생한다.

따라서, 최악의 경우를 대비한 보증금 수식은 다음과 같이 산출할 수 있다.

적정 보증금 산출

- 적정 보증금 =(월세 x 7개월) + 명도소송 비용 + 집행관 비용 + (관리비 x 7개월)

예를 들어, 월세 50만 원, 관리비 20만 원이면

- 적정 보증금 =(50만 원 x 7) + 3백만 + 2백만 +(20만 원 x 7)
  = 990만 원이다.

주) 명도소송 비용과 집행관 비용은 변동될 수 있는바, 사전 확인하는 것이 도움이될 것이다.

이는 최악의 경우를 가정한 것이며, 현실에서 이 정도까지 되는 경우는 흔치 않다. 하지만, 임대인이 이러한 관점에서 월세와 보증금을 조정한다면 예기치 못한 상황이 발생하더라도 느긋하게 대처 가능할 것이다. 임대인은 임차인을 잘 만나고, 임차인은 임대인을 잘 만나는 것이 중요하다.

Income Statement(손익계산서)의 의미와 서식

경상이익(current income)에 특별이익(extraordinary gains)을 더하고 특별손실(extraordinary loss)을 차감하면 당기순이익(income before tax)가 된다. 이 당기순이익에서 법인세(corporate tax)를 차감하면 세후 순이익(income after tax)가 된다.

income before tax(당기순이익)
= current income(경상이익) + extraordinary gains(특별이익) − extraordinary loss(특별손실)

| Income Statement(손익계산서) |

수 식	항 목	영문 표기
	매출액	Sales, Revenue, Gross Sales, Sales Revenue
-	매출원가	Cost of Sales
	매출총이익	Gross Profit
-	판매관리비	Selling and General Administrative Expenses (= S&GA)
	영업이익	Operating Income
+	영업외이익	Non-operating Income
-	영업외비용	Non-operating Expense
	경상이익	Current Income, Ordinary Income
+	특별이익	Special Gains, Extraordinary gains
-	특별손실	Special Losses, Extraordinary gains
	(세전) 당기순이익	Income before tax
-	법인세	Corporate Tax
	(세후) 당기순이익	Income after tax

★ Income Statement : 397쪽, 539쪽

Chapter XIII

계약서 **개정**

Business English Agreement

01
핵심 사안

계약서 개정은 왜 필요한가?

계약 이행에 예상치 못한 문제가 발생되기에 우호적인 방법으로 해결하기 위해 계약서를 개정하는 경우가 있다.

계약 내용이 준수되지 않을 경우, 손해배상 청구, 계약 해지의 방법도 있지만, 계약을 개정하는 방법도 있다. 계약 당사자 상대방의 잘못이 있을 시, 거기에 합당하거나 그 이상의 보상을 받을 수 있다면, 계약의 개정을 통해 원래 계약보다 좋은 조건으로 비즈니스를 추진할 수도 있다.

계약은 Trade-off인바, 상대방이 과실이 있다면, 소송을 하거나 계약 해지를 하기보다는 그 과실을 근거로 계약 조건을 어떻게 유리하게 개정할 수 있는지 자세히 검토하는 것이 바람직하다.

계약 당사자 상대방의 관점에서 뭘 주고 뭘 받을 것인지를 고민하면, 더 유리한 계약서 개정 방안이 도출할 수 있다. 하나를 잃고 둘을 얻을 수 있다면 상대방의 원래 계약서 불이행은 더 좋은 기회를 제공하는 것일 수도 있다.

02
실전 계약서

다음은 전기차용 전고체 배터리 개발 계약서의 개정계약서이다. 개발회사와 제품 개발 계약을 체결하고, 개발회사에 개발비 일부를 지불하였으나, 개발회사에서 개발한 제품이 계약서에 명기한 제품 제원을 충족하지 못해, 개발비 조정과 제품 제원 수락으로 원래 계약서를 개정한 것이다.

개발회사와 법적인 충돌을 피하고, 개발비 일부와 제품 제원을 trade-off 한 것이다.

개정계약서 작성은,

- 상호 합의한 개정 내용을 서술하고
- 나머지 조항들은 원래 계약대로 유효하다.

라는 것을 명기하면 된다.

Amendment to Agreement(계약서 개정)

계약에 합의하여 계약대로 개발을 진행하다, 계약대로 진행되지 않을 경우도 있다. 예를 들어, 제품 개발 계약에서 개발품이 계약 사양을 완벽히 충족시키지 못하거나, 공급 계약에서 천재지변으로 인한 원자재 품귀 현상으로 인해 공급제품 가격을 인상하는 경우 등인데, 이러한 상황에서 계약 당사자 간에 합의로 계약서를 개정할 수 있다. 즉, 쌍방이 trade-off 하여 원만히 타협하는 것으로 합의하고, 중재소나 법원으로 가지 않는 것으로 할 수도 있다.

아래 개정계약서는 전고체 배터리 개발 계약에서, 개발업체가 전고체 배터리를 개발 계약서 사양대로 개발하지 못하여,

- 개발회사에 개발한 전고체 배터리가 개발의뢰업체에서 원하는 사양을 완전히 충족시키지는 못하였지만, 개발의뢰업체는 그 상태대로 전고체 배터리를 공급받으며, 대신 개발비 일부를 개발회사에 지불하지 않기로 한다.
- 개발회사는 계약서대로 제품 개발을 하지 못하여 개발비 일부를 받지 않기로 하며, 개발의뢰회사에서 제품 품질을 문제 삼지 않으며, 현재 개발된 상태로 전고체 배터리를 공급하기로 한 개정계약서이다.

▶ 제품 제원과 개발비의 trade-off이다.

This Amendment amends Development Agreement of January 20, 2022(the "Original Agreement") agreed upon and signed by and between Jalhanda Co., Ltd.("Jalhanda") and Beta Inc.("Beta"). This Amendment is entered into effective as of Ocotober 11, 2022 by and between Jalhanada and Beta(each of Jalnada and Beta individually a "Party" and collectively the "Parties"). Italicized letters and terms, which are used in this Amendment but not otherwise defined herein, shall have the same meaning set forth in the Original Agreement.

본 개정안은 잘한다 주식회사("잘한다")와 베타 주식회사("베타") 간에 합의되고 서명된 2022년 1월 20일의 개발 계약("원래 계약")을 개정한다. 이 개정안은 2022년 10월 11일 자로 잘한다 주식회사와 베타 주식회사 사이에서 발효된다(잘한다 주식회사와 베타 주식회사는 각각 개별적으

로 "당사자", 집합적으로 "당사자들"이라 칭한다). 본 개정안에서 사용되지만, 여기에 달리 정의되지 않은 이태릭체 문자 및 용어는 원래 계약에 명시된 것과 같은 의미를 갖는 것으로 한다.

Whereas : Beta has completed development of the Beta Product(i.e., the all-solid-state battery) contemplated by the Original Agreement, and Jalnada desires to accept the Beta Deliverables and the Beta Product(i.e., the all-solid-state battery) on the condition of adjusting development fee and minimum order quantity as said in Clause 2 and 3 of this Amendment to Original Development Agreement.

베타는 원래 계약에서 정의된 베타 제품(즉, 전고체 배터리)의 개발을 완료하였으며, 잘한다는 본 개정계약서 제2조 및 3조에 명시된 바와 같이 개발비 및 최소 주문량을 조정하는 조건으로 베타 결과물 및 베타 제품(즉, 전고체 배터리)을 수락하기로 한다.

WHEREAS : The Parties desire to amend the Original Agreement as provided herein, and the Development Agreement as amended by this Agreement may be referred to as the "Amended Agreement."

당사자는 여기에 명기된 원 계약을 개정하기를 원하며 이 계약으로 개정된 개발 계약을 "개정된 계약"이라고 한다.

Now, therefore, in consideration of the foregoing and the mutual covenants and agreements herein contained, and intending to be legally bound hereby, the Parties hereby agree as follows:

그러므로 이제 전술한 내용과 여기에 포함된 상호 약정 및 합의를 약인으로, 상호 법적 구속력을 가지기 위해 당사자는 이에 따라 다음과 같이 합의한다.

1. Jalhanda accepts the Beta Deliverables delivered to Jahanda on or before the date of this Amendment. Without limitation of the foregoing, Jalnada accepts the Beta Deliverables described in Exhibit AC. Jahanda ❶ agrees and acknowledges that Beta has completed the development of the Beta Product per Section 3 of the Original Development ❷ acknowledges and agrees that no further development work is required of Beta under the Original Agreement and the Amended Agreement, and ❸ accepts the Beta Product(i.e., the all-solid-state battery) as-is, in its current state.

- acknowledge : 인정하고 받아들이다, 「확실히 인지하며, 따라서 나중에 딴소리하지 않는다」라는 의미를 내포한다.
- amend : 개정하다, 수정하다

잘한다는 본 개정안 날짜 또는 그 이전에 잘한다에 제출된 베타의 산출물을 수락한다. 전술한 내용에 제한 없이, 잘한다는 첨부 AC에 설명된 베타의 개발 산출물을 수락한다. 잘한다는

❶ 베타가 원래 개발 계약의 섹션 3에 따라 베타 제품의 개발을 완료했음을 동의하고 인정하며,

❷ 원래 계약 및 수정된 계약에 따라 베타에 대한 추가 개발 작업이 필요하지 않음을 인정하고 동의한다.

❸ 베타 제품(즉, 전고체 배터리)을 현재 상태 그대로 수용한다.

2. Clause 8. Payment Schedule of the Original Agreement is hereby amended by deleting the Development Fee payments numbered "❷"(contemplated as a $1,000,000 payment under the Original Agreement) and "❸"(contemplated as a $500,000 payment under the Original Agreement). Beta acknowledges that no further Development Fees are payable by Jalhanda after the amendment set forth in this paragraph.

원래 계약의 8조 지불 일정은 ❷, ❸ 번호에 각각 지정된 개발 수수료(원래 계약에 따라 $1,000,000 지불로 간주), (원래 계약에 따라 $500,000 지불로 간주) 지불 조항을 삭제하는 것으로 한다. 베타는 「이 단락에 명시된 개정 이후 잘한다가 이제는 지불하여야 하는 개발 비용은 없다는 것」을 인정하며 추후 딴소리하지 않는다.

3. Except as otherwise amended herein, the terms of the Original Agreement, inclusive of Clause 9.1 Supply Terms as they are, remain in full force and effect.

여기에서 달리 수정된 경우를 제외하고, 9.1조 공급 조건을 그대로 포함하여 원래 계약 조건은 완전한 효력을 유지한다.

- 계약서 개정에 항상 명시하는 내용인바, 암기해두면 요긴하게 사용할 수 있다, 일반적으로 「Except as otherwise amended herein, the terms of the Original Agreement(shall) remain in full force and effect.」로 사용된다.
- 위 조항에서 밑줄 친 inclusive of Clause 9.1 Supply Terms as they are은 9.1조 공급 조건도 변동 없다는 것을 강조하기 위해 집어넣은 문구이다.

This Amendment may be executed in two or more counterparts, each of which shall be deemed an original, but all of which together shall constitute one and the same instrument.

- counterpart : 정본 부본 중의 한 통, 부본, 사본, 짝의 한쪽, 상대자, 대응물

본 개정안은 둘 이상의 부본으로 실행될 수 있으며, 각 부본은 원본으로 간주되지만 모두 함께 하나의 같은 법적 문서로 간주한다.

Counterparts of this amendment may be delivered via facsimile, electronic mail(including pdf or any electronic signature) or other transmission method, and any counterpart so delivered shall be deemed to have been duly and validly delivered and be valid and effective for all purposes.

본 개정안의 정·부본은 팩스, 전자 메일(pdf 또는 기타 전자 서명 포함) 또는 기타 전송 방법을 통해 전달될 수 있으며, 그렇게 전달된 사본은 모든 목적에 대해 적법하고 유효하게 전달된 것으로 간주한다.

Jalhand Co., Ltd. Beta, Inc

전기차와 이차전지

이차전지는 충전 (charge), 방전 (discharge)을 반복하여 여러 번 사용할 수 있는 배터리를 의미하며, 영어로는 rechargeable battery, storage battery, secondary cell이라 칭하며, 한 번 쓰고 버리는 일차전지(primary cell)에 비해 경제적인 이점과 환경적인 이점을 모두 제공한다.

2022년초 한국 주식 시장에 기업 공개된 LG 에너지 솔루션은 세계적인 이차전지 업체이며, 2022년말 현재, 양극재, 분리막, CNT등 배터리 주요 소재를 생산하는 LG화학과 수직 생산 체계를 갖춘 세계 유수의 배터리 종합기업이다. 이차전지는 일본 Sony에 의해 처음 개발되었으나, 현재는 한국 기업과 중국 기업이 시장의 주도권 경쟁 중이며, 일본 업체는 이미 시장 주도권을 상실한 것으로 평가된다. 주요 이차전지 업체로는

- 한국: LG 에너지 솔루션, 삼성 SDI, SK 온
- 중국: CATL, BYD
- 일본: Panasonic
- 스웨덴: 노스볼트 정도이다.

2022년 현재, 한국업체는 NCM (니켈 코발트 망간), NCMA(니켈 코발트 망간 알루미늄) 배터리에 주력하고 있으며, 중국 업체는 LFP (LiFePO4, 리튬 인산철) 배터리 및 NCM 베터리를 양산하고 있다. 제품 성능 면에서는 한국의 NCM 배터리가 기술 우위에 있으며, 가격 면에서는 중국의 LFP가 경쟁력이 있다. 하지만, 가격 상황은 언제든지 변동될 수도 있다. 배터리의 주요 원료인 리튬, 니켈 등의 가격 변동에 따라 배터리 가격이 결정되기 때문이다.

이차전지의 품질은 『cycle time (충·방전 회수, 즉, 배터리 수명), 에너지 밀도, 무게 등』으로 평가되는바, 절대적인 가격 비교로 배터리 경쟁력을 평가할 수는 없다. 배터리 성능 평가는,

- cycle time이 클수록 배터리 수명이 길어진다.
- 에너지 밀도가 높을수록 배터리 힘이 좋아지고 충전 시간이 단축되나, 폭발 가능성도 커진다. 밀도는 높이고, 폭발의 위험을 낮추는 것이 품질 기술이다.
- 무게는 작을수록 경쟁력이 있다. 전기차용 배터리라면 배터리 무게는 중요한 사양 중 하나이다. 특정 장소에 비치하는 ESS (energy storage system)용 배터리는 무게 사안이 중요한 사양은 아니다. 즉, 이동되는 물체에 장착되는 배터리는 무게와 부피가 중요하나, 고정된 물체에 장착되는 배터리는 무게와 부피가 크게 문제 될 것은 없다.

이차전지는 Pack 형태에 따라, 원통형, 각형, 파우치형으로 분류되며, 각 장단점이 있으며, 업체마다 주력 형태가 있다. 한국의 LG 에너지 솔루션은 2022년 9월 현재 파우치와 원통형에 주력하고 있다. 원통형 배터리의 경우, 4680이 대표적인 크기인데, 46은 지름이 46mm, 80은 길이가 80mm라는 것이다.

배터리는 cell → module → pack의 단계를 거쳐, pack이 전기차에 장착되는데, 배터리 업체라면 일반적으로 cell 업체를 의미하며, cell 업체는 module과 pack을 생산하나, cell을 module/pack 업체에 공급하기도 한다. 배터리의 핵심은 cell이다. 주요 배터리 업체들은 module 단계를 줄이고 cell → pack으로 배터리를 생산하여 전기차에 탑재하기 위해 기술 개발 중이다.

배터리는 양극재, 음극재, 분리막, 전해질 등으로 구성되는데, 전해질이 액체라 열이 올라가면 폭발 위험이 발생한다. 전고체 (all-solid-state, 全固體, 완전 고체) 배터리는 전해질이 고체로 되어 폭발 위험이 거의 없는 배터리를 의미하며, 2022년 현재 배터리 업체들은 이 기술을 개발하기 위해 경쟁이 치열하다. 왜냐하면, 전고체 배터리는 배터리 시장의 game changer가 될 것이기 때문이다. 분리막은 양극재와 음극재 사이를 막아주는 막인데, 전고체 배터리에는 분리막이 사용되지 않을 것으로 예측된다.

이차전지의 주요 용도는 전기차 (EV, electric vehicle), ESS, 로봇, 드론 등이며, 시장 규모는 2025년을 기점으로 반도체 시장 규모를 상회할 것으로 전망된다고 한다. 이는 탄소 절감 운동과 맞물려 있으며, RE100, Green Taxonomy와도 밀접한 관련이 있다.

2022년 9월 현재, 이차전지가 전기차 가격에서 차지하는 비중은 40~50% 로 전기차는 배터리 차이며, 이 비중은 배터리 원료인 리튬, 니켈, 코발트, 망간 등의 가격에 의해 좌우될 것이다. 즉, 원료 가격이 오르면 배터리 가격이 오르고, 배터리 가격이 오르면 전기차의 가격이 오른다. 원재료 가격이 제품 가격에 반영되는 시차는 약 3개월 정도 소요되나, 원재료 가격 상승은 결국은 최종 소비자가 부담하게 되는 것이다.

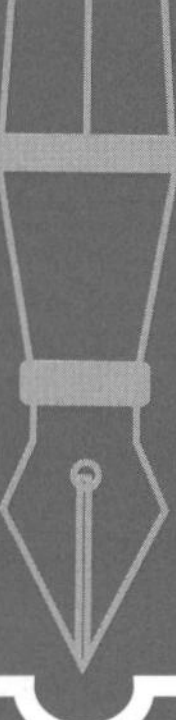

Chapter XIV

계약 위반, 클레임, 소송

Business English Agreement

01
계약 위반과 클레임

상대방이 계약 위반을 하여 원만하게 해결되지 않을 경우, 클레임(claim)을 제기하게 된다. 클레임은 권리자로서의 당연한 요구 청구 또는 주장으로서, 글로벌 거래에서 클레임은 금액을 명시하여 손해배상을 청구하는 행위를 의미한다. 무역 거래에서 클레임의 종류에 따라,

- 무역클레임(business claim, trade claim, sales claim)
- 운송클레임(transportation claim)
- 보험클레임(insurance claim) 등으로 분류된다.

쌍방이 원만히 협의 타결하면 외부 기관에 의뢰하지 않고 해결되나, 그렇지 않을 경우, 중재기관에 중재를 의뢰할 수도 있고, 아니면 바로 소송으로 갈 수도 있다. 중재에 의뢰하려면 쌍방의 계약서에 중재에 대한 언급이되어 있어야 가능하다.

중재(Arbitration)란 당사자 간의 합의에 따라 일반거래 및 생활 관계에서 발생하는 또는 장래에 발생할 분쟁의 전부 또는 일부를 법원의 판결에 의하지 아니하고 민간인 신분의 제삼자를 중재인(Arbitrator)으로 선정하여 그 중재인의 판정에 맡기는 동시에 그 판정에 복종함으로써 분쟁을 해결하는 자주 법정 제도이다. 따라서 국가공권력을 발동하여 강제 집행할 수 있는 권리가 법적으로 보장될 수 있다. 단, 쌍방의 계약서에 중재의 효력에 대해 명기되어 있어야 한다.

중재(Arbitration)는 법원의 판결에 의하지 아니하고 민간인 전문가를 이용할 수 있으며 내려진 중재판정이 법원의 확정판결과 같은 효력이 있는 등 소송(Litigation)에 비하여 다음과 같은 장점이 있으며, 이러한 이유로 분쟁(Disputes)의 해결 수단으로 이용도가 높다.

- 중재는 분쟁을 신속히 해결한다.

- 소송은 3심제이나 중재는 단심제이므로 법원에 의한 판결에 비하여 상대적으로 훨씬 짧은 기간 내에 최종 판결을 구할 수 있다.

- 중재는 소송보다 상대적으로 비용이 적게 든다.

▶ 소송의 경우, 변호사 보수를 비롯하여 매 심급마다 인지대가 배가되기 때문에 중재보다 비용이 훨씬 많이 든다. 중재는 해당 분쟁에 대한 전문적인 지식과 경험을 가진 자를 중재인으로 할 수 있으므로 상대적으로 시간, 경비를 절감할 수 있다.

02
변호사 자문 및 소송 비용

1. 변호사 자문의 필요성

계약서 작성의 주체는 담당 비즈니스맨이다. 하지만, 기술적인 계약서라면 관련 기술 부서, 생산부, R&D 등이 같이 협의하여야 영문계약서 작성이 쉽다.

예를 들어, 기술이전에 관한 계약서라면, 그 기술 관련 엔지니어와 담당 비즈니스맨이 협력하여야 영문계약서 작성이 가능할 것이다. 즉, 영어에 지장이 없으며, 기술적인 내용을 잘 알고 있어야 거기에 합당한 영문계약서 작성이 가능할 것이기 때문이다.

간단한 계약서가 아니라면 관련 변호사의 자문을 받는 것이 바람직하다. 변호사는 비즈니스맨이 아닌 법률 전문가인바, 비즈니스에 대한 자문보다는, 계약서 전체에 관한 법률 자문을 받는 것이 바람직할 것이며, 주요 내용은 다음 정도가 될 것이다.

- 비즈니스 관련 적격성
- 계약서의 하자 및 독소조항
- 문제 발생 소지 및 대처 방안(안)

간혹 일방 당사자에게 유리한 문구를 계약서에 집어넣으려고 하나, 이는 계약 당사자의 힘이 한쪽에 치우쳐 있을 때나 가능할 것인바, 계약 당사자의 힘이 균형이 있는 관계라면 그냥 상호 호혜적인 계약서를 작성 체결하는 것이 시간 낭비하지 않을 것이다. 왜냐하면 거래 상대방이 바보가 아닌 이상 문구 하나하나의 의미를 이해 못하지는 않을 것인바, 신뢰 관계 구축을 위해서라도 상호 호혜적인 계약을 제시하는 것이 비즈니스에 도움이될 것이다.

2. 변호사 자문 의뢰의 효율적인 방법

어느 정도 규모 이상의 기업에서는 영문계약서 작성은 관련 부서 간의 협의가 있어야 가능하다. 일단 상품에 대해 잘 아는 부서, 영어 문서 작성 능력이 있는 부서, 그리고 어느 정도의 법률 지식이 필요하다.

대기업의 경우, 법무 담당 부서가 있어 각종 계약서를 검토 작성해주나, 중소기업에서는 법무법인의 조언을 받아야 하는바, 특정 법무법인이나 변호사와 자문 계약을 체결하고 자문을 받는 것이 효율적일 것이다. 물론, 영문계약서 체결 건이 많다면 영어에 문제가 없는 법무법인이나 변호사에게 자문을 구하여야 한다.

자문 효과를 극대화하기 위해서는 변호사에게 다음과 같은 내용을 요약하여 제시하고 자문을 의뢰하는 것을 권유한다.

비즈니스 구조 요약

- 계약의 핵심 사안(뭘 주고 뭘 받을 것인지)
- 관련 시장 상황
- 원하는 계약 구조
- 기타 참고 사항

변호사에게 자문을 의뢰하면 일반적으로 의뢰인에게 가장 유리한 계약 방안(안)을 제시하는데, 현실과 괴리가 있을 수가 있다. 비록 시장 상황과 계약 주체의 시장 지위에 따라 다르기는 하지만, 계약은 상호 호혜적인 것이 되어야 하는바, 상술한 내용을 변호사에게 충분히 설명하여야 효율적인 자문을 받을 수 있을 것으로 생각된다.

영문계약서의 경우, 기본적으로 「계약 당사자 + 영어 능력이 있는 businessperson + 변호사(영어 능통자)」와 같이 협의하는 것이 바람직하다. 물론 계약 당사자가 Businessperson이고 영어 능력이 있다면 「계약 당사자 + 변호사(영어 능통자)」이면 된다. 하지만, 기술적인 내용이 상당히 들어가는 계약서는 「engineer + businessperson + 변호사(영어 능통자)」의 힘이 합쳐져야 제대로 된 영문계약서 작성이 가능할 것이다.

3. 소송 비용

▶ 소송 비용은 변동될 수 있는바, 실제 소송 시점에서 확인하여야 한다.

국내에서 소송 제기 시 소송 비용은

- 원고로서 소송 제기 시 「인지대 + 변호사 선임 비용」이며,
- 패소한다면 「피고의 변호사 선임 비용」까지 부담하여야 한다.

승소한다면 피고로부터 변호사 선임 비용을 받을 수 있다. 「원고·피고 간에 주고받는 변호사 선임 비용은 법에서 정한 변호사 선임 비용」이지 실제로 원고 피고가 지불하는 금액과는 차이가 있다.

소송 진행 중, 필요하면 감정 비용 등이 발생할 수 있다.

1) 인지대

본 인지대는 종이 소송의 경우이며, 전자 소송의 경우, 인지대의 10%만큼 할인된다.

소송 목적의 값(= 소가)	인지대
1천만 원 미만	소가 x 0.005
1천만 원 이상 ~ 1억 원 미만	소가 x 0.045 + 5,000
1억 원 이상 ~ 10억 원 미만	소가 x 0.004 + 55,000
10억 원 이상	소가 x 0.0035 + 555,000

주) 2심 항소심은 1심 인지대의 1.5배, 3심 상고심 1심 인지대의 2배이다.

만약 소가가 30억 원이라면, 인지대는 ₩30억 × 0.0035 + ₩550,000 = ₩11,055,000원이다. 법원은 이 인지대로 법원 운영비의 일부를 충당하는 것이다.

2) 법정 변호사 선임 비용(lawyer's fee)

법원에서 정한 변호사 선임 비용은 다음과 같으며, 변호사 선임 비용을 원고 피고가 어떻게 분담, 부담할 것인가는 판사의 판결에 따른다.

소가	소송비용 산입비율	변호사 비용
≤ 2천만 원	10%	10%
2천만 원 < ≤ 5천만 원	8%	200만 원 + (소가 – 2천만 원) x 8/100
5천만 원 < ≤1억 원	6%	440만 원 + (소가 – 5천만 원) x 6/100
1억 원 < ≤ 1억 5천만 원	4%	740만 원 + (소가 – 1억 원) x 4/100
1억 5천만 원< ≤ 2억 원	2%	940만 원 + (소가 – 1억5천만 원) x 2/100
2억 원 < ≤ 5억 원	1%	1,040만 원 + (소가 – 2억 원) x 1/100
5억 원 <	0.5%	1,340만 원 + (소가 – 5억 원) x 0.5/100

주) 소가 = 소장 금액

본 비용은 소송에서 패소 시 상대방에게 지급하여야 하는 상대방 변호사 비용인바, 상대방이 변호사 선임 시 실제로 지불한 선임 비용과는 상이하다. 예를 들어, 소가 3억짜리 소송에서 패소하여 상대방에게 법정 변호사 비용을 100% 부담한다면 ₩1,040만 + (3억 - 2억) × 1/100 = ₩1,140만 원이다.

3) 변호사 선임 비용

본 비용은 법원 판결 후 정산하는 변호사 비용과는 상이하다. 소송을 하려면 변호사를 선임하여야 하며, 사건에 따라, 변호사의 경력에 따라 변호사 선임 비용이 큰 차이가 있다. 일반적으로 변호사 선임 비용 구조는『착수금 + 성공 보수』로 한다.

원고는 원고대로, 피고는 피고대로 각자의 변호사를 선임하며, 선임 비용도 상이하다.

4) 민사소송 vs. 형사소송

민사소송의 경우, 본인 소송의 경우, 변호사를 선임하지 않고 소송당사자가 소송할 수 있으나, 형사소송은 반드시 변호사를 선임하여야 한다.

5) 민사소송 손해배상금 세금 처리

본인이 고액 소득자라면, 본인 명의의 민사소송은 재고해봐야 한다. 왜냐하면 승소하더라도 실 이득이 크지 않기 때문이다. 소가 2억짜리 민사 손해배상 소송을 해서 전부 승소했다. 이 경우 손에 쥐는 금액이 얼마나 될까? 일단, 『승소액 - 소송 비용(변호사 선임 비용, 감정 비용, 송달료 등)이 소송 이득』이 되나, 여기에는 종합소득세 사안이 발생한다.

신체상해에 대한 손해배상 소송 승소금은 세금이 없으나, 민사소송의 경우는 배상금 지불자가 원천징수 의무가 있으며 22%를 일괄 원천징수, 국세청에 신고 납부하고 그 차액을 승소자에게 지불한다. 2억 패소하였다면,

- 2억의 22%인 4천 4백만 원을 원천징수 세금으로 납부하고
- 「2억 -(2억 × 22%) = 1억 5천 6백만 원」을 원고에게 지불한다.

그런데 문제는 민사소송 손해배상금은 매년 5월 신고하는 종합소득세에 합산 과세되는 소득이다. 즉, 위에 승소한 원고가 본인의 소득이 3억이면, 여기에 1억 5천6백만 원이 합산되어, 다시 소득세를 산출하여야 한다. 즉, 4억 5천6백만 원에 대한 소득세를 산출하여 소득세를 추가 납부하여야 하는바, 민사소송 승소금의 의미가 크게 퇴색하게될 것이며, 때에 따라서는 원천징수하고 받은 소송 승소금의 상당 부분에 대해 세금을 더 납부하는 경우도 발생할 수 있다.

- 연봉 3억
- 승소액 2억 판결
  - 실수령액 1억 5천6백만 원
  - 선임 변호사 비용 및 성과급 : 몇 천만 원(예 : 3천만 원으로 가정)

    실수령액 1억 2천6백만 원
- 종합소득세 신고액 : 3억 + 1억 5천6백만 원 = 4억 5천6백만 원

(소송 시 지출한 변호사 비용은 소득 세금 산정 때 비용 처리되지 않는다고 한다. 따라서, 원천징수 후 받은 승소액이 소득 금액이 된다.)

▶ 3억 초과 시 소득세율은 40%인바, 단순 계산으로 소득세는 62,400,000원이 된다. 따라서, 실제 손에 쥐는 승소액은 『승소액 2억 원 - 원천징수 4천4백만 원 - 변호사 선임 비용(예 : 3천만 원으로 가정) - 소득세 6천2백4십만 원 = Net 승소액 63,600,000원에 원천징수 세금 조정분 정산』에 불과하다.

6) 주의 용어

변호사의 자문을 받다 보면, 가끔 일반인들이 기본적인 법률 용어에 대한 이해가 부족하여 상호 오해가 생기기도 하는데, 그중 하나를 소개하면,

- 승소에는 전부승소, 일부승소가 있으며, 패소에도 전부패소, 일부패소가 있다.
- 전부승소는 소가에 대해 100% 이긴 것을 의미하며
- 일부승소는 일부패소의 의미이며, 소가에 대해 일부를 이긴 것을 일부승소, 일부를 진 것을 일부패소라고 한다.

7) 기타

본인의 과실 여부와 상관없이 소송은 승소한다는 보장이 없고 패소한다는 보장도 없다. 계약서에 명확히 명기된 사안이 아니라면 누가 이길지는 재판에서 결정되는 것인바, 변호사 선임이 중요하고, 판사 배정도 중요하다. 소송 해당 사안 분야에 대한 전문성이 있는 판사가 배정되면 소송 진행이 빠를 것이다.

03
세무 자문

세무 자문은 어떤 의사 결정을 하기 전에 받는 것이 안전하다.

세무 자문 비용은 절대 아까워하지 말고, 각 분야의 전문 세무사를 찾아, 그분들의 전문성에 따른 세무 관계 조언을 먼저 받고 판단하고 의사 결정할 것을 권하고 싶다.

세금 사안은 일단 발생하고 나면 해결하기가 쉽지 않다. 회사 BIZ이든, 개인적인 일이든, 부동산이든, 세금이 관련되어 있다면 의사 결정 전에 반드시 세무사 상담 조언을 받는 것이 곤혹스러운 일을 예방할 수 있다.

전문직의 조언, 자문을 받고자 하면, 현재 상황 설명과 질문 내용을 구체적으로 정리하여 그 내용에 따른 Q&A 식의 상담 자문이 가장 효율적일 것으로 판단된다.

또한 전문직 종사자는 전문적인 지식과 know-how를 가진 분들이라, 용어 사용이 일반인들하고 상이할 수도 있어, 의미 전달이 왜곡될 수도 있는바, 상담 시 본인 자율적으로 해석·이해하려 하지 말고, 용어의 의미를 문의·확인할 것을 권유한다.

실전 비즈니스 영문 계약서

초판 1쇄 발행 2023년 1월 15일
2판 1쇄 발행 2025년 3월 25일

저 자 장 시 혁
펴낸이 임 순 재
펴낸곳 (주)한올출판사
등 록 제11-403호
주 소 서울시 마포구 모래내로 83(성산동 한올빌딩 3층)
전 화 (02) 376-4298(대표)
팩 스 (02) 302-8073
홈페이지 www.hanol.co.kr
e-메일 hanol@hanol.co.kr
ISBN 979-11-6647-547-4

실전
비즈니스 영문 계약서

실전
비즈니스 영문 계약서

실전
비즈니스 영문 계약서